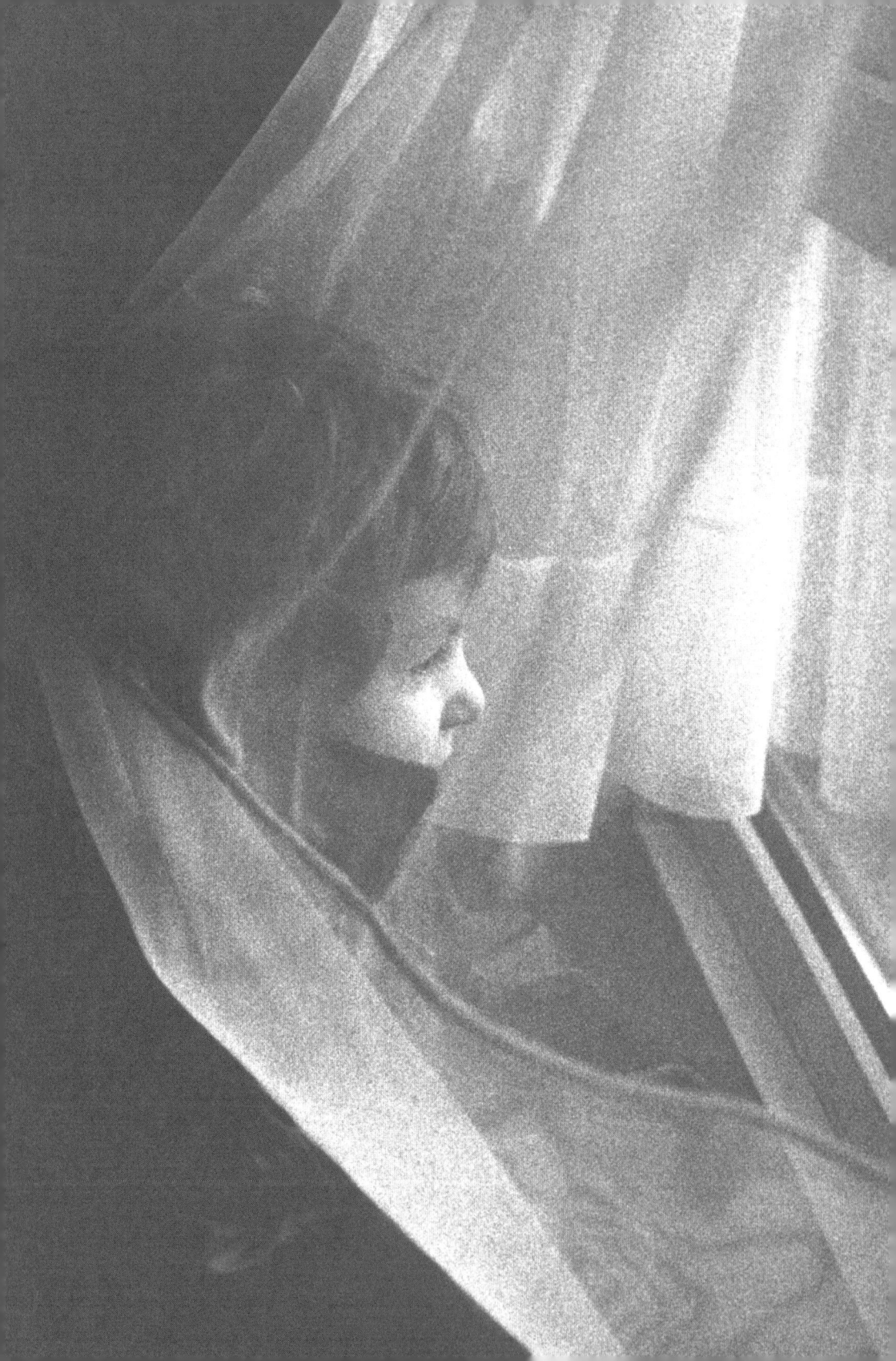

HELGE-ULRIKE HYAMS

*Das Alphabet
der Kindheit*

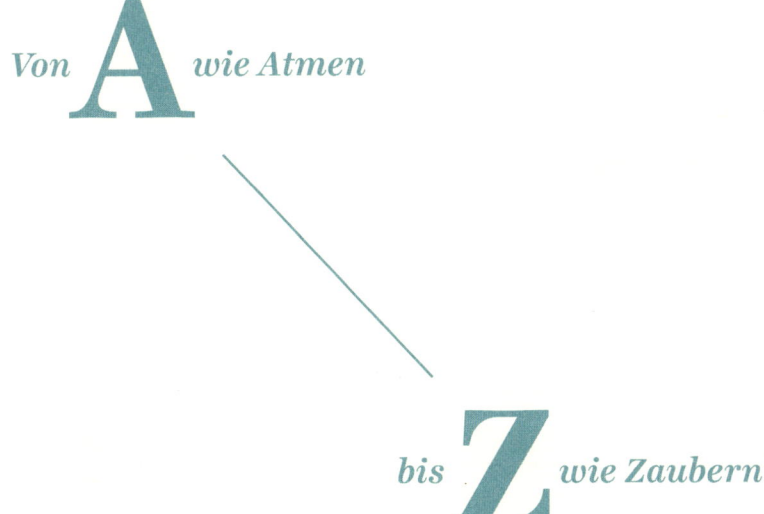

BERENBERG

»Es ist deine Zukunft, an die du dich erinnerst.«
Anne Michaels

Inhalt

Vorwort — 9
Einleitung — 11

A
ABC-Lernen — 15
Adoption — 18
Anders sein — 23
Angst — 27
Archetyp Kind — 29
Atem — 32
Autismus — 34

B
Baum — 39
Bindung — 41
Blind — 43
Brot — 46

C
Clique — 51

D
Däumling — 55
Disziplin — 56

E
Eifersucht — 61
Einsamkeit — 63
Eis — 66
Ekel — 66
Eltern — 69
Ende der Kindheit — 72
Engel — 74

Erstes Mal — 75
Essen — 78

F
Familie — 83
Farben — 86
Ferien — 89
Film — 91
Fliegen — 94
Fragen — 96
Freunde — 100

G
Gang — 103
Garten — 104
Geburt — 106
Gedichte — 109
Geheimnis — 111
Geruch — 113
Geschwister — 116
Gesicht — 121
Glück — 123
Großeltern — 124

H
Haare — 129
Hände — 132
Haus — 134
Heimweh — 135
Honig — 137
Hören — 137

Inhalt

I
Ich — 141
Initiation — 144
Insel — 148

J
Ja und Nein — 151
Jugend — 153

K
Karussell — 159
Kindermord — 162
Kinderwunsch — 166
Kindheitserinnerungen — 171
Kindheitsgeschichte — 173
Kleidung — 178
Körper — 182
Krankheit — 185
Kunst — 189
Kuscheltier — 192

L
Lachen — 197
Lamm — 199
Langeweile — 201
Lehrer — 203
Liebe — 207
Lob — 208
Luftballon — 210
Lügen — 211

M
Magisches Denken — 215
Märchen — 218
Milch — 221
Murmeln — 225
Musik — 226
Mutter — 229

N
Namen — 235
Nest — 237
Neue Medien — 237

O
Opfer — 245
Osterei — 247

P
Pippi Langstrumpf — 251
Puppe — 253

Q
Quälen — 257

R
Raum — 263
Rechts und links — 266
Rituale — 268

Inhalt

S

Sammeln — 273
Sauberkeit — 275
Scham — 277
Scheidung — 281
Schießgewehr — 283
Schlafen und Wachen — 287
Schmetterling — 291
Schnee — 293
Schokolade — 294
Schulschwänzen — 296
Schulweg — 298
Sehnsucht — 300
Selbstmord — 302
Sexualität — 307
Spielzeug — 309
Sprache — 311
Stehlen — 315
Stille — 318
Strafen — 320
Struwwelpeter — 323

T

Tanzen und sich drehen — 329
Teddybär — 332
Tiere — 334
Tod — 338
Träume — 341

U

Ungeborene Kinder — 345
Urvertrauen — 349

V

Vater — 353
Verbotenes — 357
Vögel — 360

W

Wachsen — 363
Wiederfinden — 366
Wiederholung — 368
Wille — 370
Wolfskinder — 372
Wunderkind — 375
Wünschen — 377
Würde — 379

X

Xenophobie — 383

Y

Youngster — 389

Z

Zahl — 393
Zärtlichkeit — 396
Zaubern — 398
Zeit — 399
Zwillinge — 402

Anmerkungen — 406
Zitatnachweise — 445

Für Yannis Behrakis

VORWORT

»Wie kamen unsere Kinder zustand? Wie wurden sie groß?«
Giorgos Seferis

Die Struktur des Alphabets – sie steht unerschütterlich fest. Jeder Buchstabe nimmt seinen angestammten Platz ein und folgt dem vorhergehenden. Die Themen dieses *Alphabets der Kindheit* dagegen wählte ich frei und subjektiv. Ich bin mir sicher, dass jeder von Ihnen eine andere, ebenso eigensinnige, ebenso subjektive Auswahl treffen würde. Jeder von uns trägt sein eigenes Wörterbuch der Kindheit in sich, gespeist von seinen persönlichen Erfahrungen und Neigungen.

Eine Anleitung, wie das *Alphabet der Kindheit* zu lesen sei, gibt es nicht. Seine 26 Buchstaben, jeder für sich einzigartig in Wesen und Gestalt, sind unsere treuen Begleiter. Sie schaffen das Gerüst und den Rahmen, der uns Orientierung gibt beim Durchwandern der Kindheit.

Es liegt ganz an Ihnen, liebe Leserinnen und Leser, ob Sie diese abschreiten von A bis Z, so wie Sie es damals als Kind in der Schule gelernt haben, oder ob Sie nach eigenem Begehren zwischen den Buchstaben herumspazieren wie in einem wilden Garten.

Alles ist möglich.

Helge-Ulrike Hyams

EINLEITUNG

»... hinter der Wissenschaft die Dinge erspüren und verehren, auf die es eigentlich ankommt und über die so schwer zu sprechen ist.«
Werner Heisenberg

Im Zentrum des Buches steht das Kind. Es befindet sich in ständigem Wandel: Es wird gezeugt[1] und wächst im Mutterleib heran[2], es wird geboren und durchwandert alle Phasen des Wachstums. Dabei pendelt es andauernd zwischen Rückbindung und zukunfts-gerichtetem Vorwärtspreschen.

Ich meine, all diese Erscheinungsformen der kindlichen Metamorphose lassen sich nur ungenügend in vorgegebene theoretische Konzepte pressen. Obgleich lange Zeit als wissenschaftliche Pädagogin tätig, entferne ich mich deshalb hier bewusst vom akademischen Diskurs und fühle mich einem fließenden Denken verpflichtet[3], einem Denken, das Wissenschaft und Kunst, Alltagsbeobachtungen und philosophische Erkenntnis beweglich verbindet.

»Das Leben des Individuums wiederholt das Leben der Spezies.«[4] Dieser knappe Satz des englischen Psychiaters Ronald D. Laing durchzieht die Texte wie ein roter Faden. Das Kind, das da geboren wird, kommt niemals als Tabula rasa zur Welt. Es hat bereits einen weiten Weg hinter sich. In seinem individuellen Werdegang, den es nun antritt, wird es noch einmal die verschiedenen Stufen der Menschwerdung durchlaufen, welche die Gesellschaft als Kollektiv schon durchwandert hat. Es wird zunächst die Phase des Vorsprachlichen durchleben[5], es wird – wie seine Spezies – den aufrechten Gang lernen und sich in Sprache und Denken einüben, als sei es der erste Mensch.[6] In Wirklichkeit wiederholt es also die Etappen der Menschwerdung am eigenen Leib. Es ist angewiesen auf die Unterstützung der anderen, auf ihr Vorbild, auf ihre Sprache und ihr Mitgefühl, ohne die es nicht wirklich Mensch werden kann.

Dieses Wunder der Wiederholung der Menschheitsgeschichte im einzelnen Kind spielt sich weitgehend unbewusst ab.[7] Zu tief gelagert sind die Erinnerungsspuren an jene fernen Zeitdimensionen, in denen die Menschheit sich als solche heranbildete. Nur manchmal, meist in ganz unerwarteten Momenten und gleichsam als Sternstunden der Kindheit, schimmert etwas durch von diesen Reminiszenzen der kollektiven Vergangenheit. Dann nämlich, wenn das Kind in seine Träume versinkt, wenn es mit den Gestalten der Märchen und Mythen verschmilzt und wenn seine ganz eigene Logik von der unseren entrückt zu sein scheint.

Natürlich steht das *Alphabet der Kindheit* theoretisch nicht im luftleeren Raum. Doch mit welcher wissenschaftlichen Methode auch immer wir die inneren Vorgänge des Kindes betrachten, mit welcher Theorie wir versuchen, sie zu vermessen, zu erklären und zu durchschauen – am Ende ist es der Satz des griechischen Philosophen Heraklit, der für uns gültig bleibt: »Der Seele Grenzen kannst du nicht ausfindig machen, auch wenn du gehst und jeden Weg abwanderst, so tief ist ihr Logos.«[8]

Wir alle waren einmal Kinder, und so wird auch die Betrachtung der Kindheit zu einer ganz persönlichen, manchmal auch abenteuerlichen Reise. Sobald wir uns mit Kindheit beschäftigen, tauchen unsere eigenen frühen Erlebnisse auf – unmöglich, dabei neutral zu bleiben. Doch das ist gut so, denn unsere frühen Erinnerungen haben uns zu dem gemacht, was wir heute sind. Allerdings, unabhängig von unserem jetzigen Alter, ist unsere Kindheit sowohl vom Erinnern als auch vom Vergessen geprägt. Über allem Geschehen von damals schwebt ein heilsamer Schleier der frühkindlichen Amnesie (Freud). Es ist also nie die ganze Wahrheit, die wir rückblickend sehen, sondern es sind einzelne Facetten, die wir real zu erkennen glauben, mehrfach gefiltert und umgedichtet im Zuge unserer Biografie.

Sie als Leser kennen sicher alle die Frage: »Habe ich dieses Ereignis wirklich so erlebt oder war es nur die Erzählung der anderen, die es mir heute so real erscheinen lässt?« Häufig lassen sich die einzelnen Fäden, aus denen Kindheit gewebt ist, nur schwer auseinandertrennen. Und oft flüchten wir deshalb in vereinfachende Zuweisungen: in Gut und Böse. Alte Wunden werden verklebt und manchmal wird Glück heraufbeschworen, wo doch keines war. Und umgekehrt: Manchmal wird ein kleines Unglück herausgegriffen und pauschalisiert, so dass die Kindheit von damals nur dunkel und traurig erscheint: »Das sind Jahre, die unglücklich scheinen, aber die glückliche Seite ist darin verflochten, ohne dass ich mir ganz darüber im Klaren bin«, schreibt der französische Regisseur François Truffaut.[9]

In Wahrheit ist Kindheit niemals ganz gut und nur selten ganz schlecht. Die eigentliche Existenz der Kinder spielt sich in Zwischentönen ab. Sie machen die Musik. Sie durchdringen die Widersprüche des kindlichen Lebens, wie des Lebens generell. Ja, ich kann Mama und Papa lieben und zugleich auch hassen. Ich kann die Schule mögen und trotzdem lieber schwänzen. Und ja, ich möchte wachsen – aber gleichzeitig doch auch ganz klein bleiben. Das ist Kinderleben und das ist der Stoff, aus dem Kindheit gestrickt ist: aus Zwischentönen und Widersprüchen. Das macht ihren Zauber aus und das ist der Inhalt des *Alphabets der Kindheit*.

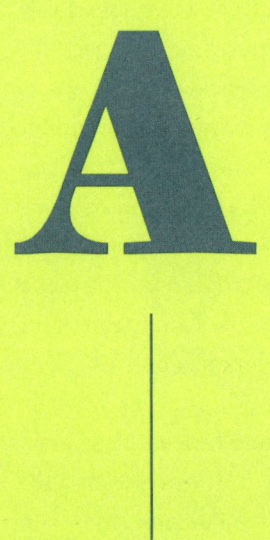

»Ich bin das Alpha und das Omega,
der Erste und der Letzte,
der Anfang und das Ende.«
Offenbarung 22,13

ABC-Lernen

»Und ich bin froh, dass der alte Mann schläft, dass er nicht gesehen hat, wie rot ich geworden bin. Mir scheint, dass er nicht von dem heißen Tee eingeschlafen ist, sondern vor Kummer, dass wir so schlecht lernen. Er ist ein so stiller Mann, er möchte uns so gern das Alphabet lehren, uns so weit bringen, dass wir wenigstens eine Seite in der Bibel lesen können, wie er immer sagt.«
Bella Chagall

Viele Erwachsene, und vor allem die älteren unter ihnen, besinnen sich der Tränen, die sie beim Erlernen des ABC vergossen haben. Wie kann es sein, dass Schullehrer die Kinder damals zum Schönschreiben zwangen, jene aber später keine Spur von Schönheit erinnern? Sie erleben die fremden Buchstaben nicht selten wie feindselige Soldaten, gerade und stramm, keine Abweichung nach rechts oder links, kein Straucheln unter die Linie. Kinderkrämpfe.

Dabei ist doch das Schreibenlernen, dieser Moment, in dem das Kind erstmals in die Geheimnisse der Schrift eingeführt wird, es sein erstes A, sein erstes O malen darf, ein magischer und einzigartig kostbarer Moment. Hier macht das Kind den bedeutungsvollen Schritt, den die Menschheit als Kollektiv schon lange vor ihm vollzogen hat: den Übergang von der schriftlosen in die Schriftzeit, von einer Zeit vorher in eine nachher.

Vorher, das ist die Zeit, in der das Kind, und ursprünglich die Menschheit als Ganzes, die Dinge um sich herum ausschließlich direkt-sinnlich in sich aufnahm, wohl auch beim Namen nannte, jedoch nicht schriftlich fixierte. Dass ein Ding, ein Mensch, die Sonne, der Mond, das Wasser oder die Tiere aber zum *Zeichen* werden kann, zu einer in sich verdichteten Hieroglyphe, liegt für das Kind vor dem Schulbeginn noch ganz außerhalb seines Vorstellungsvermögens. Sicher hat das Kind jetzt auch noch kein wirkliches Begehren[10], danach zu suchen und diese fremden Zeichen in ihrem tieferen Sinn zu verstehen.

Und dann, eines Tages, unter der Anleitung eines guten Lehrers, und auch aus einem Impuls heraus, will das Kind die Zeichen enträtseln. Es beginnt von sich aus zu begreifen, dass ein einziger Laut, zu einem Buchstaben geronnen, das Tor zu den unterschiedlichsten Wirklichkeiten eröffnen kann. Das W zu Wasser und Welle. Das K zu Karamell und Kamel. Das M zu Mama und Makkaroni. Und das P zu Papa und Puppe, Popo und Pipi, Parmesan und Pups. Diese Worteinfälle stammen sämtlich von einem siebenjährigen Mädchen, das gerade das P zu schreiben gelernt hat. Dass auch Popo, Pipi und Pups darunter sind – direkt neben Papa und Parmesan –, ist für das Kind glaubwürdig und faszinierend zugleich. Und lustig! In diesem Alter gibt es zum Glück noch keine Hierarchie der Werte – und der Worte.

Das Heranführen an die Schrift ist eigentlich ein Mysterium, und es tut dem Kind gut, wenn es die Einführung in dieses Mysterium bewusst durchleben darf. Im Judentum war traditionell Brauch, dass der Lehrer am ersten Schultag die Buchstaben mit Honig an die Tafel malte. Die Kinder gingen an die Tafel und schleckten mit ihren Fingern den Honig ab. Die Lehrer der Montessori-Schulen lassen ihre Kinder die Buchstaben aus Pappe und anderen Materialien ausschneiden und mit ihnen spielen. In den Waldorfschulen erwächst jeder Buchstabe aus einem Bild, einer Geste oder einer Geschichte heraus, er wird farbig gemalt und nimmt so lebendig Gestalt an. Auf diese Weise haben die Kinder das Gefühl, dass die Buchstaben aus ihren eigenen Händen heraus entstehen, dass sie selbst deren Schöpfer sind.

Die allermeisten Kinder, die in unseren Schulen heute schreiben lernen, erleben dieses große Mysterium nicht. Sie erleben nicht das Glück, die Dinge der Welt in Zeichen zu verzaubern – und umgekehrt die Zeichen zurückzuversetzen in Realität. Die allermeisten Kinder schlucken die Buchstaben wie Medizin, die man ihnen reicht, einen nach dem anderen, in schön ordentlicher Reihenfolge. Sie kritzeln sie auf Linien, und dabei ist es fast belanglos, ob sie ein A oder ein I, ein L oder N schreiben. Kein Buchstabe schillert für sie. Keiner spricht wirklich zu ihnen.

Hören beziehungsweise lesen wir, was der französische Schriftsteller und langjährige Lehrer Daniel Pennac aus seiner Kindheit erinnert. Ich muss erwähnen, dass Pennac als Schulkind ein *cancre* war, ein Krebs, wie die Franzosen ihre schlechten Schüler gnadenlos bezeichnen. Pennac hatte, als er schreiben lernen sollte, eigentlich nur eines im Sinn: weglaufen! Er berichtet in seinem Buch »Schulkummer«: »Zweifellos ist diese Lust, davonzulaufen, auch der Grund für das seltsame Schreiben, dem ich mich hingab, ehe ich schreiben konnte. Statt Buchstaben malte ich kleine Männchen, die an den Rand flohen, wo sie sich zu einer Bande zusammenschlossen. Obwohl ich mir anfangs immer Mühe gab. Ich pinselte die Buchstaben des Alphabets so gut es ging, aber nach und nach verwandelten sie sich von allein in diese kleinen davonhüpfenden und sich fröhlich anderswo tummelnden Wesen. Noch heute verwende ich diese Männchen in meinen Widmungen. Ich hänge an ihnen. Sie sind mein Band aus der Kindheit, dem ich die Treu halte.«[11]

Wenn man Daniel Pennac mit seinem Männchen-Malen genau anschaut – und in seinem Buch findet man sie gezeichnet –, dann entdeckt man, dass er damit den Prozess der Schreib-Zivilisation gleichsam umkehrt, rückgängig macht. Er verwandelt die Buchstaben in das, was sie ursprünglich einmal waren, nämlich lebendige Wesen, Männchen, Menschen, vielleicht auch Tiere.[12] Auf jeden Fall mussten es kleine Gestalten sein, die weglaufen konnten.

Pennac spielt auf seine fantastisch-poetische Weise mit den Buchstaben. Dabei ahnen wir, dass ihm als Schriftsteller das Thema heilig ist, so wie es auch uns heilig sein sollte. Die Einführung in die Schrift ist für das kleine Kind der zentrale Moment der Initiation in die geistige Welt. Wenn das Kind erst einmal all die kleinen Strichzeichen, die kompliziert zusammengefügten Geraden und Krummen, die Häkchen und Pünktchen beherrscht, dann steht ihm alles Wissen der Welt offen. Und nicht nur das gegenwärtige Weltwissen. Das Kind kann mittels des geschriebenen Wortes auch die Vergangenheit aufschlüsseln und auf diese Weise »mit Hilfe des Aufgezeichneten am kollektiven Gedächtnis teilhaben«.[13] Und es kann auch die Worte *Morgen* und *Zukunft* schreiben und damit seine Identität auf Papier, auf einer Baumrinde oder im Sand einritzen.

Adoption

»Ein Kind zu adoptieren ist – ich kann es bezeugen – eine gefühlsmäßig reiche Erfahrung, die an Intensität der Erfahrung biologischer Elternschaft durchaus gleicht.«
Olivier Poivre d'Arvor

Es gibt sie nicht: *die* Adoption. Adoption hat viele Gesichter. Eigentlich bräuchten wir mindestens drei Begriffe, um die extrem unterschiedlichen Wirklichkeiten und Wahrnehmungsweisen ein und desselben Vorgangs zu begreifen. Da ist die Geschichte der Frau, die ihr Kind – unter welchen Umständen auch immer – abgibt. Da ist die Geschichte des Elternpaares oder der Einzelperson[14], das sich sehnlichst ein Kind wünscht. Und schließlich ist da das Kind selbst, Objekt des Begehrens und zugleich des Verlassenwerdens. Drei eigene Realitäten, drei zutiefst unterschiedliche Geschichten. Und sofort wird auch spürbar, dass wir damit nur die Hauptakteure erfassen. Um jeden dieser drei ranken sich wieder andere Personen (Partner, Eltern und andere Familienangehörige) oder Institutionen (Sozialämter, Kirchen, Adoptionsvermittler) sowie unendlich viele Möglichkeiten, Sehnsüchte, womöglich auch Abgründe.

Betrachten wir deshalb diese Geschichten einzeln, rücken wir je einen der Akteure ins Licht.

Erstens: Da erscheint das Gesicht der meist jungen Frau, die ungewollt ein Kind empfängt, austrägt, zur Welt bringt und zur Adoption abgibt. Kaum ist dieser Satz ausgesprochen, so schaltet sich Widerspruch ein: Was heißt ungewollt? Welcher Wille war da am Wirken? War es der Eigenwille der Frau, ihr Begehren, ihr Sehnen und ihre körperliche Bereitschaft, schwanger zu werden? War es ihr eigener Wille, das Kind abzugeben? Oder war es vielleicht ein fremder Wille? Etwa der der Eltern, die die Schande von der Tochter abwenden wollten? Oder der Widerspruch des Partners, der sich durch diese Schwangerschaft gestört fühlte? Oder der einer wohlmeinenden Lehrerin, die dem jungen Mädchen riet, erst einmal ordentlich die Schule zu absolvieren? (»Später kannst du noch viele Kinder kriegen!«) Oder war es die Dorfgemeinschaft oder die Kirche, die, zumindest in der Vergangenheit, außereheliche Schwangerschaften als Vergehen ahndete und die Frau häufig drängte, die sündige Tat durch eine Adoption ungeschehen zu machen?[15] Im Nachhinein ist es extrem schwer, den authentischen Willen einer Frau zu ergründen, die das Kind zur Adoption freigibt. Häufig ist die junge Frau innerlich extrem zerrissen, hat also Schwierigkeiten, ihren wirklichen Willen zu erkennen und zu benennen.

Manche Frauen, die ihr Kind abgeben, tun dies mit einem hohen Maß an Konsequenz. Vielleicht wollten sie ursprünglich abtreiben, ließen jedoch Termine verstreichen und sehen nun die Lösung in der Freigabe des Kindes zur Adoption. Andere dagegen haben sich eindeutig entschieden, das ungewünschte Kind nicht abtreiben, sondern leben zu lassen, aber sie fühlen sich nicht in der Lage, es anzunehmen und aufzuziehen. Sie glauben, dass das Kind in einer Adoptivfamilie besser aufgehoben ist und gute Entwicklungschancen erhält. Deshalb planen sie gezielt die Adoption und lassen sich selten in ihrem Entschluss irritieren.

Aber das ist doch eher eine Minderheit. Die große Mehrheit der Frauen, die ihre Kinder zur Adoption freigibt, handelt aus dem Gefühl einer seelischen Überforderung heraus. Sie fühlen sich übermäßig beansprucht durch die Schwangerschaft und allein gelassen von Partnern, Eltern, Geschwistern und Freunden. Nicht zu unterschätzen ist auch die Zahl derer, die schon ein oder zwei Kinder haben und plötzlich spüren, dass die Kraft für ein weiteres Kind nicht mehr ausreicht. Die Geburt des Kindes und die damit verbundenen Ängste überwältigen manche Frauen, und sie sind außerstande, die mütterliche Rolle zu übernehmen.

Alle Frauen, die ein Kind zur Welt bringen, brauchen im Moment der Geburt selbst Bemutterung, das heißt liebevolle, umfassende Versorgung und Zusprache. Einfühlsame Partner, die Mütter der Gebärenden, Freundinnen und vor allem Hebammen wissen dies und bauen im Idealfall um die schwangere und gebärende Frau eine Art Schutzwall. Bei der jungen Frau aber, die ihr Kind zur Adoption freigibt, fehlt dieser Schutzwall meistens ganz. Sie ist nur selten umgeben von liebenden und aufbauenden Personen, sondern – wenn überhaupt – von professionellen Helfern, die sie bei den notwendigen juristischen Schritten begleiten.

Nach der erfolgten Adoption fühlt die Frau, selbst dann, wenn sie ihre Emotionen beiseite schiebt, meist eine Leere, die man sich in ihrer Intensität nur schwer vorstellen kann. Wir lassen uns leicht täuschen: Auch wenn die biologische Mutter ihre Entscheidung aus vermeintlichen Vernunftgründen fällt, so durchlebt die Seele die Trennungsqual doch unvermindert stark. Tiermütter klagen oft tagelang nach ihren Jungen, die man ihnen wegnimmt. Menschenmütter schreien selten laut, doch ihr Schmerz ist nicht minder groß.

Seit Sigmund Freud wissen wir, dass die Menschen in unserer Gesellschaft gut lernen, zu verdrängen. Aber er verweist uns gleichzeitig darauf, dass diese Verdrängung ihren Preis fordert und dass sie auf Dauer meistens nicht trägt.[16] Ich kenne eine Frau, die als fünfzehnjähriges Mädchen ein Kind aus einer Verbindung mit einem Oxford-Studenten aus Indien zur Adoption gegeben hatte. Lebenslang reiste sie später nach Indien, in der unbewussten Hoffnung, dem Kind eines Tages womöglich dort zu begegnen. Und der Film *Philomena* (2013) zeigt eine andere Frau, die fünfzig Jahre nach der Geburt ihres unehelichen Sohnes geschwiegen hat und plötzlich verzweifelt nach ihm zu suchen beginnt. So lange hat die Verdrängung ihr Werk getan – dann aber glaubt die Frau nicht weiterleben zu können, ohne ihren Sohn gefunden zu haben.[17] »Der Mensch vergisst niemals wirklich. Alle kleinen Einzelheiten leben versteckt irgendwo in den Erinnerungen unseres Geistes«[18], schreibt der Koreaner Jung in seinem berührenden Comic über seine eigene Adoption, und in seinen Bildern bezeugt er, dass diese nicht nur im Geist, sondern auch im Körper selbst bewahrt und erinnert werden.

Zweitens: Die Geschichte der Adoptiveltern – so gut wie immer ist dies eine lange Geschichte. Meistens verstreichen Jahre mit vergeblichem Warten auf das eigene (biologische) Kind.[19] Oftmals hat das Paar bereits mehrere Fertilitätsuntersuchungen und auch -behandlungen über sich ergehen lassen, bis es sich zur Adoption entscheidet, bisweilen wohl auch durchringt, aus der Einsicht, dass der eigene Kinderwunsch nicht realisierbar ist. Manchmal war es eine qualvolle Wartezeit. Oder, diese Variante existiert heute in zunehmendem Maße, homosexuelle Partner, Männer oder Frauen, ersehnen ein gemeinsames Kind und entscheiden sich für die Adoption.

Der Kinderwunsch entspringt eben nicht, wie manche behaupten, einem narzisstischen Impuls, im Kind ein Stück eigenes Ich zu schaffen. Das wäre psychologisch zu kurz gegriffen. Vielmehr ist es das Begehren, dass der Fluss des Lebens mit mir nicht abbricht, dass er weiterfließe, fleischlich-lebendig. Der Wunsch nach Kindern entspringt der Bejahung des Lebens, der Akzeptanz des Zyklus von Sterben und Werden, so wie Goethe es formulierte: »Und so lang du das nicht hast, dieses: Stirb und werde! Bist du nur ein trüber Gast auf der dunklen Erde.«[20] Die meisten Menschen fühlen das – bewusst oder unbewusst. Sie spüren den Impuls, dass das Leben weitergehen soll durch sie. Sie wollen Kinder, und zwar Männer und Frauen gleichermaßen.[21] Viele Adoptiveltern, die keine Kinder bekommen können, wählen zur Befriedigung dieses Begehrens ein fremdes Kind. Mit der Kraft ihres Willens und ihrer Liebe nehmen sie ein ihnen unbekanntes Wesen an Kindes statt an, geben ihm Namen, Nahrung, Haus und Zukunft. Das erfordert Mut und eine tragfähige Motivation und Durchhaltekraft. Ganz so wie jedes Elterndasein.

Und schließlich – drittens – ist da das Adoptivkind selbst. Die allermeisten Kinder haben das Glück, in eine liebende Familie aufgenommen zu werden, die schon lange sehnsüchtig auf sie gewartet hat. Auf jeden Fall gelangen sie in Familien, die amtlich geprüft und für gut befunden wurden, die Kinder aufzunehmen. Sie haben das Glück, eine Familie zu bekommen, Wohnung, Nahrung und Wachstumschancen. Ganz besonders trifft dies für Kinder aus dem Ausland zu – inzwischen die große Mehrheit der Adoptivkinder –, wo sie oftmals wenig gute bis gar keine Entwicklungschancen haben.

So war es bei Anna, dem jungen Mädchen aus Rumänien. Die Adoptiveltern, ein kinderloses Arztehepaar aus England, holten sie und ihre zwei Brüder aus einem jener unvorstellbar lieblosen Kinderheime des Rumäniens der Neunzigerjahre. Anna war damals fast zwei Jahre alt, sie konnte noch nicht laufen, weil sie bis dahin meist an Gurten angekettet im Kinderbett gehalten wurde. Heute ist Anna eine junge Frau, auffallend zugewandt, fröhlich und selbstbewusst. Und dennoch erzählt die Adoptivmutter, dass die Tochter bisweilen in kaum zügelbare Zornattacken verfällt, so als wolle sie alles, ihre Vergangenheit und ihre jetzige Wirklichkeit, zerstören. So als wäre das Leben in England und in dieser liebevollen Familie das falsche Leben. So als sei sie selbst falsch.

Jedes Adoptivkind drängt irgendwann einmal danach, Auskunft über seine biologischen Eltern zu bekommen. Das Kind möchte wissen, wer es zur Welt gebracht hat, wer es gezeugt hat, und vor allem will es erfahren, warum die eigene Mutter es weggegeben hat. Wenn diese Frage nicht beantwortet wird, gibt es sich die Erklärung selbst: »Sie hat mich abgelehnt. Sie wollte mich nicht. Sie hat mich nicht geliebt.«

Das sind die im Adoptivkind kreisenden Gedanken. Es spricht sie selten aus. Wie Anna sind die meisten Adoptivkinder voller Dankbarkeit. Sie wissen sehr wohl, was sie den Adoptiveltern verdanken. Dennoch nagen diese Fragen in ihnen. Sie tragen das Trauma in sich, von ihrer eigenen Mutter für immer weggeschickt, *ausgesetzt* worden zu sein. Wie bei so vielen anderen Lebenskränkungen, die jeder von uns in sich trägt, gibt es Wege, damit zu leben und eine Balance herzustellen. Gegenüber dem Schmerz als Schattenseite der Adoption wiegt die andere Waagschale, in welcher das Glück, der Lebenswille und die Hingabe vereint sind. Und Letzteres wiegt, wenn man das Bild der Waage ernst nimmt, spürbar schwerer. Wie sagt der Koreaner Jung, der als Fünfjähriger zwischen Mülleimern aufgegriffen und zur Adoption nach Europa verschickt wurde? »Schließlich haben sie mir doch die Hauptsache gegeben: eine Familie.«[22]

Anders sein
*»Kinder ertragen absolut keine Unterschiede.
Sie lehnen sie ab, weil sie darunter leiden.«*
Aldo Naouri

Seltsame, vertrackte Welt. Manche Kinder sind anders. Manche Kinder fühlen sich anders, und manche wollen anders sein als sie sind. Wie soll man sich da zurechtfinden?

Mir geht das Mädchen Muriel nicht aus dem Kopf. Ich traf sie im Sommer 1990. Muriels Vater stammt aus Ghana, ihre Mutter aus Berlin. Muriel war acht Jahre, ihre dunkle Haut samtweich. Ihr Körper vibrierte vor Bewegung, und ihr Lachen steckte alle an. Zum Sommerfest trug sie Blumen im Haar, hatte Glanz in den Augen. Doch ihre

Mutter erzählte mir, dass sie abends, wenn keiner sie sah, Penaten-Creme unter ihrem Kopfkissen hervorholte und sich die weiße Paste ins Gesicht schmierte, um weiß zu sein wie die anderen.

Kinder, die sich wie Muriel durch Haut- oder Haarfarbe, durch Sprache und Verhaltensweisen spürbar vom Rest der anderen unterscheiden, sind exponiert. Ihre Umgebung begegnet ihnen mit Neugier und Faszination, die allerdings unvermittelt in ihr Gegenteil umschlagen können. Dann nämlich, wenn sie die Rolle des niedlichen und gefälligen Fremdlings verlassen, wenn sie eigenwillig oder gar zornig werden. Kinder spüren dies. Sie genießen die Zuwendung, aber insgeheim ersehnen sie ein Leben in Normalität, nicht aufzufallen und unter den anderen »zu sein wie sie«.

Zwanzig Jahre später hat sich viel geändert. Wer heute am Zaun eines Schulhofs steht, entdeckt gerade in Großstädten eine viel größere kulturelle Buntheit. Sprachen purzeln durcheinander, und niemand wundert sich über Kinder, die *anders* aussehen, andere Feste feiern und anderes Schulbrot essen.

Aber das Problem des Andersseins ist nicht vom Tisch. Es bedarf durchaus nicht dunkler Hautfarbe oder fremdartigen Aussehens, dass sich Kinder auch heute anders und damit infrage gestellt fühlen. Eine große Anzahl von Jungen und Mädchen nehmen sich deutlich anders als die sie umgebende Gruppe wahr, und sie durchleben damit einen tief menschlichen Konflikt: Schon das Kind sehnt sich danach, seine Individualität auszuleben, mit all seinem Begehren, seinen Macken und Fantasien. Und zugleich fürchtet es, damit anzuecken oder gar ausgestoßen zu werden. Aus dieser Angst heraus nimmt es sich oft in seiner Individualität zurück und sucht Schutz in der Konformität der Gruppe, es taucht ganz einfach unter zwischen den anderen. Die Schriftstellerin Cordelia Edvardson, Tochter einer christlichen Mutter (Elisabeth Langgässer) und eines jüdischen Vaters, beschreibt die Spannung, die sie als Kind während der Nazizeit aufgerieben hat: »Das Mädchen selber war hin und her gerissen zwischen dem Stolz darüber, ›anders‹ zu sein, einem Stolz, der immer zweifelhafter wurde, und dem hoffnungslosen Wunsch, dazuzugehören, so zu sein ›wie alle anderen‹‹.[23]

Nicht nur Muriel wünschte sich in eine andere Haut. Erstaunlich viele Kinder wollen ohne offensichtlichen Grund anders sein: klüger, hübscher, musikalischer, sportlicher. Sie ersehnen sich einen anderen Körper, andere Augen oder andere Haare und mitunter auch ein anderes Wesen, vielleicht auch ein anderes Geschlecht. Und beängstigend viele Kinder neigen dazu, sich über den Mangel zu definieren, über das ihnen vermeintlich Fehlende, über das, was sie eigentlich sein wollen oder glauben, sein zu sollen.

Warum definieren sich Kinder über den Mangel? Warum glauben sie, *anders* und besser sein zu müssen? Die Antwort darauf ist nicht leicht, sie führt uns zurück in die früheste Lebenszeit des Kindes. Die ersten Wochen und Monate des Lebens sind die prägende Phase, in der das Kind schrittweise Vertrauen in seine Welt entwickelt. Wenn das Kind von Vater und Mutter vorbehaltlos angenommen wird, wenn ihm durch Sprache und Verhalten vermittelt wird: »Ja, du bist das Kind, das wir uns gewünscht haben«, dann ist dies die nährende Basis für das spätere Selbstgefühl und Vertrauen in die Welt. Dann ist das Kind *richtig* und muss nicht danach trachten, anders zu sein. Das kleine Mädchen muss nicht der ersehnte männliche Stammhalter sein, um sich akzeptiert zu fühlen. Der kleine Junge muss kein Genie sein, um den Vater stolz zu machen. Das Kind muss nicht anders sein, als es ist. Der Tiefenpsychologe Erik H. Erikson bezeichnet dieses besondere Gefühl des Kindes mit der schönen Formel *Urvertrauen*.[24] Ein starkes Wort und eine gute Vorstellung. Ein Kind, das sich seiner selbst sicher ist, wird es später nicht nötig haben, in die Haut eines anderen schlüpfen zu wollen – es sei denn als Schauspieler.

Wenn Kinder sich wünschen, anders zu sein, erfahren die Eltern dies nur selten und Lehrer so gut wie nie. Kinder halten diese Sehnsüchte lieber geheim, weil die damit verbundenen Gefühle hoch empfindlich sind und sie zu Recht befürchten, dass die Erwachsenen ihre Fantasien zerstören könnten.

Mit dem Wunsch zum Anderssein verdichten sich so viele Geheimnisse, so viele Lebensrätsel. Und alle kreisen nur um die eine nach Antwort drängende Frage: »Warum bin ich anders?«

Eine klassische Lösung – und damit Erlösung für das Kind – ist die Erklärung, dass es womöglich aus einer anderen Familie stammt und vielleicht nur durch Zufall hierher geraten ist: »Ich bin das Kind eines (einer) anderen.« Im Märchen würde es heißen: »Ich bin das Kind eines Königs«, als Zeichen der Erhöhung, denn nach Erniedrigung sehnt sich das Kind wohl kaum, wobei auch dies möglich ist. Sigmund Freud bezeichnet solche Fantasien als *Familienroman*.[25] Demnach erdichten sich zahlreiche Kinder, die sich in ihrer eigenen Haut, beziehungsweise in ihrer Familie, nicht zu Hause fühlen, ihre eigene, für sie stimmige Geschichte, um sich selbst zu beschwichtigen und zu versöhnen. Typisch für diesen Familienroman ist immer, dass das Kind ihn für sich als Geheimnis bewahrt. Niemand, wirklich niemand, darf daran rühren.

Fassen wir zusammen. Jedes Kind ist ein einzigartiges Wesen. Jedes Kind entwickelt unter vielen Wachstumsschmerzen sein eigenes Ich. Und je intensiver dieser Prozess sich vollzieht, desto deutlicher nimmt das Kind seine Einzigartigkeit auch als Andersartigkeit wahr. Es gibt Wachstumsschmerzen, die wir unseren Kindern nicht ersparen können, das müssen wir als Erwachsene ohne Schrecken und ohne Schuldgefühle akzeptieren. Das irritierende Gefühl, anders zu sein als die anderen, gehört dazu.

Angst

»Als Kind: meine Liebe äußerte sich als Angst.«
Peter Handke

Ich muss damals neun gewesen sein. Meine Mutter hatte kurz vorher ein zweites Mal geheiratet, den Lehrer meines Bruders, und natürlich war dies ein aufregendes Ereignis für unsere Familie. Allerdings liegt all das, die Hochzeit, das Vorher und Nachher in meiner Erinnerung ganz im Dunkeln. Nicht aber die folgende zeitgleiche Szene: Meine Eltern besuchten mit meinem Bruder und mir einen Zirkus in einer nahe gelegenen Stadt. Spaßeshalber versteckten sich die drei ganz plötzlich hinter einem Zirkuswagen – und ich war wie verloren. Nie werde ich den Schrecken, diese Mischung aus Ohnmacht und Traurigkeit vergessen, wie ich mutterseelenallein inmitten des Zirkusgetümmels ins Leere schaute, nicht wissend, in welcher Richtung ich suchen sollte. Merkwürdig, viele meinen, dass es stets große, dramatische Ereignisse sind, die das Kind ängstigen. Dabei kann schon die geringste, scheinbar banale Begebenheit das Kind in Angst und Schrecken versetzen – nämlich wenn es sich allein gelassen fühlt. Dann verliert es den Boden unter sich.

Die Hauptangst des Kindes besteht darin verlassen, vergessen, ausgesetzt zu werden, also die (An-)Bindung zu denen, die es liebt, zu verlieren. Alles andere, was wir gemeinhin Kinderängste nennen, sind im Grunde nur unterschiedliche Grade und Erscheinungsweisen dieser Urform der Angst.

Zur menschlichen Grundausstattung gehört die Angst, sie begleitet uns von Beginn an und nicht selten bis zum letzten Atemzug. Angst ist nicht nur ein mentaler, sondern ein durch und durch körperlicher Zustand: Angst lässt uns in die Hose machen, sie lässt unser Herz rasen und reißt uns schweißnass aus dem Schlaf. *Angst essen Seele auf*, wie ein bekannter Filmtitel sagt.[26]

Das Grundmuster aller Ängste ist tatsächlich schon in der Geburt angelegt: Angst kommt von Enge, und beim Durchgang durch den

Geburtskanal, getrieben von den mütterlichen Wehen, erfährt das Kind erstmals und im wahrsten Sinn des Wortes jenes Gemisch aus Enge und Angst. Gleichzeitig jedoch erlebt es – und dies ist das eigentliche Wunder der Geburt – die Auflösung der Enge, die Befreiung. Wir wissen nicht genau, wie weit die Erinnerungsspuren an dieses frühe Erlebnis heranreichen, aber ich bin überzeugt, dass diese ersten Angsterfahrungen körperlich in den Zellen gespeichert werden und uns lebenslang begleiten.[27]

Im Idealfall wird das neugeborene Kind sofort liebevoll aufgenommen, das *Geburtstrauma* durch Zuwendung, Wickeln und Muttermilch aufgefangen. Doch dies ist nicht immer gegeben. Auch heute noch sterben Kinder, weil sie medizinisch schlecht versorgt werden. Und in der Vergangenheit war es gang und gäbe, dass Kinder während der Geburt oder sofort danach starben. Ungewollte Kinder wurden (und werden auch heute noch) lieblos beiseite gelegt, niemand geht mit ihnen eine Bindung ein.

Neugeborene haben möglicherweise eine instinktive Ahnung davon, dass sie Glück haben, wenn sie bei der Geburt freundlich aufgenommen werden, wenn die Mutter sie bedingungslos annimmt. Und es ist ab sofort ihr Lebens- und Leitmotiv, diese Bindung zu erhalten. Die Allgegenwart der Mutter oder der Erwachsenen schlechthin schützt das Kind vor der Angst. Wo sie fehlt, ist das Kind bedroht. Krieg, Flucht, Zerstörung und andere Turbulenzen können die Kinder oft erstaunlich gut ertragen, solange sie die Hand von Vater oder Mutter halten und solange sie selbst gehalten werden. Sie sind zwar erschreckt und verwirrt, aber sie fühlen sich nie verloren. »Ich war während des Angriffs auf Dresden an der Hand meiner Mutter«, sagt eine Frau, »und erstaunlicherweise habe ich gar nicht geweint.« Geht der schützende Kontakt jedoch verloren, bricht Panik aus. Dann trägt nichts mehr, und das Kind wird von Angst überflutet.

Ängste kommen und gehen. Sie kommen angerollt wie Gewitter, sie treten auf in Gestalt von Hexen, Geistern oder Raubtieren, die das

Kind angreifen und in Stücke zu zerreißen drohen. Doch verschwinden Ängste auch wieder und lösen sich wie böse Träume auf. Es nützt wenig, das Kind zu mahnen und seine Angst dumm oder peinlich zu nennen. Dann rächt sie sich, erscheint in anderem Gewand und will erst recht die kleine Seele *aufessen*.

Ja, Angst ist unsere Begleiterin, sie gehört wesensmäßig zu uns. Und sie ergibt manchmal sogar Sinn, dann nämlich, wenn sie uns vor drohenden Gefahren warnt. Vielleicht sollten wir ihr offener begegnen, wie einem Besucher aus einem fremden Land, der uns etwas zu sagen hat.

Archetyp Kind
»Kleiner als klein, doch größer als groß.«
C. G. Jung

Die meisten von uns leben auf irgendeine Weise real mit Kindern. Wir sehen sie, hören sie, unterrichten oder heilen sie und freuen uns an ihnen. Einige haben aber Gründe, keine Kinder um sich haben zu wollen und stattdessen mit Hunden, Katzen oder Vögeln oder ganz allein zu leben. All das ist möglich – doch niemand kann auf die Kinder in seiner Umgebung *nicht* reagieren.

Daneben aber – weit über dies Reale hinaus – tragen wir alle ein Bild vom Kind in uns, welches oft wenig bewusst und mitunter sogar ganz unbekannt ist. Dieses Bild existiert völlig unabhängig von unseren eigenen individuellen Kindheitserfahrungen – als Urbild, als *Archetypus* vom Kind.

Der Begriff *Archetypus* stammt von Carl Gustav Jung und ist ein Grundpfeiler seiner Tiefen-Psychologie.[28] Und in die zeitlich-räumliche Tiefe führt dieses Denken tatsächlich. Nach Jung tragen wir Menschen nämlich nicht nur die Nachwirkungen unseres eigenen, individuellen Erlebens in uns – und dies ist schon viel –, sondern wir haben darüber hinaus menschheitsgeschichtliche Ablagerungen gespeichert. Wie die Ringe alter Bäume tragen wir die Erinnerungs*spuren* unendlich vieler vorhergehender Generationen in uns. Die Sprache dieser Erinnerungsspuren zu entschlüsseln fällt uns nicht leicht. Aber die alten Bilder leben in uns und werden wirksam in unseren Träumen, in Ängsten und Visionen und in Momenten besonderer seelischer Wachsamkeit.[29]

Der Kindarchetypus birgt viele Aspekte. Am aufregendsten erscheint mir das Motiv »kleiner als klein, doch größer als groß«, wie Jung es benennt, jene krasse Polarität und die dazugehörige gefahrvolle und gleichzeitig lustvolle Bewegung zwischen diesen beiden Seinszuständen.

Das neugeborene und gar das ungeborene Kind: Ist es nicht *kleiner als klein*? Ist es nicht unendlich fragil und bedroht von Anfang an? Und gleicht es nicht einem Wunder, wenn es trotz dieser Bedrohtheit und durch sie hindurch überlebt und seinen Weg findet? Das Wunder ist tatsächlich so groß, dass wir es kaum angemessen in Sprache fassen können. Wie matt sind Worte, wenn es um das Überleben geht, das den meisten von uns als selbstverständlich erscheint.

Deshalb brauchen wir starke Bilder, die über Worte hinausreichen. Deshalb brauchen wir Mythen und Märchen, die das Wunder des Großwerdens unter Gefahren immer wieder neu beschwören und die den Segen betonen, der darin liegt, heil daraus hervorgegangen zu sein. Da wird ein Kind als Däumling geboren, als Dummling oder gar als Tier (»kleiner als klein«), und es wächst doch heran, allen Widrigkeiten zum Trotz wird es doch »größer als groß«: Es wird zum Menschen. Das im Korb ausgesetzte und todgeweihte Moses-Kind wird zum Befreier seines Volkes. Die Söhne und Töchter von Bauersleuten, also kleiner Leute im Sinne der sozialen Hierarchie, bestehen Prüfungen und werden zu Königen und Königinnen erhoben und damit doch »größer als groß«.

Der Archetypus meidet das mittlere Maß. Er liebt die Extreme. Und er schöpft aus dem tiefen Brunnen der menschlichen Erfahrung: Die Bedrohung des Lebens und die darauf folgende Errettung ist wohl die dramatischste existenzielle Erfahrung, die ein Mensch durchleben kann, zumal wenn sie (s)einem Kind widerfährt.

Was den Archetypus des Kindes für uns so faszinierend, gleichwohl so schwer fassbar macht, ist seine Offenheit nach allen Seiten hin. Offen hinsichtlich der zeitlichen Dimension umfasst der Kindarchetypus alles Vergangene, alles Gegenwärtige und alles Zukünftige. Kindheit ist ein fließender Strom, darin kreuzen sich Kinderschicksale millionenfach, und auch zukünftig werden Kinder die Erde bevölkern und ihr menschliches Potential entfalten. Dabei unterstreicht Jung vor allem den Zukunftscharakter des Kindarchetypus, wenn er sagt: »Das Kind ist potentielle Zukunft.«[30] Vielleicht ist dies überhaupt der für uns kostbarste Aspekt des Kindarchetypus, das Kind als Repräsentant von Zukunft und damit Hoffnung – und für manche sogar Heil (»Denn euch ist heute der Heiland geboren«).

Offen ist der Kindarchetypus auch hinsichtlich der menschlichen Möglichkeiten, denn diese sind gewissermaßen unendlich. Das neugeborene Kind trägt alle Möglichkeiten in sich: Es kann Briefträger werden, Mathematiker, Raumfahrer oder Opernsänger. Im Kindarchetypus ist dieses unendliche Potential voll existent; letztlich entscheidet die Biografie darüber, wie das Kind es in seinem Leben umsetzt.

Was wir soeben über den Archetypus sagten, seine Verknüpfung mit menschheitsgeschichtlichen Erinnerungsspuren, seine Zukunftsbezogenheit und sein Alternieren zwischen den Polen »kleiner als klein« und »größer als groß« – all dies sind innere Bilder. Wir sollten sie als solche begreifen und wertschätzen und ihnen großzügig Raum in uns geben. Leben ist Leben. Bilder sind Bilder. Und Archetypen sind Archetypen. Und dennoch: Alles ist *eins*.

Atem

*»Die Atemzüge dieser Kinder, all dieser Kinder,
und das soll uns nicht retten?«*
Elias Canetti

»So können wir den kreativen Impuls als etwas Eigenständiges betrachten, das natürlich notwendig ist, wenn ein Künstler ein Kunstwerk erschafft, das aber auch bei jedem anderen vorhanden ist – sei es nun ein Kleinkind, ein Kind, ein Jugendlicher, ein Erwachsener oder ein Greis. Im augenblicksbezogenen Leben eines Kindes, das sich am Atem erfreut, ist es ebenso vorhanden wie in der Inspiration eines Architekten, dem plötzlich einfällt, wie er etwas bauen kann.«[31] Dies schreibt Donald W. Winnicott in seinem Buch *Vom Spiel zur Kreativität*. Dass da jemand wie er, als gestandener Psychoanalytiker und Kinderarzt, den Atem nicht als passives Geschehen, sondern als »kreativen Impuls« eines Kindes deutet, ist, zumindest in unserer Kultur, außergewöhnlich.[32] Wir nehmen den Atem des Kindes als derart selbstverständlich gegeben an, dass wir uns seiner Schönheit, seines Rhythmus, seines Klangs, seines Geruchs und seiner Vibrationen gar nicht wirklich gewärtig sind. Wir würden in Gesellschaft anderer Erwachsener leicht lächerlich erscheinen, wenn wir offenbarten, wie sehr uns der Atem unseres Kindes fasziniert. Stattdessen unterhalten wir unsere Mitmenschen – oder sie uns – mit Geschichten über Polypen-Operationen und Zahnspangen.

Dabei ist doch gerade der Atem das Kostbarste und Wunderbarste, was das Kind in sich trägt. Ohne Atem kein Leben. Atem *ist* Leben, und das wissen wir (theoretisch) alle. Warum begegnen wir diesem Wunder so wenig achtsam?

Für den Atem fehlt uns, ebenso wie für die vielschichtigen Vorgänge des Körpers oder einzelner Organe im gesunden Zustand, meist die Sprache. Erst wenn ein Teil des Körpers aussetzt, wenn wir uns krank fühlen, finden wir Worte. Erst wenn der Atem spürbar schwer wird, wie beim Asthma, wenn er ins Stocken gerät oder wenn er zu rasen beginnt wie etwa in einem epileptischen Anfall, nehmen wir ihn bewusst wahr und können ihn benennen. Und erst wenn der Atem plötzlich versagt wie beim plötzlichen Kindstod, offenbart sich seine existenzielle Bedeutung.

Heute gibt es nur noch selten Hausärzte oder gar Mütter und Väter, die, den Kopf an den Leib des Kindes gepresst, seinen Atem abhorchen. Dabei wäre es aufschlussreich, etwas über die Atemtätigkeit des Kindes zu erfahren – nicht nur an kranken, sondern auch an gesunden Tagen. Oder in Momenten, in denen das Kind Stimmungen ausgesetzt ist, die es allein nicht mehr regulieren kann. Wie atmet eigentlich das erregte Kind? Oder gar das hyper-erregte? Wie atmet das traurige Kind oder das depressive? Wie atmet das Kind, das nicht in den Schlaf findet? Lässt sich über den Atem lenkend eingreifen, wenn das Pendel in die eine oder andere Richtung ausschlägt? Mit anderen Worten: Lässt sich der Atem besänftigen? Lässt sich der Atem – und damit das Kind – erheitern, lebendiger, mutiger machen?

Tatsache ist, dass bei Kindern, stärker noch als bei Erwachsenen, der Atem auf alle Handlungen und Seelenregungen sensibel reagiert und mitschwingt:
- ein Schock *verschlägt* dem Kind *den Atem*,
- aus Angst muss es *den Atem anhalten*,
- nach einer schweren Anstrengung muss es erst einmal tüchtig *durchatmen*,
- beim Lernen in der Schule braucht es immer wieder *Atempausen*
- und die Eltern verlangen von ihm, dass es, wenn es etwas gründlich lernen will (wie beispielsweise ein Musikinstrument), *einen langen Atem* haben muss.

Überall in der Menschwerdung ist der Atem präsent, ganz konkret und ebenso stark im übertragenen Sinne. Im antiken Mythos entspricht Atmung dem Akt der Zeugung selbst, eine Vorstellung, die sich gleichfalls in manchen Märchen widerspiegelt, wenn etwa der Atem eines

Tieres ein junges Mädchen zu schwängern vermag.[33] Auch der Wind hat Zeugungskraft, und so verschmelzen im Unbewussten der individuelle Atem mit dem großen Atem der Erde selbst. Wie recht hatten doch die alten Rabbiner im *Talmud Sabbat*, wenn sie davon sprachen, dass die Welt nur aus dem Hauch *(ruach)* der kleinen Kinder bestehe!

Autismus
»Der Schlüssel zum Autismus ist der Schlüssel zum Wesen des Menschen.«
L. Wing

Dieses Kapitel ist das einzige innerhalb des *Alphabets der Kindheit*, das sich mit einem psychiatrischen Krankheitsbild befasst. Dabei ist meine Wahl keineswegs zufällig. Wir müssen manchmal, um die sogenannte normale, gesunde Entwicklung des Kindes besser zu verstehen, Umwege machen, und zwar Umwege über Abweichungen, über Extreme, über Krankheit gar. Dem *Normalen* gegenüber sind wir hin und wieder betriebsblind. Wir sehen es einfach nicht. Wir öffnen die Augen erst für die Abweichung. Hier horchen wir auf, hier reagieren wir. Und aus dieser Perspektive begreifen wir bisweilen das Wesen dessen, was wir gemeinhin als *normal* wahrnehmen. Thomas Mann bezeichnet die Pathologie als ein anthropologisches Erkenntnismittel ersten Ranges.[34] Nehmen wir hier den Autismus als *Pathologie*, so gibt er uns tatsächlich eine besondere Möglichkeit, zu verstehen – und zwar in vielerlei Hinsicht:

Erstens: Wir können erkennen, wie unendlich nahe Gesundheit und Krankheit liegen. In Wirklichkeit sind die Grenzen überaus fließend.
Schauen wir zunächst auf die Merkmale, die dem autistischen Kind allgemein zugeordnet werden. Wichtigstes Leitmotiv ist das schwach ausgeprägte Ich-Gefühl und entsprechend keine wirkliche Vorstellung

von einem Du. In der Sprache haben autistische Kinder unterschiedlich ausgeprägte Defizite (Umkehrung von Worten, Echolalie oder auch völliger Sprachausfall). Ihr Schlaf ist häufig gestört und ebenso ihr Essverhalten. Viele der Kinder leiden an körperlichen Ticks, bizarren oder auch stereotypen Gebärden mit den Händen, den Armen und Beinen und/oder dem gesamten Körper. Fast alle schwanken extrem in den Stimmungen. Es fällt ihnen schwer, symbolisch wahrzunehmen, und gleichzeitig fallen einige durch außergewöhnliche, meist einseitige intellektuelle, zeichnerische oder musische Begabungen auf. Ganz generell sind sie »einfach anders in die Welt gestellt«.[35]

Wenn wir uns diese Merkmale im Einzelnen anschauen, sind all diese Erscheinungen in abgeschwächter Form bei einer Vielzahl von Kindern zu beobachten. Welches Kind hat nicht, zumindest temporär, Essstörungen oder Schlafprobleme? Welches Kind schwankt nicht in seinen Stimmungen und ist zeitweise ganz auf sich selbst zurückgeworfen – ohne Beziehung und ohne Einfühlung in das Du? So gut wie alle diese *autistischen Züge* gehören zum Bild und ebenso zum schwankenden Selbstbild der allermeisten Kinder.

Damit Autismus Krankheitswert erhält, müssen diese Merkmale so stark ausgeprägt sein, dass sie das betroffene Kind in seinem Wachstum ernstlich behindern und stören und dadurch auch seine Umgebung in Mitleidenschaft gezogen wird. Selten ist es das Kind selbst, das an seinem Sosein leidet, es sind die anderen, die es als *autistisch* wahrnehmen und es sein Anderssein spüren lassen, und oftmals schafft erst dies das eigentliche Leiden des autistischen Kindes. Auf die Frage »Ray, bist du autistisch?« antwortete der *Rain Man* im gleichnamigen Film: »Ich glaube nicht. Nein. Definitiv nicht.«[36]

Zweitens: Wir können erkennen, wie irritierend und zugleich fragwürdig Diagnosen und Krankheitszuweisungen sind.
Es versteht sich, dass im Fall einer gravierenden Einschränkung des Kindes – dann nämlich, wenn es nicht wirklich sein Ich entwickelt,

wenn es gar nicht in die Sprache hineinfindet und wenn es nicht in der Lage ist, soziale Kontakte mit anderen aufzubauen – Psychologen und Psychiater zu Hilfe geholt werden. Sobald die Eltern Anzeichen von Autismus bei ihrem Kind spüren, verlangen sie nach Diagnose und Rat.

Genau hier beginnt das Dilemma. Da das Spektrum der Syndrome so extrem breit gestreut ist und sich häufig mit anderen Entwicklungsstörungen oder psychiatrischen Krankheitsbildern kreuzt beziehungsweise überlagert, fallen die Diagnosen für kindlichen Autismus extrem unterschiedlich und bisweilen willkürlich aus. Unterschiedlich sind sowohl die Instrumente der Diagnostik[37] als auch die theoretischen Standpunkte der Diagnostizierenden.

Die wissenschaftliche Forschung ist seit der fast zeitgleichen Entdeckung des Autismus als eigenes Krankheitsbild durch den Amerikaner Leo Kanner (1943) und den Österreicher Hans Asperger (1938) bis heute systematisch fortgeschritten und wird auffallend kontrovers diskutiert.[38] Verschiedene Disziplinen konkurrieren mehr oder weniger unerbittlich um ein tieferes Verständnis der Krankheit – Genetik und Epigenetik, neurobiologische und neurochemische sowie psychologische Theorieansätze[39] –, teilweise unter Einbeziehung, teils unter strikter Ausblendung psychoanalytischer Befunde und Erfahrungen.[40] Und seit einigen Jahren registriert man überdies einen »rätselhaften Anstieg«[41] der Diagnosestellung Autismus (beispielsweise eine Verdopplung der Fälle zwischen 2000 und 2010). Rätselhaft ist allerdings die Frage, ob die Krankheit mit ihrer ganzen Schwere wirklich derart um sich gegriffen hat, oder ob nicht die Theorien und Methoden zur Erfassung der Störung derart inflationär missbraucht werden, dass die Statistiken kaum mehr aussagekräftig sind.

Und drittens: Wir können erkennen, dass Krankheit (auch) ein Spiegel der Gesellschaft ist.
Rätselhaft bleibt weiterhin, ob tatsächlich – wie oben vermutet – nur die Diagnosestellung Autismus extrem zugenommen hat oder ob nicht

doch die Kinder derzeit wesentlich leichter und häufiger autistisch krank werden. Man muss nicht kulturpessimistisch sein, um unter den Menschen Phänomene und Verhaltensweisen zu entdecken, die man deutlich als autistisch gefärbt erkennen kann: Elternpaare, die aneinander vorbeischauen; stillende Mütter am Notebook; Familien, die nicht zusammen essen; Menschengruppen, in denen wenig oder gar nicht gesprochen wird; Techniksucht; Fühllosigkeit und Mangel an Empathie; Zahlenfetischismus; roboterhafte Bewegungen. Die Liste autistisch gefärbten Verhaltens ließe sich mühelos erweitern. All dies sind Botschaften einer Gesellschaft, die sich, in tausend Gewändern verkleidet und chronisch verabreicht, in der unendlich porösen und plastizierbaren kindlichen Seele niederschlagen und diese nachhaltig prägen.

Eine Gesellschaft produziert nicht nur körperliche Krankheiten wie Krebs, Diabetes und Herzleiden, sondern auch seelische Leiden, Depressionen, Süchte, und womöglich auch die verschiedenen Ausformungen von Autismus. In vielen Verhaltensweisen autistischer Kinder kann man, gleichsam wie in einem Spiegel, Zerrbilder des typischen Habitus unserer (westlichen) Gesellschaft entdecken.

Nein, Krankheiten, auch Kinderkrankheiten, fallen nicht vom Himmel. Die wissenschaftliche Forschung soll durchaus weitergehen. Die eigentliche Forschung steht aber da an, wo wir uns als gesellschaftliche Subjekte immer wieder neu fragen müssen, in welche Welt wir unsere Kinder eigentlich entlassen. Welchen Nährboden bereiten wir ihnen, damit sie gut wachsen können? Welches Immunsystem schenken wir ihnen von Anfang an? Wo liegt unser aller Beitrag – jenseits der Gene –, dass so viele unserer Kinder autistisch erkranken?

B

»Wer A sagt,
muss auch B sagen.
Er kann aber
auch erkennen,
dass A falsch war.«
Bertolt Brecht

Baum

»Mit Bäumen kann man wie mit Brüdern reden und tauscht bei ihnen seine Seele um.«
Erich Kästner

Früher pflanzte man zur Geburt eines Kindes im Garten einen Baum. Am liebsten einen Apfelbaum. Ein schöner Brauch. Jeder weiß, dass Kinder ganz anders wachsen als Bäume, und dennoch tragen wir tief in uns die Überzeugung, dass es eine Analogie zwischen beiden gibt, dass das Kind doch ein bisschen dem Baum gleicht und umgekehrt. Und selbst wenn man diese Überzeugung nicht teilen will, so wird doch jedermann leicht nachvollziehen können, dass es da eine Nähe gibt, eine Anziehung, vielleicht sogar Liebe zwischen Kind und Baum.

Natürlich ist kein Kind so töricht, laut und offen davon zu sprechen. Wie so viele andere Dinge, die dem Kind heilig sind, hält es sein Wissen lieber geheim. Erst als Erwachsener schreibt deshalb der spanische Dichter Federico García Lorca diese Zeilen über die Pappeln seiner Kindheit: »Ich spreche heute zum ersten Male davon. Es hat immer nur mir allein gehört. Es war etwas so Intimes, Privates, dass ich es nicht einmal selbst analysieren wollte. Als Kind lebte ich inmitten der Natur. Wie für alle Kinder hatte auch für mich jedwedes Ding, jedes Möbel, jeder Gegenstand, Baum oder Stein, eine Persönlichkeit. Ich sprach mit ihnen und liebte sie. Im Hof unseres Hauses standen Pappeln. Eines Nachmittags kam es mir so vor, als wenn die Pappeln sängen. Der Wind zwischen den Zweigen erzeugte ein Geräusch aus verschiedenen Tönen – mir klang es wie Musik. Und ich begleitete das Lied der Pappeln oftmals viele Stunden mit meinem Gesang. Einmal hielt ich verblüfft inne. Da sprach jemand meinen Namen, jede Silbe für sich, als buchstabierte er: ›Fe-de-ri-co.‹ Ich sah mich um, aber da war niemand. Und doch zirpte mir jemand weiter meinen Namen ins Ohr.«[42]

Der Baum besitzt seine reale Gestalt und gleichzeitig gibt er Raum für Projektionen aller Art. Jedes Kind sucht und findet in ihm genau das, was seine Seele braucht. Für Pippi Langstrumpf ist die Baumhöhle der Ort, an dem man die schönsten Schätze findet. Im Märchen vom *Fundevogel* wird das entführte Kind in einer Baumkrone versteckt, aber auch glücklich wieder entdeckt. Für manche Kinder ist der Baum das Objekt erster naturwissenschaftlicher Neugierde, es sammelt Bucheckern und Blätter, schnitzt sich Stöcke und zählt die Jahresringe. Kein Kind, das sich nicht danach sehnt, in einem Baumhaus zu thronen, und kein Kind, das nicht gierig ist nach den Früchten der Bäume, nach Äpfeln, Birnen und Nüssen.

Wir Erwachsenen vergessen leicht und müssen uns immer wieder zurückerinnern: Als Kind waren wir eins mit der Natur. Alles war in ihr lebendig. Wenn ein Baum gefällt wurde, dann spürten wir die Schmerzen körperlich, und manchmal weinten wir sogar. Heute gibt es nur noch wenige Familien, die zur Geburt des Kindes einen Baum pflanzen, und wenige Familien mit Gärten, auf deren Bäume die Kinder klettern können. Aber Bäume gibt es überall, an jeder Straßenecke, in jedem Park, an fast jedem Bahnhof oder städtischen Platz.

Eine Berliner Kindergruppe kam kürzlich auf die Idee, dass jedes Kind sich einen Patenbaum sucht, seinen Baum, der durchaus auf einem öffentlichen Gelände stehen kann. Jedes Kind darf mit seinem Baum irgendetwas Besonderes anstellen, ein Vogelhaus oder Schmuck an einen Ast hängen, Blumen pflanzen an seiner Wurzel. Manche haben ihren Baum gemalt oder fotografiert oder ihm einen Namen gegeben, kurz: Sie alle haben den Baum zu ihrem persönlichen Freund gemacht. Alles ist ein Spiel der Fantasie, aber diese Kinder sind nicht die ersten, die sich auf ihre Weise mit Bäumen verbinden. Schon in der Bibel finden wir sie, diese innere Nähe zu den Bäumen. Da gibt es die Geschichte von der Heilung des Blinden. Als dieser nach Jesus' Handauflegen die Augen öffnet, sagt er staunend: »Ich sehe Menschen gehen, als sähe ich Bäume.«[43]

Bindung

Elliott: »E.T.! Bleib bei mir!
Bitte, bleib mit mir zusammen!«
Steven Spielberg

In Steven Spielbergs Film *E. T.* sucht ein kleiner Junge Freundschaft, Trost und Vertrauen bei einem Außerirdischen. Hier glaubt er das zu finden, was er in seiner eigenen Familie verzweifelt entbehrt: Bindung. Dieser Film aus dem Jahre 1982, ursprünglich als Kinderfilm konzipiert, hat seine erwachsenen Zuschauer nicht weniger angerührt als die jungen. Das lag sicher nicht nur an Spielbergs Regiekunst, vielmehr spürte jeder Kinobesucher, ob groß oder klein, dass die dramatische Geschichte um E.T. eine tiefe, universale Wahrheit vermittelt: Kein Kind auf Erden kann und will aus freien Stücken allein sein. Jedes Kind will zusammen sein, in Bindung sein: mit einem Menschen, mit einem Tier, mit seiner Facebook-Freundesschar – und notfalls mit einem Außerirdischen. Das ist die Botschaft des Films, und das hat die Menschen, als sie E.T. im Kino sahen, zum Weinen gebracht.[44]

Die Erklärung für diese Botschaft liegt nahe. Bindung ist, vom Anfang unseres Lebens an, eine absolute Notwendigkeit. Das Neugeborene muss vom ersten Augenblick an angenommen, gefüttert, gewärmt und versorgt werden, um zu überleben. In einem sensiblen, über Wochen und Monate währenden *Einigungsdialog*[45] weben Mutter und Kind das erste Band, welches das Muster für alles spätere Bindungsverhalten abgibt.[46] Im Normalfall sind die Mutter und auf seine Weise der Vater von sich aus auch gern bereit, diese Bindung mit dem Kind einzugehen, es zu nähren, zu schützen, und sie werden dafür reichlich belohnt.

Was ist das Wesen der Bindung? Wie können wir sie begreifen, fernab all der wissenschaftlichen Definitionen, in denen man sich so leicht verlieren kann? Vielleicht sollten wir beginnen mit dem, was Bindung nicht ist. Bindung ist nicht automatisch gleichzusetzen mit

Liebe und Glück. Interessanterweise – oder sollten wir etwa sagen klugerweise? – bindet sich das Kind anfangs an jeden, der es versorgt und schützt, selbst wenn dies ohne Zeichen von Liebe geschieht und ihm dabei Leid oder Schmerz widerfährt. Es bindet sich auch an Tiere, wie die Geschichten der sogenannten Wolfskinder beweisen. Die Hauptsache ist, in Bindung zu sein, im Schutz und Teil einer Gruppe zu sein. Liebe, Glück und Wohlbehagen sind zwar die erfreulichen und auch häufigsten Beigaben, aber sie sind trotz allem nicht unerlässlich, nicht lebensnotwendig. (Dies ist übrigens der Grund, weshalb im Erwachsenenalter viele Menschen sich an Personen, Orte und Situationen klammern, selbst wenn sie ihnen schaden oder sie gar in Lebensgefahr bringen.)

Lebensnotwendig ist die Bindung selbst. Und da ist es sinnvoll zu unterscheiden zwischen jener Urbindung, der in der Mutter-Kind-Beziehung angelegten Matrix einerseits und dem daraus resultierenden Bindungsverhalten andererseits. Die Bindung ist für das Auge unsichtbar – wie farbloser Klebstoff –, aber höchst wirksam. Sichtbar ist hingegen das wechselnde Verhalten. Bindung erscheint in den unterschiedlichsten Gewändern, sie äußert sich in Sprache, in Gesten und in Taten.

Jede Bindung hat ihre Zeit. Und wenn diese Zeit vorbei ist, müssen alte Bindungen aufgelöst und durch neue eingetauscht werden – ein überaus empfindsamer Prozess für beide Seiten. In den seltensten Fällen geht die Auflösung eines bestehenden Arrangements reibungslos vor sich, ja, die Reibung ist geradezu ein Zeichen dafür, dass eine alte Bindung überholt ist. Wenn dieses seismografische Spüren versagt, wenn Bindungen nicht gelöst werden, kann dies lebenslange und sogar krankmachende Folgen haben.

Zum Glück ist das Kind auch selbst aktiv. Es fordert uns dauernd heraus. Und auch ohne die unmittelbare Gegenwart von Menschen kann es sich in Bindung einüben. Wenn man es lässt, erschafft es sich im Spiel und in der Fantasie ganz ungeahnte Formen von Bindung.

Denken wir nur an Christopher Robin, der seinen Bären Pu schuf – mal ungeachtet der Tatsache, dass es der eigene Vater war, der die Geschichte niederschrieb.[47] Oder an Anne Frank, die sich, allein und abgeschnitten von Vergangenheit und Zukunft, ihre Brieffreundin Kitty erdichtete, zu der sie in ihrem Amsterdamer Versteck die tiefste und offenherzigste Bindung pflegte. Dass Annes Tagebuch ein so überwältigender Erfolg war, verdankt es sicher nicht nur den tragischen Verhältnissen, unter denen es entstand, sondern vor allem dieser Kraft, gegen die Hoffnungslosigkeit anzuschreiben.[48] Anne Frank wollte die Bindung zur Welt niemals aufgeben.

Vielleicht ist es uns jetzt auch leichter, Elliotts Sehnsucht nach seinem E. T. besser zu verstehen: »Bleib bei mir! Bitte, bleib mit mir zusammen!«

Blind

»Die Blindheit ist zwar ein Hemmnis, doch zum Unglück wird sie nur durch den Unverstand.«
Jacques Lusseyran

Der Junge namens Elias kommt mit seinen Eltern in das Kindheitsmuseum.[49] Ich hole aus einem Glasschrank die winzigen bleiernen Spielzeug-Tiere. Pferde, Kühe, Schafe, Hasen und darunter – als originelles Unikum – eine Muttersau mit neun säugenden Babys. Elias hält die Schweinegruppe in seiner rechten Hand, streift mit der linken über die Bleifigur, angespannt tastend nach Antwort, was er da in der Hand hält. Das braucht Zeit. Die Mutter, ungeduldig wie manche Mütter sind, will helfen, spricht das Wort aus. Elias schlägt nach ihr. Er will entschieden keine Hilfe. Er will selbst *sehen*, selbst begreifen.

Wie oft habe ich solche und ähnliche Szenen mit blinden Kindern erlebt. Ach, wenn man sie doch nicht so gnadenlos in die Welt der Sehenden zerren wollte! Wenn man ihnen doch ihre Sichtweise, ihr eigenes Sehen ließe! Die Blindheit, sagt der französische Schriftsteller Jacques Lusseyran, der mit acht Jahren das Augenlicht verlor, »ist zwar ein Hemmnis, doch zum Unglück wird sie nur durch den Unverstand«[50], und sicher meint er den Unverstand der Erwachsenen.

Zugegeben: In einer Welt wie der unsrigen, die so stark auf Visuelles ausgerichtet ist, auf Sehen und Gesehenwerden, auf Räume und Raumdurchwandern, fehlt dem blinden Kind etwas Wichtiges. Aber das gesunde blinde Kind besitzt ein ungeheures Potential, diesen visuellen Mangel auszugleichen. Es schafft sich seine eigene kleine Welt, indem es seine übrigen Sinne, Hören, Riechen, Tasten und Schmecken, auf wunderbare Weise einsetzt und damit alles verzaubert: »In wenigen Monaten«, schreibt Lusseyran, »war mein persönliches Universum zu einem Farbatelier geworden ... Ich war nicht Herr über jene Erscheinungen. Die Zahl Fünf war stets schwarz, der Buchstabe L hellgrün, das Gefühl des Wohlwollens zartblau.«[51]

Im Grunde ist das blinde Kind andauernd damit beschäftigt, sich die äußere, sichtbare Welt nach innen hin zu übersetzen. Das beginnt mit Geräuschen: Ein kleines Mädchen hört das Knarren eines Sessels und fragt die im Zimmer anwesende Frau: »Bist du müde?«[52] Es hat gelernt, über winzig kleine, für die anderen Menschen kaum wahrnehmbare Laute Auskunft und Orientierung zu erlangen, und meistens folgt es dabei seiner eigenen Logik.

Wir Sehenden nehmen nur das Äußere einer Stimme wahr, die Höhe, die Tiefe, vielleicht die Modulation. Das blinde Kind jedoch hört und erspürt in der Stimme des anderen dessen tiefe innere Schichten, die wahre Gestimmtheit. Es erlebt Sympathie und Antipathie, Anteilnahme oder Desinteresse, und normalerweise täuscht es sich in der Stimme nicht.

Hinzu kommt noch der Geruch. Weil dem blinden Kind die Vergleiche aus der Bilderwelt der Sehenden fehlen, kann es nur auf seine innere Erfahrung zurückgreifen. Der Geruch steckt in allem. Nichts, gar nichts in der Welt existiert ohne Geruch, und sei er auch noch so fade. Für die Sehenden ungewohnt, klammert sich das blinde Kind an Gerüche, fühlt sich von ihnen angezogen, getröstet, beheimatet, abgeschreckt oder abgestoßen. Der Geruch eines Menschen ist wie sein Fingerabdruck, unverwechselbar. Er enthält alles Wesentliche über ihn. Deshalb beriecht das blinde Kind so gern die Menschen um sich, und es teilt sie ein nach dem Muster »du riechst gut – ich mag dich« und seinem Gegenteil.

Gegenstände erschnuppert das blinde Kind: die Wand, das Kissen, die Tür, die Tasse und den Waschlappen – alles hat seinen eigenen, unverwechselbaren Duft. Kaum ein Sehender kann sich in die Feinheit der Welt der Gerüche hineinversetzen. Wir sind verwöhnt von Rosen-, Vanille- und Bratenduft, vielleicht auch angezogen von frisch gegossenem Teer oder Leder, aber unsere Nase ist viel zu grob, Porzellanelefanten, Blechdosen und Leinenhosen zu erriechen.

Das Schmecken ist noch als Steigerung des Riechens zu begreifen. Wie selbstverständlich führen blinde Kinder bekannte und unbekannte Gegenstände immer zuerst in den Mund: Hier geht es um die Substanz. Das Kind lernt unterscheiden: Süßes, Wärmendes, Nährendes – und auf der anderen Seite Bitterkeit, Säure und sogar Giftiges. Viele Erzieher fühlen sich genervt durch das dauernde Schmecken und Riechen der blinden Kinder. Sie mögen es nicht, sich an Haaren, Gesicht oder Bauch beriechen oder ablecken zu lassen, und sie versuchen, den Kindern diese vermeintliche Unart auszutreiben beziehungsweise abzuerziehen. Sie ahnen nicht, wie feindlich sie damit dem Kind begegnen. Das blinde Kind braucht das Hören, das Riechen und Schmecken als zentrales Erkenntnismittel, es braucht sie gleichsam als Schlüssel zur Welt. Nicht zufällig sind dies die Wahrnehmungskategorien, die sowohl das Kind im Mutterleib als auch die Menschheit in ihrer Entwicklungsgeschichte jeweils *vor* dem Sehen entwickelten, und in diesen Tiefendimensionen der Wahrnehmung steckt bisweilen mehr Wahrheit als im Sehen selbst. Nicht zufällig sind die großen Seher der frühen Vergangenheit oft blind. Und nicht zufällig lässt der französische Dichter Jacques Prévert in seinem Gedicht *Sonntag* das blinde Kind als hellsichtig erscheinen: »…nur ein blindes Kind bleibt mit deutendem Finger stehn.«[53]

Brot

»Meine Kinder brauchen Brot.«
Pierre Bourdieu

Beginnen wir mit einer Kindheitserinnerung: »Der Kindergarten zum Beispiel. Ich habe mir sagen lassen, dass ich jahrelang in den Kindergarten gegangen bin. Aber ich kann mich nicht mehr daran erinnern. Das Einzige, woran ich mich erinnern kann, ist die Brottasche mit dem Mittagsbrot«[54], schreibt der Schriftsteller Hans-Ulrich Treichel.

Kindheitserinnerungen sind eigenwillig. Sie folgen einer eigenen, uns häufig schwer erschließbaren Logik. Auf den ersten Blick ist nicht zu erklären, warum der erwachsene Mann gar nichts mehr vom Kindergarten erinnert: keine Spielkameraden, kein Spielzeug, keinen Raum und keine Kindergärtnerin – nicht einmal den Garten des Kindergartens. Auf den zweiten Blick aber erschließt sich die Logik dieser kindlichen Amnesie. Die Brottasche war das Bindeglied nach Hause, zur Mutter, die ihm Morgen für Morgen sein Butterbrot hineingesteckt hatte. So hatte das Kind selbst im (fernen) Kindergarten ein Stück Geschmack von zu Hause. Graubrot, Schwarzbrot, Schmelzkäse oder die Leberwurst – es kam von der Mutter. Ich sehe die Brottasche vor mir, braun, ledern, abgewetzt und mit kleinen Schnallen, innen ein wenig fettig vom ewigen Gebrauch. Damals benutzte man solche Brottaschen über Jahre, sie wurden von einem Geschwister zum anderen gereicht und erst weggeworfen, wenn sie auseinanderfielen.

Der Geschmack von Brot, den das Kind in den ersten Jahren erlebt, ist unauslöschlich. Egal, ob es sich um gutes Brot handelt oder um schlechtes, alles bleibt haften. Es ist *unser* Brot. Reisen Kinder in ein fremdes Land, so können sie sich mit den allermeisten, selbst den sonderbarsten Dingen arrangieren, aber das Brot kriegen sie oft nicht runter. Erwachsene Reisende haben Heimweh nicht nach ihren Nachbarn oder ihrem Hund, sondern nach ihrem Brot – die Deutschen nach ihrem dunklen, die Franzosen nach ihrem hellen. Dabei ist es mehr als nur Gewohnheit. Das tägliche Brot ist uns in Fleisch und Blut übergegangen – und manchen ist es sogar heilig. Brot ist die Quintessenz aller Nahrung. Wenn wir Hunger haben, rufen wir nicht nach Wurst, Käse oder Karotten, sondern nach Brot.

Wenn ich an Brot denke, steigen lebendige Bilder vor mir auf. Auf einem Foto des französischen Fotografen Henri Cartier-Bresson läuft ein Junge mit seinem langen Baguette im Arm nach Hause zum Mittagstisch. Er trägt es wie eine Trophäe, weiß er doch, dass die Mahlzeit zu Hause nicht ohne sein Brot beginnen kann. Vielleicht knabbert er unterwegs daran. Manche Kinder beherrschen diese Kunst, kleine Löcher in die Brote zu bohren und dabei unterirdische Gänge freizuschaufeln. Am schönsten ist der Duft des noch warmen Brotes. Ich weiß, wie ich als Kind die Nase in das Sonntagsweißbrot presste – dieser Duft von frischem Weißbrot ist für mich noch heute wie Parfum.

Doch es gibt auch die anderen Brot-Bilder, die der Entbehrung. Wenn Brot so zentral ist für unser Leben, dann ist es auch immer gleichzeitig bedroht – wie das Leben selbst. Eine Radierung von Käthe Kollwitz zeigt zwei kleine Mädchen, deren Arme sich um die Mutter schlingen und die nach Brot schreien. Viel zu viele Kinder in der Welt haben *kein* Brot. Sie erleben Hunger als täglichen Begleiter des Alltags. Der kurdische Schriftsteller Hiner Saleem schreibt dazu in seinen Lebenserinnerungen: »Es dauerte nicht lange, und wir hatten nur noch Brotfladen zu essen, die wir mit Tee herunterspülten, und auch das nur einmal am Tag. Wenn ein Krümel auf den Boden fiel, hob ich ihn aus Achtung vor dem Brot auf, küsste ihn und hielt ihn an meine Stirn, ehe ich ihn aß. Brot ist heilig.«[55]

Es ist schmerzlich zu erleben, wie die Kluft zwischen denen, die Brot haben und jenen, denen es daran mangelt, unentwegt größer wird. Hier dürfen wir nicht stumm bleiben. Wir sollten unsere Kinder von Anfang an nachhaltig lehren, dass es keineswegs selbstverständlich ist, sein Brot auf dem Teller oder in der Brottasche oder im Mund zu haben. »Unser täglich Brot gib uns heute.« Brot ist das Resultat eines langen und mühsamen Arbeitsprozesses vieler daran beteiligter Menschen und vor allem viel Segen von oben.

C

»Eine einzige Kurve – nicht eine gerade Linie –, die auf eine flache Oberfläche gezeichnet ist, spielt bereits mit der besonderen Kraft der bildhaften Darstellung. Die Kurve bleibt auf der Oberfläche haften – wie etwa der geschriebene Buchstabe C – zugleich aber kann sie sich von ihr abheben und durch einen Körper ausgefüllt werden – es kann ein Kiesel, eine Orange, eine Schulter sein.«

John Berger

Clique

»Was die Anziehung einer Bande ausmacht?
Sich in ihr aufzulösen mit dem Gefühl, die eigene Person
zu befestigen. Die wunderbare Illusion einer Identität.«
Daniel Pennac

Irgendwann in der Mitte der Kindheit, zwischen dem neunten und zwölften Lebensjahr, lockern Kinder die Bindungen zu ihren Eltern. Sie hinterfragen deren Aussagen (»Seid ihr wirklich meine richtigen Eltern?«), sie bezweifeln ihre Wahrhaftigkeit (»Vorgestern hast du etwas ganz anderes gesagt.«) und die Verbindlichkeit ihrer Weisungen (»Warum muss ich etwas tun, was die anderen nicht müssen?«). Sie entdecken Widersprüche zwischen Worten und Handlungen der Erwachsenen. Sie reiben sich an den Erklärungen der Eltern über Gott und die Welt und erahnen deren Grenzen – und womöglich damit auch ihre eigenen.

Mitunter kann der Schrecken darüber groß sein und die Kinder in Resignation stürzen. Welches Glück aber, wenn sie in dieser Situation ihresgleichen entdecken, Jungen und Mädchen, möglichst gleichen Alters und gleichen Geschlechts (wobei beides nicht zwingend sein muss), auf jeden Fall Kinder, die sich in ähnliche Widersprüche verwickelt fühlen und ebenfalls Halt in einer Gruppe suchen.

Das nämlich ist genau der Sinn der Clique: das Kind aufzufangen in dieser Phase der Verunsicherung und des Übergangs. Bevor es seine ganz eigene, persönliche Identität gefestigt hat und bevor es seinen eigenen Lebensweg (meist gekoppelt an die Berufswahl) einschlägt, darf das Kind beziehungsweise nunmehr der Jugendliche eine Zeitlang in dieser »wunderbaren Illusion einer Identität«[56] in der Clique schwimmen.

Und die meisten tun dies auch. Sie schaffen sich einen Raum, in dem die Vorgaben von Familie und Schule nicht gelten, nach eigenen

Vorstellungen, mit eigenen Gesetzen, manchmal einer eigenen Sprache (Geheimsprache), mit Ritualen, die nur sie kennen – und schließlich einer eigenen Moral. Eine Moral, die mitunter eigenwillig, auch hart sein kann, beispielsweise wenn es darum geht, unerwünschte Mitglieder aus der Clique auszuschließen oder andere, die dazugehören wollen, gar nicht erst zuzulassen. Außenstehende bekommen dieses »Du gehörst nicht dazu!« gnadenlos zu spüren. Wir sollten diese Art der Gruppenbildung als sinnvolles, vielleicht sogar notwendiges Durchgangsstadium zur Reifung, auch der Initiation, begreifen.[57] In der Clique wagt man sich gemeinsam vor. Falls etwas schiefgeht, springt die Gruppe ein. Sie definiert, wie weit man gehen darf. Und manche gehen dabei bis hin zur Selbstgefährdung oder gar Selbstdestruktion. Aber auch dies – und gerade dies – gehört zur Pubertät, und wer allein nicht die nötige Kraft hat, seine Grenzen auszuloten, der holt sie sich bei den Altersgenossen.

Genau wie der Beginn der Cliquenbildung in der Mitte der Kindheit einer Notwendigkeit entspringt, so fügt sich auch ihr Ende meist biografisch logisch ein. Irgendwann wird sie überflüssig. Am ehesten erledigt sie sich, wenn sich Jungen und Mädchen verlieben. Da ändert sich plötzlich alles. Alle Wahrnehmung der Welt und seiner selbst. Jetzt geht es nicht mehr darum, in einer Gruppe unterzutauchen, jetzt ist genau das Gegenteil gefordert: sich persönlich einbringen, sich ganz zu erkennen geben, eine individuelle Sprache finden, die auf das Du gerichtet ist. Kein Verstecken mehr hinter der Gruppe. *Das* ist Wachstum. *Das* ist Reifung.[58] Und die Clique war – rückblickend – ein wunderbares, nicht zu missendes Zwischenspiel.

D

*»Die Mathematik ist das Alphabet,
mit dem Gott die Welt erschaffen hat.«*
Galileo Galilei

Däumling

*»Er legte sich hinter den Grashalm,
um den Himmel zu vergrößern.«*
Noël Bureau

Eigentlich braucht es nicht mehr als diesen Satz von Noël Bureau, um das Wesen des Däumlings – und womöglich des Kindes – zu erfassen. Alle Kinder sind Däumling.

Indes, der Psychoanalytiker Otto Rank weist uns auf einen verblüffenden Aspekt der Däumlingsexistenz hin, den wir wohl zu kennen glauben, der uns allerdings so abwegig fern ist, dass wir ihn zumeist aus unserem Gedankengut verbannt haben (nur der *Neurotiker* erlaubt sich, wie wir sehen, dieses Hirngespinst). Otto Rank schreibt über den Däumling, »der merkwürdigerweise ebenso spielend die unmöglichsten Aufgaben löst. Seine ›Tumbheit‹ ist aber nichts anderes als ein Ausdruck seiner Kindlichkeit, er ist auch ein *infans*, so unerfahren wie der neugeborene Gott Horus, der mit dem Finger im Mund dargestellt wird. Je dümmer, also je kindlicher er ist, desto eher gelingt ihm die Erfüllung des Urwunsches, und hat er gar nur die Größe der ersten Embryonalzeit, wie der Däumling unseres Märchens, dann ist er beinahe allmächtig und hat den Idealzustand erreicht, von dem noch der Neurotiker so häufig träumt und den die neugeborenen mythischen Helden zu verkörpern scheinen: nämlich wieder ganz klein und dabei doch aller Vorteile des Erwachsenen teilhaftig zu sein.«[59]

Aber sind es wirklich nur die Neurotiker, die davon träumen?

Disziplin
»Halt dich gerade!«
Film *Club der toten Dichter*

Disziplin ist ein heißes Thema. Nicht nur in unserem Lande, überall in der Welt. Als vor einigen Jahren ein verbissenes Plädoyer für eine Art Disziplindiktatur zum amerikanischen Bestseller avancierte, spaltete dies nicht nur die amerikanische Nation, sondern erregte auch die deutschen Gemüter.[60] Brauchen wir nicht doch ein bisschen mehr – oder sogar gewaltig mehr – Disziplin in unseren Kitas und Schulen, damit unsere Kinder ihren Weg ins Leben besser schaffen? Und als Hintergedanken: damit den Eltern und Lehrern das Leben etwas leichter gemacht wird?

Vorweg: Dass wir ein Mindestmaß an Disziplin benötigen, um in sozialen Gruppen zu leben und selbst sozial sein zu können, versteht sich. Wir müssen regelmäßig die Mülleimer rausstellen, wir müssen Formulare ausfüllen, morgens aufstehen und zur Arbeit gehen – all das ordnet und strukturiert unsere Gemeinschaft. Was aber die Kinder anbelangt und die frühen Erziehungsprozeduren, sie zu disziplinieren, so sollten wir doch achtsam sein. Was auf den ersten Blick als Wohltat für das Kind erscheint (»Es ist doch zu deinem Besten!«), kann sich unter der Hand leicht in das Gegenteil wenden, dem Kind schaden. Betrachten wir folgende drei Kinderszenen:

Szene 1 – ein Film:
»Halt dich gerade!« Mit diesen Worten beginnt der amerikanische Kultfilm *Club der toten Dichter*. Es sind dies die Worte der Mutter, die ihren Sohn Todd in einem Internat abliefert, das schon Todds älterer Bruder erfolgreich absolviert hatte. »Halt dich gerade!« Zunächst gehorcht Todd. Aber irgendwann später nimmt er sich das Leben, zerbrochen an der Strenge der Schule, zerbrochen an zu viel Geradesein.

Szene 2 – ein Buch:
In seinem Buch *Zu gut erzogen* schreibt der bekannte französische Schriftsteller Jean-Denis Bredin: »Ich lernte, dass jede spontane Bewegung suspekt war, dass jeder Schrei blamabel war, dass nichts, was spontan aus mir selbst kam, gut war. Ich wurde deshalb zum eigenen Wächter über mich, über meine Tage und über meine Nächte. Ich trieb mich an, ordentlich zu essen, schön zu arbeiten und brav zu schlafen. Ich entschuldigte mich für alles, und vor allem dafür, zu existieren. Alle wollten mir weismachen, dass leben darin besteht, das wirkliche Leben zu besiegen.«[61] Bredin, 1929 in Paris geboren, hat eine damals für seine Generation übliche bürgerliche Erziehung durchlebt und überlebt. Welche Klagen! Alle Lebendigkeit, jeder Hauch von Eigenwillen, Lachen, Tränen, Faulenzen wurden ihm ausgetrieben – stattdessen wurde er zu seinem eigenen Aufpasser.

Szene 3 – ein Foto:
Das Foto meines Mannes als Vierjähriger im Park von Bethnal Green im Ostende Londons. Der kleine Junge in strammer Haltung, beide Arme auf dem Rücken. Die eine Hand greift die andere mit dem klammernden Griff einer Gouvernante. Hier braucht es gar nicht den Erwachsenen. Der Junge hält sich selbst fest. Die eine Hand passt auf die andere auf. Vielleicht, um nicht um sich zu schlagen oder den Fotografen ins Gesicht zu kratzen. Ein diszipliniertes Kind.

Drei Szenen, drei verschiedene Orte, verschiedene Zeiten. Aber sie haben eines gemeinsam. Jedes Mal geht es um Disziplin. Alle drei Kinder stehen unter dem Diktat äußerer Disziplin. Allen dreien ist gemeinsam, dass sie ihr eigenes persönliches Wesen unter dem Drill von Disziplin verstecken oder sogar ersticken – im Fall des Schülers Todd sogar mit tödlichem Ausgang.

Was man gemeinhin *gute Erziehung* nennt, ist oft das Ergebnis langer systematischer Disziplinierung. Das mag ein großes Wort sein, heute nimmt es niemand mehr so gern in den Mund. Doch die ungezählten täglichen Kommandos (»Halt dich gerade!«; »Rede nicht so laut!«; »Hüpf nicht dauernd rum!«) – all diese Sätze in regelmäßiger Wiederholung, kriechen in die Kinder hinein und werden ihnen zur zweiten Natur. Am Ende halten sich die Kinder gerade, sie lachen und reden nicht mehr so laut und hüpfen auch nicht mehr so viel herum. Das hat seinen Preis. Viele Kinder verbiegt es.

Nicht immer ist es so krass wie bei Nora, einem Mädchen aus meiner Nachbarschaft, das ich seit Langem bei ihren Spielen beobachte. Vor ein paar Jahren, im Kindergartenalter, war sie hoch lebendig, impulsiv, vergnügt und überaus kontaktfreudig – ihre Schreie, ebenso ihr Lachen schallten manchmal in mein Haus hinein. Und dann – irgendwann im Alter von sechs oder sieben – brach etwas ein, was alles veränderte. Das Mädchen zog sich in sich zurück, wurde still, scheu und ruhig in ihren Bewegungen – der Kleinmädchenglanz war wie weggeblasen.

Meist vollzieht sich der Prozess der Disziplinierung langsam, kaum sichtbar, aber manchmal, wie in diesem Fall, geschieht er gleichsam über Nacht. Und es passierte eindeutig im ersten Schuljahr. Es musste also die Schule sein, die das laute, vergnügte und eigenwillige Verhalten des Mädchens im wahrsten Sinne des Wortes gebrochen hatte.

Man erkennt die disziplinierten Kinder leicht. Sie sind brav und gefällig. Sie stören nicht. Sie machen freiwillig ihre Schularbeiten und achten von selbst auf ihre Kleidung und Gesundheit. Sie schauen zur rechten Zeit auf die Uhr und lachen nie an der falschen Stelle. Kurz: Sie haben die Regeln, die man ihnen beibrachte, verinnerlicht – all das ist ihnen zur zweiten Natur geworden.

Aber *darunter*, unter dieser Fassade, lebt die erste Natur weiter. Sie ist zum Glück stark und lässt sich nicht völlig stilllegen. Die erste Natur des Kindes, sein Eigenwille, seine Bewegungslust, sein Körper und das kindliche Verlangen nach einer eigenen Stimme suchen sich gegenüber allen noch so gut gemeinten Disziplinierungsmaßnahmen immer wieder ihren Weg. Und das ist der Grund, weshalb Disziplinprobleme niemals aufhören.

»Wir sehen in der Natur nicht Wörter, sondern immer nur Anfangsbuchstaben von Wörtern, und wenn wir alsdann lesen wollen, so finden wir, dass die neuen sogenannten Wörter wiederum bloß Anfangsbuchstaben von anderen sind.«
Georg Christoph Lichtenberg

Eifersucht

»Da rief sie einen Jäger und sprach: ›Bring das Kind hinaus in den Wald, ich will's nicht mehr vor meinen Augen sehen. Du sollst es töten und mir Lunge und Leber zum Wahrzeichen mitbringen.‹«
Brüder Grimm

Die vierjährige Charlotte ist das bisher einzige Kind eines Lehrerehepaars. Aufgeregt und aufgeklärt erzählt sie in ihrer Kindergartengruppe, dass sie bald ein Brüderchen haben werde. Sie freut sich über die vielen Nachfragen der anderen Kinder (»Wann kommt er denn? Dauert es noch lange?«) und antwortet eloquent und auffallend präzise: »Nur noch vierzehn Tage, nur noch neun Tage.« Sie zählt die Tage.

Endlich ist er geboren, der Bruder Anton-Felix, ein kräftiges Baby mit lautem Organ. Die Fragen der Kinder setzen sich fort, aber Charlotte überhört sie, lenkt ab, redet über anderes, schweigt. Nachmittags zu Hause wendet sie sich ab und spielt ihre alten Spiele, so als wäre nichts geschehen, außer – dies fällt den Eltern auf – dass sie viel schweigsamer ist als *vorher*, vor der Geburt von Anton-Felix.

Seltsam an dieser Geschichte ist nicht das auffallende Verhalten des Mädchens, viel seltsamer ist die Tatsache, dass die Eltern, als sie davon erzählen, keinerlei Erklärung für diese Wandlung haben. Sie sind völlig blind dafür, dass sich Charlotte in Eifersucht verfangen hat. Ihre eigene Blindheit korrespondiert mit der psychologischen Blindheit ihres Kindes, das seinen neugeborenen Bruder nicht *sehen* und damit nicht wahrhaben will.

Dabei ist Eifersucht in uns allen. Mehr oder weniger, je nach Temperament und Leidenschaft. Und wer glaubt, er sei frei von ihr, meint dies vielleicht aus Mangel an Gelegenheit oder er kennt ihre Zeichen nicht. Es muss ja nicht die tödliche Eifersucht der Königin im Märchen *Schneewittchen* sein. Eifersucht verkleidet sich in so viele und bisweilen bizarre Gewänder, dass wir sie manchmal tatsächlich nicht leicht als solche erkennen.

Warum eigentlich ist Eifersucht so omnipräsent? Warum macht sie immer wieder Menschen und selbst schon Kinder krank? Wir müssen zurückgehen an die Anfänge des Lebens selbst. Das Kind ist geboren und ihm gehört das Kostbarste der Mutter: ihr Körper, ihre Milch und ihre uneingeschränkte Zuwendung und Liebe. Über Monate und Jahre hinweg darf es auf dem Mutterschoß thronen, und nicht einmal der Vater ist ihm wirklich Konkurrenz.

Welches Kind versuchte nicht, diesen paradiesischen Zustand so lange wie möglich zu erhalten? Kein Kind will freiwillig teilen, mit niemandem. Wenn die Mutter erneut schwanger ist, erfühlen Kleinkinder oftmals schon in einem sehr frühen Stadium den veränderten Zustand der Mutter und reagieren heftig mit Klammern und Klagen. Mütter können sich dieses Verhalten selten erklären, gehen sie doch davon aus, das Kind könne nichts wissen. Und wie der kleine Körper mit seinen empfindsamen Antennen wissen kann! Nur wir wissen nicht, dass er weiß. Seine Eifersuchtsantennen stehen bereits auf Alarm. Auch Charlottes aufgeregtes Reden über den Bruder, den sie bald bekommen würde, war ein Zeichen für diese Alarmbereitschaft.

Wenn dann das Geschwisterkind auf die Welt kommt, ist dies für das kleine Kind traumatisch. Immer ist seine Position erschüttert und immer reagiert es eifersüchtig. Die Eifersucht kann die unterschiedlichsten Formen annehmen. Eher selten erscheint sie in reiner Form als krasse Ablehnung und klarer Wunsch nach dem Verschwinden des neuen Babys. Das wäre zu einfach. Das eifersüchtige Kleinkind hat ein empathisches Sensorium dafür, was seine Mutter mag und nicht mag. Häufig versteckt es deshalb seine Eifersucht in übertriebener Zuwendung zum Neugeborenen und droht es in überschäumender Zärtlichkeit zu erdrücken. Andere Kinder gebärden sich wie Charlotte völlig gleichgültig, so als habe die Geburt gar nicht stattgefunden, als könne man sie kraft eigenen Willens ungeschehen machen. Und wieder andere flüchten in die verschiedensten Formen von Regression, sie fangen an zu lallen wie ein Baby oder machen wieder in die Windeln.

So schmerzhaft diese frühen Formen kindlicher Eifersucht sind, so sind sie doch nicht wirklich vermeidbar. Die Kinderanalytikerin Anna Freud hat kindliche Traumata und deren oft weitreichende Folgen im Erwachsenenalter gründlich beschrieben.[62] Natürlich sind Eltern darauf bedacht, ihren Kindern diese zu ersparen. Die Geburt eines Geschwisterchens und die damit verbundene frühe Eifersucht hat aber eine andere Qualität. Sie ist, mit den Worten Anna Freuds, ein »unvermeidbares Trauma«, etwas, das zur Biografie des Kindes notwendig gehört und deshalb nicht mit Tricks oder therapeutischen Strategien umgangen werden sollte. Es gehört zur Menschwerdung des Kindes, dass es lernt, mit diesem Schmerz umzugehen. Verzichten und Teilen, vor allem der Liebe, fällt uns nicht von selbst zu. Es muss errungen werden und kostet seinen Preis. Aber die frühe Kindheit, das Austragen dieser Konflikte mit den Geschwistern, ist ein gutes Übungsfeld und ein guter Zeitpunkt dafür. Wenn nicht jetzt, wenn nicht mit Brüderchen und Schwesterchen, wann dann?

Einsamkeit
»O Einsamkeit, o schweres Zeitverbringen ...«
Rainer Maria Rilke

Damals, im Garten der Nachbarn, gab es einen einsamen Jungen. Ganze Nachmittage lang zog er seine Kreise um die große Birke, leicht hüpfend und immer wieder innehaltend. Manchmal saß er stundenlang unter dem Baum und blinzelte in die Sonne. Draußen, außerhalb der hohen Hecke, spielten und kreischten die Kinder. Nie habe ich ihn in unserer Nachbarkinderschar entdeckt, nicht in der Schule, nicht auf dem Schulweg. Auch dort ging er allein. Später traf ich ihn wieder. Er lehrte jetzt Philosophie, und ich ahne, dass damals unter der Birke alles begonnen hatte – in der kindlichen Einsamkeit.

Wenn wir an einsame Kinder denken, dann überfällt uns leicht ein Schrecken, wir spüren Verlust und Mangel und das damit verbundene Leid. Aber dies muss, wie das Beispiel zeigt, nicht immer berechtigt sein. Manche Kinder wählen die Einsamkeit ganz bewusst, sie brauchen sie, um ihre fantasievolle Innenwelt gegen den Zugriff anderer zu schützen. Sie haben genug an sich selbst, an ihren inneren Monologen, an den erfundenen Gestalten, an Farben und Tönen, die sie sich schaffen. Und das Fürsichsein gibt Raum und Zeit, all dies frei auszuleben.

Ganz anders hingegen die ungewollte oder gar erzwungene Einsamkeit mancher Kinder. Viele Schüler kehren vom Hort oder von der Schule in leere Wohnungen zurück. Die Eltern sind bei der Arbeit oder sonst wie beschäftigt, Geschwister fehlen, und kein Hund springt ihnen entgegen. Diesen Kindern ist die Leere der Wohnungen so selbstverständlich, dass sie sie kaum als fremdartig empfinden. Deshalb revoltieren sie nicht: Sie essen allein, sie tappen allein durch die Wohnung und schalten Geräte ein, die das Gefühl von Einsamkeit nicht aufkommen lassen. Oft schlafen sie abends allein ein. Diese Kinder *sind* einsam, meist ohne sich dessen bewusst zu sein.

Einsamkeit ist ja durchaus nicht nur gekoppelt an räumliches Alleinsein. Manchmal bricht dieses Gefühl paradoxerweise gerade dann aus, wenn das Kind sich in einer Gruppe mit vielen anderen befindet. Es ist umgeben von fröhlichen Kindern und spürt plötzlich, dass es nicht, wie anscheinend all die anderen, in der Gruppe aufgeht. Dann fühlt es sich einsam. Peter Handke beobachtet ein solches Kind: »Es läuft, unter den andern Kindern, völlig ziellos im Garten herum, bleibt stehen, macht Anfangsbewegungen eines Spiels, die es sofort ratlos wieder abbricht; dann wieder kleine klägliche Nachahmungen der Lebhaftigkeit der anderen Kinder, aus dem Stand, völlig sinnlose, virtuos sein wollende, dabei nur sehr traurig lächerliche Handlungen im Kreis durch den Garten, Hüpfen, Sich-Anschleichen, Sich-um-sich-selber-Drehen, das alles unter all den andern, die ihren Rhythmus haben, in einer völligen Einsamkeit; und als es einmal, ein einziges Mal, im Rhythmus mit den andern ist und ganz stolz zu denen hinschaut, wird es gar nicht bemerkt, und selbst die Hunde, zu denen es sich beugen will, laufen an ihm vorbei, und so geht es, die Hände auf dem Rücken, im Kreis weiter, scheinlebhaft manchmal aus der Traurigkeit aufhüpfend.«[63]

Kinder spüren genau, ob sie unter anderen aufgehoben und gewollt sind oder nur ein ungeliebtes Anhängsel. Aus der Kindergruppe ausgeschieden zu sein, gegen den eigenen Wunsch nicht dazuzugehören, macht einsam und traurig, manchmal auch zornig. Das Kind fragt sich, warum es ausgeschlossen ist, und schiebt die Schuld häufig in Form von Selbsthass auf seine eigene Person. Irgendetwas muss an ihm sein, das es nicht liebenswert für andere macht. Solche Gedanken sind der Nährboden dafür, dass sich das Kind in sich zurückzieht und verstärkt den Kontakt zu anderen meidet. Dies kann ernstzunehmende Depressionen verursachen.

Kehren wir noch einmal zurück zu den positiven, den kreativen Aspekten kindlicher Einsamkeit. Die Fähigkeit, mit uns allein zu sein, ohne an uns zu zweifeln und ohne zu verzweifeln, ist eine Grundfähigkeit des Menschen, die wir auch dem Kind zugestehen und bei ihm unterstützen sollten. Ich erinnere mich an nie enden wollende Nachmittage im Haus meiner Kindheit. Wo waren sie eigentlich, die Eltern, die Brüder und Schwestern? Ich erinnere mich an das Alleinsein, in dem mein *Ich* durchsickerte, in dem ich mein *Ich* entdeckte. Einsamkeit bedeutet, die Spaltung der Welt anzuerkennen: »Hier bin ich, das Kind – und dort um mich herum, auf dem Schulhof, auf der Straße, im Haus, ist die Welt um mich herum, ist das *Nicht-Ich*.« Wir sind alle getrennt. Wir sind alle einsam. Und dennoch bin ich ohne die anderen nicht denkbar.

Kindliches Alleinsein ist eine Gratwanderung. Dort, wo es den Weg zum kindlichen *Ich* bahnt, wo es dem kindlichen *Ich* Raum und Zeit zu seiner Entfaltung gibt, ist es ein kostbares Gut. Aber wenn das

Kind traurig und hoffnungslos wird, wenn es sich nach Gemeinschaft und Nähe sehnt, dann ist es einsam. Da haben wir als Erwachsene alles zu tun, das Kind daraus zu erlösen und mit unserer Gegenwart einzuhüllen.

Eis

Peter Handke schreibt am 7. Mai 1976 in seinem Journal: »Mit Kindern in der Sonne vor einem Eiswagen gestanden: heftige Erinnerung, nicht nur an das Eis der Kinderzeit, sondern auch an die Lust auf das Eis damals: strahlender Moment.«[64]

Ekel

»Es war einmal ein steinalter Mann, dem waren die Augen trüb geworden, die Ohren taub, und die Knie zitterten ihm. Wenn er nun bei Tische saß und den Löffel kaum halten konnte, schüttete er Suppe auf das Tischtuch, und es floss ihm auch etwas wieder aus dem Mund. Sein Sohn und dessen Frau ekelten sich davor, und deswegen musste sich der alte Großvater endlich hinter den Ofen in die Ecke setzen, und sie gaben ihm sein Essen in ein irdenes Schüsselchen und noch dazu nicht einmal satt; da sah er betrübt nach dem Tisch, und die Augen wurden ihm nass.«
Brüder Grimm

Nie werde ich vergessen, wie Heino Matzner Regenwürmer aß. Damals war ich sieben und überzeugt, dass Heino der einzige Junge auf der Welt sei, der Würmer verschlang, so aufregend und geheimnisvoll und durch und durch eklig waren diese morgendlichen Szenen auf dem Schulweg. Inzwischen weiß ich, dass viele Kinder Würmer und dergleichen verspeisen. Entweder um auszuprobieren, wo die Grenzen des wortwörtlich *guten Geschmacks* liegen, oder um sich im Umgang mit Ekel zu erproben: »Keiner liebt mich. Jeder hasst mich. Ich gehe in den Garten und esse Würmer«, sangen kanadische Schulkinder in den Schulpausen[65] – wer weiß, vielleicht singen sie es heute noch.

Die Unterscheidung, was gut und was schlecht, was hygienisch und was gefährlich ist, lernt das Kind schon sehr früh. Ganz besonders natürlich in der frühen Sauberkeitserziehung, wenn es daran gewöhnt wird, das Töpfchen zu benutzen. Die Exkremente müssen den richtigen Weg gehen, also schleunigst nach Erscheinen weggespült werden, was das Kind anfangs nur schwer begreift. Die Exkremente, die den falschen Weg gehen (in die Hose, auf den Teppich, auf das Sofa oder das Bettlaken), sind eklig, werden wie Feinde verfolgt. Das Kind wird ihretwegen bestraft, wenn nicht mit Worten, so doch mit verärgerten Blicken. Ekel hat ein unverwechselbar typisches Gesicht – das lernen die Kinder bereits sehr früh. Und sehr bald ahmen sie die Erwachsenen nach: Sie verzerren die Züge. Sie ekeln sich über sich selbst, an sich selbst, und bald darauf kommt auch die große Schwester des Ekels hinzu, die Scham.

Eigentlich müsste der Vorgang des Sauberwerdens, und damit des Umgangs mit Ekel, doch einfach sein. Aber wir alle kennen, häufig sogar aus der eigenen Kindheitsgeschichte, dramatische Szenen, die beweisen, dass es eben gar nicht so einfach ist. So leicht nämlich, wie es die Mütter und Väter wünschen, lassen sich ihre Kinder nicht in ihre Vorstellungen von Sauberkeit und Ordnung einpassen. Viele lassen sich einfach nur Zeit. Manche revoltieren aktiv und benutzen die eigenen Exkremente als Waffe gegen ihre Erzieher oder gegen das System der Sauberkeitserziehung an sich. Man könnte meinen, sie kennen keinen Ekel.

Am Ende müssen alle Kinder, ob sie wollen oder nicht, in die für ihre Kultur geltenden Normen eingewiesen werden. In früheren Gesellschaften, als Nahrungsmittel noch nicht vorbereitet oder gar mit

Verfallsdatum versehen waren, waren die Menschen in hohem Maße abhängig von der eigenen Körper- und damit auch Ekelreaktion. Sie mussten eine gute Nase dafür haben, welche Speisen für sie essbar und welche ungenießbar und deshalb bedrohlich waren. Das Gefühl von Ekel war in der Entwicklungsgeschichte der Menschheit eine überaus gesunde und notwendige Reaktion.

Und auch heute ist es eine gesunde Reaktion, wenn das Kind sich davor ekelt, mit seinen Sandalen in einen Hundehaufen zu treten. Aber das ist nur die eine Seite des Ekels. Die andere, weniger gesunde Seite ist die, dass Ekel überaus generalisierbar und manipulierbar ist und deshalb für die verschiedensten Zwecke missbraucht werden kann. Stellt man etwa kleine Tiere wie Würmer, Frösche und Mäuse unter das Verdikt des Ekels, leitet sich daraus meist das Recht ab, diese kleinen Tiere zu töten. Und was für kleine Tiere gilt, lässt sich leicht auf große Tiere übertragen und – wie wir in der Vergangenheit nur allzu oft erlebt haben – sogar auf Menschen. Der Hass gegen einzelne Menschen ebenso wie der kollektiv empfundene Rassenhass ist immer auch gespeist aus körperlichen Ekelgefühlen. Im Grimmschen Märchen vom Großvater und seinem Enkel wird der Ekel vor dem sabbernden Großvater dem Kind von den eigenen Eltern regelrecht vorgelebt.

Wenn Ekel sich einmal eingenistet hat in der menschlichen Seele, dann sitzt er in der Regel tief. Das erfahren wir immer wieder bei Menschen mit den unterschiedlichsten, bis hin zu krankhaften Phobien reichenden Ekelreaktionen. Tief in ihren Fantasien gefangen, sind sie meist gar nicht erreichbar für rationale Argumente, dass beispielsweise kleine Nager und Kriechtiere eher harmlos sind und ihnen gar nicht ans Leben wollen.

Dennoch gibt es auch Heilung von der Ekelkrankheit.[66] Das Märchen vom *Froschkönig* ist ein eindrucksvolles Zeugnis hierfür. Anfangs ist die junge Königstochter so sehr in ihrer Wut gegen den Frosch verstrickt, dass sie sich nicht allein daraus befreien kann.

Man glaubt, dass sie lieber sterben möchte, als ihren Ekel loszulassen. Hier ist der oder die andere gefordert: Vater, Mutter, die Großmutter oder ein Freund müssen eingreifen. Manche Reifungsschritte kann das Kind offensichtlich nicht allein machen. Und ließe man es allein, es würde womöglich zugrunde gehen.

Eltern

»Über weite Strecken der Menschheitsgeschichte war das Wichtigste, was Eltern für ihre Kinder taten, sie am Leben zu halten.«
Steven Pinker

In diesem Spätherbst draußen am See sah ich ein tanzendes Ehepaar. Die Frau war schwanger. Ihre beiden Söhne, wohl zwischen drei und fünf Jahren, saßen am Rande der Tanzfläche auf dem Boden gekauert. Mitten im Tanz, nach jeder Drehung, sprang der Vater weg – und er machte wirklich jedes Mal einen Sprung –, tanzte auf die Kinder zu und küsste sie eines nach dem anderen auf den Kopf –, um sich danach, streng im Rhythmus bleibend, wieder der Frau zuzuwenden. Und dies wiederholte er immer wieder, solange der Tanz dauerte. Selten sah ich ein so inniges Bild von Väterlichkeit, Mütterlichkeit – nein, von Elternschaft. Das nämlich war es, was mir diesen Anblick so kostbar machte. Vater und Mutter waren im Tanz vereint und gleichzeitig als Eltern präsent. Die Kinder nehmen sie wahr als das Elternpaar, das sie sind.

Die amerikanische Soziologin Judith S. Wallerstein schreibt, dass »Kinder sich nicht nur mit Vater und Mutter als zwei separaten Individuen identifizieren, sondern auch mit der Beziehung der Eltern zueinander.«[67] Das bedeutet konkret, dass das Kind von früh an – gleichsam schon im Mutterleib – erfährt und verinnerlicht, dass Vater und Mutter eine Beziehung als Paar haben, die individuell, aber darüber hinaus auch über-individuell geprägt ist.

Auf der individuellen Ebene erlebt das Kind, wie sich diese beiden Menschen einander zuwenden, wie sie einander zuhören, oder auch nicht, wie sie miteinander sprechen (oder auch schweigen), wie sie Konflikte lösen, wie sie miteinander zärtlich sind. Das ist die Matrix der Elternschaft. Astrid Lindgren beschreibt in ihrer Autobiografie die besondere Art, wie sich ihre Eltern zeitlebens begegneten und wie dies zur Grundlage ihrer Weltwahrnehmung wurde.[68] Sie trägt damit ihre ganz individuelle Geschichte in sich, die sich in ihrem Schaffen, in ihren Kinderbüchern niederschlägt. Andere Menschen haben andere Geschichten zu erzählen – bisweilen auch weniger freudvolle –, aber stets spiegeln diese Geschichten ein Stück weit das besondere Verhältnis zu den eigenen Eltern.

Darüber hinaus repräsentieren Eltern jenes bereits erwähnte überindividuelle Prinzip, das sich mehr auf der symbolischen Ebene abspielt. Vater und Mutter stehen für Mann und Frau, für die Pole des Lebens schlechthin. Alles Denken der Menschen, alle Strukturierung in Raum und Zeit beginnt mit der Wahrnehmung dieser Pole. Gut lässt sich nicht denken ohne böse, Ja nicht ohne Nein und Vater nicht ohne Mutter. Wir brauchen das Spiel mit den Polen, mit den Gegensätzen. In fast allen Schöpfungsgeschichten finden wir die kosmischen Analogien zu Vater und Mutter, wobei meistens der Himmel den Vater repräsentiert, die Erde aber die Mutter. Und das Kind, das in seiner Ichwerdung noch einmal (unbewusst) alle Etappen der Menschheit durchwandert, trägt diese Analogien als Erinnerungsspuren in sich. Geben Sie ihm einen Stift in die Hand: Es malt Haus und Baum, Blume und Schmetterling, es malt Mutter und Kind. Nie bleibt eines allein. Kindliches Denken, das wir auch als Erwachsene noch in uns tragen, produziert fortlaufend assoziativ die Pole: Sonne und Mond, Sommer und Winter, ich und du – und eben Vater und Mutter.

Mann und Frau sind zueinander komplementär angelegt.[69] Und gleichzeitig gehen sie über die Zwei-Einheit hinaus, indem sie das Dritte schaffen, das Kind, beziehungsweise die Kinder. Diese Drei-

Einheit, *Triangulierung* genannt, ist für Kinder der optimale Rahmen, sich frei zu entwickeln. So können sie je nach Stimmung oder wie sie es brauchen Pakte schließen, mal mit dem einen, mal mit dem anderen, mal mit der Mutter, mal mit dem Vater. Außerdem dürfen sie auf diese Weise, was fast noch wichtiger ist, mutig Konflikte riskieren, ohne Angst, danach hoffnungslos allein zu sein. Wenn das Kind mit dem Vater zusammenprallt, sagen wir über die Frage des Taschengelds, ist da immer die Mutter, die es auffängt und weiter trägt. Reibt es sich mit ihr, sagen wir wegen einer Lüge, spricht vielleicht der Vater das erlösende Wort und fängt seinerseits das Kind auf. Ein Kind, das diese Möglichkeit nicht hat, wird eher dazu neigen, in die Reserve zu gehen, brav zu sein, eben nichts zu riskieren. »Ich wünsche mir, dass der Papa, Mama und ich immer zusammenhalten«, sagt Jonas beim Auspusten seiner sechs Geburtstagskerzen.[70] Das Geschenk der Triangulierung, des freien Austauschs zwischen Vater, Mutter und Kind, kann man nicht hoch genug einschätzen. Und Elternschaft dient eben dazu, dem Kind diesen Freiraum zu gewähren.

Aber Elternschaft dient noch zu weitaus mehr. Goethe hat es wunderbar ausgesprochen: »Zwei Dinge sollen Kinder von ihren Eltern bekommen: Wurzeln und Flügel.« Das ist die ganz reale elterliche Aufgabe. Das ist ihr ständiger Auftrag, mit dem sie mehr als beschäftigt sind. Wurzeln sollen Eltern geben, indem sie dem Kind jenes Urvertrauen schenken, welches ihm ermöglicht, fest auf der Erde zu stehen, sich zu Hause zu fühlen – und wohlzufühlen in seinem Leib. Diese Wurzeln sieht und fühlt das Kind nicht bewusst (so wie eine Pflanze die ihren nicht fühlt), doch die geringste Schädigung lässt das Kind aufhorchen, aufschrecken und leiden. An den Wurzeln nagt man nicht, sondern hält sie sorgsam geschützt.

Und dann das andere: die Flügel. Trotz aller Bindung zum Kind (im Großen und im Kleinen) sind Eltern unentwegt dazu aufgerufen, die Kinder loszulassen, damit sie sich aufmachen oder aufschwingen können in Richtungen, über die sie selbst als Eltern keine Gewalt haben. Bis an die Grenzen, und sogar, wie Janusz Korczak betont, an die Grenzen des Todes.[71] »Wie weit lasse ich mein Kind?« ist die Dauerfrage von Eltern, die sie untereinander aushandeln müssen. Und dieses Aushandeln geschieht am besten in Liebe und aus der Liebe heraus. In Liebe zwischen den Partnern und in gemeinsamer Liebe zum Kind.

Wie immer die Antworten ausfallen: Kinder spüren, wenn die Eltern über sie verhandeln. Das ist das unsichtbare Band, welches sie verbindet. Und das ist es, was Kinder, wenn sie erwachsen werden, als inneres Bild in sich bewahren. Wenn die Verhandlungen gut waren, ist das innere Bild auch gut und kann als Maßstab für eigenes Handeln dienen, wenn sie eines Tages selbst Eltern sind. Und das Bild der tanzenden Eltern – wenn sie denn tanzen – werden sie bis ans Lebensende in sich tragen.

Ende der Kindheit

»Als ich aufwuchs und mit zehn Jahren allein U-Bahn fahren konnte – da nahte das Ende eines wirklichen goldenen Zeitalters.«
Woody Allen

Juristisch und rein zeitlich ist das Ende der Kindheit in unserer Kultur klar bestimmt.[72] Aber wir ahnen sogleich, dass das Juristische nur die eine Seite der Geschichte ist. Die andere, viel spannendere, vieldeutige und oft konfliktbeladene Seite offenbart sich im subjektiven Bereich. Sich als Kind *fühlen*, beziehungsweise sich nicht mehr als solches zu empfinden, lässt sich nicht an äußere Termine knüpfen, da ist stattdessen viel Biografisch-Schicksalhaftes am Werk.

Früher, und in manchen Gesellschaften auch heute noch, wurde und wird der Übergang vom Kindsein zum sozial und religiös verantwortlichen Adoleszenten und Fast-Erwachsenen in feierlichen Zeremonien kollektiv begangen. Damit wurden äußerlich sichtbare Zeichen gesetzt, die von allen verstanden und akzeptiert wurden. Wo diese nun fehlen, wo das Ende der Kindheit nur ein abstrakter juristisch gesetzter Zeitpunkt ist, sind die Heranwachsenden weitgehend ihren inneren Wahrnehmungen ausgeliefert. Sie selbst definieren, wann und wie sich der Übergang vollzieht. Spricht man mit jungen Menschen, die diese Phase gerade hinter sich haben, dann fallen die individuell höchst unterschiedlichen Empfindungen über das Ende der Kindheit auf. Manche haben im Zorn persönlich bedeutsame Dinge verbrannt und kamen damit erstaunlich nahe an das rituelle Spielzeugverbrennen mancher Pubertätsriten. Andere verweigerten das Essen, unbewusst auch wohl das Weiterwachsen; auch dies erinnert an das erzwungene Fasten der Riten. Manche waren von Stolz erfüllt und taten alles, um die Jüngeren hinter sich zu lassen. Und nicht wenige verfielen in eine tiefe, ihnen selbst unerklärliche Traurigkeit.

Ich weiß bis heute glasklar Zeit und Ort. Es war Anfang November 1956, auf einem Bahnsteig in Northeim, wo ich auf den Zug wartete, der mich zur Beerdigung meiner Großmutter führte (die übrige Familie war schon vorausgefahren). Beim Warten auf den verspäteten Zug in der trüben Dunkelheit des frühen Abends sprachen Menschen plötzlich aufgeregt vom Einmarsch der Sowjetarmee in Ungarn. Ich hörte Worte wie *Invasion* und *Revolution* und verstand sie nicht: in meinen Ohren klang es wie Krieg. Mutters Mama war tot – *und es war Krieg* – diese unheilvolle Vermengung machte mir klar: die Welt hat ihre Unschuld verloren. Meine Kindheit war zu Ende.

Jedes Kind hat *seine* Zeit und *seinen* Ort vom Ende der Kindheit, und es lohnt sich, diesem bewusst nachzuspüren.

Engel

*»Ich ließ meinen Engel lange nicht los,
und er verarmte mir in den Armen
und wurde klein, und ich wurde groß.«*
Rainer Maria Rilke

Kinder nehmen oft Dinge wahr, die die meisten Erwachsenen nicht wahrnehmen. Sie sehen Engel – in der Regel ihren *Schutzengel* –, sie hören und spüren ihn leibhaftig. Aber sie halten diese Begegnungen oder ihr *Schauen* meist geheim, weil niemand in den intimen Dialog einbrechen darf. Die in Frankreich so populäre Kinderanalytikerin Françoise Dolto hat erst als ältere Frau freimütig erzählen können, dass sie als Kind intensiv an Engel, vor allem an ihren eigenen Schutzengel, geglaubt hat. Dieser war ihr damals so real, dass sie schrieb: »Wenn ich schlafen ging, legte ich mich nur auf die eine Hälfte des Bettes, um meinem Schutzengel Platz zu lassen, damit er neben mir schlief (...) Er trug ein weißes Kleid, er hatte Flügel, die er zusammenklappte, deshalb sagte ich ihm ab und zu: ›Nein, tue deinen Flügel bitte nicht dahin, er stört mich.‹«[73] Dieselbe Frau wurde später eine überaus vernünftige und tatkräftige Kinderärztin und Schriftstellerin. Besonders verstand sie sich darauf, die verborgenen Sehnsüchte der Kinder zu erspüren. Vielleicht hatte sie all dies als kleines Mädchen schon jahrelang mit ihrem Schutzengel eingeübt.

Engel sind für alle diejenigen wirklich existent, die sie in sich einlassen, die an sie glauben. Und viele Kinder glauben. Manchmal sind Engel auch nur vorübergehende Gefährten: Sie erscheinen, sie begleiten das Kind eine Zeitlang – und sie verschwinden ganz leise wieder, so dass sie bisweilen in späteren Jahren kaum mehr erinnert werden. Schade! Aber das gehört zu ihrem Geheimnis.

Erstes Mal

»Der erste Mensch durchläuft nochmals den ganzen Werdegang, um sein Geheimnis zu entdecken. Er ist nicht der erste Mensch. Jeder Mensch ist der Erste, keiner ist es. Deswegen fällt er seiner Mutter zu Füßen.«
Albert Camus

Der erste Atemzug
der erste Tag
das erste Mal in Papas Arm
das erste Lächeln
die ersten Schuhe
das erste Nein
das erste Mal *Ich*
das erste Mal enttäuscht werden
das erste Mal verlorengehen
das erste Vogelnest
der erste Buchstabe
das erste Mal Erde riechen
das erste Tier
und so weiter und so weiter
Später dann:
Der erste Kuss
die erste Zigarette
der erste Samenerguss
der erste Betrug
und so weiter und so weiter

Jedes erste Mal eine Station der Menschwerdung. Banal und zugleich atemberaubend. Jede Erfahrung des Kindes geschieht ein erstes Mal – das ist banal, weil sie jeder macht, atemberaubend deshalb, weil mit jedem Kind die Welt neu beginnt: die Welt des Atmens, des Trinkens, des Lächelns und des Sprechens. Jedes Kind ist für sich »der erste Mensch«[74], wie Albert Camus es in seiner Autobiografie wunderbar schlicht ausdrückt. Vorher – das heißt vor meiner Geburt – war ein dunkles Nichts, ein Tohuwabohu wie am Anfang der Welt, und mit mir und mit meinen Augen, die das Licht empfangen, entstand das Licht. Was weiß denn das kleine Kind von all den anderen Menschen vor und neben ihm, die vor ihm den ersten Atemzug gemacht haben, die ersten Schritte und das erste Wort? Das erste Mal ist immer mein erstes Mal, als wenn es nie vorher von anderen durchlebt worden wäre.

Der französische Dichter Pierre Loti beschreibt in seinem *Roman eines Kindes*, wie er das erste Mal ein ureigenes, durch und durch körperliches Gefühl von Hüpfen, von Federn und Laufen entdeckte – wie einen explosiven Einbruch in seine damalige Art, sich zu bewegen: »Von diesem Augenblick an konnte ich hüpfen, konnte ich laufen! Ich bin überzeugt, dass es das erste Mal war, so deutlich ist mir meine überbordende Lust und meine verwunderte Freude noch gegenwärtig.«[75] Diese Erinnerung hat sich dem Dichter nur deshalb so tief verankert, weil sie – wie es häufig geschieht – mit einem anderen *ersten Mal* verschmolzen war. Im selben Moment nämlich, in dem der Junge bewusst erstmals die Kraft und Beweglichkeit seiner Beine spürt, so glaubt er später rückblickend, sei ihm auch der Geist erwacht: »Aber während des Hüpfens dachte ich nach, und dies so intensiv, wie es gewiss sonst nicht meine Gewohnheit war. Zur gleichen Zeit, da meine Beinchen, mein Verstand erwacht waren, wurde es in meinem Kopf, wo die Gedanken erst ganz blass heraufdämmerten, ein wenig klarer.«[76]

Vielleicht ist es gerade die Verdoppelung, die das Ereignis so unauslöschlich als das erste Mal markiert. Sigmund Freud hat dieses Phänomen als *Deckerinnerung* bezeichnet, ein besonderer Kunstgriff der menschlichen Erinnerungskultur. Viele Momente des *ersten Mals* können wir später als Erwachsene nur schwer abrufen. Doch wenn wir Glück haben, schiebt sich jenes Doppelte darüber, das wir fast übergenau erinnern (eine Mütze, ein kratzender Strumpf oder ein Geruch), und dieses Doppelte überlagert oft das Ursprungsgeschehen, welches doch das eigentlich Bemerkenswerte und Erinnerungswürdige sein sollte.

– Ein Kind erinnert die erste Begegnung mit dem Tod. Später weiß es nichts vom Sterben der Großmutter, aber spürt noch genau den Geschmack des Mohnkuchens, den es bei ihrer Beerdigung zu essen gab.
– Ein Junge hat vergessen, wie er das erste Mal in einem Kaufhaus verlorenging. Sogar die Polizei musste auf der Suche nach ihm eingeschaltet werden. Er prägte sich von diesem Drama ausschließlich den grünen Kaugummi ein, den ihm einer der Polizisten zur Beschwichtigung seiner Angst zugesteckt hatte.
– Und ein anderes Kind erinnert sich an gar nichts vom ersten Schultag – außer an den Geruch des Schulranzens.

Wie wir an diesen Beispielen sehen, ist die Erinnerungskompetenz des Körpers anscheinend viel größer und ausgeprägter als das kognitive Gedächtnis. Auf jeden Fall verschieben sich auf diese mysteriöse und doch gleichzeitig logische Weise unsere Kindheitserinnerungen und vor allem verschiebt sich der Rückblick auf das erste Mal. Es gibt nichts Kostbareres für uns Erwachsene, jenen Angelpunkten unserer Menschwerdung nachzuspüren und bei Kindern, mit denen wir leben, jedes wahrnehmbare *erste Mal* mit staunender und respektvoller Gebärde zu begleiten.

Übrigens: Ein ähnlicher Zauber wie der des ersten Mals liegt auch im bewusst erlebten letzten Mal. Hier spüren wir Wandlung pur. Der letzte Schultag. Der letzte Arbeitstag. Die letzten Worte des Großvaters. Der Abschiedskuss. Hier schließt sich der Kreis – unwiderruflich, einmalig –, wie das erste Mal.

Essen

»Iss, damit du groß wirst.«
Françoise Dolto

In diesen Ferien dreht sich alles ums Essen. Wir haben fünf Kinder im Haus und eines im Mutterbauch (kurz vor der Geburt), und mir scheint, es habe noch nie so viele Gespräche um Essen gegeben wie in diesen Wochen. Und ich muss lachen.

Im Alltag geht das tägliche Essen irgendwie unter. Es ordnet sich ein in die Abläufe des Haushalts, der Schule und der Arbeit der Eltern. Die Energie der Kinder ist, ebenso wie die der Erwachsenen, ganz in den Alltag eingebunden. Und das Essen, auch wenn es nicht immer zu festen Zeiten stattfindet, ist meist geregelt, für die Kinder vorhersehbar, kurz: verlässlich.

In den Ferien aber ist alles anders. Da ist unendlich viel Zeit und Raum, über Nahrung nachzudenken und zu reden. »Wollen wir Cornflakes oder Croissants zum Frühstück?« Und plötzlich spaltet sich die Familie, die einen wollen Cornflakes, die anderen Croissants, und einer will keines von beiden, sondern richtiges Brot. Schon entfaltet sich wenn nicht ein Streit, so doch eine Diskussion um das beste, schmackhafteste und gesündeste Frühstück. Wir sprechen über Nutella, Zucker und sogar Milch, als ginge es um Religion oder Weltanschauungen. Leidenschaften brechen durch: »Ich könnte für Honig sterben!« Und blanker Starrsinn offenbart sich: »Nutella kommt mir nicht ins Haus!«; »Ich trinke nie, nie wieder Milch!«

Doch das ist nur der Anfang. Mittags geht es weiter: Essen wir Pommes frites an der Bude? Kochen wir? Haben auch alle Hunger? Gehen wir irgendwohin essen? Tausend Möglichkeiten – und tausend Beschränkungen. Wer eine große Familie hat, stößt dauernd an Grenzen. Am Nachmittag haben die Kinder Hunger auf Kuchen und Begierde nach Eis, und abends möchten die Eltern Muscheln essen – aber auf keinen Fall die schwangere Mutter. So geht es fast jeden Tag. Am Ende der Ferien, zum großen Abschiedsessen, einigen sich alle auf Artischocken, und nie habe ich die Familie so entspannt beisammen gesehen: eine Schar hoch beschäftigter, Blätter zupfender, glücklicher Kinder.

Essen ist niemals banal. Für Kinder ist es wichtig, in Harmonie mit sich und den anderen zu essen. »Die Liebe«, sagt Sigmund Freud, »entsteht in Annäherung an das befriedigte Nahrungsbedürfnis«[77], und wir alle ahnen, nein, wir alle *wissen*, dass Essen tatsächlich unendlich viel mit Liebe zu tun hat. Alle Schattierungen von Liebe und Hass und sämtliche Zwischentöne spiegeln sich im Essen. Was einem mit Liebe gereicht wurde, nimmt man gern an, das schluckt man gern und verdaut man gut. Was einem hingegen gleichgültig oder lieblos gegeben wurde, spuckt man aus oder es bleibt einem als unangenehmer Brocken quälend im Halse stecken. Man kann und will es nicht verdauen. Man will das Ungeliebte von außen nicht in eigene Körpersubstanz umwandeln, denn nichts anderes ist der Vorgang des Kauens und der Verdauung: Nahrung wird zur Ichsubstanz.

Alles beginnt auch hier mit den ersten Tagen und Wochen nach der Geburt. Gestilltwerden, das Annehmen der süßen Muttermilch (oder ihres Ersatzes) ist die allererste und wichtigste Interaktion des Säuglings mit der Mutter. Gelingt dieser Prozess, kann man davon ausgehen, dass das Kind gut angekommen ist auf dieser Welt, dass es weiter wachsen – und vor allem weiter trinken – will und dass es die Menschen in seiner Umgebung als verlässlich erfährt. Über die erste (Milch-)Nahrung verinnerlicht es Verlässlichkeit und Liebe.

Wenn dieser Prozess nicht gelingt, wenn das Kind die Nahrung nicht annehmen kann, sondern mit Appetitlosigkeit, Brechreiz, Allergien und Koliken reagiert, offenbart sich darin, dass es noch nicht sicher in dieser Welt verankert ist, dass es noch keine Balance zwischen Innen und Außen gefunden hat. Unbewusst misstraut es dem, was ihm zugeführt wird, und der Körper wehrt sich gegen Nahrung.

Kaum ein Bereich der Kindesentwicklung – und später der Erziehung – ist derart emotional beladen und derart störungsanfällig wie das Essen.[78] Natürlich wollen die allermeisten Eltern das Beste für ihr Kind. Doch das Kind entwickelt seinen Eigenwillen, vor allem seinen eigenen Geschmack und besondere Abneigungen, und es bedarf eines ständigen Aushandelns zwischen den Vorstellungen der Eltern und denen des Kindes. Viele Eltern bringt das nicht nur an die Grenzen ihrer Geduld, sondern auch ihrer Pädagogik.

Früher war scheinbar alles viel einfacher. Es gab klipp und klare Ge- und Verbote das Essen betreffend: »Der Teller wird leer gegessen!« – »Am Essenstisch wird nicht gesprochen!« – »Zur Strafe gibt es kein Dessert!« – und so weiter. Aber selbst wenn es wirklich einfacher war, so war es noch lange nicht besser. Wir können uns ausmalen, welch unterschwelliges Leid die starren Essensregeln den Kindern bereiteten und welche Tricks sie sich ausdenken mussten, um sich nicht vollends die Lust am Essen verderben zu lassen (manche Kinder schütteten das ungeliebte Essen einfach in die Ärmel oder Hosentaschen). Weil die Kinder früher kaum eine Vorstellung beziehungsweise keinen Vergleich hatten, dass es auch anders, nämlich freier und fröhlicher, beim Essen zugehen könne, schluckten sie die Nahrung brav und manchmal stumm in sich hinein.

Nur einige wenige, besonders gezeichnete oder besonders mutige Kinder wagten den offenen Widerstand: »Nein, meine Suppe ess' ich nicht!« Mutig war der Suppenkaspar tatsächlich. Aber wir wissen ja, wie elend es mit ihm ausgeht – und Kinder von damals, die die Geschichten vom Struwwelpeter meist auswendig kannten, waren gewarnt.

Manche Kinder, die keinen Widerstand leisten konnten, die ihre Suppe (äußerlich) brav auslöffelten und ihr Brot brav kauten, flohen (innerlich) in die Fantasie. So wie der Schriftsteller Amos Oz, der behauptet, als Kind eigentlich nie Lust auf Essen gehabt zu haben, außer auf Mais und Eis: »Ehrlich gesagt, beneidete ich manchmal sogar ein wenig jene hungrigen Kinder in Indien, die nie von jemandem gezwungen wurden, ihre Teller leer zu essen.«[79]

Essen ist Interaktion zwischen dem Kind und seiner Mutter, aber ebenso zwischen ihm und seiner sozialen Gruppe. Keine Feier, kein biografisches, religiöses oder jahreszeitliches Fest ohne die dazugehörigen Speisenfolgen. Und genau so wie sich das menschliche Urvertrauen mikrokosmisch im Kontakt zwischen Mutter und Kind aufbaut und fortwährend festigt, so bindet sich die kulturelle und religiöse Identität des Kindes an die festlichen Mahlzeiten seiner Gemeinschaft. Ich werde nicht müde, den Erzählungen anderer zuzuhören, wenn sie von den Gerichten ihrer Kindheit sprechen. Das ganze Bündel der Erinnerungen scheint in den Speisen konzentriert – jede einzelne steht für ein Gefühl, das mit anderen geteilt wurde. Mit den Speisen von damals lebt ein ganzes Universum auf: nicht nur das der Kinder, sondern das eines ganzes Milieus.

Machen wir hier einen Sprung in eine andere Welt. Für den kamerunischen Soziologen Iwiyé Kalla Lobé zählt in der Erinnerung an seine Kindheit weniger, *was* er damals gegessen hat, sondern *wie*. Alle griffen mit der Hand in die große Familienschüssel, vom Kleinkind bis zum Großvater. Lobé schreibt: »Es gibt eine besondere Intensität, wenn man gemeinsam die Hand in die große Schale streckt. In diesem köstlichen Moment fühlt man ganz tief in den Zellen seines Körpers, dass man dieselbe Essenz miteinander teilt, dass man Teil hat an denselben menschlichen Bedingungen wie alle anderen Familienmitglieder, die da zum großen Familienmahl gruppiert sind.«[80]

Vielleicht sollten wir unsere Kinder wieder öfters mit den Händen essen lassen. Essen ist Liebe – und da ist alles erlaubt.

»*Die Vokale entsprechen dem Ruach, dem Geist. Ohne Vokale, ohne den Geist, kann kein Leben sein. Die Konsonanten, die ihre Zeichen, ihre Buchstaben haben, entsprechen dem Körper.*«
Friedrich Weinreb

Familie

»Wenn man Menschen in Amerika oder Europa fragt, was ihnen im Leben am wichtigsten ist, nennen sie immer noch ihr Zuhause und die Familie an erster Stelle, nicht einmal Religion oder Gemeinschaft können da mithalten.«
John R. Gillis

Der erste offen homosexuelle Imam in Frankreich heißt Ludovic Mohamed Zahed. Er ist mit seinem Partner Khiam standesamtlich und religiös verheiratet und erklärt in einem Interview, dass er und sein Ehemann nach Südafrika auswandern wollen, um dort eine Familie zu gründen.[81] In Südafrika, davon ist das Paar überzeugt, gibt es seit Jahren sichere und freundlichere Rahmenbedingungen, unter denen ihre zukünftigen Kinder aufwachsen werden können. Es sollen ein Mädchen und ein Junge sein. »Nein, lieber drei Kinder«, fügt Khiam hinzu, gezeugt von den beiden Männern und ausgetragen von Leihmüttern. So der gemeinsame Plan. Die beiden wünschen sich sehnlichst eine richtige Familie.

Dabei wissen wir doch längst: Es gibt sie nicht mehr, die richtige Familie, die klassische, allgemein verbindliche Form des Zusammenlebens zwischen Mann, Frau und Kindern. Überall ist Bewegung, Umbruch, Neuerung. Freilich hat es auch in der Vergangenheit nicht immer die eine richtige Form der Familie als einzig ideale Weise des Zusammenlebens gegeben. Wenn man die Geschichte der Familie neu schreiben würde, wären die Abweichungen von dem je herrschenden Familienideal sicher der spannendste Teil.

Heute leben wir wie selbstverständlich mit vielfältigen alten und neuen Familienformen: Kern- und Großfamilien, Alleinerziehende, Patchwork-, Homo- und Adoptivfamilien und dazu einige durch die moderne Reproduktionsmedizin ermöglichte neue Konstellationen, die manchmal so verwirrend-kompliziert sind, dass es für sie noch keine wirklichen Namen gibt.[82] Viele dieser Familienformen wurden vor nur wenigen Jahrzehnten als befremdlich wahrgenommen. Schaut man heute in die Namenslisten einer Großstadt-Grundschulklasse, findet man gut ein Drittel der Kinder ohne Vater (seltener ohne Mutter), manchmal gibt es zwei Mütter oder zwei Väter. Fast die Hälfte der Eltern ist nicht verheiratet, und die verheirateten Paare werden von Jahr zu Jahr weniger. Hand in Hand mit dieser sozialen Realität wächst die Akzeptanz der neuen Familienformen, wobei allerdings die extremen regionalen und kulturellen Unterschiede ins Auge fallen. Es ist also kein Zufall, wenn der Imam das Land wechseln will, um seine Familie zu gründen.

Jeder nostalgische Rückblick auf ein Familienleben, das früher anscheinend tragfähig und intakt war, mit klarer Rollen- und Aufgabenverteilung der Geschlechter, mit väterlicher Autorität und mütterlicher Rundum-Fürsorge, ist heute müßig. Kaum jemand wird das Rad der Geschichte zurückdrehen und zu traditionellen Familienstrukturen zurückkehren können. Zu sehr hat sich, vor allem durch moderne Methoden der Geburtenkontrolle und die fortgeschrittene Berufstätigkeit der Frauen, das Verhältnis der Geschlechter zueinander verschoben – weg von wirtschaftlicher und moralischer Abhängigkeit der Frauen, hin zu mehr Egalität im sozialen Raum.

Aber dennoch: Junge Menschen – und nicht nur sie – heiraten immer wieder, zelebrieren ihre Hochzeit mit einer Innigkeit und Intensität, als gäbe es keine Scheidungsstatistiken. Andere ziehen ohne Ehschein zusammen und bauen ein Nest für sich und ihre Kinder. Homosexuelle Paare kämpfen leidenschaftlich nicht nur um ihre Anerkennung, sondern auch um juristische Absicherung und Gleichstellung.

Was treibt diese Paare in die Bindung? Was treibt sie in die Familie?

Was auf den ersten Blick widersinnig erscheint, ist es bei näherem Hinblicken keineswegs. Der tiefe Wunsch nach Bindung in der Familie, der Wunsch nach Kindern, auch und gerade bei homosexuellen Paaren, ist gar nicht irrational. Die Seele, sagt der Philosoph Theodor W. Adorno, ist stets konservativer als der Verstand. Und sie hat gute, überzeugende Gründe hierfür. In den tieferen Schichten des Menschen verborgen liegt eine sprachlich und gedanklich kaum fassbare Sehnsucht nach Dauer, nach Ausschließlichkeit und umfassender Annahme der eigenen Person. All dies erhoffen sich Menschen, Männer und Frauen gleichermaßen, wenn sie eine Familie gründen.

Die Sehnsucht nach Dauer entspringt dem frühkindlichen Wunsch, nie von der Mutter, der Quelle von Nahrung, Wohlbehagen und Glück, getrennt zu sein. Die Bindung an den Partner oder die Partnerin soll genau wie die frühe Bindung zur Mutter niemals bedroht sein durch plötzlichen Abbruch. Nicht umsonst lautet die Formel der religiösen Eheschließung »bis dass der Tod euch scheidet«.

Die Sehnsucht nach Ausschließlichkeit, auch sie ist ein früh angelegtes Begehren in uns allen. Wir wollen für den anderen wichtig sein, am liebsten unersetzlich. Wo, wenn nicht in der Liebe, möchten wir nicht austauschbar sein, und zwar ewig. Auch hier setzen sich lebensgeschichtlich sehr frühe Impulse durch: Die Sehnsucht nach Ausschließlichkeit geht mit dem ursprünglich narzisstischen Wunsch des kleinen Kindes einher, einzig auf dem Schoß der Mutter zu thronen, einzig an der Brust zu saugen, mit niemandem teilen zu müssen, Mittelpunkt ihrer Welt zu sein!

Und schließlich entspringt auch die Sehnsucht nach umfassender Annahme der eigenen Person einem frühkindlichen Impuls. Wir konnten nur wachsen und gedeihen, wenn die eigene Mutter uns so annahm, wie wir waren, lockig oder kahlköpfig, dick, mager oder schielend. Wenn man sich die Mütter in den Entbindungsstationen oder später auf den Spielplätzen anschaut, entdeckt man, dass jede ihr eigenes Baby und Krabbelkind als das süßeste von allen empfindet. Und wenn es nicht so ist, wenn die Mutter mit anderen Babys liebäugelt und mit ihrem eigenen Kind unzufrieden ist, wenn sie kritisch an ihm herumnörgelt, ist dies keine gute Basis für das Gedeihen des Kindes. Das Grundgefühl, rundum in seiner Person angenommen zu sein, auch wenn man sich krank und elend fühlt, gibt das Rückgrat im Leben, den inneren Halt. Und dieses im Partner oder in der Partnerin wiederzuerlangen, dem gilt alle spätere, zumeist verborgene Sehnsucht.

Wer eine Familie gründet, möchte in seiner Gesamtheit, mit seinen Sonnen-, aber auch seinen Schattenseiten anerkannt werden, mit seinen Träumen, Erinnerungen, seinen Traurigkeiten und seinem Ärger, ganz so, wie die meisten Menschen sich in früher Kindheit von ihrer Mutter angenommen fühlten.[83] Im Akt der Familiengründung ist all dies verheißen. Für die Erwachsenen und ebenso für die zukünftigen Kinder. Wie immer die Familie zusammengesetzt sein mag, gibt es für uns Gründe genug, ihr mit Achtung zu begegnen.

Farben

»Farben sind Taten des Lichts. Taten und Leiden.«
Johann Wolfgang von Goethe

»Es war einmal eine kleine süße Dirne, die hatte jedermann lieb, der sie nur ansah, am allerliebsten aber ihre Großmutter, die wusste gar nicht, was sie alles dem Kinde geben sollte. Einmal schenkte sie ihm ein Käppchen von rotem Sammet, und weil ihm das so wohl stand, und es nichts anders mehr tragen wollte, hieß es nur das Rotkäppchen.«[84] So beginnt das Märchen *Rotkäppchen*, mit dem zahlreiche Kinder groß werden. Für die meisten ist es das erste und vertrauteste Märchen überhaupt. Rotkäppchen steckt in uns allen.

Viele frühe Kindheitserinnerungen kreisen um Farben und auffallend häufig nur um eine einzige. Anders als Erwachsene, die ihre Lieblingsfarbe direkt benennen – »Ich liebe das Blau« –, verbinden Kinder ihre Lieblingsfarbe instinktiv und unauslöschbar mit einem Gegenstand: das rote Käppchen aus dem Märchen, der grüne Wackelpudding, der gelbe Teppich des Kinderzimmers. Der mit diesem Gegenstand verbundene Affekt verschmilzt mit der Farbe und überträgt sich auf sie. Mal erscheint sie in gutem oder gar strahlendem Licht (im Beispiel von Rotkäppchen wird das Rot mit weichem Samt und Liebe assoziiert), aber es kann ebenso gut in die andere Richtung gehen. Wenn ein Kleidungsstück das Kind kratzte oder beschämte, dann überträgt es diese Emotion ungebrochen auf dessen Farbe. »Ich hasse Lila«, sagt es dann später, weil Lila die Farbe der hässlichen Bluse war, die eine grässliche Tante ihm zu Weihnachten geschenkt hatte.

Kinder fühlen sich durch Farben, zu denen man sie zwingt, ähnlich verletzt wie durch Worte oder Gesten. Ein Mann erzählt, dass er seine ganze Kindheit hindurch »nur Braun« getragen habe, und das ganze braune Unbehagen steht in seinem Gesicht. Wenn Kinder wiederholt Kleidungsstücke anziehen müssen, die ihnen farblich zuwider sind, dann spüren sie dies als negative Schwingungen, ja als Kränkung vonseiten der Erwachsenen, die sich über ihre Wünsche hinwegsetzen. Und ich bin überzeugt, viele morgendliche Kämpfe von Müttern mit ihren Kindern um die Frage, was heute angezogen werden soll, drehen sich in Wirklichkeit um die Farben der Hosen, T-Shirts, Socken und Kleider – kurz: um die Farben und die damit verbundenen Gefühle der Kinder.

Kinder haben einen lebendigen Impuls, ihre ureigene Farbe, ihre Seelenfarbe zu entdecken und auszuleben, das heißt zu malen und in tausend Formen hervorzuzaubern oder eben am eigenen Leib als Kleider zur Schau zu tragen. Und dennoch wird dieser Impuls schon früh von kulturellen und der Mode unterworfenen Eingriffen der Erwachsenen gebremst und gelenkt. Es beginnt mit dem Rosa und Hellblau, mit dem das Neugeborene auf dieser Welt begrüßt wird. Eine große Anzahl von Eltern verfällt, darin kräftig unterstützt von Werbung und Verwandtschaft, in einen Rausch von Rosa oder Hellblau. Nicht nur Babykleidung, sondern schlichtweg alles, vom Löffel bis zum Bettzeug, von der Flasche bis zum Roller: alles in Rosa, alles in

Hellblau. Vergessen sind die wissenschaftlichen Untersuchungen aus Jahrzehnten, die doch beweisen wollten, dass Mädchen zu Mädchen nicht geboren, sondern gemacht werden – unter anderem durch allzu viel Rosa.[85]

Aber das ist nur der Anfang: Unmerklich wächst das kleine Kind in das System der kulturellen Deutungsmuster hinein. Da gibt es schreiende und schrille Farben, bei denen die Erwachsenen das Gesicht verziehen. Da gibt es passende und unpassende und sogar schockierende Farben, und auch das schaut sich das Kind von seiner Umgebung ab. Sätze wie etwa »orange ist so kitschig« oder »rot so auffallend« verankern sich im kindlichen Bewusstsein wie Lehrsätze.

Wenn ich Kinder nach ihren Lieblingsfarben frage, dann stocken sie auffällig oft. Sie antworten zögerlich, und ich spüre, wie ihre spontanen Einfälle überlagert sind von den Sichtweisen der Erwachsenen. Oft haben sie Angst, sich wirklich zu ihrer Farbe zu bekennen, weil sie ahnen, damit anzuecken oder ausgelacht zu werden. Was könnte etwa passieren, wenn sie wirklich sagten: »Meine Lieblingsfarbe ist Gold«?

Aus meiner eigenen Kindheit erinnere ich mich sehr genau an eine seltsame Art von Transformation meiner Lieblingsfarbe. Von früh an liebte ich Rot. Bereits mit drei Jahren, kaum dass ich sprechen konnte, wünschte ich mir einen roten Rock. Nachdem ich aber über Jahre hinweg dieses Begehren bei meiner Mutter nicht befriedigen konnte, nachdem meine Rot-Sehnsucht immer wieder ins Leere lief, begrub ich sie einfach und verlagerte mich auf Hellblau. Noch heute spüre ich die Intensität dieses neuen Gefühls, ich verklärte das Hellblau zu meiner Himmelsfarbe. Meine Mutter, die mich von nun an mit blauen Anoraks versorgte, war anscheinend zufrieden. Aber ich weiß, die eigentliche, tief verborgene und nun verdrängte Sehnsucht galt stets dem Rot. Wie sagt Ingrid Riedel so schön in ihrem wunderbaren Buch *Farben*: »Rot ist zugleich die Lieblingsfarbe der Kinder.«[86] Recht hat sie. Denn Rot ist die Farbe des Lebens. Und im Chinesischen sogar des Glücks.

Ferien

»Meine Schulkameraden und ich, wir haben uns tolle Sachen erzählt: was wir alles machen wollen in den Ferien. Aber dann hat Chlodwig gesagt, er rettet wieder jemand, der ertrinkt, wie voriges Jahr – so'n Quatsch! Ich habe gesagt, er lügt, nämlich ich hab ihn doch im Schwimmbad gesehen und er kann ja gar nicht schwimmen.«
René Goscinny

Das Schönste an den Ferien ist, dass sie mit Sicherheit wiederkehren. Ferien sind ja per se nicht immer nur glückserfüllt, doch sie sind das pure Gegenteil von Schule und deshalb so begehrenswert. Kein frühes Rausreißen aus den Träumen, kein Gedrängel im Schulbus, keine Klassenarbeit, kein Nachsitzen – frei sein von all dem. Man gehe nur einmal an einem letzten Schultag vor den Sommerferien auf einen beliebigen Schulhof: Das Gekreische der Kinder gilt nicht (nur) den Ferien selbst, sondern der Befreiung von der Schule.

Was die Ferien anbelangt, so ist es ein bisschen wie Weihnachten. Entweder sie gestalten sich rundum kinderfreundlich, das heißt die wie auch immer zusammengewürfelte Familie verbringt diese Zeit auf intensive Weise und zur Zufriedenheit aller gemeinsam – und dies am liebsten auf Reisen. Oder aber die schon bestehenden Risse und Nöte einer Familie brechen, jenseits von Arbeits- und Schulroutine, in den Ferien offen und destruktiv auf und bedrängen alle – und eben auch das Kind. Nicht wenige Kinder in Trennungs- oder Scheidungsfamilien beispielsweise spüren gerade jetzt die Entfremdung der Eltern doppelt und müssen komplizierte Ferienarrangements über sich ergehen lassen.[87]

Bisweilen ist Reisen auch Prestigeangelegenheit. Deshalb quälen sich Kinder aus sozial schwachen Familien häufig und fühlen sich beschämt, wenn die anderen von fantastischen Ländern erzählen, sie selbst derweil zu Hause oder bei der Oma blieben. Da bleibt als Ausweg, sich selber Reiseabenteuer auszudenken. Viele Jungen und Mädchen sind darin Meister. Sie erlügen sich originelle Feriengeschichten, um mit den schillernden Schilderungen der anderen mitzuhalten (kürzlich erfuhr ich von einem Jungen, der sogar eine »Bombe vor dem Hotel« erlog). Das allerdings spricht nicht gegen diese Kinder, sondern eher für ihre lebendige, kreative Fantasie.

Nicht selten erlebt man auch, wie Eltern sich zielgerichtet um Fremdunterbringung der eigenen Kinder bemühen (Organisation von Ferienlagern, Ausland-Austausch und anderes), um in den Ferien entlastet zu sein oder aber ihrer Arbeit nachgehen zu können. Familienferien mit Kindern sind oft aufreibend und deshalb nicht jedermanns Sache.[88] Und so erlaubt denn auch die Weise, wie eine Familie ihre Ferien plant[89] und schließlich real durchlebt, Rückschlüsse auf die Art des familiären Umgangs und Zusammenhalts generell. Schließlich sagt die Feriengestaltung viel über Bildungsbeflissenheit einer Familie aus. Manche Eltern wollen jeden freien Moment ihrer Kinder für deren kulturelle, musikalische und sportliche Weiterbildung nutzen und finden reichlich attraktive Angebote dazu.

Ich halte dieses Zwischenreich der Schulferien für eine große Chance, dass die Kinder sich wenigstens vorübergehend erholen dürfen von dem dauernden *Müssen*, von dem dauernden Gefordertsein, von dem Eingespanntsein in Zeitfenstern. Kinder brauchen rhythmisch wiederkehrende Pausen und Freiräume, um Impulse auszuleben, die während der Schulzeit niedergehalten werden müssen.

Plötzlich, ganz ohne Schule, beginnt das Kind nämlich überraschend zu experimentieren, es findet und erfindet Ungewohntes und Unerwartetes – bisweilen auch unter Gefahr. Es verläuft sich, es verirrt sich, es verwundet sich, es spielt auch mal verrückt – es geht an die Grenzen. Allein oder mit anderen. Und nicht zufällig ereignen sich in diesem Reich der Freiheit dann auch spontan aufregende Dinge: Das Kind fährt plötzlich Fahrrad. Es raucht seine erste Zigarette. Es erlebt die ersten Küsse und durchleidet Liebeskummer. Nie werde ich vergessen, wie sich mein jüngster Sohn, damals kaum zehn, in das Zirkuskind Betty verliebte, das jeden Abend mit Federn bekleidet auf einem Kamel ritt. Eine Woche lang hat er den Zirkus begleitet, Abend für Abend, und ich bin sicher, er hat damals, als er Betty irgendwann aus den Augen verlor, eine erste und tiefe Ahnung von Liebeskummer und Liebesverlust durchlebt.

Eine Kinderregel: In der Schulzeit lernt das Kind Rechnen und Schreiben. In den Ferien darf es Buchstaben und Zahlen vergessen und lernt das Leben selbst. Und das Heilsame daran ist der zuverlässige Wechsel von beidem.

Film

»Was ist bewegender als eine Liebesgeschichte mit einem Kind?«
Roberto Benigni

Ich kenne eine Frau, die den Film *Ronja Räubertochter* siebenmal im Kino gesehen hat. Es musste Kino sein! Nirgends, so meint sie, gibt es einen so ekstatischen Frühlingsschrei wie in diesem Film. Nicht einmal im wirklichen Leben selbst. Warum muss eine erwachsene Frau, Pfarrerin, Mutter von Töchtern, ins Kino gehen, um sich diese Sehnsucht nach dem archaischen Frühlingsschrei zu erfüllen? Warum genügt es nicht, das wunderbare Buch von Astrid Lindgren zu lesen? Warum muss es Kino sein?

Die Antwort ist einfach: Gute Filme gehen unter die Haut. Filmemacher haben ein sensibles und gleichzeitig scharfes Sensorium für den Menschen und was ihn umtreibt. Sie wagen sich vor und erspüren den Zeitgeist oft früher als andere. Und gleichzeitig wissen sie auch, dass die Seele des Menschen konservativ ist und sich deren Urbilder über die Zeiten hinweg immer gleichen. In diesem Spannungsfeld werden hochwertige Filme gemacht, und was das jeweils Besondere ausmacht, ist die Mischung dieser beiden Pole – abgesehen von der technischen und ästhetischen Qualität der Kamera.[90]

Hinzu kommt, dass Filmemacher eine besondere Wahrnehmungsart haben, die Dinge der Welt zu sehen, beziehungsweise nicht nur zu sehen, sondern auch innerlich aufzunehmen. Cineasten haben eine *coenästhetische Wahrnehmung* – wie Clowns, Musiker, Maler, Flieger, Akrobaten – und eben wie Kinder! Dem Psychoanalytiker und Kinderarzt René Spitz verdanken wir eine nähere Beschreibung dieser besonderen Art des Aufnehmens von Sinneseindrücken, die er als das früheste Kommunikationssystem des Menschen überhaupt beschreibt. Darin finden sich gebündelt »Gleichgewicht, Spannungen (der Muskulatur und andere), Körperhaltung, Temperatur, Vibration, Haut- und Körperkontakt, Rhythmus, Tempo, Dauer, Tonhöhe, Klangfarbe, Resonanz, Schall und wahrscheinlich noch eine Reihe anderer, die der Erwachsene kaum bemerkt, und die er gewiss nicht in Worte fassen kann«.[91] *Das* sind die Zeichen und Signale, innerhalb derer sich das neugeborene Menschenkind bewegt – das ist *seine* Sprache. Und *das* ist die Sprache der oben genannten Menschengruppen (Clowns, Musiker usw.) und die der modernen Filmemacher und Schauspieler. (René Spitz hat Letztere leider unterschlagen, dabei musste ihm zumindest Charlie Chaplin gut vertraut gewesen sein). Gerade sie wollen den Betrachter nicht (nur) auf der rationalen, sprachlich geordneten Wahrnehmungsebene erreichen, sondern auch in den tieferen Schichten der Emotionen. Hier einige Beispiele:

Kein Buch über Liebe und Bindung zwischen Vater und Kind berührt uns wie Charlie Chaplins *Der Vagabund und das Kind* (*The Kid*, 1921). Keine Abhandlung über Scheidung lässt uns so mitleiden wie der Film *Kramer gegen Kramer* (*Kramer vs. Kramer*, 1979). Im französischen Film *Sie küssten und sie schlugen ihn* (*Les 400 coups*, François Truffaut, 1959) erfahren wir alles über schlechte Eltern, ignorante Lehrer, Kinosucht und die Notwendigkeit von Kinderlügen.

Die Verlassenheit und die Angst eines Kindes durchlebt man bei *Oliver Twist*, und zwar sowohl in dem alten englischen Meisterwerk von 1948 als auch in Roman Polanskis Verfilmung von 2005. Ein Gespür und zugleich Erschauern über die Folgen frühkindlicher Traumatisierung – hier die abrupte Trennung von den Eltern – vermittelt uns Orson Welles' Meisterwerk *Citizen Kane* aus dem Jahre 1949. Eine Ahnung, wie ein nicht-erzogenes, sogenanntes wildes Kind fühlt – ja: *fühlt* –, bekommen wir angesichts der Regenszene in *Der Wolfsjunge* (*L'enfant sauvage*, François Truffaut, 1970).

Die Lust eines Kindes, das sich durch keine Moral- und Erziehungsregeln der Welt an seiner Entdecker- und Fragefreude einschränken lässt, erleben wir in *Zazie* (*Zazie dans le métro*, 1960) von Louis Malle. Und derselbe Regisseur bringt uns zum Weinen mit seinem Film *Auf Wiedersehen, Kinder* (*Au revoir les enfants*, 1987).

Wir erleben die grenzenlose Tiefe der Vatersehnsucht in dem brasilianischen Filmkunstwerk *Station Central* (*Central do Brazil*, 1998) von Walter Salles. Wir begeben uns in die Abgründe der hoffnungslosen und verirrten Jugendlichen in den Megastädten in Luis Buñuels Klassiker *Die Vergessenen* (*Los Olvidados*, 1950). Und schließlich sind wir zerrissen zwischen Lachen und Weinen in Roberto Benignis anrührendem Film *Das Leben ist schön* (*La vita è bella*, 1997).

Der französische Dichter Jacques Prévert, der auch Drehbücher verfasste – unvergesslich vor allem *Die Kinder des Olymp*[92] –, beschreibt einmal die Aufregung seiner sonntäglichen Kinobesuche mit seinen Eltern, die fast einem Ritual glichen.[93] Das Kino hebt, anders als das Fernsehgerät zu Hause, aus dem normalen Zeitgefüge heraus und hinein in ein anderes Zeit- und Raumgefühl. Und wirklich wertvolle Filme ähneln ein bisschen den Märchen. Sie enthalten Botschaften für jede Generation. Alt oder jung, jeder nimmt sich aus dem Film, was er für sich *braucht*, was seinem Geist und seiner Seele Nahrung gibt. Die Befürchtung mancher Erwachsener, Kinder könnten noch nicht alles verstehen, ist falsch. Sie holen sich genau das, wofür sie gegenwärtig empfänglich beziehungsweise *reif* sind. Für sie Unverständliches lassen sie beiseite, überhören und übergehen es und orientieren sich an dem, was für sie stimmig ist. Später dann, wenn diese Kinder herangewachsen sind, kann es durchaus sein, dass sie die Filme längst vergessen haben. Nicht jedoch die langen Nachmittage, an denen sie Seite an Seite mit ihren Eltern, mit Großeltern, Geschwistern oder Freunden – oder womöglich auch ganz allein – auf den roten Samtsesseln in einer anderen Welt versunken waren. Mag sein, dass sie am Ende einzig das Rot erinnern. Aber was für ein Rot!

Fliegen
*»Der Wind hat Spiele, das Kind seine Ziele,
es wittert das Fliegen.«*
Theodor Däubler

Die neunjährige Josephine erzählt von ihrem wiederkehrenden Traum: »Wirklich, ich konnte fliegen. Und ich konnte die Menschen verzaubern, dass sie auch fliegen konnten. Ich habe sie mit meinem Finger berührt, und schon flogen sie los.« In einem Traum wie diesem geht es ganz sicher nicht um Flugzeuge und Flugmaschinen. Es geht um das elementare Gefühl, aus eigener Kraft abheben zu können – wie ein Vogel, wie ein Schmetterling oder irgendein Zauberwesen. Und fast ebenso faszinierend ist es für das Kind, von Großen an Armen und Beinen kreisend durch die Luft gewirbelt oder geschleudert zu werden. Die Erfahrung, abzuheben und sicher wieder aufgefangen zu werden, ist überaus wichtig, und das Kind muss sie unzählige Male wiederholen, damit sie wirklich unauslöschlich im Körperinnern verankert ist.

Der Traum, fliegen zu können, ist vielleicht so alt wie die Menschheit selbst. Die Sage von Ikarus ist nur ein, allerdings besonders faszinierendes, Dokument dieser Sehnsucht.[94] Der Mythos zeigt, dass der Wunsch zu fliegen viel mehr als nur ein normales Begehren unter anderen ist. Er kann übermächtig sein und sogar zur Sucht werden: Immer höher, weiter, schneller soll es gehen: »Mehr, mehr!«, ruft der kleine Häwelmann in der gleichnamigen Kindergeschichte von Theodor Storm.[95] Er kann nicht genug bekommen von der Himmelsreise in seinem Kinderbettchen.

Warum diese Sehnsucht nach Fliegen? Warum dieser Ruf nach mehr? Und warum dieser Thrill? Der Traum vom Fliegen rührt womöglich an einen tief existenziellen Widerspruch, dem Antagonismus von Schwere und Schwerelosigkeit, dem wir als Menschen ausgesetzt sind. Vorgeburtlich lebten wir als schwimmend-fliegende Wesen außerhalb der Schwerkraft. Unser Sensorium war reines Körperempfinden oder, wie René Spitz es formuliert, *coenästhetische Wahrnehmung*.[96] Nicht mittels Sprache und Zeichen *fühlten* wir damals, sondern mittels einer bis in die Zellen gehenden und alle Sinne umfassenden Tiefensensibilität.

Nach einer Phase von nur wenigen Wochen und Monaten – und für die meisten Eltern viel zu schnell – beginnt das Sich-Aufrichten des Säuglings, der Kampf gegen die Schwerkraft. Zuerst ist es der Kopf, der sich erhebt, dann der Oberkörper; das Kind lernt sitzen, und irgendwann nach dem ersten Lebensjahr beginnt der aufrechte Gang. Das viele Fallen beim Laufenlernen weist das Kleinkind ein in die Regeln der Schwerkraft. Es gibt kein Zurück.

Außer beim Fliegen! Ähnlich wie beim Schwimmen im Wasser werden die Gesetze der Schwerkraft auf den Kopf gestellt. Plötzlich ist alles leicht, man hebt ab, die Luft, die Wolken, der Wind oder die Gänse tragen. Und sie tragen sicher – jedenfalls in den (meisten) Kinderträumen.[97]

Sobald das Kind dagegen in die Erziehungsinstitutionen eintritt, ist für solche Kinderträume nicht mehr viel Platz. Die individuellen *Vibrationen* der Kinder stören den Ablauf in Kita und Schule, wo es um Arrangements in der Gruppe geht, um Gleichklang, Ordnung und

Disziplin. Hier soll das Kind Realität und deren Spielregeln lernen: »Auf der Erde steh ich gern«, singen die Kinder gemeinsam vor dem Unterricht. Es würde die Schulordnung verwirren und ad absurdum führen, sängen die Kinder stattdessen: »I believe I can fly.«

Irgendwann lassen die meisten Kinder ihre Fliege-Fantasien hinter sich. Sie vergessen oder verdrängen sie. Aber das Verdrängte lässt sich doch nie vollends verschütten oder gar abtöten. So ist es kein Wunder, wenn später im Erwachsenenalter in Phasen besonderer seelischer Empfindsamkeit, bei Trauer oder in Hochstimmung, unter Drogen oder natürlich in Träumen die Sehnsucht nach dem vorgeburtlichen Schwebezustand immer wieder durchbricht.

Manche Erwachsene sind sich ihrer Sehnsucht nach Fliegen bewusst und werden ganz real Pilot oder Flugbegleiter. Andere wiederum brauchen gar nicht die Realität eines fliegenden Berufs. Als Musiker, Dichter, Maler oder Tänzer dürfen auch sie *schweben*, allerdings im übertragenen Sinne. Und zum Glück gibt es die Schriftsteller, die den Kinderträumen und -sehnsüchten sehr nahe sind: Astrid Lindgren (mit *Hans vom Dach* und *Mio, mein Mio*), Selma Lagerlöf (mit *Nils Holgerssons wundersamer Reise*), Joanne K. Rowling (mit *Harry Potter*), Gerdt von Bassewitz (mit *Peterchens Mondfahrt*) und Michael Ende (mit seiner *Unendlichen Geschichte*). Sie alle haben ein tiefes Wissen, dass »die Kunst des Fliegens real und jederzeit für jeden erlernbar ist, dem der Sinn danach steht«.[98]

Fragen
»Wenn dich dein Kind morgen fragen wird, ...«
5. Mose 6,20

Ich liebe Kinder, die viel fragen. Zum Beispiel: »Was heißt *bewundern*?«; »Was ist *eine Weisung*?«; »Was heißt *vergänglich*?« Besonders direkt und gleichzeitig bohrend fragt der kleine Prinz bei Saint-Exupéry. Und er fragt stellvertretend für alle Kinder. Nichts ist gegeben. Gar nichts versteht sich von selbst. Oft sind es Welten, die das fragende Kind von *den großen Leuten* trennt. Und je sicherer die Antworten der Erwachsenen ausfallen, desto provozierender fragt das Kind weiter. Es möchte alles wissen. Wohlgemerkt: *alles*. Es will wissen, wie es auf die Welt kam – dies vor allem! Und woher die Berge kommen, das Meer, die Flüsse und die Tiere, und warum es Mörder gibt. Es will sich durch sein Fragen die Welt aneignen, auf seine eigene Weise.

Seine ersten Fragen richtet das Kind an Mutter und Vater. Sie dürfen nicht ins Leere gehen. Sie müssen wie ein Ball aufgefangen werden, damit das Fragen und Antworten zur Gewohnheit wird. Damit der Dialog nicht versickert und nicht *entgleist*.[99] Wo nämlich der Austausch von Frage und Antwort endet, wo die Fragen der Kinder ins Leere gehen, da hört das Kind häufig auf, weiter zu erkunden. Es begnügt sich mit dem Gegebenen, so wie es ist, und irgendwann interessiert es sich nicht mehr, warum etwa Menschen und Tiere sterben müssen. Es verliert den brennenden Impuls, hinter die Dinge zu schauen – zu transzendieren.

Denn auch darum geht es: das Geschaute und offensichtlich Gegebene zu hinterfragen und damit hinter seine Geheimnisse zu gelangen. Die äußere Realität der Dinge nimmt jedes Kind mit seinen Sinnen deutlich wahr – es sieht, es hört, es riecht und tastet –, aber dem Wesen der Erscheinungen muss es durch Fragen nachspüren: Wie sind wir entstanden? Wie bin *ich* entstanden? Wer hat uns Menschen gemacht? Wer hat *mich* gemacht?

Die meisten Eltern und Lehrer sind dankbar für die Fragen der Kinder, ist es doch ein Zeichen dafür, dass das Kind lernen will und sich der Welt öffnet. Manchmal stehen wir als Erwachsene staunend vor solchen Fragen, die wir in dieser Radikalität nie hätten stellen können. Ich erinnere mich an einen damals zehnjährigen Jungen in einem Gespräch über die Beziehung zwischen Mensch und Tier. Er fragte mich: »Warum essen wir das, was wir am meisten lieben?«

Ein faszinierendes Beispiel von Fragelust gibt der Knabe Jesus im Tempel. Der Zwölfjährige fiel den Priestern und Gelehrten damals nicht durch seine Frömmigkeit, sondern durch seine kluge, wissbegierige Art des Fragens auf: »Der Knabe sitzt inmitten von gelehrten Theologen, und das lebendigste Gespräch fließt in die Fragen und Antworten herüber und hinüber. Die Lehrer können nicht genug staunen über die Fülle von Wissen und Weisheit, die sich in den Fragen und erst recht in den Antworten des Knaben offenbart. Sie fühlen hier ihre eigene Weisheit weit übertroffen«, schreibt Emil Bock in seinem Buch über *Kindheit und Jugend Jesu*.[100] Als die Eltern ihren drei Tage lang vermissten Sohn wiederfinden, rechtfertigt er sein Verschwinden mit einer Frage: »Muss ich nicht sein bei dem, was meines Vaters ist?«

Ja, es ist immer wieder ein Vergnügen, lebendig fragende Kinder zu erleben. Lebendig fragend heißt: unbeeinflusst von gesellschaftlichen Konventionen. Konventionen, die uns schon früh diktieren wollen, was man fragen darf und vor allem was nicht. Kinder fragen normalerweise unverblümt, direkt: »Oma, wann stirbst du? Warum hast du keinen Mann? Warum sieht die Frau so komisch aus?« Sie haben ein brennendes Interesse, auf diese sehr persönlichen, körpernahen Dinge eine Antwort zu bekommen. Die Zeitangabe »irgendwann« – bezogen auf den Tod der Oma – sagt ihnen gar nichts.

Schnell fahren wir Erwachsenen ihnen über den Mund: »Das fragt *man* nicht!« Dieser Satz sitzt. Viele Kinder werden durch diesen Satz nachhaltig geprägt. Sie stellen nur noch brave und angepasste Fragen über irgendwelche Sachverhalte oder Funktionsweisen der Dinge. Das Brennende, das Aufwühlende, das dem wirklichen Erkenntnisinteresse des Kindes zugrunde liegt, verschwindet.

Wir Erwachsenen haben es am eigenen Leib erlebt. Ich erinnere mich haarscharf an die Fragen meiner Kindheit und Jugend. Und ich erinnere mich genau, wie unsere Erzieher antworteten. Mit zehn wollte ich wissen, wie Kinder *gemacht* werden. Als Antwort schenkte man mir eine Babypuppe. Als wir dreizehn-/vierzehnjährig, aufgeweckt durch die Lektüre von Anne Franks Tagebuch, unsere ersten Fragen über den Holocaust stellten (wir benutzten damals dieses Wort noch nicht), wurden die Gesichter der Mütter blass und die Lehrer wandten sich ab. Alle Fragen gingen ins Leere – ins peinliche Niemandsland. Die Erwachsenen ließen uns mit unseren Fragen, mit unseren kleinen Körpern und unseren großen Fantasien vom Krieg allein. Dieses Schweigen, dieser kollektive Entschluss, auf die Fragen der Folgegeneration nicht zu antworten, war eine der schwersten Hypotheken für die Nachkriegsgeneration. Die tatsächliche gesellschaftliche Sprengkraft der Studentenbewegung lag nicht zuletzt darin, dass wir Studenten damals die Antworten auf unsere Fragen erzwingen wollten. Ulrike Meinhof sagte in einem Interview mit Marcel Reich-Ranicki, sie habe andauernd nur eine einzige Frage bewegt, nämlich: »Wie konnte das geschehen?«[101]

Aber es kann auch anders laufen. Wenn man es nämlich zulässt, dass das Kind seine Fragen frei stellen darf, wird es bald vorwärtsdrängen und immer mehr und immer neue Fragen stellen, die weit über die Erklärung der realen Welt hinausgehen. Es will dann nicht mehr nur wissen, *wie* es geboren wurde, sondern auch warum: »Warum bin ich *ich*? Warum bin ich kein Reh?«[102] Und eine ganze Reihe weiterer Fragen über die Erschaffung von Mensch und Tier und Kosmos, über das göttliche Prinzip beginnt zu fließen. Für mich als Hochschullehrerin waren die lebendigsten, die fruchtbarsten und glücklichsten Momente jene, wenn die Studierenden vorbehaltlos fragten. Und die trostlosesten, wenn ein Thema kommentarlos – und das heißt *fraglos* – geschluckt wurde. Wirkliches, lebendiges Lernen ist wie das Fragen selbst: ein hoch dialogischer, dialektischer Prozess. Die Lust des einen, der fragt, erzeugt geradezu die Lust des anderen, der antwortet. Das ist die Kunst des Sokratischen Gesprächs, ja, der Sokratischen Lehre selbst, dass der Dialog durch ständiges Fragen inspiriert und in Gang gehalten wird. Wie, wenn wir unsere Kinder nur ungebremst und frei fragen ließen – vielleicht würden sie dann lauter kleine Philosophen.

Freunde

»Ich kann die Freunde meiner Kindheit nicht zählen, doch viele Gesichter blicken mich noch an. Ich weiß nicht mehr richtig, wer sie sind, doch sie haben ihre tiefen Spuren in mir hinterlassen, sie in mir und ich in ihnen. Wen werde ich wiedererkennen in diesem Spiegelbild?«
Jacques Lusseyran

Jean-Jacques Sempé, der immer leicht melancholische, großartige französische Cartoonist – in Deutschland vor allem durch seinen *kleinen*, stets von einer Freundesbande umzingelten *Nick* bekannt –, bekennt in einem Gespräch, dass er als Kind nie wirklich Freunde gehabt habe. Aber er war schon damals nicht auf den Kopf gefallen und äußerst kreativ: »Wir wohnten nicht sehr weit vom Stadtpark, in Bordeaux hieß er *Jardin public*. Mein Bruder und ich gingen sehr häufig dorthin. Und es durfte niemand wissen, dass ich keine Freunde hatte, das war bei mir so eine fixe Idee. Die Frauen, die dort mit ihrem Strickzeug saßen und auf ihren Nachwuchs aufpassten und mich vorüberrennen sahen, durften bloß nicht denken, ich sei ganz allein mit meinem Halbbruder da. Im Gegenteil, sie sollten glauben, wir hätten eine ganze Horde von Freunden, und so habe ich, sobald ein paar Erwachsene in der Nähe waren – mein Halbbruder muss mich für verrückt gehalten haben –, plötzlich ›Sie kommen, sie kommen!‹ geschrien und bin losgerannt und hab meinen Halbbruder hinter mir hergezogen. ›Sie kommen!‹, das sollte signalisieren, dass andere Kinder uns verfolgten, obgleich wir ganz allein waren. Mir hat das sehr gefallen, weil ich dachte: Jetzt glauben all diese Erwachsenen, dass ich ganz viele Freunde habe.«[103] Diese Geschichte ist nicht nur witzig, sondern sie zeigt auch, wie trügerisch unsere Wahrnehmung von dem ist, was wir gemeinhin *Freunde* nennen – dies gilt anscheinend für Kinder ebenso wie für Erwachsene. Und diese Geschichte erzählt auch viel über den Menschen Jean-Jacques Sempé.

Anfänglich sind es zumeist eher Zufälle, welche Jungen und Mädchen zusammenbringen: die Nachbarschaft, der gemeinsame Schulweg, der Pausenhof. Man kann einander gut leiden und schon tituliert man den anderen als *Freund* oder *Freundin*. Und ebenso leicht und schnell wie diese Freundschaften geschlossen werden, werden sie auch, zumindest verbal, wieder aufgekündigt. So durchzieht etwa der Satz: »Du bist meine Freundin gewesen« die allermeisten Kleinmädchengespräche als latente Drohung, und von einem Moment auf den anderen wendet er sich in sein Gegenteil: »Du bist meine allerliebste Freundin!« Dauerhafte freundschaftliche Bindungen, die auf Sympathie, auf gleicher Interessenlage und Schwingung beruhen, gehen Kinder in der Regel erst im Pubertätsalter ein, wenn sie frei wählen und ihre Bindungswünsche auch real umsetzen können.

Im Kindesalter ist die Definition dessen, *was* beziehungsweise *wer* ein Freund ist, noch eher fluid. Interessanterweise entdeckt man manchmal erst als Erwachsener, wer von all den vielen Spielgefährten und Wegbegleitern der Kinderjahre ein wirklicher Freund, eine wirkliche Freundin gewesen ist – und dies meist mit der verklärenden Wehmut der Erinnerung.

Widerspruch: Natürlich gibt es auch Menschen, die sich schon vom Grundschul- und manchmal sogar Kindergartenalter an lebenslang die Freundschaft hielten. Und natürlich gibt es die wunderbaren Geschichten, wo sich bereits Zwölfjährige auf dem Schulweg heimlich die ewige Freundschaft versprachen und später einander heirateten. Aber das ist schon wieder ein anderes Kapitel, nämlich Liebe.

G

»*Der Schatten meiner Seele durchflieht ein Verdämmern von Alphabeten, Büchernebel und Worte.*«

Federico García Lorca

Gang

»Gehen – atmen – welches Glück.«
Peter Handke

In den Waldorfschulen wird der Schulbeginn eines Kindes mit einer besonderen Feier zelebriert. Die Schulgemeinde versammelt sich in der festlich geschmückten Aula. Auf der Bühne steht der Klassenlehrer der ersten Klasse und ruft jeden kleinen Schulanfänger einzeln bei seinem Namen auf. Bis zu diesem aufregenden Moment sitzt das Kind zwischen seinen stolzen Eltern, Großeltern und Paten. Wenn es nun aufgerufen wird, ergreift es seinen viel zu großen, funkelnagelneuen Ranzen und klettert die Stufen zur Bühne empor. Klettert? Nein, ich bräuchte dreißig verschiedene Worte, um die dreißig unterschiedlichen Gangarten der Kinder in diesem Moment einzufangen: stürmen, stolpern, sich überschlagen, hetzen, hüpfen, schreiten, schlurfen, kriechen, zögern, bocken, stehen bleiben, umkehren, in die falsche Richtung gehen, hinfallen, wippen – alles gibt es, nur keine Gleichförmigkeit.

In diesen wenigen Minuten kann man so gut wie alles über das Kind erfahren: beispielsweise ob es ein Draufgänger ist (es überspringt eine Stufe), ob es eitel ist (es schwenkt beim Gehen den Ranzen hoch in die Luft), ob es ängstlich ist (es bleibt unten stehen und muss ein zweites Mal gerufen werden) oder ob es noch nicht wirklich schulreif ist (es bleibt sitzen und weint). Auch – und vor allem – die Schritte selbst, die Art, wie federnd, wie hart oder weich das Kind seine Füße setzt, verraten manches über sein Wesen: Einige Kinder fliegen förmlich in die Arme des Lehrers, so als hätten sie bereits seit Ewigkeiten auf diesen Moment gewartet.

Auffallend selten ist der kindliche Gang Thema pädagogischer Überlegungen. Die Wissenschaft hat sich immer mehr für den Kopf als für die Füße des Kindes interessiert. Umso eindrucksvoller sind die Wahrnehmungen der Dichter: »Ich werde den Klang deines Schrittes kennen, der sich von allen anderen unterscheidet«, heißt es etwa bei Antoine Saint-Exupéry.[104]

Dabei offenbart doch der Gang tatsächlich, wie wir in der Welt stehen, zu unseren Mitmenschen und sogar zu uns selbst. Ebenso wie die Sprache unterscheidet er uns von den Tieren, und es wundert nicht, dass die sogenannten wilden Kinder, die ganz unter Tieren aufwachsen, aus eigenem Antrieb nicht die menschliche Gangart annehmen. Gehenlernen braucht wie das Erlernen von Sprache das menschliche Vorbild. Gehenlernen ist deshalb ein Zeichen der Menschwerdung, und ähnlich wie das erste vom Kind gesprochene Wort heilig ist, empfinden viele Eltern die ersten Schritte als etwas ganz Besonderes in der Entwicklung ihres Kindes, das sich nun vom liegend-kriechenden zum aufrechten Wesen verwandelt. Es dauert noch eine Weile, bis das Kind seinen ganz persönlichen Gang entwickelt, und es ist gut, ihm hierbei viel Zeit und Freiheit zu gewähren. Wir sollten einzig dafür Sorge tragen, dass es ein aufrechter werde.[105]

Garten

»Der große Garten bildete ein doch sehr fremdes Gebiet. Man hätte meinen können, dass er hauptsächlich dazu diente, die kleinen Katzen einzugraben, die in Überzahl geworfen wurden. Weit hinten ein dunkler Gang und zwei hohle Buchskugeln: dort fanden einige Episoden aus der Kindersexualität statt.«
Roland Barthes

Hätte ich wie im Märchen Wünsche frei, so wünschte ich jedem Kind auf Erden einen Garten – *seinen* Garten. Ich wünschte ihm den Garten ganz real als ein Stückchen umrandete Erde. Nicht Abriegelung, wohl aber Schutz und Hülle. Und ich wünschte ihm diesen Garten auch gleichzeitig symbolisch, als inneres Bild eines Ortes, an dem das Kind ganz bei sich ist und es Urerfahrungen machen kann: Erde anfassen – riechen – sich besudeln – Löcher graben – sich verstecken – sich unsichtbar machen.[106]

Was die Fibel für das Erlernen der Schrift, das ist der Garten als Initiation in die Natur. Der Garten birgt en miniature alles, was die Natur im Großen und in unendlichen Variationen bereitstellt: Nirgendwo sonst kann das Kind über eine relative Dauer hinweg mit Tieren in Kontakt sein. Es kann Igel beobachten, Schnecken sammeln, Vögel ihre Nester bauen und Ameisen ihre Bahnen ziehen sehen. Nirgendwo sonst durchlebt es die Jahreszeiten derart hautnah und intensiv wie im Garten. Es wartet auf die ersten Schneeglöckchen, auf die Stachelbeeren im Sommer und die Birnen im Herbst. Im winterlichen Garten bekommt es eine erste Ahnung von dem Geschehen auch unter der Erde, dass nämlich Wachsen (pflanzliches ebenso wie menschliches) durchaus nicht immer für die Augen sichtbar ist. Zudem lernt es nebenbei, dass die Realität des Supermarktes, in dem man das ganze Jahr über jederzeit nach Orangen und Trauben greifen kann, eine trügerische ist. Alles Wachsen und Reifen hat *seine* Zeit. Ein schwerer, mitunter verwirrender Lernprozess zumal für Großstadtkinder.

Apropos Großstadt: Eine der erfreulichsten Innovationen der vergangenen Jahre sind sicher die kollektiven und interkulturellen Gärten, wie man sie derzeit in vielen Städten entdecken kann. Ausgehend von der Idee der New Yorker Community-Gardens[107] teilen sich hier Familien, zumeist mit ihren Kindern, Gartenflächen zum gemeinsamen Pflanzen und Experimentieren, zum Ernten und Miteinander-Teilen. Ja, vielleicht wäre dies überhaupt die eigentlich wünschenswerte Form zukünftiger Gärten – grenzenlos geteilte Gartenarbeit und Gartenlust für alle und jedermann.

Übrigens war es der Pädagoge Friedrich Fröbel, der dieses gemeinschaftsstiftende Moment der Gärten schon deutlich erkannt und benannt hat.[108] Von ihm stammt der Begriff des *Kindergartens*. Diese Wortschöpfung ist so einzigartig, dass sie in zahlreiche fremde Sprachen übernommen wurde und man heute auch in Australien, Japan und anderswo vom *Kindergarten* spricht. Fröbel hat die menschenbildenden und heilsamen Kräfte des Gartens auf seine Weise verstanden: Das Kind braucht den Garten für seine Individualisierung und gleichzeitig für sein Sozialwerden. Immer wieder vergleicht er – ähnlich wie Jean-Jacques Rousseau – das Kind mit einer Pflanze, das achtsam umhegt, geschützt und bewässert werden, aber stets nach eigenem Gesetz wachsen muss, in welches der Erzieher (der Kindergärtner) niemals willkürlich eingreifen darf.

Schade, dass sich moderne Erzieherinnen so vehement gegen die traditionelle Bezeichnung *Kindergärtnerin* wehren. Ist sie zu poetisch? Zu abgehoben? Warum wollen sie lieber die Kinder er-*ziehen*, anstatt sie in ihrem Garten zu begleiten? Seien wir doch ruhig ein bisschen altmodisch und behalten – auch wenn die wirklichen Gärten der Kinder im Verschwinden begriffen sind – das Wort *Kindergarten* bei. Es ist einfach nur schön und verheißungsvoll, weil es dem Wachsen der Kinder (und der Pflanzen) so viel Raum und so viele Möglichkeiten gibt.

Geburt

»Natur und Mensch.
Mutter und Kind.
Zwischen ihnen das große Rätsel.
Das Mysterium des Lebens.«
Frédérick Leboyer

Gerade in dem Moment, da Sie diese Zeilen lesen, wird ein Kind geboren. Vielleicht in einem Zimmer ein paar Straßen entfernt, vielleicht in dem Kreißsaal eines naheliegenden Krankenhauses, ganz sicher aber an unzähligen Orten überall in der Welt: in Zelten von Flüchtlingslagern, auf dem Erdboden, in Wäldern, auf Bergen. Überall wiederholt sich das *Mysterium des Lebens*, wie es der französische Frauenarzt und Philosoph Frédérick Leboyer bezeichnet.

Wie sich diesem Mysterium nähern? Vonseiten der Mutter, die gebiert und deshalb von *ihrer* Geburt spricht (»meine Geburten«)? Oder aus der Perspektive des Kindes, das zur Welt kommt (des Kindes »in seiner Geburt«)?[109] Die sprachliche Zweideutigkeit verweist auf das *eine* symbiotische Geschehen, das zugleich ein doppeltes ist, in dem jeder, nämlich Mutter und Kind, gleichermaßen seinen Part spielen muss.

Und in welchen Kategorien nähert man sich? In Begriffen wie *Glück*? Die Natur kennt nicht Begriffe wie *Glück* und *Unglück*, sie kennt nur Notwendigkeit. Erst die Gebärende selbst definiert, ob die Geburt für sie Glück ist. Und dieses Glück stellt sich auch selten während der Geburt ein, sondern erst danach, wenn die Mutter ihr Kind auf dem Bauch liegen hat, wenn sie sieht, dass ihm nichts fehlt[110], wenn sie seine Stimme hört und seinen Geruch wahrnimmt.

Und das Kind: Weiß es um sein Glück, geboren zu sein? Wenn es in der Lage wäre, seine ersten Empfindungen mitzuteilen, klagte es womöglich eher über sein Unglück, über den Verlust von Wärme und Getragensein und über Abgeschnittensein von den mütterlichen Rhythmen. Von Wehen bedrängt und gepresst, erlebt es den Durchgang durch den Geburtskanal als erste dramatische Bedrohung und Beengung.[111] Der Psychoanalytiker Otto Rank spricht in diesem Zusammenhang vom *Trauma der Geburt*, das alle Neugeborenen körperlich durchleben und das im späteren Leben des Menschen seine seelischen Spuren hinterlässt.[112] Nicht zufällig kreisen viele Träume von Kindern und Erwachsenen und ebenso viele Märchen und Mythen um die Sehnsucht des Menschen, die Geburt rückgängig zu machen, hin zu jenem zeitlosen paradiesischen Zustand im mütterlichen Leib, wo Milch und Honig fließen.[113]

Faszinierend ist, wie unterschiedlich Frauen die Geburt ihrer Kinder erleben. Falls sie nicht durch Ganz- oder Teilnarkose betäubt und damit erlebnismäßig weitgehend abgeschnitten sind, bewältigt jede Frau die Geburt auf individuelle Weise. Das reicht von einer ungeduldig aggressiv-fordernden Haltung bis hin zum passiv Geschehenlassen. Schon die Entscheidung über den Ort der Geburt (Klinik oder zu Hause) sowie deren möglichen Ablauf (künstliche Einleitung der Wehen zu einem fixierten Zeitpunkt, Wahl einer bestimmten Anästhesie) sagt viel über die Frau und über die bevorstehende Geburt aus. Aber noch so viel Planung verhindert bisweilen nicht, dass die Geburt am Ende ganz anders verläuft, so, als setze sich das Neugeborene mit seinem Eigenwillen hier bereits durch. Tatsächlich berichtet eine große Anzahl von Müttern, dass ihre Kinder schon im Moment der Geburt durch die Art, wie sie ins Leben gekommen sind, ihr Wesen radikal offenbaren.

Von daher ist es für die Gebärende ein Glück, wenn sie die Chance hat, die Geburt ihres Kindes möglichst wach zu durchleben. Natürlich gibt es Fälle von Komplikationen, die etwa einen Kaiserschnitt notwendig machen, um das Leben des Ungeborenen und der Mutter zu schützen. Doch nicht wenige Frauen entscheiden sich auch ohne zwingende medizinische Indikation zur Narkose und/oder zum Kaiserschnitt, gleichsam als Vorbeugung oder weil man ihnen dazu geraten hat. Sie versuchen damit unbewusst, der Anstrengung der Geburt und der Konfrontation mit den Schmerzen auszuweichen. Dabei liegt gerade im Geburtsschmerz eine tief prägende Erfahrung, die Mutter und Kind verbindet. Der geteilte Schmerz – hier die Mutter, die presst, dort das Kind, das gepresst wird – und die gemeinsame Erlösung hernach ist für viele Frauen eine schwer in Sprache zu fassende Grenzerfahrung.[114]

Aber sie wollen darüber sprechen. Mütter haben meist ein intensives Bedürfnis, detailliert über die Geburten der eigenen Kinder zu erzählen. Vielleicht um sich und ihrer Umgebung stets neu zu vergewissern, wie sie und ihr Kind Todesnähe erlebt und überwunden haben.[115] Ganz ähnlich wie manche Männer ausschweifend und mit viel Pathos lebensbedrohliche Kriegssituationen schildern, aus denen sie jedoch *lebend* entkamen.[116] Wie oft hat mir meine Mutter berichtet, dass sie in der Nacht meiner Geburt nicht klar wusste, ob sie durch die Sirenen des Fliegeralarms oder durch ihre Wehen aufgeweckt worden war. Wie oft hat sie noch Jahrzehnte danach über ihre Einsamkeit bei meiner Geburt gesprochen. Und ich stehe meiner Mutter in nichts nach, wenn ich immer wieder die Bilder meiner Geburten nachzeichne. Das Reden über Geburt hat eine heilsame, erlösende Funktion. Es hilft zwar nicht vollkommen, das Mysterium der Geburt zu verstehen, aber das Geschehen durch Worte magisch zu beleben tut der Seele gut. Kinder lieben die Geschichten ihrer eigenen Geburt mehr als alle anderen, weil sie eine unersättliche Neugier nach ihrem Geburts-*Tag* haben, dem Tag, an dem wirklich alles für sie begann.

Gedichte
»Dichter wird man als Kind.«
Marina Zwetajewa

Heißt es wirklich *das Rad der Geschichte zurückzudrehen*, wenn man dafür plädiert, dass Kinder auch heute noch Gedichte lernen sollten – und dies am besten auswendig? Es gibt zahlreiche und starke Gründe dafür. Dass sie damit ihre Merkfähigkeit trainieren, ist eher ein vordergründiges, jedoch nicht zu vernachlässigendes Argument. Das Eigentliche aber ist, dass Gedichte wirklich gute Seelennahrung sind. Das Kind kann sie sich ganz einverleiben wie eine Leibspeise. Das Gedicht, einmal auswendig gelernt, gehört dem Kind wie ein kostbarer Besitz, vielleicht bleibt es sogar sein Leben lang verfügbar.

Joseph von Eichendorff vermag das Kind zu trösten (»Komm Trost der Welt«); Joachim Ringelnatz kann es erheitern (»In Hamburg lebten zwei Ameisen«); Kurt Tucholsky kann ermutigen (»Fahre mit der Eisenbahn, fahre, Junge, fahre!«); Matthias Claudius wiegt in den Schlaf (»So schlafe nun, du Kleine! Was weinest du?«), und Bertolt Brecht bringt das Kind zum Nachdenken über seine gefährdete Existenz (»Was ein Kind gesagt bekommt«). Wenn das Kind Kummer hat, findet es diesen im Gedicht widergespiegelt. Es fühlt sich verstanden und darf sich seinem Schmerz leidenschaftlich hingeben – ohne äußere Kontrolle und ohne sich selbst zu gefährden. Denn eben darin liegt ja die Zauberkraft der Gedichte: dass sich alles Erleben im Inneren des Kindes abspielt – die reale Außenwelt und die Gegenwart anderer Menschen verlieren ihre Macht.

Aus den Berichten ehemaliger Gefangener in Gefängnissen und Lagern erfahren wir immer wieder davon, dass diejenigen, die Gedichte auswendig sprechen konnten für sich und für die anderen, die Haftzeit innerlich anders durchlebten als die ganz ohne Poesie, als jene, die schutzlos nur der Realität und der brutalen Sprache ihrer Umgebung ausgeliefert waren. Sicher konnten Gedichte nicht konkret Freiheit gewähren, wohl aber ein Gefühl von Freiheit, von Überlebenswillen und ganz sicher von Trost.[117]

Es wundert nicht, dass Kinder, sobald sie einmal die Schönheit und die Wirkkraft von Poesie erlebt haben, häufig zum Stift greifen und ihre Empfindungen in Reime bringen wollen. Die frühen Zeugnisse dieser kreativen Impulse sind unendlich kostbar, und Eltern sollten sie, falls die Kinder sie ihnen übergeben, sorgsam verwahren. Aber nicht immer vertrauen Kinder ihre ersten Gedichte den Eltern an, denn damit geben sie ihr Innerstes preis, eben das, was sie oft vor dem Zugriff der Erwachsenen schützen zu müssen glauben. Viele erste Gedichte verschwinden in geheimen Heften, ähnlich wie Tagebücher, streng verborgen vor den Augen der anderen.

Dabei geht es bei diesen Gedichten niemals um künstlerische Perfektion. Alles ist gut. Alles, was anknüpft an die große Tradition der Menschen, ihre fließende, vergängliche Sprache in eine Form zu bringen, damit sie überdauert. »Gedichte, sprachliche Gebilde, geschaffen aus dem flüchtigsten Material, aus Worten, können die ununterbrochen vergehende Zeit besser überstehen als die prächtigsten Tempel und Paläste«[118], schreibt Marcel Reich-Ranicki. Das Gedichte lesende oder schreibende Kind hat diese Idee der Poesie begriffen – es wird zukünftig immer eingebunden sein in diese wunderbare Schöpfung der Menschheit.

Geheimnis

»Aber das künftige Kind wird ein Geheimnis uns künden, wenn es im Sternenbettchen spielt.«
Federico García Lorca

Der dreizehnjährige Markus hat ein Geheimnis. Jeden Morgen, wenn die anderen Kinder aus seinem Viertel zur Schule gehen, läuft er im Trab einen knappen Kilometer weit bis zu einer Brücke. Er versteckt sich dort ein paar Minuten und rast dann zur Schule, wo er keuchend ankommt. Auf dem Heimweg von der Schule macht er noch einmal denselben Umweg. Neben der Brücke, im Vorgarten eines heruntergekommenen Hauses, ist ein Hund angebunden, der nur drei Beine hat. Diesem Tier bringt Markus unbemerkt von den Hausbewohnern ein paar Brocken zu fressen, meist Stücke von seinem Wurstbrot, von dem er morgens auffallend viel einsteckt. Niemand erfährt davon, keiner darf es wissen.

Viele Kinder haben Geheimnisse, kleine Pufferzonen, zu denen die Erwachsenen keinen Zugang haben, in denen ihre Gesetze nicht gelten. Markus hört seine Eltern immer wieder von *den Kötern* reden, die die Straßen *besudeln*. Wie könnten sie es je gutheißen, dass er dieses kranke Tier zum Freund hat – niemals! Geheimnisse, sagt man, seien Räume der Privatheit; ich gehe weiter und behaupte, sie sind Räume der Freiheit. Sie sind ein gezielter Akt, sich dem Zugriff der

Erwachsenen zu entziehen. Sie sind deshalb so kindgemäß, weil sie, ganz ähnlich wie Lügen, keine Form aggressiver Gegengewalt darstellen (zu Recht müssen die Kinder nämlich befürchten, dass sie da unterliegen), sondern eine intelligente Weise, aus dem Regelsystem der Erwachsenen auszuscheren und eigene Wege zu erproben.

Kinder sind erfinderisch. Manche schaffen ihre geheimen Orte unter dem eigenen Bett oder draußen im Garten, auf dem Hinterhof oder auf einem Baum. Manche haben Freunde (menschliche oder auch tierische, wie eben jener dreibeinige *Köter*), von denen niemand wissen darf. Und manche schließlich verwickeln sich in Dinge (natürlich auch sexuelle), von denen nie jemand erfährt. Vieles, was einmal nicht machbar erschien, wird – nunmehr in geheimer Aktion – doch machbar. Ein schönes Bespiel dafür findet sich in Erich Kästners Roman *Pünktchen und Anton*, wo das kleine verwöhnte Mädchen sich abends fortschleicht, um für (s)einen guten Zweck Streichhölzer zu verkaufen.

Es gibt Menschen, die über ihre gesamte Kindheit bis ins Erwachsenenalter hinein ein so hoch persönliches Geheimnis bewahren, dass sie es erst sehr spät preisgeben.[119] In Psychoanalysen nimmt das Wiederentdecken bisweilen einen großen Raum ein. Oft sind die Kindheitsgeheimnisse schambehaftet, und die Befreiung von Scham ermöglicht dann endlich das Aussprechen des Geheimnisses. Auch das Grimmsche Märchen vom *Marienkind* handelt von solch einem Geheimnis, von dem das Kind sich geschworen hatte, es niemals, niemals über die Lippen zu bringen. Erst auf dem Scheiterhaufen, als das Feuer zu brennen beginnt, verrät die junge Frau ihr Geheimnis und wird – dem Gesetz der Märchen entsprechend – erlöst.

Geruch

Kind: »Mama, wenn wir im Himmel sind, werden wir uns wiedererkennen?«
Mutter: »Ja.«
Kind: »Aber wir haben uns doch dann verwandelt!«
Mutter: »Aber ich erkenne meine Kinder wieder. Ich rieche sie.«
Dialog zwischen Mutter und Kind

Wenn einer die Welt der Gerüche beherrscht, und vor allem die Welt der Kinder- und Jungmädchengerüche, dann ist es der Schriftsteller Patrick Süskind in seinem Roman *Das Parfum*. Am Anfang die unvergessliche Ammen-Szene: Der unter dem Fischstand seiner Mutter schreiend aufgefundene Säugling Jean-Baptiste (zu diesem Zeitpunkt noch namenlos) wird dem Gemeinde-Pater übergeben. Auf der Suche nach einem Platz für das gottverlorene Bündel verwickelt sich der Pater in ein verwirrendes Gespräch mit einer Amme oder vielmehr die Amme verwickelt ihn. Sie beschnuppert das Kind und fällt blitzschnell ihre Diagnose: Es riecht nicht. Es riecht nicht an der richtigen Stelle, an der ein Neugeborenes riechen muss, damit man bereit ist, es anzunehmen. (Und tatsächlich wird der Säugling ja später ein Unmensch, *Grenouille*, der Mädchenmörder.)

Um Worte ringend zeigt sie ihm die Stelle, oben in den Grübchen der Fontanellen, wo sich die Süße des menschlichen Geruchs zu verdichten scheint. Und sie belehrt den in solchen Dingen unbedarften Pater: »Da riechen sie nach Karamell, das riecht so süß, so wunderbar, Pater, Sie machen sich keine Vorstellung! Wenn man sie da gerochen hat, dann liebt man sie, ganz gleich ob es die eignen oder fremde sind. Und so und nicht anders müssen kleine Kinder riechen.«[120]

Die Amme in Süskinds Roman spricht eine elementare Wahrheit und Weisheit aus. Nicht über die Augen, nicht über die Haare oder die Stimme nehmen wir das Neugeborene wahr beziehungsweise *an*, sondern über den Geruch. Die Mutter liebt den Geruch ihres Säuglings von Anfang an, sie wird selbst mit verbundenen Augen ihr Baby unter hundert anderen Babys riechen können. Nichts an dem Geruch ekelt sie, im Gegenteil. Sogar eingenässte Windeln, die für Außenstehende nicht sonderlich verlockend sind, ekeln die Mutter keineswegs. Wie sonst schafften es Mütter aller Zeiten, immer und immer wieder ihre Kinder trocken und sauber zu halten und dies auch noch als *Genuss* zu empfinden. Der Geruch bindet.

Ja, Geruch ist elementar für die Beziehung zwischen Mutter und Kind. So wie die Mutter das Kind *riechen* können muss, um es äußerlich und vor allem im Herzen anzunehmen, so bindet sich auch das Neugeborene ganz wesentlich über den Geruch. Allerdings dürfen wir uns diesen mütterlichen Geruch, den das Kind aufsaugt, nicht isoliert vorstellen, sondern vielmehr als Baustein eines sehr komplexen Ensembles an Wahrnehmungen im Kinde, die sich gleichzeitig abspielen: Der Geruch der Mutter vermischt sich mit dem Gefühl, getragen und warmgehalten und natürlich stets aufs Neue gestillt zu werden. Der Geruch der Mutter durchwebt und durchwebt dieses empfindsame Simultangeschehen.[121]

Aber nicht nur an die Mutter bindet das Kind den Geruch. Schon sehr früh, sobald es anfängt, einfache Dinge als Lieblingsgegenstände in Besitz zu nehmen, etwa sein Kissen, eine Wolldecke, Stofftier oder Puppe, verschmelzen Geruch und Gegenstand und werden eins. Viele Mütter kennen das Drama, wenn sie die heißgeliebte Decke des Kindes, die es notwendig zum Daumenlutschen und zum Einschlafen bei sich trägt, in die Waschmaschine stecken. Dann ist der ganze Zauber dahin, das Kind lehnt sie energisch ab. Es liebt die Decke nicht mehr, weil es sie nicht mehr riechen mag.

Später dann, wenn das Kind größer wird, verknüpft sich ein Großteil seines Erlebens mit Gerüchen: »Ich mag den Geruch im Hausflur so gern, den hab ich richtig vermisst«, sagt ein Kind, das von der Reise zurückkehrt.[122] Und wir fragen uns natürlich sofort: War es der

Geruch oder waren es nicht vielmehr das Haus selbst und seine Bewohner, die das Kind so vermisst hatte?[123]

Kinder leben sehr viel stärker mit Gerüchen, als Erwachsene es tun. Sie haben, wie Goethe einmal sagte, »wie die Hunde eine so feine Nase, dass sie alles wittern«.[124] Sie riechen die Erde, sie riechen Regenwürmer, Heu, Müll und Schnee und natürlich Schokolade und überhaupt alles Essbare. Diese feine Nase, dieses *Riechen wie die Hunde* ist eine überaus kostbare Fähigkeit und eine Quelle von Lust. Aber wie so viele leibliche Vergnügungen, besonders wenn sie an Animalisches (die Hunde) erinnern, wird auch dieses dem Kind, wenn es heranwächst, mehr und mehr verwehrt, wenn nicht gar ausgetrieben. Wenn wir soeben sagten, dass der Körpergeruch der Mutter am Anfang des Lebens die Quelle aller Befriedigungen bedeutete, dann muss sich das Kind nun entschlossen davon verabschieden. Es muss den mütterlichen Geruch und alles, was damit verknüpft ist, neutralisieren und mit anderem überlagern, so dass er irgendwann möglichst in Vergessenheit gerät. Nur manchmal, ganz plötzlich, bricht das alte Geruchserlebnis wieder hervor, entweder als Wiederauflage der frühen Faszination (vielleicht riecht ja eine andere Frau genauso wie die eigene Mutter) oder aber, auch das gibt es, häufig in sein Gegenteil verkehrt, in Gestalt des Ekels.

Das intensive Riechen, die unbefangene Lust, überall seine Nase hineinzustecken und mit Gerüchen zu experimentieren, wird spätestens mit dem Schulbeginn umgelenkt auf die Faszination am Hören und am Sehen. Augen und Ohren richten sich nun konzentriert auf die Zeichen und Bilder, die der Lehrer vorn an die Tafel malt. Für Gerüche ist kein Raum mehr.

Es ist doch auffallend, wie sehr ältere Menschen, wenn sie von ihrer Schulzeit sprechen, die starken Gerüche von damals betonen – als ob durch die Wiederbelebung des Geruchs die lebendigen Kindheitsszenen wieder auferstünden. Kennen wir das nicht alle? Sollten wir uns nicht öfters und stärker durchlässig machen für die uns umgebenden Gerüche? Vielleicht gelangen wir so näher an die Dinge und die Menschen heran – auch an die Kinder, die in der Welt der Gerüche so heimisch sind.

Geschwister

»Wilde Indianer sind entweder auf dem Kriegspfad oder rauchen Friedenspfeifen. Geschwister können beides auf einmal.«
Kurt Tucholsky

Eine Kinderszene heute: Auf einer Berliner Parkbank hat sich eine Familie ausgebreitet. Vater, Mutter, Oma und zwei Jungen. Picknick im Grünen, Thermoskanne für die Großen, Saftflasche für die Kleinen. Plötzlich will der ältere Junge die Saftflasche. Der Jüngere will sie nicht hergeben. Der Ältere greift sich die Flasche und schlägt damit dem Jüngeren ins Gesicht. Blut fließt. Das Picknick ist zu Ende. Der Notarzt muss die Wunde über dem Auge nähen.

Und hier eine Szene aus biblischen Zeiten: Kain und Abel opfern ihrem Gott. Kain opfert Feldfrüchte, die er geerntet hat, sein Bruder Abel das Lamm aus seiner Herde. Abels Opfer wird angenommen, Kains hingegen wird zurückgewiesen. Kain, voller Wut und Enttäuschung, schlägt seinen Bruder tot.

Das instinktive Schlagen ins Gesicht des anderen, es steckt in uns allen. Wir sind alle ein bisschen wie Kain. Aber das Anstrengende und die Moral des Großwerdens bestehen darin, mit diesen Impulsen umgehen zu lernen und sie zu lenken, sie zu kultivieren. Das lässt sich am besten mit Geschwistern üben, praktisch, körperlich – nicht theoretisch. Und auf dem Weg der dauernden Wiederholung, stündlich, täglich, über Jahre hinweg müssen Geschwisterkinder sich üben im Wettstreit um den Schluck aus der Flasche, um den Lieblingsplatz auf dem Schoß der Mutter und (damals in biblischen Zeiten) um den

Segen des Vaters. Kurz: Geschwisterkinder müssen permanent Konflikte unter sich aushandeln, ihre Rechte durchsetzen und dürfen doch gleichzeitig nicht übergriffig werden. Am Ende der Kindheit, wenn sie geübt sind im Geschwisterkampf, hat es keiner mehr nötig, den anderen zu schlagen oder gar zu erschlagen.

Die streitenden Brüder sind nur die eine Seite. Zum Trost gibt es auch die andere Variante von Urbildern: die liebenden und seelisch tief verbundenen Geschwisterpaare. Wir finden sie in der Bibel (Moses und Aaron), in der jüngeren Geschichte (Hans und Sophie Scholl), in der Musik (Wolfgang Amadeus Mozart und seine Schwester Maria Anna) und besonders innig wiederum in den Märchen (Brüderchen und Schwesterchen, Hänsel und Gretel, Fundevogel).

Es gibt kaum eine ambivalentere Konstellation als die von Geschwistern. Liebe und Hass, die Wechselbäder dazwischen, die mitunter wellenförmigen Veränderungen, Neid und Eifersucht, Fürsorge und Aufopferung, alles ist in ihr enthalten. Nirgendwo sind sich Menschen genetisch so nahe. Sie stammen (zumeist, wenn auch nicht immer) von denselben Eltern ab, erleben denselben Alltag in demselben kulturellen Milieu und durchleben dieselben Erziehungspraktiken. Und dennoch sind sie mitunter extrem unterschiedlich in Intelligenz, Aussehen und Temperament. Immer wieder staunen Eltern über die verblüffend verschiedenen Charaktere ihrer Kinder. Außerdem haben sie in keiner Weise zuverlässige Prognosen darüber, wie sich die von ihnen erzogenen Kinder zukünftig und langfristig zueinander verhalten werden. Sie haben relativ wenig Einfluss auf die Eigendynamik innerhalb des sensiblen Geschwistergefüges.

Natürlich wurde auf diesem Gebiet viel geforscht. Der erste Hinweis bezieht sich meistens auf die Geschwister*folge*. Die Argumente sind hinreichend bekannt: Der oder die Erstgeborene, traditionell Erbe oder Thronfolger, hat stets eine exponierte Stellung, im Guten wie im Schlechten. Auf ihn richten sich alle Erwartungen. Er genießt über einen mehr oder minder längeren Zeitraum die volle Aufmerksamkeit der Eltern, kein Rivale macht ihm seine Position streitig, gleichzeitig muss er büßen für die Unerfahrenheit von Mutter und Vater. Das zweite Kind hat es normalerweise leichter. Niemand stellt ihm gegenüber überhöhte Ansprüche. Die Eltern sind meist weniger verkrampft, kennen sich schon aus und lassen deshalb eher locker. Für das Kind ist es nicht immer leicht, seine Rangstellung als *Zweiter*, beständig im Schatten des Ersten, zu verteidigen. Da gibt es Vergleiche, Rivalität und Eifersucht. Daneben auch die Überwindung all dessen im Sich-Verbünden, im Gemeinsam-Starksein, im Sich-Verschwören gegen die Eltern.

Wir überspringen das dritte, vierte und fünfte Kind – jedes hat seine Bürde zu tragen und gleichermaßen seine Schlupfwinkel von Glück und Bevorzugung. Um das Jüngste spinnt sich eine ganz andere Aura als um das Erste. Oftmals erinnert es die Mutter wehmütig an ihren Abschied vom Kinderkriegen. Eltern verzichten nunmehr auf Höchstleistung, die sie sich von den Ersten noch erträumt hatten, und besinnen sich stattdessen auf all das, was sie glauben, bei den anderen versäumt zu haben: ein bisschen mehr Zeit, ein bisschen mehr Zärtlichkeit. Nicht umsonst spricht man gern vom *Benjamin* der Familie und erinnert sich an den biblischen Benjamin, der von seinem Vater nicht wenig verzärtelt wurde.

Doch auch hier gibt es Abweichungen. Bisweilen ist das Jüngste ein Nachkömmling, mehr oder weniger geplant, mehr oder weniger gewünscht, der *eben noch durchgeht*, besonders bei hoher Kinderzahl, wenn die elterliche Kraft erschöpft ist. Für das Jüngste bleibt nicht mehr viel übrig. Im Märchen erscheint das Jüngste deshalb oft als Schwächling oder Dummling.

Die Geschwisterfolge ist nur einer der Aspekte, die das Leben der Geschwister untereinander beeinflussen. Zentral ist und bleibt doch beständig die direkte Beziehung zu den Eltern in Konkurrenz mit den Geschwistern. Die brennenden Fragen lauten: Wer ist der Liebling der Mutter? Wer der Favorit vom Vater? Generell: Wer fühlt sich von wem angenommen oder abgelehnt? Der Kampf ist manchmal gnadenlos und lebenslang. Eltern können sich noch so viel Mühe geben, gerecht zu sein in der Verteilung ihrer Sympathie, ihres Lobes und ihrer Geschenke, die Signale, die sie aussenden, werden von den Kindern höchst unterschiedlich gedeutet und nur allzu häufig auch missdeutet.

Apropos Geschenke: Manchmal greifen Eltern nun wirklich daneben. Manchmal übertreiben sie maßlos. Als der Jaakob des Alten Testaments seinem Sohn Joseph, den er stets nur zärtlich *mein Lamm* nannte (so jedenfalls erzählt es Thomas Mann[125]), als er ihm jenen überirdisch schönen Rock schenkte, ahnte er sehr wohl, dass er damit zu weit ging. Er warnt seinen Sohn, vor den Brüdern zu prahlen. Aber vergeblich, die beinahe tödliche Geschichte nimmt ihren Lauf. Die Brüderschar, im Zorn über so viel Prahlerei und väterliche Bevorzugung, rottet sich gegen ihn zusammen und versenkt ihn in der Grube, aus der er zum Glück gerettet wird.

Das ist biblische Legende. Sie gibt ein eindrucksvolles Bild von dem, was sich in Familien immer wieder neu ereignet – eines unter den Geschwistern fühlt sich erhaben und demonstriert seinen Anspruch auf die elterliche Liebe: Johann Wolfgang von Goethe *vor* seiner Schwester Cornelia, Paul Claudel *vor* seiner Schwester Camille, Sigmund Freud *vor* seinen fünf Schwestern. Der eine erlebt den *Glanz im Auge der Mutter*[126] und spürt möglicherweise gar nicht, wie sehr er die anderen in den Schatten schiebt.

Anna Freud bezeichnet diese Situation als ein *echtes Trauma*, welches das Kind tief erschüttern und verunsichern kann. Aber sie spricht auch gleichzeitig von einem *unvermeidbaren Trauma*[127], denn dessen Bewältigung führt notwendig zu Reife und Bereicherung. Ganz analog den körperlichen Wachstumsschmerzen, die zwar wehtun, jedoch zum Großwerden notwendig sind. Deborah, das junge Mädchen in Hannah Greens Roman *Ich hab dir nie einen Rosengarten versprochen*[128], krankt noch mit achtzehn Jahren an der Vorstellung, sie habe ihre kleine Schwester fast umgebracht beziehungsweise auf jeden Fall umbringen wollen. Dabei verwechselt sie ihren damaligen starken Impuls mit der Realität. In Wirklichkeit hatte sie der Schwester kein Härchen gekrümmt.

Die Romane der Weltliteratur, die Märchen und Filme – sie alle sind voller Geschwistergeschichten. In allen Spielarten. Wir spüren auch, dass in den vergangenen Jahrzehnten ein Wandel eingetreten ist. In den meisten westlichen Industrienationen gehen die Kinderzahlen stark zurück, und in China wächst die große Mehrheit der Kinder allein auf, eine gesellschaftlich völlig neue Situation.[129]

Was aber, wenn das Kind ganz ohne Geschwister aufwächst? Das ist traurig, aber nicht hoffnungslos. Traurig, weil dem Einzelkind tatsächlich ein existenziell kostbares Erfahrungs- und Übungsfeld fehlt: Kompromisse schließen, Teilen üben, Solidarität, Zärtlichkeit und Mitleid hautnah im Alltag erlernen.

Nicht hoffnungslos, weil das Kind Meister im Überleben und Improvisieren ist, auch ohne Geschwister. Es profitiert von der ungeteilten Zuwendung von Vater und Mutter, es holt sich Nachbar- oder Kitakinder und ernennt sie zu Bruder und Schwester. Es transformiert sein Meerschweinchen zum brüderlichen Gefährten oder malt sich die Schwester in der Fantasie aus. Der Imagination sind keine Grenzen gesetzt. Doch eines ist sicher: Falls es nicht krankhaft egozentrisch auf seine einzigartige Position zwischen den Eltern fixiert ist, hat jedes Kind irgendwann einmal richtig Sehnsucht nach einer Schwester, nach einem Bruder.

Gesicht

*»Wie sah dein Gesicht aus,
bevor deine Eltern geboren wurden?«*
Koan

In einem Buch über Picasso gibt die amerikanische Schriftstellerin Gertrude Stein, Freundin des Malers und intime Kennerin seiner Kunst, eine Erklärung für Picassos teilweise verzerrte und gar frakturierte Kinderbilder. Ganz unabhängig von bestimmten künstlerischen Epochen, so Gertrude Stein, bieten diese Bildnisse eine überraschend verblüffende Nähe zur Sichtweise von Neugeborenen. Sie schreibt: »Ein Kind sieht das Gesicht seiner Mutter. Es sieht es in einer völlig anderen Weise als die Erwachsenen. Ich spreche nicht von dem Wesen der Mutter, sondern von den Zügen ihres Gesichts. Das Kind sieht das Gesicht von sehr nah. Einem kleinen Kind muss es sehr groß erscheinen. Ganz bestimmt sieht das Kind eine Zeitlang nur einen Teil vom Gesicht seiner Mutter. Es kennt einen Zug und nicht den anderen, eine Seite und nicht die andere, und auf eben diese Weise – wie ein Kind – kennt Picasso ein Gesicht und ebenso Kopf und Körper.«[130]

Es braucht viele wiederholte Seh-Erfahrungen, bis das Kind sich ein kohärentes Bild vom mütterlichen oder väterlichen Gesicht machen kann. Dabei geht es keineswegs um die optische Erfahrung allein, sondern das Kind verinnerlicht gleichzeitig die mit diesen Bildern einhergehenden Emotionen: Was fühlt der andere, wenn er mir sein Gesicht zuwendet? Was empfinde ich selbst, wenn ich es anschaue? Gesichter muss man lesen können – ein hoch komplexer Vorgang, den wir gemeinhin für selbstverständlich halten.[131] Daniel McNeill, der eine Kulturgeschichte über das Gesicht verfasst hat, betont: »Unsere Gesichter sind nackt, damit andere in ihnen lesen können.«[132]

Übrigens lernt das Kind nicht nur Gesichter zu lesen und damit auch zu deuten, sondern es bereitet ihm über Jahre hinweg Lust, in Dinge und Erscheinungen, die es umgeben, Gesichter hineinzuprojizieren. Dass es der Sonne und dem Mond ein Gesicht verleiht, liegt nahe. Ebenso entdeckt es Gesichter in Baumkronen, im Buschwerk des Gartens, im Schatten und in Wolken. McNeill erinnert uns daran, dass diese Tendenz eine allgemein menschliche ist: »Aus fast jeder Zeichnung, die aus einer geschlossenen Linie besteht, vermögen wir – auch wenn es sich nur um einen völlig unregelmäßigen Kreis handelt – ein Gesicht zu machen, indem wir an der richtigen Stelle ein Auge einfügen. Wir sind so geeicht darauf, Gesichter zu sehen, dass wir auch in einem Kringel mit einem Punkt eines zu erkennen vermögen.«[133]

Irgendwann, meistens etwa im Alter der Entdeckung des eigenen Ichs, nimmt das Kind sein eigenes Gesicht im Spiegel wahr. Es lernt, sein Gesicht zu spüren, und erfährt, dass es mit seinem Gesicht die Welt um sich herum (und später auch die größere) beeinflussen kann: durch Lächeln, durch Augenzwinkern, durch Grimassen. Es lernt – ganz allmählich – die Kontrolle über sein Gesicht.

Aber dies ist ein langdauernder Prozess. Zum Glück unterscheidet sich das Kindergesicht noch eine ganze Weile deutlich von dem der Erwachsenen. Es hat noch nicht die ganze Schule der Erziehung – und damit auch der möglichen Verstellung – durchlaufen. Wenn der Erwachsene sich vor etwas ekelt, senkt er diskret die Mundwinkel. Wenn er eine Beerdigung besucht, setzt er seine Trauermiene auf. Er beherrscht in jeder sozialen Situation die passende Mimik.

Das Kind jedoch, zumindest das jüngere, kennt noch keine Verstellung. Wenn es sich ekelt, dann ist sein Gesicht ganz Horror. Wenn es sich freut, dann glüht das Gesicht, wird rot und heiß. Wenn es trauert, wird es vom Fluss der Tränen überschwemmt. Das Gesicht des Kindes ist noch nicht vollkommen sozialisiert – genau wie das kleine Kind noch nicht endgültig sozialisiert ist. Der Grad dieses Prozesses lässt sich tatsächlich am besten im Gesicht ablesen.

Albert Camus schreibt, dass der Mensch erst ab einem bestimmten Alter verantwortlich sei für sein Gesicht.[134] Bis dahin hat das Kind noch lange Zeit – sehr lange sogar.

Glück

»Jedes Mal, wenn ich in den Straßen ein Kind auf den Schultern seines Vaters sehe, sage ich mir, dass es wohl kein größeres Glück geben kann: der leichte Taumel und die Bangigkeit, gewiss sehr real, unverhofft aufgewogen von dem Gefühl, dass einem die Welt über alle Erwartung hinaus zu Füßen liegt und man unverwundbar ist.«
Marcel Cohen

November 1989. Während in Berlin die Mauer fiel (welches Glück!), war ich mit meinen Kindern in Kanada. Wir reisten nach Montréal und fanden Quartier bei Freunden von Freunden, die wir noch nie gesehen hatten. Ike, Christopher und Steven räumten ihr Wohnzimmer für uns leer und organisierten in Windeseile warme Pullover, Mützen und Schals – die Kälte hatte uns überrascht. Als wir gegen Mitternacht mit den drei schwulen Männern Pizza aßen, flüsterte mir mein damals sechsjähriger Sohn ins Ohr: »Mama, dies ist der schönste Tag, seitdem ich aus deinem Bauch gekrabbelt bin.« Diese Worte haben sich mir tief eingeprägt, denn es ist nicht nur ein Satz des Glücks, sondern auch der Liebe. Der Liebe zum Leben und der Liebe zu den Menschen, die uns glückliche Momente bereiten.

Die Philosophen und viele Religionen lehren uns, dass die Sehnsucht nach Glück den Menschen zu allen Zeiten innewohnte und bis heute innewohnt.[135] Höchst unterschiedlich sind allerdings die Inhalte der menschlichen Glücksfantasien und die Annäherung an das, was Glück real ausmacht. Kann Glück überhaupt ein Zustand von Dauer sein? Oder liegt das eigentliche Glück nicht in jenen unwiderruflichen, kurzen Stimmungshochs, eingehüllt in das Bewusstsein seiner Vergänglichkeit? Oder, und auch dies wäre eine Annäherung: Liegt das Glück nicht häufig in jenen Momenten, in denen wir uns dessen gar nicht bewusst sind und es gar nicht nötig ist, in Kategorien von Glück zu denken? Ein in sich versunken spielendes Kind weiß nicht um seinen glücklichen Zustand. Erst im Nachhinein definieren wir dieses Spielen als glücklich. Wir dürfen schlussfolgern, dass es ein allgemein verbindliches Konzept von Glück nicht gibt.

Nur eines wissen wir: Das Gefühl von Glück – und dies gilt auch schon für Kinder – ist nicht wirklich planbar, nicht *machbar*, nicht einklagbar und vor allem nicht käuflich. Glück begegnet uns, wenn wir offen sind, durchlässig genug, es zuzulassen. Dann kommt es meist unerwartet: ein Geruch, ein Mensch, ein Brief, eine blaue Murmel, eine Pizza. Der Auslöser kann tatsächlich irgendetwas sein: Bei Marcel Proust ist es die Kindheitserinnerung an eine in den Tee getauchte Madeleine, für Astrid Lindgren ist es der Geruch von Kaninchen und für Ludwig Marcuse, den Verfasser einer *Philosophie des Glücks* – und sicher nicht nur für ihn – ist es der Anblick des Meeres, wie er ihn damals als Kind erlebte.[136]

Glück ist allermeist einfach, eindeutig, ohne Ambivalenz: Wenn der Lehrer vorliest. Eine Kugel Himbeereis. Eine Runde Kettenkarussell. Ein gutes Wort. Eine Rose, wie der *kleine Prinz* uns erinnert. Eine Rose, um die man sich kümmern kann. Dann, vielleicht, kann es sein, dass sich das wirkliche Glück als »das plötzliche Aufblitzen von etwas Göttlichem« (Henry Miller) einstellt.

Großeltern

»Bindung innerhalb jeder Generation entsteht nur durch Überlieferung zwischen den Generationen.«
André Comte-Sponville

Familie besteht nicht nur aus zwei Generationen. Familie besteht und bestand in der Vergangenheit immer aus einer Kette, einer Aneinanderreihung mehrerer Generationen, bis hin zu vier und mitunter sogar fünf. Dabei hatte jede von ihnen ihren besonderen Charakter, ihre eigene Funktion. Es gibt ein wunderbares Foto, auf dem Thomas Mann mit erhobenem Zeigefinger seinen Enkeln Geschichten erzählt. Welches Kind möchte nicht mit jenen tauschen und eintauchen in die Geschichten des Großvaters?

Das Wort *Geschichte* leitet sich her – dies vergessen wir gern – von *Geschichten* oder umgekehrt: Aus den aneinandergereihten, von Generation zu Generation mündlich erzählten Geschichten konstituiert sich das, was wir heute als *Geschichte* begreifen. Und dieses Geschichtenerzählen oblag traditionellerweise den Großeltern oder den Urgroßeltern.

Viele ältere Männer – mit und ohne Kinder – möchten sehnlichst gern Großväter sein. Sie möchten, aus einem Gefühl tief aus dem Bauch heraus, den Moment der Fortdauer in sich spüren: »Ja, das Leben geht weiter. Das Leben geht über mich, über meine Kinder hinaus. Ich kann abtreten.« Sie möchten als Zeugen einer vergangenen und vom Vergessen bedrohten Zeit noch einmal von allem erzählen. Diesem Wunsch, zu berichten, entspricht das Verlangen des Kindes, zuzuhören: »Großvater, erzähl mir von der Zeit, als noch Straßenbahnen fuhren. Erzähl, als du arbeitslos warst. Erzähl mir von damals, als Mama noch klein war. Erzähl!«

Der Großvater will sein gebündeltes Wissen, seine Erfahrung, seine Lehren nicht mit ins Grab nehmen. Er will sie um sich streuen wie Samen, damit sie keimen und wachsen. Und dazu braucht er Zeit, die er meist hat, und Enkel, die er manchmal, aber nicht immer hat.

Einmal traf ich im Zug einen älteren Mann, der mir von seinen drei erfolgreichen Töchtern vorschwärmte: Die eine war Apothekerin, die zweite Biologin und die dritte Geigenlehrerin, alle zwischen 35 und 40 Jahren. Der Stolz auf die Töchter und ihre Berufe leuchtete in seinen Augen. Aber eine verschämte Trauer legte sich über sein Gesicht, als er erwähnte, dass alle drei ohne Familie lebten und auch keine Aussicht auf Enkelkinder bestand: »Und ich brauche Enkelkinder«, sagte er.

Der Wunsch nach Enkeln entspringt einem tief verankerten, archaischen Bedürfnis. Wir wünschen uns selbst eingefügt in eine Kette von Menschen, in Zeit und Raum. *Zeit*, das heißt in der Vergangenheit und Vorvergangenheit, in Gegenwart und Zukunft. Es umfasst dieses »Stirb und werde«, von dem Goethe spricht. *Raum*, das heißt Lebensraum im Kleinen und im Großen, in dem Raum, in dem wir leben, und in dem kosmischen Raum, mit dem wir alle als Menschen verbunden sind.

Der Dialog über die Generationen hinweg ist lebensnotwendig, nicht nur für die Alten, sondern auch für die Jungen: Großvater und Großmutter bilden Identifikationsmuster in einem viel weiteren Sinn als Vater und Mutter. Mein Sohn Samuel baut sich seine Musikinstrumente und erinnert sich daran: »Urgroßvater Samuel war doch auch Straßenmusikant.« Er verbindet sich in seiner Tätigkeit mit dem Urgroßvater, den er in der Realität nie gekannt hat. *Das* meine ich mit *Dialog der Generationen*.

Die Namen spielen in dieser Generationenkette eine überaus wichtige Rolle. Dies wussten die Menschen in der Vergangenheit, und auch einige heutige Kulturen wissen dies sehr wohl und schufen deshalb strenge und eindeutige Namensregeln. So spiegelt sich der Enkel oder Urenkel in der Kette seiner Vorfahren und erfährt doppelt, leiblich und sprachlich, dass er nicht zufällig geboren ist.

Ich bin nun selber Großmutter, und es hat eine Weile gebraucht, bis ich in meine neue Rolle hineingewachsen bin. Ich musste erst das Muttersein langsam ausklingen lassen, bevor ich in das Kleid der Großmutter schlüpfen konnte. Oftmals frage ich mich, welches eigentlich meine neue Aufgabe ist. Doch die Aufgaben kommen von selbst. Mit jedem Enkelkind kommen neue und andere dazu. Aber eine Antwort habe ich für mich gefunden, und sie gilt für alle Enkel gleichermaßen: Eltern sollten ihren Kindern die Regeln des Lebens beibringen – Ehrlichkeit, Pünktlichkeit, Anstand – oder wie auch immer sie diese Regeln für sich definieren mögen. Großeltern dagegen sollten die Kinder ermutigen, die Regeln auch mal zu brechen. Gegen den Strom der guten Erziehung schwimmen, Geheimnisse haben, die Zeit vergessen, verweigern, Alternativen denken, träumen.

Natürlich will ich trotz allem eine verantwortungsvolle Großmutter bleiben, die Kinder sollen ja weiter zu mir kommen. Und natürlich gehört es zu meiner Großmutterpflicht, die nächste Lektion einzuüben: nämlich die Balance halten zwischen diesen beiden Lehren (die Regeln der Eltern und die Regelwidrigkeiten der Großeltern).

Kürzlich hörte ich ein Radio-Interview mit einem Kulturkritiker. Am Schluss des Gesprächs sagte er, dass er jetzt einen dreijährigen Enkel habe und das sei kostbarer als Musik, Theater und Kino zusammen. (»Und Radio«, fügte die gewitzte Gesprächspartnerin hinzu.[137]) Man darf ihn sich als glücklichen Großvater vorstellen.

»Einmal überraschte ich einen kleinen Jungen dabei, wie er im Gehen vor sich hinsprach: ›Für Sofia braucht man ein S, ein O, ein F, ein I und ein A‹, womit er also die Buchstaben des Wortes einzeln aufzählte. Offenbar war er damit beschäftigt, im Geiste ein Wort in seine Bestandteile zu zerlegen: Mit dem tiefen Interesse eines Menschen, der eine wichtige Entdeckung gemacht hat, hatte er festgestellt, dass jeder dieser Laute einem Buchstaben des Alphabets entsprach. Und in der Tat, was ist denn die Buchstabenschrift anderes als die Herstellung einer Korrespondenz zwischen Zeichen und Lauten? Die Sprache an sich ist die gesprochene, und die geschriebene ist nichts weiter als die wahrhaft ›buchstäbliche‹ Übersetzung.«
Maria Montessori

Haare

»Das Haar des Kindes: kein Geruch, sondern sofort ein Gefühl.«
Peter Handke

Der erfahrene Friseur erzählt von seinem Vergnügen, Kindern die Haare zu schneiden und sie dabei in abenteuerliche Gespräche zu verwickeln. Er meint, er kenne die Kinder gut. Nebenbei erwähnt er, dass er allerdings ab und zu kleine Kunden abweisen müsse, wenn die Mütter sie ihm zum Haareschneiden bringen. Diese Jungen oder Mädchen seien so bleich und verschreckt, als sollten sie gleich ohne Narkose operiert werden. Der Mann spürt die Panik, und das will er weder den Kindern noch sich selbst antun. Er schickt sie einfach wieder nach Hause.

Sicher, Kinder mit Friseur-Phobie gehören eher zu einer kleinen Minderheit. Tatsache ist aber, dass die allermeisten Kinder in Bezug auf ihren Körper insgesamt oder in Bezug auf einzelne Körperteile extrem empfindsam reagieren – einschließlich Haut und Haaren.[138] Gerade diese beiden, als Mittler zwischen dem Körperinneren und der Außenwelt, sind besonders verletzlich. Das Haareschneiden kann deshalb leicht zum Drama werden. Nicht nur weil Schere und Messer im Spiel sind, sondern weil das Kind einen potentiellen Übergriff auf das eigene Gesicht assoziiert. Der Haarschnitt verändert das Gesicht, er verwandelt das Kind, so seine Wahrnehmung.[139] Und wenn es sich dagegen wehrt, dann spielt neben Eigensinn auch Angst und große Verletzlichkeit mit: »A. weinte über ihre abgeschnittenen Haare wie über ein verlorenes Haustier.«[140]

Natürlich müssen Kinder überall in der Welt ihre Haare schneiden oder zumindest richten lassen – das ist das eine. Dass sich aber Eltern und Kinder über die Art und Weise des Haareschneidens bis an die Grenzen reizen, etwa über die Häufigkeit, über die Länge der Haare selbst, über die Frage, was ordentlich-sauber und was ausgefranst-zottelig ist, das ist das andere. Und die Szene im Friseursalon, dass ein einzelnes Kind weggeschickt werden muss, ist nur ein extremes Beispiel für die normalen alltäglichen Auseinandersetzungen um die *richtige* Haartracht.

Viele ordnungsliebende Erwachsene fühlen sich provoziert durch etwas, was sich nicht in Form bringen lässt oder – viel schlimmer noch – nicht bringen lassen will. Und ordnungsliebende Menschen mögen *Harry Potter* nicht (lange nach dem deutschen *Struwwelpeter* wieder einer, der sich ebenso nicht die Haare schneiden lassen will), sie mögen *Zora* mit den wilden roten Haaren nicht und auch nicht Pippi Langstrumpf mit ihren abstehenden, möhrenfarbenen Zöpfen. Sie bevorzugen Einheitlichkeit in Gedanken *und* Haaren.

Überall greifen auch heute noch eifrige Erzieherinnen und Lehrerinnen – nein, nicht zur Schere, wohl aber zu Haarklemmen und Gummibändern, wenn sie meinen, dass ihre Zöglinge durch flatternde Haare am Lernen gehindert sind oder wenn sie das (gar nicht so falsche) Gefühl haben, dass manche Kinder sich hinter ihren Haaren vor den Lehrern verstecken wollen. Eine besorgte Lehrerin entfernte einem Schüler regelmäßig Nutella, das ihm morgens in den Haaren klebte. Wenn er heute seinen eigenen Kindern davon erzählt, dann mischt sich unter das Gelächter immer noch die Scham von damals. So witzig war er eben nicht, dieser Griff in die Haare.

Was Kinder teilweise unbewusst und spielerisch, jedoch durchaus eigenwillig mit ihren Haaren anstellen, setzen Jugendliche gezielt ein, wenn sie sich von ihren Eltern ablösen. Mit verrückten Haaren – bizarrer Schnitt und schrille Farben: rot, grün und lila – schocken sie ihre Eltern. Das sitzt. Ich erinnere mich an die ersten Studenten, die sich Mitte der Sechzigerjahre die Haare lang wachsen ließen und damit öffentlich zeigten. Das verlangte anfangs Mut. Viele ältere Menschen kümmerten sich gar nicht so sehr um die politischen Ideen mancher langhaariger Studenten, sondern sie wandten sich voller

Entrüstung gegen die langen *dreckigen* Haare: »Pfui, ruft da ein jeder ...« – und dies hundert Jahre nach dem *Struwwelpeter*.

So gut wie immer hat die jüngere Generation es verstanden, sich durch provozierende Haartracht von den Alten abzusetzen, egal ob sie ihre Haare im Bürsten- oder Kahlschnitt trugen oder ob sie sie lang wachsen ließen. Bei Form und Ausdruck des eigenen Gesichts kann man nur schwer eingreifen, aber mit verändertem Haar kann das Kind oder der Jugendliche, wenn es oder er das will, wirklich sein *wahres* Gesicht zeigen. Und das schafft Konflikte, richtige Generationenkonflikte.

Haare sind ein ausdrucksvolles menschliches Attribut. Sie sind der Rahmen für unser Gesicht. Sie können locken, einschüchtern, anderen die Augen verdrehen. Und gleichzeitig steckt Animalisches in ihnen, die Assoziation an das weiche Fell der Tiere.[141] Liebende streicheln gern über das Haar des anderen – und eine der anrührendsten Szenen in Viscontis Film *Tod in Venedig* ist jene, wo der Künstler Gustav von Aschenbach dem Kind Tadzio, Objekt seiner Sehnsucht, in der Fantasie über die Haare streicht. In der Fantasie – und eben nicht wirklich.

Viele Religionen haben die von den Haaren ausgehende magische Kraft deutlich wahrgenommen und deshalb eindeutig Verhaltensvorschriften verankert: Machtvolle männliche Persönlichkeiten und Würdenträger trugen (und tragen) meist Bärte und ausgeprägte Haartrachten, die sich vor allem durch ihre Länge von denen der anderen unterscheiden und weil die Haarlänge selbst als Ausdruck von Spiritualität gilt. Und in strenggläubigen muslimischen und jüdischen Familien oder in der Ordenstracht der Nonnen verbergen die Frauen ihr Haar unter Tüchern und Perücken.

Weil aber Haare ihren so genuin menschlichen, Individualität stiftenden Charakter haben, können sie auch missbraucht werden. Sie können benutzt werden, den anderen zu erniedrigen und zu bestrafen. In den Konzentrationslagern der Nazis waren die Haare das

Erste, was den Menschen, und auch den Kindern, nach der Ankunft genommen wurde. Alle Haare wurden abgeschnitten und abrasiert. Kein Rot, kein Braun, kein Blond mehr. Wenn schon nicht das Gesicht selbst, so wurde zumindest das Haar geschändet und gleichgemacht.

Ja, das Haar ist ein zentrales menschliches Attribut. Auch das Kinderhaar. Aber was heißt schon Attribut? Es ist doch unendlich viel mehr. Es ist ein Gefühl.

Hände

»Wenn die Wahrheit nicht im Gesicht ist, wo ist sie dann?
In den Händen! In den Händen!«
Anne Michaels

In der Wiege liegt ein Kind. Es wacht auf und beginnt seine Hände zu bewegen: suchend, tastend, kreisend. Bevor es die Mutter herbeiruft, ist es allein mit seinen Händen. Fasziniert begleiten die Augen das eigene Händespiel. Sein erstes Spiel. Es braucht kein Spielzeug, kein Mobile. All dies würde nur ablenken vom Zauber der eigenen Hände. Bruno Bettelheim schreibt: »Wenn der Säugling seine Hände betrachtet und bemerkt, wie sich seine Finger in der Außenwelt bewegen, wird ihm bewusst, dass er es selbst, dass es sein innerer Wille ist, der sie bewegt.«[142]

Eine verblüffende Idee, angesichts winziger Kinderhändchen schon von Willen zu sprechen. Und natürlich handelt es sich hier noch nicht um Willen als bewussten Ausdruck. Gleichwohl wird hier sein allererster Keim angelegt. Hier werden Wille und Willensakt (das Händebewegen) dem Säugling erstmals spürbar. Mit Erstaunen nimmt er fortan seine in den Händen aufkeimenden Tastfähigkeiten wahr, welche sich stufenweise immer weiter ausdifferenzieren werden. Bis dahin, dass das Kind irgendwann (s)einen ersten Löffel greifen und in den Mund führen wird. Bis dahin, dass es mit drei, vier Jahren aus Bausteinen hohe Türme baut. Und bis dahin, dass es dann, wenn es später erwachsen ist, mit seinen Händen in die Welt eingreift – zum Segen und bisweilen auch zum Unsegen der Menschen.

Alle Möglichkeiten liegen in diesem Willen – und eben in dieser Hand. Wille und Hand sind *eins*. Und die Hand verbindet den Willensimpuls (das Innere, das Wesen) mit dem Außen, der Welt. Die Hand des Kindes offenbart uns, ob und wie es in die Welt eingreifen will – und damit gleichzeitig, wie es die Welt *begreift*.[143] Manche Kinder greifen matt und zaghaft. Manche schwankend. Sie wagen sich vor und weichen wieder zurück, als könnten sie sich die Finger verbrennen. Manche Kinderhände pressen und drücken und quetschen und lassen nicht los. Und manche verweigern sich ganz. Sie bleiben verschlossen, bisweilen auch am Rücken verborgen. Erzieherinnen und Lehrer könnten diese Liste unendlich fortsetzen.

Aber mehr noch: Die Kinderhand muss gar nicht in die Welt (ein-) greifen. Die Welt liegt in der Hand selbst. Friedrich Fröbel, der Begründer des traditionellen Kindergartens, hat es uns gezeigt. Eines seiner schönsten Bücher ist das 1848 erschienene Werk *Mutter- und Koselieder*.[144] Mit über fünfzig künstlerisch gezeichneten Bildern (von Friedrich Unger) und entsprechenden Texten führt der große Pädagoge seine Leser durch Handspiele, Handformen und -bewegungen in das Universum der menschlichen Existenz ein. Nichts in der Welt, was sich nicht in den Händen und mittels der Hände abbilden und darstellen ließe: Haus und Turm, Pflanze und Tier, Höhle und Nest, Sich-Verstecken und Geschwisterliebe. Fröbels Botschaft, die er dem von ihm begründeten und hernach über die ganze Welt verbreiteten *Kindergarten* vermittelte: Wir brauchen kein Spielzeug. Wir tragen die Welt in der Hand. Wir brauchen nur Erzieher, die der Hand den Odem einhauchen. Wir brauchen Fantasie und reichlich Väter und Mütter, die dem Kind das Universum (in) der Hand eröffnen.

Übrigens: Wer meint, Fröbel sei altmodisch und überholt, irrt. Moderne neurobiologische Erkenntnisse führen immer wieder konsequent zurück auf die einfache, von Fröbel schon vorweggenommene Formel: »Eltern oder Lehrer, die bei einem Kind die Neugier wecken möchten oder Zugang zu ihm suchen, wenn es lernbereit ist, sollten vielleicht einfach die Hände in den Mittelpunkt ihrer Bemühungen stellen.«[145]

Haus
»Denn das Haus ist unser Winkel der Welt.
Es ist unser erstes All. Es ist wirklich ein Kosmos.«
Gaston Bachelard

Häuser sind ein Urbild der Menschheit. Seit dem Verlust des Paradiesgartens beginnt die Geschichte der Behausung, des Wohnens der Menschen, die ihre Erdhöhlen, Zelte, Pfahlbauten, Hütten und später ihre Häuser aufbauten und gegen Angriffe von außen verteidigten. Ein Haus muss her, wenn Familiengründung ansteht, und sei es auch noch so klein. Ganz analog dem Nestbau der Vögel, welcher der Aufzucht der Jungen stets vorangeht. Allenthalben spürt man die hohe emotionale Besetzung, wenn Menschen vom Haus, von ihrem Vater- oder Elternhaus sprechen.

Der Gedanke, dass Kinder in ihrer individuellen Entwicklung noch einmal (wie auch immer rudimentär und symbolisch) die Geschichte der kollektiven Menschwerdung durchwandern, durchzieht dieses Buch wie einen roten Faden. Häuser malen, Hütten und Höhlen bauen ist deshalb nicht nur ein Spiel unter anderen, sondern vielmehr Ausdruck eines zentralen Erkenntnis- und Gestaltungswillens im Kind. Es ist, als ob jedes Kind, gibt man ihm den nötigen Freiraum, seine Hütte, seine Behausung zu bauen beginnt, gleichsam als wäre es selbst der erste Mensch, der ein Haus erschafft.[146]

In der Faszination am Haus entdecken wir einen jener wunden, empfänglichen Punkte in der Kinderseele, von dem anscheinend die modernen Städteplaner wenig Ahnung haben.[147] Neugier am Haus ist zugleich die Sehnsucht nach all dem, was das Haus an Sinnlichkeit verheißt: Schutz, Geborgenheit, Wärme, Vater und Mutter, Gerüche, die Lieblingsspeisen, die Fülle und Vielfalt der Tätigkeiten – Sehnsucht nach der ›bergenden Höhle‹. »Denn das Haus ist die bergende Höhle« – schreibt der Philosoph Jean Gebser – »und in einem gewissen Sinne auch Symbol des Kollektivs; es steht auch für das Volk, das bergender Körper für das Individuum ist.«[148] Erinnern wir uns, Schlösser, Türme und immer wieder die kleinen Hütten, Schneewittchens Häuschen, das Knusperhäuschen, die Höhlen: dorthin zieht es magisch die Kinder.

Heimweh

Goldmarie: »Ich habe das Verlangen nach Hause.«
Frau Holle: »Es ist gut, wenn du nach Hause willst.«
Brüder Grimm

Als mein Mann sieben Jahre alt war, hängte man ihm ein Schild mit Namen und Adresse um den Hals, versorgte ihn mit einer Gasmaske und einer Dose getrockneter Kekse und transportierte ihn in ein Dorf im tiefsten England. Drei Millionen Londoner Kindern geschah damals dasselbe, nur wenige Tage vor Beginn des Zweiten Weltkriegs, in der guten Absicht, sie vor den erwarteten Bombenangriffen zu schützen. Man nannte dies *Kinder-Evakuierung*.[149] In den Dörfern wurden diese Kinder als lästige Eindringlinge und vor allem Mitesser wenig freundlich aufgenommen. Viele Dorfbewohner verstanden nicht wirklich die Sprache ihrer Großstadtgäste, das Cockney-Englisch, und umgekehrt verstanden die Kinder nur notdürftig die Dialekte ihrer dörflichen Umgebung.

Zu seinem Unglück musste mein Mann nicht nur die Eltern verlassen (das mussten alle), sondern er verlor bereits auf dem Weg zu seinem Zielort sein Halsschild. Im Schock darüber vergaß er die eigene Adresse, so dass die Eltern, sechs Monate ohne Nachricht, ihren Sohn schon tot glaubten. Und der Junge selbst, in jenem fernen und öden und sprachlosen Dorf, wäre vor Heimweh fast gestorben.

Die Pädagogin und Schriftstellerin Donata Elschenbroich beschreibt das Heimweh als »Schmerz der schlimmsten Art«.[150] Auch Erwachsene kennen dieses Gefühl – es ist das Lebensgefühl der Flüchtlinge, der Emigranten, der Vertriebenen überall in der Welt. Aber Erwachsene können doch immer ein Stück weit vom Kopf her verstehen, was sie in diesen *schlimmen Schmerz* versetzt. Sie können sich die Umstände erklären und sich trotz allem, zumindest gedanklich, Trost und Hoffnung suggerieren.[151]

Kinder hingegen sind ihrem Schmerz abgrundtief ausgeliefert. Als würde ihnen der Boden entzogen, der ihnen Halt und Sinn gibt. Sie reagieren mit Trauer und werden meistens krank. Sie verlieren die Lust am Spielen, mögen nicht mehr essen und bekommen Bauchweh. Der Bauch ist tatsächlich Hauptsymptomträger für das Heimweh, das sich sprachlich so schwer vermitteln lässt. Kein Heimweh ohne Bauchweh.

Das Eigentümliche, wenn nicht überhaupt Paradoxe am Heimweh ist, dass der Ort, nach dem sich das Herz so sehnt, gar nicht zwingend ein guter Ort sein muss. Im Märchen von *Frau Holle* beispielsweise wünscht sich die Goldmarie an einen Platz zurück, der gar nicht gut für sie war, wo sie gedemütigt und misshandelt wurde. Und trotzdem diese Sehnsucht nach Hause! Heimat ist, wo Familie ist, wo das Haus ist, vor allem aber wo Bindung ist. Heimweh umfasst immer ein ganzes Ensemble: »Heimweh nach dem Igel im Garten, nach dem eigenen Schälchen für die Cornflakes. Nach dem Brummen vom Bus auf der Straße vor der Haustür und Heimweh nach der Kuhle im eigenen Bett.«[152]

Ja, vielleicht ist wirklich dies das Objekt kindlichen Heimwehs: die Kuhle im eigenen Bett. Dort, wo das Kind ganz bei sich sein darf. Bei sich und seinen Träumen.[153]

Honig

*»… und will dich bringen in das Land,
wo Milch und Honig fließt.«*
2. Mose 33,3

Honig: Lieblingsspeise der Bären, der Götter – und der Kinder. »Summ! Summ! Summ! Ich frage mich: warum.«[154] Das schönste Loblied über Honig hat der englische Dichter Alan Alexander Milne geschrieben. Er verstand nicht nur die Sprache der Tiere, sondern auch die wirklichen Sehnsüchte und Begierden der Kinder. Denn der honigsüchtige Pu – ist er nicht ein wirkliches Kind?

Hören

»Die erste Pflicht der Liebe ist das Zuhören.«
Paul Tillich

Auf dem Foto des französischen Künstlers Edouard Boubat hält der Junge eine große weiße Muschel an sein Ohr. Die Augen sind geschlossen, seine Gesichtszüge verraten die Faszination des Lauschens. Absolute Versunkenheit.

Es ist kein Zufall, dass das Wort *horchen* fast in Vergessenheit geraten und nicht sonderlich beliebt ist. Horchen meint das bewusste und ausschließliche Sich-Hinwenden zu einem Gegenstand, wie etwa hier der Muschel, zu einem Tier oder einem Menschen. Wer auf den anderen oder das andere horcht, will sich mit ihm verbinden. Und wer dem anderen *gehorcht*, folgt dessen Willen.

Der offensichtliche Rückgang des Horchens, der spürbare Verlust unserer Fähigkeit, konzentriert zuzuhören, hat seine Gründe. Unsere moderne Gesellschaft ist eine visuelle. Das lateinische Wort *video* heißt *ich sehe*. Ich *sehe* und ich werde *gesehen*. Ich *sehe* alles rings um mich und alle *sehen* mich – nicht nur im *Buch der Gesichter*, im *Facebook*. Gehirn und Augen der Kinder passen sich dieser Sehgesellschaft zunehmend an. Sie speichern die Bilder in Fülle und verarbeiten sie auf ihre Weise. Wir Erwachsenen können schwer realisieren, wie genau sich diese Bilder in den Kindern niederschlagen, ob sie nach der Aufnahme schnell versickern, ob sie neutralisiert werden, ob sie im Innern des Kindes chaotisch durcheinanderschwimmen oder ob sie sich nach uns noch unbekannten Prinzipien im Kind neu ordnen.

Je mehr das Kind mit den Augen aufnimmt, desto weiter zieht sich das Ohr in seiner Aktivität zurück. Das Gehörte dient als Untermalung des Gesehenen, wie etwa Filmmusik. Die wesentliche Botschaft erreicht das Kind über das Auge.

Erinnern wir uns, wie es am Anfang des Lebens war. Längst ist erwiesen, dass das Hören der am frühesten entwickelte Sinn des Menschen ist. Das empfindsame Labyrinth der Gehörgänge ist viereinhalb Monate nach der Empfängnis fertig ausgebildet und voll in Aktion. »Ich höre, also bin ich.«[155]

Das hörende Ungeborene reagiert auf das Wahrgenommene. Es gewöhnt sich an Töne und Tonfolgen, und möglicherweise beginnt es auch bald, Töne zu erwarten und entsprechend zu vermissen, wenn sie ausbleiben. Und es erinnert sogar Töne. Hören ist, neben Daumennuckeln und Geschaukeltwerden, die Haupt- und sicher die Lieblingsbeschäftigung des Ungeborenen im Mutterleib.

Gefiltert durch den Uterus hört das Kind *alles*: Klänge, Sprache, Türenschlagen, Vogelgezwitscher, Streit, Hundegebell und Musik. Am nächsten hört es den Herzschlag der Mutter: »Der ist das Ur-Metrum – ein Wort, in dem die Wortwurzel für Meter, Maß, Maßstab, messen, *mater* (= die Mutter) verborgen ist. In diesem Rhythmus schwingt und klingt unsere Mutter für uns: als Maß unseres Lebens – neun Monate lang.«[156]

Der gehörte und zugleich leiblich erfahrene Rhythmus des Herzschlages überträgt sich, ebenso wie die Sprache der Mutter, immer auch auf die Gestimmtheit des Kindes. Rhythmus und Stimme können das Kind besänftigen und entspannen. Wenn sie allerdings chaotisch entgleisen, bekommt das Ungeborene dies als Stress und Chaos zu spüren. Der große Hörforscher Alfred A. Tomatis bezeichnet das, was das Kind vom Mutterleib her bis zu seiner Geburt begleitet, als den *Klang des Lebens*.[157]

Mit der Geburt verändert sich der Zustand des Hörenden. Das Kind erlebt nun, schrill einbrechend, Licht und Farben. Es lernt sehen und erfährt die Faszination der Bewegungen an sich selbst und um sich herum. Das alles ist so aufregend, dass es darüber das Universum der mütterlichen Herztöne zwar nicht ganz vergisst – das wird es zum Glück niemals tun –, jedoch mehr und mehr in den Hintergrund schiebt.

Hören erlernt man aus der Stille. Hören übt man an Vorbildern. Wenn wir aufmerksam im Horchen sind, dann überträgt sich dies auch ohne direktes Zutun auf die Kinder. Ich erlebe so häufig Klagen von Erwachsenen, dass Kinder jeden Alters heutzutage nicht mehr richtig zuhören können, dass sie einander ständig unterbrechen und das Wort abschneiden. Mein damals neunjähriger Sohn brachte es einmal auf den Punkt: »Mama, hör doch mal genau! *Alle Erwachsenen* unterbrechen sich *immerzu*.«

Ich erschrak. Und seitdem entdecke ich, was mir vorher entgangen war, dass tatsächlich kaum ein Erwachsener den anderen – geschweige denn den Kindern – wirklich ausdauernd und respektvoll zuhört, bis diese ausgesprochen haben. Wie aber wollen wir diese unendlich kostbare Fähigkeit des Hörens unserem Kind übermitteln, wenn wir darüber selbst nicht mehr verfügen?

I

»›Alphabet‹, ich betrachte es: eine Symbol-
folge auf Buchseiten oder in einer Fibel,
in der ich lerne, eine schmale Sammlung
weißer Blätter, worauf sich in Schwarz
verschiedene linear verlaufende Gebilde
abzeichnen, die ich, koste es was es wolle,
mir einverleiben muss.«

Michel Leiris

Ich

»Wann habe ›ich‹ angefangen? Wann ende ›ich‹?
Was bin ich? Bin ich?«
Ronald D. Laing

Renate Riemeck, Historikerin, Publizistin und Ziehmutter von Ulrike Meinhof, erzählt in ihren Memoiren eine Episode aus ihrer Kindheit. Anfang des 20. Jahrhunderts fuhr sie mit ihrer Tante auf einem Pferdewagen, einem sogenannten Landauer, und setzte sich dabei neben den Kutscher auf den Bock. Die Tante mahnte: »Da gehörst du nicht hin. Komm und setz dich zu mir in den Wagen.« Das Kind aber folgte nicht, selbst nach wiederholtem Befehl. »Warum gehorchst du mir nicht?«, fragte die Tante, und das Kind antwortete prompt: »Ich bin ein Mensch für mich.«[158]

Ein schlichter, starker Satz, der umso bemerkenswerter ist, als Renate Riemeck immer für andere gelebt, gearbeitet, geforscht und gelehrt hat. Mit dem Satz »Ich bin ein Mensch für mich« drückt das damals fünfjährige Mädchen auf wunderbare Weise aus, dass ein Ich im Entstehen begriffen ist und dass dieses Ich sich seiner selbst bewusst wird. Wir dürfen davon ausgehen, dass dieses keimende Ich schon klar die Tonart, das Leitmotiv des ganzen späteren Lebens in sich trägt, nämlich seine ureigene, unverwechselbare und unauslöschbare Individualität.

Der Moment, in dem das Kind sein Ich entdeckt, ist heilig. »Von jetzt an wird auch das Kind mit vollem Bewusstsein von sich als ›Ich‹ sprechen, da es empfindet, dass dieses Wort nicht mehr ein Name ist, sondern der ›Name der Namen‹. Alles, was einen Namen hat, hat auch irgendwo ein Ich.«[159]

Ich bin ein Ich, ein Ego. Kaum ist das Zauberwort ausgesprochen, begreift sich das Kind als den Mittelpunkt seiner Welt. Es fühlt, wie Vater, Mutter und Geschwister um es kreisen, und glaubt folglich, dass sich ebenso alles andere um es drehen müsste. Und weil sich das kleine Ich als Mittelpunkt seiner Welt begreift, beginnt auch die Zeit mit ihm selbst. Das Kind kann anfangs noch nicht chronologisch denken. Dass es Vergangenheit, Zukunft und überhaupt Zeiten außerhalb seiner eigenen Dimensionen gibt, weiß es zunächst noch nicht.

Erst allmählich und über die Jahre hinweg keimt im Kind das Bewusstsein, dass es auch andere Zeiten gibt. Es hört in den Märchen die wiederkehrende Formel: »Es war einmal.« So nebulös diese Beschreibung noch ist, so diffus ist überdies die Vorstellung von Vergangenheit oder Zukunft. Das drei-, vier- und sogar fünfjährige Kind lebt noch ganz im sicheren Glauben, dass mit ihm alles beginnt und endet. Es hat noch keine Vorstellungen von Endlichkeit und Tod.

Auch alles andere scheint nur dem Kind zu gehören. Ob Teddy, Kugelschreiber oder Papa, alles ist *meins*, das Kind möchte unaufhörlich greifen, halten und vor allem behalten. Besonders deutlich wird das auf den Spielplätzen, wo Gerangel und spitze Schreie von der Schwierigkeit zeugen, zwischen *mein* und *dein* zu unterscheiden.

Kein Zweifel, das Kind ist egozentrisch. Zeit und Menschen und alle übrigen Dinge der Welt gehören ihm und stehen ihm bedingungslos zu Diensten. Auch alle Erscheinungs- und Verhaltensweisen anderer hängen von ihm selbst ab, da das Kind davon überzeugt ist, äußeres Geschehen lenken zu können. Sein eigener Wille, seine Intention sind übermächtig. »Sonne und Mond müssen ihm folgen, wenn es einen Spaziergang macht, oder es lässt es regnen, wenn es im Kreise herumtanzt.«[160]

Wir Erwachsenen tun uns zuweilen schwer damit, die Welt wieder aus Kinderperspektive zu sehen. Wir erinnern uns nicht mehr daran, wie wir die Welt gesehen haben, als wir sie noch nicht verstanden. Wie sich diese große Ahnungslosigkeit der frühen Jahre anfühlte, die doch voller Ahnungen war. Deshalb ist es auch so schwer, die Weltsicht und die damit verbundene Logik des Kindes wirklich zu verstehen. Paradoxerweise können wir uns nicht in das zurückversetzen, was wir selbst einst glaubten. Unser Ich ist nicht ein anderes geworden, aber es ist gewachsen, und das Einfühlungsvermögen unserer eigenen Vergangenheit gegenüber ist meist nicht sehr ausgeprägt.

Die Tatsache, dass Kinder alles Geschehen um sich herum aus einem egozentrischen Blickwinkel heraus interpretieren, kann unterschiedliche Wirkungen haben. Dass die Sonne nur für es ganz alleine scheine, ist eine harmlose, schmeichelnde Vorstellung. Andere Vorstellungen hingegen können negative Folgen im Kind hinterlassen. Nehmen wir das Beispiel eines streitenden Elternpaares, das sich zur Trennung entschließt. Beide Elternteile beteuern dem Kind, dass es überhaupt nichts damit zu tun habe, beide hätten es doch so lieb. Und trotzdem verlässt der Vater das Haus, zieht in eine andere Stadt, nimmt sich vielleicht eine andere Frau mit anderen Kindern. Das verlassene Kind kennt in dieser Situation nur eine einzige Logik: die egozentrische. »*Ich* bin schuld, dass er geht.« Das Kind grübelt und fragt sich, was es angerichtet hat, um diesen Entschluss beim Vater zu bewirken. Natürlich kann das Kind dies kaum benennen, und höchstwahrscheinlich werden die schmerzhaften Selbstvorwürfe verdrängt, so dass es gut sein kann, dass niemand aus der Umgebung des Kindes davon erfährt.

Die Verdrängung von Schuldgefühlen ist jedoch nur das eine. Gleichzeitig flackert in dem Kind eine erste Ahnung davon auf, was es mit seinen starken Kräften, mit seinen Wünschen und mit seinem Wortzauber alles anrichten kann. Es kann vielleicht nicht nur Vater oder Mutter aus dem Haus vertreiben, es kann vielleicht noch ganz andere unheimliche Dinge anrichten. Könnte ich tatsächlich mein neugeborenes Brüderchen verschwinden lassen, dahin, woher es gekommen ist?

Sigmund Freud bezeichnet diese Fantasien des Kindes, die Vorstellung seiner unbegrenzten Möglichkeiten, als *Allmacht der Gedanken*, ein ursprünglich aus dem klinischen Zusammenhang stammender Begriff.[161] Anfänglich ist die kindliche Allmacht noch grenzenlos.

Allmählich aber weisen die Erwachsenen es mehr oder weniger sanft in diese Grenzen ein und das Kind lernt, dass es nicht der Mittelpunkt der Welt ist. Eine gesunde Mitte zu finden zwischen grenzlosem Allmachtsgefühl (»Ich bin die Welt«) und seinem Gegenbild (»Ich bin ein Nichts«): Das ist der Weg, den das Kind notwendigerweise antreten muss.

Initiation

»Zum Zweck der Individuation müssen wir uns gleichzeitig auflösen und binden, trennen und vereinen.«
Penelope Shuttle und Peter Redgrove

In einer Spielzeugausstellung in Paris entdeckte ich am Ausgang eine große (künstliche) Feuerstelle.[162] Darin lag ein Haufen Spielzeug. Und nicht zufällig auch der berühmte Rosebud-Schlitten aus dem Film *Citizen Kane*.[163] Ein symbolisch starkes Bild: Am Ende der Kindheit muss alles verbrannt werden, was dem Kind bis dahin am Herzen lag. Es muss zerstört werden, um Raum für das Neue zu schaffen.[164] Aber Feuer hat ja bekanntermaßen zwei Seiten: die aggressiv-zerstörerische und die aufregend-faszinierende. Und dies entspricht genau der Seelenverfassung der Kinder angesichts der bevorstehenden Initiation.

Einweihung, Pubertäts- und Übergangsriten. Es gibt mehrere Begriffe, die jene große Zeremonie umschreiben, mit denen traditionelle Gesellschaften den Moment der Geschlechtsreife zelebrierten, den Moment, in dem das Kind kein Kind mehr ist und sich zum jungen Erwachsenen verwandelt.[165] Wenn ein Kind dieses feierliche Ritual durchlebte, galt dies für die Gemeinschaft als klares Signal, dass es nun ganz auf ihre Seite gehörte und heiratsfähig war. Für das Kind selbst war es eine tiefgreifende seelisch-körperliche Erfahrung.

Heutzutage ist der Übergang von der Kindheit zum Erwachsenenalter weit weniger markiert. Dazwischen schiebt sich eine anscheinend immer länger werdende Pubertät und ein noch längeres Moratorium als Schutzraum nach dem Verlassen der Herkunftsfamilie und vor der Gründung einer eigenen Familie. Viele Jugendliche empfinden eine Art von Verschwommenheit. Sie suchen nach etwas, das sie selbst nicht definieren können, und einige reagieren mit Panik auf dieses Zwischenreich. Manche junge Mädchen gebären Kinder und sind doch selbst noch ganz in der Position des Kindes. Sie spielen lieber mit Barbiepuppen, als die Verantwortung für ein Kind zu übernehmen.[166] Manche junge Männer zeugen Kinder, die sie nie sehen oder sofort wieder aus den Augen verlieren. Sie spüren womöglich sehr wohl, dass es nicht *nichts* ist, ein Kind zu zeugen, aber sie fühlen sich hilflos wie Kinder, noch ohne Mut und Rückgrat.

Der Sinn der traditionellen Initiation ist genau dies: Sie soll den Kindern Mut und Rückgrat verleihen, die Erwachsenenrolle verantwortlich anzunehmen, ihr nicht auszuweichen. Das ist nicht immer leicht. Und deshalb sind die Pubertätsriten auch stets mit Härten, manchmal sogar extremen Martern verbunden, die bis in Todesnähe gehen. Die Initiation ist wie ein Tunnel, der durchschritten werden muss: Auf der einen Seite bleibt das Kind zurück, auf der anderen Seite wartet eine neue Existenz. Und möglichst nichts soll an das Alte erinnern.

Die Kinder ahnen zu dem Zeitpunkt sehr wohl, dass sie Schmerzen erleiden werden, aber diese Vorahnung vermischt sich mit der Faszination dessen, was auf sie zukommen wird, und vor allem auch mit der Neugier auf die Geheimnisse der Erwachsenen, von denen sie bis dahin ausgeschlossen waren. Und da die Geheimnisse der Männer andere sind als die der Frauen, fallen die Riten für die Geschlechter unterschiedlich aus. Es beginnt schon mit der Festlegung des Termins. Für Mädchen wurde die Initiation unmittelbar nach der Menarche, der ersten Regelblutung, vollzogen. Da es für Jungen weniger eindeutige und für die Gemeinschaft evidente Beweise der sexuellen Reife gibt (Ejakulation, beginnender Bartwuchs, Stimmbruch), wurde der Zeitpunkt für die Feier meist für ein bestimmtes Alter festgelegt.

Manchmal gewinnt man aus den Forschungen der Ethnologen den Eindruck, dass die Initiation der Jungen wesentlich schmerzvoller ablief als die der Mädchen.[167] Wenn das zutrifft, dann gäbe es hierfür durchaus einen überzeugenden Grund. In vielen traditionellen Gesellschaften lebten die Jungen verhältnismäßig lange in der Gemeinschaft der Frauen. Sie schliefen meistens in Mutter-Kind-Schlafgemeinschaften und waren nicht zuletzt dadurch ein Stück weit weiblich identifiziert.[168] Mit der Geschlechtsreife musste der Junge alle früheren Identifikationen auflösen, ja, mehr noch, er musste sie zerstören, damit sie ihn nie wieder einholen.

Die den Jungen im Lauf der Zeremonie zugefügten körperlichen Schmerzen (Kopf- und Brandwunden, Manipulation an den Genitalien und, falls nicht vorher schon vollzogen, auch die Beschneidung) symbolisieren gleichsam den Todesschmerz: Das Kind im Jungen muss sterben. Der Initiand musste sich Prüfungen und Mutproben unterziehen, er wurde angemalt, verlor also sein Gesicht und wurde zumeist über eine längere Zeitdauer von der Gemeinschaft entfernt. Er bekam einen neuen Namen, damit die alte Identität in Vergessenheit geriet.

Und dann die Neugeburt als fertiger Mann. Als zeugungsfähiges und soziales Mitglied der Gemeinschaft, welche Augenzeuge dieser Verwandlung war. Das Spannende an dieser Wiedergeburt ist tatsächlich, dass die nunmehr jungen Männer plötzlich – wie über Nacht – »die Welt vom Standpunkt der erwachsenen Männer zu sehen«[169] gelernt haben, und vor allem hat sich ihnen damit eine neue symbolische Welt geöffnet. Vielleicht ist das überhaupt das eigentliche Mysterium dieses Wandlungsprozesses.

Für die Mädchen stellt sich die Situation trotz einiger grundlegender Ähnlichkeiten ganz anders dar. Genau wie die Jungen verbringen auch sie die ersten Lebensjahre fest eingebunden in der Frauengemeinschaft. Wenn sie in die Pubertät kommen, müssen sie aber nicht den für die Jungen typischen Wechsel der Identifikation vollziehen, denn sie werden auch zukünftig im Reich der Frauen verbleiben. Sie kennen sich aus. Allerdings wechseln sie nun die Perspektive, weg von dem umsorgten Kind hinein in die Rolle derer, die selbst ein Kind austragen und versorgen werden. Sie wechseln von der passiven Kinderrolle in die aktive Rolle der erwachsenen Frau.

Aber kehren wir zurück in unsere Zeit. In Wirklichkeit liegt die Ausübung dieser Riten zeitlich gar nicht so weit zurück. Man kann sogar davon ausgehen, dass manche Riten mehr oder weniger versteckt in einigen Gesellschaften der Welt auch heute noch weiter leben und überall verstreut auffindbar sind.

Es ist keineswegs Zufall, dass die großen Religionen wie Christentum, Judentum und Islam die religiöse Mündigkeit der Kinder genau um den Zeitpunkt der Geschlechtsreife festlegen. Die Verantwortung für das eigene Geschlecht, für Gebär- und Zeugungsfähigkeit bedeutet demnach auch soziale und religiöse Verantwortung.

Interessanterweise spüren Jugendliche die außerordentliche Bedeutung dieses biografischen Moments sehr wohl. Die rein physiologischen Vorgänge (Menarche und erste Ejakulation) nimmt das Kind für gewöhnlich problemlos an, aber die damit einhergehende leiblich-seelische Erschütterung darf nicht ins Leere laufen, sondern verlangt danach, sich an eine Form zu binden, einen sozial akzeptierten Ausdruck zu finden. Und da die moderne Gesellschaft diese Form meist nicht mehr bereitstellt, schaffen sich viele Jungen und Mädchen aus sich heraus ihre eigenen Formen – und sei es als Krankheit. Immer wieder kann man beobachten, wie sie, völlig ohne äußere Beeinflussung, sich ihre Übergangsrituale selbst neu schaffen. Sie begehen Handlungen, die denen der traditionellen Pubertätsriten überraschend ähnlich sind: Mut- und Bewährungsproben, Bemalungen (Tätowierungen) und körperliche Manipulationen bis hin zur Selbstverstümmelung. Besonders auffallend ist dies bei Mädchen, die genau zu diesem Zeitpunkt oftmals ihre hoch ritualisierten Essgewohnheiten entwickeln. Plötzlich setzen sie sich selbst strenge Regeln und Tabus, manche hungern sich auf diese Weise fast zu Tode. Niemand zwingt sie dazu, und dennoch könnte man glauben, dass sie unter einem inneren Zwang stehen, genau so zu handeln.[170]

Wir wollen, was die Initiation betrifft, nicht das Rad der Geschichte zurückdrehen. Niemand wird heute wieder die traditionellen Initiationsrituale zurückfordern. Der Umgang damit ist vielmehr eine Sache des Bewusstseins. Vielleicht sollten wir aber unsere Wahrnehmung schärfen für jene Prozesse im Kinde, die sich nicht äußerlich, im Handeln und in den Leistungen des Kindes, abspielen, sondern für das, was sich unsichtbar in seinem Körper, in seiner Seele vollzieht. Dass ein elf-, zwölf- oder dreizehnjähriges Kind von einem Tag zum anderen in die Lage versetzt wird, selbst neues Leben weiterzugeben, ist und bleibt ein Mysterium. *Das* große Mysterium überhaupt.[171]

Insel

»Ein Kind hat den Wunsch, auf einer Insel zu leben.«
Peter Handke

Viele Kinder träumen abends im Halbschlaf oder während ihrer langen Sonntagnachmittage von Inseln. Die Gestalt bleibt meist schemenhaft unterbelichtet. Vielleicht ist es auch gar keine wirkliche Gestalt – wichtig ist allein, dass da draußen ein Stückchen Erde mitten im weiten Meer für mich existiert. In Inselträumen braucht es keine Schiffe, um dorthin zu gelangen – das Kind wird einfach dorthin verzaubert und führt da sein verborgenes Leben. Verborgen muss es allerdings bleiben. Deshalb behalten Kinder ihre Träume sehr häufig für sich. Sie müssen sie davor schützen, dass die Erwachsenen sie ihnen zerren oder womöglich als kindliche Hirngespinste ausreden wollen.

Warum träumen Kinder nicht nur von Gärten mit Bäumen und Blumen, von Zoos und Disney-Parks, die doch angeblich grenzenloses Vergnügen verheißen? Warum stattdessen von Inseln?

Wie so viele Kinderwünsche können wir diese Inselträume symbolisch verstehen. Das Kind sehnt und fantasiert sich fort und hin zu einem Ort in dieser Welt, der garantiert getrennt ist von seiner realen Umgebung – abgetrennt durch tiefe Wasser, die niemand durchdringen kann. Die Insel ist für die Imagination des Kindes jener Raum, wo alles Leben neu beginnt. Das hat es nicht (nur) bei Robinson Crusoe gelernt, dieses Bild steckt gleichsam als kollektive Erinnerung in ihm, genährt von Mythen und Sagen der Welt.[172] Atlantis steckt in allen.

Die Insel ist der Ort par excellence, wo das Kind für sich ist, eine Stätte der Individuation.[173] Kein Mensch, kein Vater, keine Mutter und kein Lehrer hat hier Macht über es. Die Insel ist für das Traumbewusstsein des Kindes eine Art Schöpfungsmythos, unzerstört und unzerstörbar. Dahin führt die Sehnsucht. Und nicht zufällig liegt sie im großen (Mutter-)Meer.[174]

J

»Aus diesen Äußerungen von Buschmännern ersieht man, welche Bedeutung sie solchen Vorgefühlen oder Ahnungen beilegen. Sie fühlen es in ihren Körpern, wenn gewisse Ereignisse bevorstehen. Eine Art von Klopfen in ihrem Fleisch spricht zu ihnen und macht ihnen Mitteilung davon. Ihre Buchstaben, wie sie sagen, sind in ihrem Körper. Diese Buchstaben sprechen und bewegen sich und veranlassen sie selbst zur Bewegung.«

Elias Canetti

Ja und Nein

»Mein meistgesprochenes Wort als Kind war ›nein‹.«
Mascha Kaléko

In Gesprächen mit Kindern kann man manchmal eine auf den ersten Blick verblüffende Entdeckung machen. Man stellt ihnen ganz spontan eine einfache Frage, beispielsweise »Magst du gern Zitroneneis?« – oder: »Magst du die Farbe Grün?« – oder: »Willst du mit ins Kino gehen?«, und erlebt dann, wie sie ins Stocken geraten und ein klares Ja oder Nein meiden. Sie flüchten sich in vorsichtige Umschreibungen (»manchmal schon«, »muss mal überlegen«, »darüber hab' ich noch nicht nachgedacht«) bis hin, dass sie schlichtweg kapitulieren: »Ich weiß nicht«, meist begleitet von einem hilflosen Um-sich-Schauen, so als hofften sie, dass jemand ihnen die richtige Antwort zuflüstere.

Wie kommt es, dass ein Kind nicht weiß, ob es Grün schön oder Zitroneneis lecker findet? Beim Kino ist es zugegebenermaßen schon schwieriger. Und warum hake ich mich an dieser Beobachtung fest, die andere möglicherweise als banal abtun? Oder, anders gesagt: Warum wünsche ich mir insgeheim, dass Kinder bereits früh in der Lage sind, eine Bejahung oder das Gegenteil offen vor sich und den anderen zu bekennen – und mit ihrem Ja oder Nein auch zu *benennen*?

Darum nämlich geht es. Wer ein klares Ja oder Nein ausspricht, fällt damit ein Urteil. Durchaus keines, das Allgemeingültigkeit beansprucht (die anderen sollen doch *ihre* Farben mögen), wohl aber eines, das mich individuell festlegt auf eine Position, die mich unter Umständen angreifbar macht. Wenn Kinder dieses Urteil scheuen, wenn sie sich lieber hinter vagen Verallgemeinerungen oder Urteilslosigkeit verstecken (»Ich weiß nicht«), dann liegt darin oftmals ein Mangel an Mut. Mut, sich mit dem Widerspruch der anderen auseinanderzusetzen. Mut, eine tiefere Begründung des eigenen Votums zu erringen (»Ich will dir erklären, warum ich die Farbe Grün so gut finde.«).

»Nein sagen kann ich nur zu meinem Gegenüber«, sagt der Philosoph Klaus Heinrich[175] und weist uns damit in eine wichtige Richtung. Ja sagen ist relativ leicht, zumindest wenn das Kind in Harmonie mit seiner Umgebung lebt, wenn es Essen, Trinken und die Liebe, die ihm gegeben wird, gern annimmt.

Nein sagen aber ist eine moralisch-intellektuelle Leistung, immer mit einem Schuss negativer Energie – sprich: Aggression – verbunden; Nein sagen beinhaltet die frontale Auseinandersetzung mit dem anderen. Natürlich kann dies das Kind in innere Not versetzen. Und natürlich kann diese Auseinandersetzung, wenn der Erwachsene sich durchsetzt, das Kind mundtot machen und es – zumindest äußerlich – in die Gleichgültigkeit treiben. Mitunter auch innerlich *brechen*.

Damit das Kind lernt, nein zu sagen – nicht als Mittel der bloßen Negation, sondern als Instrument des Urteils und der Selbstbehauptung –, muss es dieses Nein an anderen und mit anderen, mit Erwachsenen oder älteren Geschwistern, einüben und lernen. Kein technisches Gerät, kein Computer der Welt kann es dies lehren, es müssen Menschen sein.

Traditionell und symbolisch und immer noch unbewusst in den Vorstellungen der meisten Menschen verankert ist das Ja eher der Frau zugeordnet, der Frau als Gewährender, als Nährender. Das Nein hingegen repräsentiert in unserer Gesellschaft das männliche Prinzip der Realität, der Ordnung, des sich und anderen Versagens. Nicht zufällig entdeckt der französische Philosoph und Psychoanalytiker Jacques Lacan den Wortgleichklang (zumindest in der französischen Sprache) der Begriffe *Nom-du-Père* (Name-des-Vaters) mit dem Ausdruck *Non-du-Père* (Nein-des-Vaters), gleichsam als trage der Name des Vaters das Nein schon in sich.[176]

Das Kind braucht also, um zu seinen ersten Urteilsbildungen zu gelangen, die Übung durch das Nein des Vaters oder einer anderen Person. Es muss sich reiben am Widerstand und erfährt, dass es daraus unversehrt hervorgehen kann. Bleibt das Kind unversehrt, das heißt nicht gedemütigt, so fühlt es sich womöglich gestärkt und kann neuen Mut schöpfen zum eigenen Ja, zum eigenen Nein und damit zum eigenen Standpunkt in dieser Welt: »O ja, ich mag die Farbe Grün.« – »O nein, ich hasse Zitroneneis!« – »Ja, ins Kino gehe ich sowieso immer gern!«

Übrigens: Das tiefste, satteste Ja aus dem Mund einer Frau hat ein Mann geschrieben: »and yes I said yes I will yes«[177], lässt James Joyce die *Molly* am Ende seines Romans *Ulysses* sagen. Sehen Sie, wie trügerisch alle Zuordnungen der Geschlechter sind – und dennoch gibt es sie und wird sie wohl auch in Zukunft geben. Jahrtausende Menschheitsgeschichte lassen sich nicht leicht ausradieren. Sie hinterlassen Spuren, die sich sogar im Ja und Nein der Menschen spiegeln.

Jugend

»Die Jugendlichen führen ihr Leben selbst,
mit uns oder gegen uns.«
André Comte-Sponville

William ist ein normaler moderner Jugendlicher: 17 Jahre, schmal, blass, klug, medienaffin, mittelguter Schüler, tolerante Eltern. Vor einem Jahr war seine Freundin bei seiner Familie eingezogen, und Weihnachten zog sie wieder aus, weil die Liebesgeschichte zu Ende war. Im Frühjahr dann das Abitur.[178] Anfangs läuft alles relativ gut, doch zur Matheprüfung erscheint William nicht. Auf Anfragen der Schule reagiert er nicht, am Familientisch isst er nicht. Therapie – schon das Wort reizt ihn – verweigert er: »Lächerlich. Ich bin doch nicht krank.«

Nein, William ist nicht krank. Er ist ein normaler französischer Schüler, der Partner (wenn auch verflossener) seiner Freundin, der Sohn seiner Eltern – alles in einem. Und deshalb verweigert er sich. Und je mehr Vater und Mutter sich in das für Eltern so bekannte Muster von Verzweiflung und Wut verwickeln, desto mehr zieht sich der

Junge in seinen Kokon zurück. Viele Jugendliche stellen sich quer. Ihre Welt reibt sich entschieden mit der der Erwachsenen, und so schaffen sie sich ihr wie auch immer geartetes eigenes Universum.

Warum wundern wir uns eigentlich? Warum haben wir vergessen, dass unsere eigene Pubertät ähnlich heftig, leidvoll und bizarr verlief? Warum banalisieren wir im Nachhinein unsere großen Emotionen, die uns damals bewegten?

Nimmt man die einsetzende Geschlechtsreife als Kriterium für den Beginn des Jugendalters, so lässt sich dieses einigermaßen sicher bestimmen, nämlich plus/minus 13 Jahre. Unsicher werden wir allerdings, wenn wir die Dauer dieser Phase definieren wollen, es sei denn wir folgen der juristischen Festlegung, die den Jugendstatus mit der Volljährigkeit enden lässt. Aber dies entspricht keineswegs der Realität der Jugendlichen, die über lange Zeit hinweg in einem komplizierten Nebeneinander von Kindhaftem und Erwachsenenanteilen besteht, das fortwährend Auseinandersetzungen provoziert. Und so sind es vor allem diese Konflikte und die ihnen zugrundeliegenden drei großen Paradoxien, mit denen Jugendliche heute leben müssen.

Die erste Paradoxie liegt in der Tatsache, dass sich die Jugendphase tatsächlich immer länger hinzieht. Der Zeitpunkt der beginnenden Geschlechtsreife tritt immer früher ein, und die Tendenz weist dahin, dass er weiterhin zurückgeht. Gleichzeitig dauert die Pubertät häufig bis ins Erwachsenenalter hinein. In zahlreichen Haushalten leben heute einundzwanzig-, fünfundzwanzig- oder auch dreißigjährige »Jugendliche« fast wie Kinder bei ihren Eltern, sie lassen sich finanzieren und schlafen in ihrem alten Kinderzimmer. Gleichzeitig jedoch leben sie durchaus ihre Freiheiten, kommen und gehen nach eigenem Gesetz, haben (wechselnde) Partner, die im Elternhaus ein und aus gehen, verfügen über eigenes Geld, sei es selbst verdient, sei es ein Taschengeld von den Eltern.[179]

Viele fühlen diesen Widerspruch ihrer Lebenssituation durchaus, wagen freilich nicht, das Elternhaus zu verlassen und den Schritt in die Unabhängigkeit zu tun. Die Soziologen, oder sagen wir doch lieber der Volksmund, haben für diese ewig großen Kinder den Begriff der *sozialen Nesthocker* geprägt.[180]

Dass die Eltern oft ihren nicht zu unterschätzenden Part spielen, dass sie unbewusst zum Komplizen dieses Zustands werden, dass sie meist nicht wagen, die Jungen aus dem Nest zu schubsen, zeigt, wie sehr sie mit dem Schicksal ihrer Kinder, *Kinder* also im doppelten Sinne, verbunden sind.

So unterschiedlich die individuelle Entwicklung des einzelnen Menschen ist, für viele Entwicklungsschritte des Menschen gibt es tatsächlich den *richtigen Zeitpunkt*, der nicht allzu sehr verschoben werden darf. Irgendwann um das 20. Lebensjahr sollte der Jugendliche das Elternhaus verlassen, um seine eigene Lebensrealität zu schaffen, einen neuen, eigenen Bezugsrahmen außerhalb der Vater-Mutter-Konstellation. Wird dieser Schritt übermäßig hinausgeschoben, wird die Loslösung zunehmend schwieriger und bisweilen sogar unmöglich.

Und hier die zweite Paradoxie des Jugendalters: Auf der einen Seite haben gerade junge Jugendliche (etwa im Alter von vierzehn bis siebzehn Jahren) eine tiefe Sehnsucht nach Orientierung und nach Vorbildern, denen sie nachstreben können. Mit der innerlichen Abkehr von Vater und Mutter als Leitbildern entwirft der Jugendliche in diesem Alter neue personen-bezogene Ideale. Und gleichzeitig, aber durchaus innerlich damit einhergehend, haben zahlreiche Jugendliche ein drängendes Verlangen, sich von jedem Vorbild, von jeder realen oder geistigen Autorität zu befreien. »Niemand über mir! Nicht mit mir!«, ist die Devise, die dieses Verlangen nach menschlicher Autonomie antreibt und speist. Damit verbunden ist auch der zeitweise Drang nach Einsamkeit, nach Isolation von den anderen.

Tatsächlich ist die Jugendphase die krisenanfälligste Zeit im Menschenleben überhaupt. Keine spätere Epoche ist derart belastet mit Zweifeln, seelischen und körperlichen Schwankungen, Ängsten und

Angriffen auf die eigene noch im Werden begriffene Identität. Deshalb ist auch keine andere Lebensphase ähnlich geprägt vom Thema des Suizids.[181]

Schließlich gibt es noch eine dritte Paradoxie dieses Alters. Über Jahre hinweg können viele Jugendliche bei voll entwickelter Geschlechtlichkeit ihre Sexualität wenn überhaupt nur sehr eingeschränkt und unter der Kontrolle der Eltern leben beziehungsweise ausleben. Der verantwortliche Umgang mit der eigenen Sexualität ist extrem schwer in diesem Alter. Das Finden eines Partners oder einer Partnerin, der abgeschirmte Raum für das Zusammensein, vor allem jedoch die Empfängnisverhütung, all das fordert viel von den Jugendlichen, und es ist naheliegend, dass manche darüber in Bedrängnis geraten. Einige noch sehr junge und entsprechend sozial und sexuell unerfahrene Mädchen gebären selbst schon Kinder, und gleichzeitig wählen nicht wenige von ihnen den Weg der Abtreibung. Die Rolle der Jungen bleibt dabei auffällig im Dunkeln. Dass ein solches Geschehen auch an ihnen nicht spurlos vorübergeht, scheint mir an dieser Stelle besonders wichtig zu erinnern.

Es gibt keine universale Lösung aus diesem Dilemma. Jeder Jugendliche wird seinen persönlichen Weg gehen müssen – ganz wie der französische Philosoph Comte-Sponville sagt, »mit uns oder gegen uns« (die Eltern). Jugend ist zwar eine *heiße*, das heißt eine herausfordernde und potentiell bis an den Abgrund führende Phase. Aber sie ist auch gleichzeitig *heiß* im allerbesten Sinne: hoch sensitiv, aufrüttelnd, bedeutsam und wegweisend für das weitere Leben. Sie ist, um mit A. S. Makarenko zu sprechen[182], unser aller *Weg ins Leben*.

K

»*Jedem Buch
seine sechsundzwanzig
Buchstaben;
jedem Buchstaben
seine abertausend Bücher.*«
Edmond Jabès

Karussell

*»Aber mitten auf einem Volksfest
auf einem kreisenden Karussell
lächelt ein Kind
einen Augenblick lang.
Und sein Lächeln ist wie die Sonne,
die gleichzeitig schwindet und naht.«*
Jacques Prévert

Fast alle Kinder, die ich kenne, lieben Karussells. Und die wenigen, die behaupten, sie mögen keine Karussells, sagen dies meistens aus Angst. Ein klein wenig Mut braucht es schon, um sich diesen seltsamen Tieren und Fuhrwerken anzuvertrauen, die sich da im Kreise drehen. Deshalb ist es nicht von ungefähr, dass man das Kind am Anfang beim Karussellfahren erst einmal begleitet. Die Mutter (Vater, Großvater oder ein anderer liebevoller Verwandter oder Freund) nimmt das winzig kleine Kind, manchmal bereits den Säugling, auf den Schoß und dreht mit ihm seine ersten Runden. Die Erwachsenen sehen dabei immer ein bisschen deplatziert aus inmitten der mutigen Drei-, Vier- oder Fünfjährigen, aber das schluckt man gern. Diese Karussell-Initiation ist einfach notwendig.

Sobald diese Phase überstanden ist, beginnt der sanfte Übergang in die (relative) Karussell-Selbständigkeit. Das kleine Kind darf nun schon allein fahren, doch die Mutter steht daneben und wacht. Wenn das Karussell sich langsam losbewegt, verschwindet sie. Der Blick des Kindes verändert sich merkbar, wird starrer, konzentrierter, angstvoller. Kaum aber taucht die Mutter wieder auf, kaum begegnen sich die Augen nach der ersten, zweiten oder dritten Runde – und die Mutter winkt sogar –, entspannt sich der Ausdruck im Gesicht des Kindes. Es lächelt selig vor Glück oder euphorisch vor Stolz und gerät wieder in die Angst-Starre, sobald die Mutter verschwindet.

Bleiben wir einen Moment bei dieser Szene: Dieses Sich-Verlieren und Wiederfinden ist eine unendlich tiefgehende Erfahrung der frühen Kindheit. Wir begegnen demselben Prinzip im Versteckspielen. Verlust und Wiederfinden, Weggehen und Wiederkommen – das sind die zwei Seiten eines lebenswichtigen Prozesses. Das Kind lernt stufenweise, sehr allmählich und stets von Rückfällen bedroht, dass die Mutter zeitweise weg ist. In einem anderen Zimmer, bei der Arbeit oder auf Reisen. Aber es begreift gleichzeitig, dass sie danach immer auch zurückkommt. Dass sie plötzlich wieder auftaucht – wie beim Karussell. In der Zwischenzeit trägt das Kind seine Mutter als inneres Bild in sich. Manchmal klammert es die abwesende Mutter symbolhaft in seiner Hand, in Form eines Gegenstandes, der mit ihr assoziiert ist, etwa ein Kleidungsstück oder ein Tuch.

Dieser Lernprozess des Trennens und Wiedervereinens ist ein überaus sensibler für die Kinder, und den Eltern verlangt er viel ab. Eine einzige Verzögerung des Wiedertreffens, eine Verspätung oder ein nicht eingelöstes Versprechen kann das Kind erschüttern und manchmal sogar traumatisieren. Deshalb muss dieser Vorgang fortwährend geübt, bestätigt, wiederholt werden, bis das Kind seiner Eltern und ihrer Versprechungen wirklich sicher ist. Das ist, was der Entwicklungspsychologe Erik E. Erikson als *Urvertrauen* bezeichnet, jenes unerschütterliche Vertrauen, nicht allein gelassen zu werden.[183] Und dieses am eigenen Leib erfahrene Urvertrauen ist auch die Grundlage dafür, dass das Kind später selbst, wenn es groß ist, verlässlich gegenüber anderen sein kann.

Auf dem Karussell kann das Kind dieses Prinzip in extrem komprimierter Form durchleben. Verschwinden und Wiederfinden. Das selige Lächeln des kleinen Kindes beim Wiederauftauchen und Wiedererkennen von Vater/Mutter weist darauf hin, dass es das Spiel verstanden hat.

Und die Erfahrungen gehen weiter. Wenn das Kind größer ist, etwa fünf Jahre und aufwärts, entdeckt es neue, ungeahnte Vergnügen, mit seinem Körper an die Grenzen seiner selbst zu gelangen. Im Kettenkarussell etwa erlebt es die Überwindung der Schwerkraft, und es spürt leiblich, dass damit auch Gefahr, Todesgefahr sogar, einhergeht. Wie, wenn die Ketten reißen? Wohin fliege ich dann? Auf der Titelseite eines Romans von Christoph Hein[184] sieht man das Bild eines aus dem Kettenkarussell herausfallenden Kindes. Was, wenn ich dieses Kind wäre? Was, wenn das Riesenrad plötzlich still stünde und ich nicht mehr sicher auf die Erde zurücksetzte?

Und dann der Geschwindigkeits-Thrill. Alles dreht sich im Kind. Ihm wird schwindelig, es gerät an seine körperlichen Grenzen. Das Drehen um die eigene Achse war schon immer eine zentrale menschliche Erfahrung. Es bedeutet höchste Konzentration, eben auf den inneren Drehpunkt, und gleichzeitig Übertritt in einen euphorischen Zustand. Denken Sie nur an das Bild der um sich kreisenden Sufis. Wohl jedes Kind kennt ja auch selbst den Zustand, wenn es sich durch exzessives Drehen mit weit geöffneten Armen kaum mehr aufrecht halten kann und schwindelig fast umfällt. Aber eben nur fast.

Kinder lieben diese körperliche Herausforderung, durchdrungen von Angstlust.[185] Das Wort drückt es klar aus. Es ist die Lust an der Angst selbst, als spannender Ausnahmezustand, als das Gegenteil von Langeweile. Lust bringt auch die Erfahrung, am Ende heil daraus hervorzugehen, nicht daran zu zerbrechen. In Rilkes einzigartig schönem Gedicht *Das Karussell* heißt es von den bunten Pferden: »Zwar manche sind an Wagen angespannt, doch alle haben Mut«.[186] Das Kind lernt Mut und Angstlust im Karussell, und die freundlichen Tiere helfen ihm dabei.

Natürlich gibt es neben diesen Traum-Karussells, von denen die Dichter so schön schreiben – Rilke, Benjamin, Prévert –, auch die ganz profanen Spielplatz-Karussells der Großstädte. Hier gelten andere Gesetze: Hier darf das Kind das Karussell selbst antreiben. Wer drängt sich vor? Wer entscheidet die Geschwindigkeit? Wer jagt den anderen davon? Tatsächlich sah ich schon oft verzweifelte Szenen, wo Kinder aus dem Karussell herauskatapultiert wurden von großen, frechen Jungen.

Aber in diesem Kapitel darf es poetisch sein. Auf dem Rücken eines riesigen schwarzen Schwans, eines grünen Papageis oder am Steuer eines knallroten Feuerwehrautos sanft drehend getragen zu werden, ist eine tief reichende körperliche Erfahrung. Durch und durch passiv, ähnlich dem Getragenwerden im Mutterleib. Dazu gehört das Loslassen in der Drehung und dazu gehört das Empfinden, dass es nie, nie aufhören soll. Weiter! Noch eine Runde! Und noch eine! Wie sagte Nietzsche? Alle Lust will Ewigkeit. Karussellfahren auch.

Kindermord
»Mein Mutter, der mich schlacht',
mein Vater, der mich aß,
meine Schwester, der Marlenichen,
sucht alle meine Benichen,
bind't sie in ein seiden Tuch,
legt's unter den Machandelbaum.«
Brüder Grimm

Eine der ergreifendsten Geschichten der Bibel ist die von Moses. Der Pharao befahl, dass alle neugeborenen Knaben der Hebräer in den Nil geworfen werden sollten. Moses war einer von ihnen. Seine Mutter und seine Schwester Myriam hingegen bereiteten einen Korb aus Schilf, Lehm und Teer, betteten den Knaben hinein und setzten ihn auf dem Nil aus. Niemand anderes als die Tochter des Pharaos rettete ihn, ließ ihn somit überleben und sein großes Lebenswerk beginnen.

Das Schicksal des kleinen Moses fasziniert uns, weil bei ihm, wie in allen guten Geschichten, Gefahr mitschwingt, Todesnähe und am Ende dann die wundersame Rettung. Wir alle sind Moses. Dass wir überlebt haben – entweder Krieg und Flucht, aber auch Krankheiten,

Verkehrsunfälle oder das Fast-Ertrinken in einem See –, erscheint uns ebenso als Wunder wie die Geschichte des Moses. Befanden wir uns nicht alle als Kind schon einmal in Todesnähe?

Feindseligkeit gegenüber Kindern ist ein Urthema der Menschheits- und damit der Kindheitsgeschichte. Man hat die Nachkommen ausgesetzt, geschlagen, hungern und verhungern lassen oder schlichtweg getötet. Wir sehen König Herodes, wie er massenhaft Kinder ermorden lässt, und da liegt der junge Joseph in der Grube, aus der er glückseligerweise wieder befreit wird. Da frisst der griechische Kronos seine Kinder, und Medea ersticht die ihren. Da irren Hänsel und Gretel durch den Wald, und das Schneewittchen liegt in seinem gläsernen Sarg.

Ob in der Bibel oder den Sagen, Mythen und Märchen der Welt – überall stoßen wir auf diese Bilder des Grauens und des Tötens, so dass uns die Vergangenheit immer düsterer und blutiger erscheint, je genauer wir hinschauen. Und obwohl einige dieser Geschichten eine glückliche Rettung beinhalten, fühlen wir uns von diesen Bildern stark angesprochen. Es sind eben keine längst vergessenen Erzählungen aus anderen Zeiten: Auch unsere Kindheit war fragil, und auch uns hätten jederzeit Gefahren zustoßen können, in dieser oder jener Form, und wenn nicht real, so doch in unseren Träumen. Diese Geschichten sind Teil unseres kollektiven Erbes.

Umso beunruhigender, dass sich die Ereignisse aus Bibel, Mythen und Märchen auch heute täglich reproduzieren, zwar in anderem Gewand, jedoch ähnlich finster. Der Nil ist nicht mehr rot vom Blut der ermordeten Hebräerkinder, aber in der Gegenwart schwimmen, wie der französische Anthropologe Lucien Malson schreibt, jährlich »tausende von chinesischen Moses' auf dem Jangtsekiang einem sicheren Tod entgegen«.[187] Die Stiefmutter, die das Schneewittchen vergiftet, gehört zwar ins Märchenreich, die vielen tausend minderjährigen Bräute, die in Indien und Pakistan verbrannt oder mit Säure übergossen werden, dagegen nicht. Und auch hierzulande werden Kinder vergewaltigt und getötet.

Warum eigentlich hat das Kind ein so scharfes Bewusstsein von drohender Vernichtung, von Ausgesetztsein und Kindestötung? Das Kind verfügt über ein tiefes, unbewusstes Wissen, dass es hinsichtlich Leben und Tod gänzlich den Erwachsenen ausgeliefert ist. Das Kind erahnt die Allmacht der Mutter, ihre Omnipotenz, und es liegt tatsächlich richtig mit dieser Ahnung. Die Mutter muss bereit sein, schwanger zu werden und das Kind auszutragen. *Bereit sein* umschließt nicht nur das bewusste Wünschen, sondern auch – und vor allem – das unbewusste Begehren. Oft entscheidet sich der Körper der Frauen gegen eine Schwangerschaft: Unter Extrembedingungen wie einer Gefangenschaft setzt bei vielen Frauen die Monatsblutung aus. Der Körper, das Unbewusste oder auch, um mit Sigmund Freud zu sprechen, das *Es* ist einfach nicht bereit.

Frauen entscheiden meist selbst, ob das in ihnen wachsende Kind leben darf oder nicht. Dass diese Entscheidung hochgradig und vielschichtig beeinflusst ist und nur selten der Willkür unterliegt, versteht sich. Die innere Not und Zerrissenheit mancher Frauen angesichts einer ungewünschten Schwangerschaft ist deshalb auch sehr groß. Und weil diese so groß ist, ist auch die Entscheidung für oder gegen das Leben so schwer.

Dieser Affekt und das ihn begleitende plötzlich auftretende Tötungspotential der Frauen ist etwas sehr Spezifisches. Ethnologen, die das Phänomen der Kindestötung bei Naturvölkern beobachtet haben, berichten, dass Frauen innerhalb einer kurzen Zeitspanne unmittelbar nach der Geburt eines Kindes (von zehn Minuten bis maximal 24 Stunden) durchweg tötungsfähig sind. Wenn die Tat innerhalb dieser Zeit nicht gelingt, wird das Kind angenommen und zärtlich geliebt: »Die schreckliche Tat wurde, wenn nicht zu der Zeit, da das Kind zur Welt kam, begangen, später niemals ausgeführt. Wenn dem kleinen Kind aus Unentschlossenheit oder wegen der im Herzen der Mutter kämpfenden widerstrebenden Gefühle oder aus einem anderen Grunde vergönnt wurde, zehn Minuten oder eine halbe Stunde zu leben, so war es gerettet; und statt der Hand eines Ungeheuers spürte es die Liebkosungen und das Lächeln einer Mutter und wurde später mit Sorgfalt und Zärtlichkeit gepflegt.«[188]

Genau dieses Phänomen lässt sich auch beobachten in aktuellen Fällen von Kindesmord, wie wir sie häufig in den Medien verfolgen können. Eine große Anzahl der Kindesmörderinnen scheint gegenüber ihren lebenden, vorher oder nachher geborenen Kindern als Mütter durchaus zu *funktionieren*. Und dass sie keine Bestien sind, sondern bisweilen eine tiefe Bindung zu ihren selbst getöteten Babys haben, ist an der Tatsache zu erkennen, dass sie die Leichname zuweilen im Kühlfach, im Blumenkasten oder auf dem Balkon aufbewahren. Sie haben dem Baby das Leben genommen und wollen es dennoch in ihrer Nähe wissen.

So erschreckend es klingen mag: Möglicherweise gibt es ein angeborenes Potential bei Frauen, ihre eigenen Kinder zu töten. Im Notfall, beispielsweise in Hungersnot, Gefangenschaft oder Gefahr, entschieden Mütter oft, die eigenen Kinder lieber selbst zu töten, anstatt dies anderen zu überlassen. Auch manche durch Scheidung tief enttäuschte Männer werden in Wut und Hoffnungslosigkeit zu den Mördern ihrer Kinder, bevor sie sich selbst das Leben nehmen.

Menschliches Handeln ist extrem modulationsfähig, ebenso wie die Wertvorstellungen, die es begleiten. Ich misstraue deshalb all jenen Theorien, die die Menschen – in diesem Fall die tötenden Frauen – in eine einzige Richtung schieben wollen. Natürlich kann man, wie es etwa die französische Soziologin Elisabeth Badinter getan hat, die gesamte Geschichte der Mutter-Kind-Beziehungen unter dem Aspekt der Gleichgültigkeit, der Abneigung und des Hasses schreiben, und natürlich ließen sich hierfür ausreichende Beweise finden.[189] Ebenso gut lassen sich Belege finden von unbeirrbarer, sich selbst aufopfernder Mütterlichkeit und Mutterliebe.

Eine der Grundannahmen der Psychoanalyse besagt, dass die Beziehung zwischen Mutter und Kind tief ambivalent ist. Diese Beziehung ist durchtränkt von Liebe und Hass gleichzeitig – wie jede Beziehung. Zwischen Mutter und Kind ist Liebe, weil ihre Verbindung die glücklichste und zugleich zukunftsträchtigste menschliche Symbiose überhaupt darstellt. Das Glück des einen ist gleichzeitig das des anderen. Und zwischen Mutter und Kind ist Hass, weil das Kind die Mutter fordert, einschränkt, manchmal bedroht und umgekehrt das Kind befürchten muss, von der Mutter verlassen oder verschlungen zu werden.

Die eigenen Hassanteile sind für die Mutter nur schwer erkennbar und kontrollierbar. Sein eigenes Kind abzulehnen, sich vor ihm zu fürchten oder es gar töten zu wollen, ist in unserer Vorstellung so verpönt, so abartig, dass derartige Gefühle schon im Keim erstickt werden müssen.[190] Solche Aggressionen werden getarnt und bisweilen ins Gegenteil verkehrt und häufig in Form von Überfürsorge gänzlich unkenntlich gemacht. Viele der nachgeburtlichen sogenannten Post-Partum-Depressionen haben genau hierin ihren Ursprung. Die negativen Gefühle mussten oftmals von der Mutter während der Schwangerschaft so gewaltsam unterdrückt werden, dass sie sich nach der Geburt nicht selten als Depression gegen sie selbst wandten. Dies ist eine schwere Krankheit für Mutter und Kind gleichermaßen. Sie erinnert uns daran, dass Mutter- und Vatersein nicht nur Milch- und Honigschlecken ist. Umso mehr besteht die große und einzigartige Aufgabe darin, die beiden Pole von Liebe und Hass auszupendeln, permanent auszuhandeln und in der Waage zu halten.

Kinderwunsch

»Schaffe mir Kinder, wenn nicht, sterbe ich.«
1. Mose 30,1

»Wir lobten das Leben ohne Kind: unbegrenztes Nachtleben, Reisen ohne Einschränkung, alles Geld für uns allein, arbeiten von morgens bis abends und auch noch in der Nacht, Nachmittage lesend im Café und nie ein Gedanke an Babysitter. Im Übrigen bin ich immer noch überzeugt, dass zu einem geglückten Leben nicht unbedingt Kinder gehören müssen und Frauen auch ohne Kinder Frauen sind. *Ich wünschte mir trotzdem ein Kind.*«[191] Diese Sätze schreibt eine moderne junge Frau in ihrem Buch über die Adoption von Said, einem Jungen aus Afghanistan. Das ist eine Version unter den unendlichen Möglichkeiten, sich ein Kind zu wünschen. Aber jede Art, ein Kind in sein Leben hineinzulassen – hinein zu wünschen –, ist eigen und schicksalsmäßig so einzigartig wie das Kind selbst, das da kommen soll.

Kinderwunsch ist ein Urthema der Menschheit – vielleicht *das* Urthema überhaupt. Wie anders wäre es denkbar, dass sich Frauen trotz aller Widerstände, trotz aller Beschwernisse und gesundheitlicher Gefahren[192], ja sogar trotz Verbots[193] immer wieder genau diesen Satz sagten: »Und ich wünschte mir trotzdem ein Kind.«

Viele Geschichten und vor allem viele Märchen, die ganz unverstellt das Begehren der Menschen spiegeln, kreisen um eben dieses Thema. Sie beginnen meist damit, dass sich Mutter oder Vater (oder auch beide) sehnlichst ein Kind wünschen. Oft ist der Wunsch so mächtig, dass darüber das Wesenhafte des Kindes wie Geschlecht, Charakter und Gestalt unwichtig werden. Mag es doch klein sein wie *Daumesdick*, mag es tierhaft-stachelig sein wie *Hans mein Igel*, mag es gar ein *Dummling* sein – die Hauptsache ist, das eigene Kind wird geboren, ist greifbar und lebt.[194]

Manchmal erscheint das Kind in Tagträumen in deutlicher (wenn auch symbolisch verschleierter) Klarheit: »Hätt' ich ein Kind so weiß wie Schnee, so rot wie Blut und so schwarz wie das Holz an dem Rahmen.«[195] Das Rot ist das Symbol für Blut, und damit das Leben selbst. Schwarz steht für Dunkelheit und Tod. Und so weist diese Eingangsszene aus dem Märchen *Schneewittchen* auf etwas hin, was im Kinderwunsch immer notwendig enthalten ist, nämlich Ambivalenz.

Dem Wunsch nach einem Kind, so paradox dies klingen mag, wohnt auch stets sein Gegenpart, der Gegenwunsch inne: »Ja, ich will ein Kind. Aber gleichzeitig bedrängt es mich auch, es macht mir auf ungewisse Weise auch Angst.« Viele Frauen in der Phase der Familienplanung erleben in sich diese widersprüchlichen Signale. Sie sehnen ein Kind herbei und fühlen sich gleichzeitig in ihrer Lebensrealität bedroht: »Werde ich meine Ausbildung, mein Studium zu Ende bringen können? Wird meine Beziehung zum Partner tragen? Werde ich all das schaffen?«

Und andere Frauen, die schon Kinder haben, sich jedoch ein weiteres wünschen, fühlen sich verunsichert, ob sie damit jedem einzelnen gerecht werden können. Ein weiteres Brüderchen oder Schwesterchen könnte womöglich, zumindest vorübergehend, die bisherige Organisation des Alltags verändern und für manche sogar ins Schwanken bringen. »Ich war niemals darauf vorbereitet, dich aufzunehmen, obgleich ich dich sehr erwartet habe«[196], sagt Oriana Fallaci zu ihrem Ungeborenen und drückt damit genau diese Ambivalenz aus.

Besonders einprägsam zeigt sich diese Irritation, wenn Frauen, die angeblich so sorgfältig und zuverlässig verhütet haben, dennoch schwanger werden. Nach außen hin schieben sie es leichthin auf Zufall und suchen nach externen Fehlerquellen. Wenn sie allerdings bereit sind, in sich hineinzuspüren, dann erfahren sie oft auf einer tieferen – oder sollten wir nicht besser sagen *höheren* – Ebene, dass sie das Kind in Wirklichkeit herbeisehnten, dass sie diesen Wunsch aber aus lebensplanerischen Gründen nicht aufkommen ließen oder strikt verworfen hatten. Ihre unbewusst drängende Sehnsucht nach dem Kind, die anscheinend über den Verstand hinausgeht, war stärker als das planerische Kalkül: »Wie wenn das Gras sich durch einen betonierten Gartenpfad seinen Weg bricht zum Licht, so ist es, wenn diese Frauen trotz aller menschenmöglichen antikonzeptionellen Vorkehrungen Kinder empfangen.«[197]

Dieser Widerspruch zwischen Ja und Nein, zwischen Kinderwunsch und Versagung spielt sich auch auf kollektiv-gesellschaftlicher Ebene ab. Und seitdem die Kontrazeption, vor allem durch die Pille, leicht und fast allen Frauen zugänglich geworden ist, verschärft sich dieser Widerspruch noch. Auf der einen Seite haben wir die zunehmend größer werdende Zahl von Frauen, die aus den unterschiedlichsten Gründen keine Kinder haben wollen.[198] Die Motive hierfür liegen oftmals in prägenden Kindheitserfahrungen (etwa der Angst, das Schicksal der eigenen Mutter zu wiederholen), in hohem beruflichen Eingebundensein und Engagement (welches scheinbar nicht vereinbar ist mit dem Kinderwunsch) und ganz wesentlich auch in der Partnerfrage (immer noch verknüpft ein großer Teil der Frauen den Kinderwunsch mit dem für sie optimal geeigneten Partner). Hier eine ausgewogene Balance zu finden, die Erfahrungen der Kindheit abzustreifen, den beruflichen Ehrgeiz so zu lenken, dass er noch Platz lässt für Kindergeschrei, und einen Partner und Kindesvater zu finden, der nicht perfekt, aber *gut genug ist*[199], und schließlich über all dem sich nicht selbst zu vergessen – das ist für viele Frauen schwer machbar beziehungsweise nicht gewollt. Sie haben sich bewusst für ein Leben ohne Kinder entschieden.

Auf der anderen Seite nimmt prozentual die Zahl der Frauen zu, die sich Kinder wünschen, deren Kinderwunsch sich dagegen nicht spontan auf natürliche Weise erfüllt. Viele dieser Frauen sind deshalb entschlossen, keine Mühe, keine körperlichen Strapazen und keine Ausgaben zu scheuen, um schwanger zu werden – und bisweilen auch die Schwangerschaft zu *erzwingen*.

Ich sage bewusst *erzwingen*, weil der Kinderwunsch hin und wieder tatsächlich zwanghafte Züge annehmen kann.[200] Es gibt verzweifelte Ehepaare, die auf ihren Wunsch nach einem leiblichen Kind wie auf ein Grundrecht pochen. Sie steigern sich derart in ihr Habenwollen und Machenwollen, dass sie damit vor allem ich-bezogene Bedürfnisse ausdrücken, wobei der Blick auf das zukünftige Menschenwesen verlorenzugehen droht. Peter Petersen, der erfahrene und engagierte Frauenarzt und Psychoanalytiker, schreibt: »Wenn der

Kinderwunsch zur Besessenheit wird, so ist das Ziel ein dem Schicksal abgetrotztes Kampfkind.«[201] (Hier schließt sich noch einmal der Kreis zu den oben zitierten Märchenstellen – zweifellos handelte es sich im Märchen *Hans mein Igel* um diese Art eines *besessenen* Kinderwunsches.)

Diesen besessenen beziehungsweise auch *pathologischen* Kinderwunsch können wir relativ leicht erkennen. Er ist spürbar an der Getriebenheit und der Ausschließlichkeit, mit der Betroffene agieren. Solche Paare können innerlich keinerlei Alternativen aufkommen lassen. Dass man auch ohne leibliche Kinder ein sinnvolles und menschenwürdiges Leben führen kann, will ihnen nicht in den Sinn. Dass man Kinder adoptieren oder in Pflege nehmen kann und dass überall um uns herum Kinder existieren, denen wir nahe sein können, die wir nähren können (mit Essen und Trinken, mit Geschichten, mit Geld, mit unserer Gegenwart, unserer Freundlichkeit und Liebe) – das entgeht solchen übermäßig auf die eigene Fruchtbarkeit fixierten Paaren.[202]

Halten wir hier inne. Dies war die Schilderung der Ambivalenzen, wie sie sich einerseits in der individuellen Frau, andererseits auch im Kollektiv der Frauen abspielen. Dies war die Schilderung der Abwehr, der Angst vor dem Kind, teilweise auch der Entwertung – und auf der anderen Seite die Fixierung auf ein leibliches Kind um jeden Preis. Beide Extreme tun weh. Beide Extreme tun den Frauen und Männern nicht gut. Erinnern wir uns an ein tiefes Wissen, das die meisten von uns in sich tragen: Wir sind nicht die *Macher* von Kindern, selbst wenn eine vulgarisierte Sprache und die Verheißungen der Reproduktionsmedizin uns dies nahelegen wollen.[203] Die Kinder folgen ihrem eigenen Gesetz, das glücklicherweise weder ganz in den Händen der Eltern noch in denen der Gynäkologen liegt. Wir *können* uns Kinder wünschen. Wir *dürfen* uns Kinder wünschen. Und wir *sollen* uns Kinder wünschen – das ist unser Recht und unser Glück. Doch wir dürfen sie niemals *einklagen*.

Keiner sagte dies schöner als Khalil Gibran in seinen Versen:
»Eure Kinder sind nicht eure Kinder.
Sie sind die Söhne und Töchter der Sehnsucht des Lebens nach sich selbst.
Sie kommen durch euch, aber nicht von euch.
Und wenngleich sie bei euch sind, gehören sie euch doch nicht.«[204]
Etwas wünschen, was dir nicht gehört – wäre dies nicht überhaupt die denkbar schönste Definition für Kinderwunsch?

Kindheitserinnerungen

»O Stunden in der Kindheit,
da hinter den Figuren mehr als nur
Vergangnes war und vor uns nicht die Zukunft.«
Rainer Maria Rilke

Boris Cyrulnik wurde 1937 in Bordeaux als Sohn polnisch-jüdischer Eltern geboren. Als kleines Kind erlebte er die Trennung von Vater und Mutter, die beide in Auschwitz umkamen. Der Junge wurde zuerst von einer christlichen Familie und danach in einer sozialen Einrichtung versteckt, zweimal spürte die Gestapo ihn auf – nur wie durch ein Wunder überlebte er diese Zeit.[205]

Aber die Wunden bleiben. Der heute renommierte Psychiater und Schriftsteller Cyrulnik spricht, wenn er in Interviews nach seiner Kindheit gefragt wird, von einem »traumatischen Gedächtnis«.[206] Die Art, wie er die Ereignisse seiner Kindheit erinnert, hängt ab von den Emotionen, die das Geschehen damals begleiteten. Teilweise verfügt er in Bezug auf jene frühen Jahre über eine *Hypererinnerung*, die jedes geringste Detail zoommäßig beleuchtet. Dann hingegen gibt es über weite Strecken hinweg nur Löcher, nichts kann er heute mehr abrufen. Das ganz große Loch allerdings setzt ein mit der Depression der Mutter, als diese sich Anfang der Vierzigerjahre im besetzten

Frankreich ihrer hoffnungslosen Lage bewusst wurde. Über Monate hinweg ist die Erinnerung des Kindes wie tot.

Boris Cyrulniks Erlebnisse waren zweifellos extrem. Doch seine sowie die Extremerfahrungen anderer Menschen können uns den Weg weisen für das Verständnis weniger dramatischer Kindheiten und der dazu gehörenden Erinnerungen.

Fast jeder von uns wundert sich manchmal über die ungeheure Selektivität, mit der unsere Erinnerung *auswählt*. Wie kommt es, dass ich die Schulmilch der ersten Klasse noch immer riechen kann, dass aber die Wohnung jener ersten Schuljahre, die Zimmer, in denen ich geschlafen, gespielt, gegessen und mit dem Bruder gestritten habe, in mir ausgelöscht sind? Wer oder was ist verantwortlich für dieses Hypergedächtnis auf der einen Seite und all die Löcher auf der anderen? Natürlich ist es kein Zufall. Es gibt eine tiefe Logik, nach der diese Auswahl geschieht, eine Logik freilich, die wir als Erwachsene nicht immer verstehen.

Versuchen wir, uns dem psychologisch beziehungsweise tiefenpsychologisch zu nähern. Die kindliche Seele ist empfindlich gegen Angriffe von außen, sie ist leicht kränkbar und überaus plastizierbar. In diesem Zusammenhang verdanken wir Sigmund Freud und seiner Tochter Anna die Erkenntnis, dass das Kind die auf es einwirkenden Ereignisse sehr wohl aufnimmt, dass es sie aber auf seine eigene Weise weiterleitet und *verarbeitet*. Kinder haben die geniale Fähigkeit, Worte, Taten, Erlebnisse, all das, was sie bedroht, mittels eines Schutzschildes innerlich abzuwehren – deshalb sprechen wir von *Abwehrmechanismen*.[207] Kinder sind in der Lage, potentiell schädliche Einflüsse zu leugnen, umzudichten, in das Gegenteil zu verkehren, zu verdrängen – auf jeden Fall so unkenntlich zu machen, dass sie für sie ungefährlich werden.

Die kostbarste und vielleicht schönste kindliche Weise, einer bedrohlichen Erfahrung den Stachel zu nehmen, ist das Vergessen. Sigmund Freud erwähnt jenen »Schleier der kindlichen Amnesie«.[208] Ein starkes und poetisches Bild: Wie ein heilsamer Schleier bedeckt das frühe Vergessen die Ereignisse, die dem Kind einst weh taten und die es nun aus der Landkarte seiner Biografie sanft tilgen darf.[209]

Boris Cyrulnik spricht darüber hinaus von einem »Gedächtnis ohne Erinnerungen«.[210] Ja, sogar das gibt es. Aber gleichzeitig – und das ist auch Teil dieser Logik der Kindheitserinnerungen – verschwinden die frühen Erlebnisse nicht einfach im Nichts, sondern schlagen sich irgendwo nieder. Sie hinterlassen lebenslang Spuren, körperliche und seelische Narben, dort, wo man sie meist am wenigsten erwartet. Unsere Kindheitserinnerungen tragen unendlich viele Gewänder. Unser früh gelebtes Leben lässt sich eben doch niemals ausradieren. Und das ist gut so.

Kindheitsgeschichte
»Tief ist der Brunnen der Vergangenheit.«
Thomas Mann

Jedes Kind und jede Generation von Kindern fügen sich als kleiner Mosaikstein ein in den Strom der Kindheitsgeschichte. Jedes Kind ist Träger von Geschichte. Wenn es aber darum geht, diesen Strom der Kindheitsgeschichte zu beschreiben oder auch nur zu denken, beginnen die Zweifel. Dann merken wir, dass es unmöglich ist, das gelebte Leben der Kinder auch nur annähernd wahrhaftig abzubilden: »Von Kindheit haben wir keine Begriffe«[211], sagt der Dichter Friedrich Hölderlin.

Indes, wir brauchen Kindheitsgeschichte. Wir wollen verstehen, wie wir als Menschen zu dem geworden sind, was wir sind. Die ewig bohrenden Fragen – »Wie kamen unsere Kinder zustand? Wie wuchsen sie groß?«[212] – lassen uns nicht los. Und wir bedürfen der Kindheitsgeschichte ebenfalls, um Zukünftiges klarer zu denken. Wie werden unsere Kinder, unsere Enkel und die künftigen Generationen von

Kindern leben? Wie werden sie wachsen? Was werden sie denken und fühlen?

Ja, wir brauchen Kindheitsgeschichte und stellen doch fest, dass sie ein (fast) unbeschriebenes Blatt ist. Wir können gemeinsam den Gründen nachgehen, weshalb dies so ist. Und vielleicht ist das schon ein Weg, sich ihr am Ende doch zu nähern.

(1) Kindheitsgeschichte ist »Dichtung und Wahrheit«
Das Wort *Geschichte*, ganz analog dem englischen *history*, trägt in sich die *Geschichten* (*storys*). Unsere offizielle Geschichte ist demnach eine einzige Ansammlung der über lange Zeit hinweg mündlich tradierten Geschichten. Daneben gibt es die geschriebene Geschichte. Aber sie ist, gemessen an der jahrtausendelangen schriftlosen Geschichte, vergleichsweise sehr kurz.

Wovon erzählten die Geschichten, die unter den Menschen kursierten? Wir können es nur erahnen: Sie handelten von Tieren und Fallen, von Hunger und Krankheit, von Betrug, Überschwemmungen, Stürmen und Dürre – und natürlich auch von Kindern. Von lebenden, gestorbenen und von noch nicht geborenen Kindern. Darüber sprachen die Menschen, und darum webten sich ihre Geschichten.

Aber diese Geschichten, welche die Menschen von einer Generation zur nächsten weitergaben, sind nur ein äußerst schwaches und zufälliges Abbild der gelebten Wirklichkeit. Sie können immer nur einen Bruchteil der Realität einfangen. Der weitaus größere Teil der Kindheitsgeschichten lässt sich für uns heute nicht einmal annähernd erfassen. Wir versuchen mühsam und in bester Absicht, aus den minimal vorhandenen musealen Reststücken – hier ein Spielzeug, dort eine Grabbeigabe, eine Inschrift oder ein Abbild – Kinderleben der Vergangenheit zu rekonstruieren. Doch auch diese Reststücke verraten nie die ganze Wahrheit. Die Wahrheit ist gemischt mit Dichtung. Beides gibt unserer Fantasie unendlich viel Raum.

(2) Kindheitsgeschichte ist stets voller Vorurteile
Natürlich gibt es ernsthafte Denkansätze und engagierte Forschung zur Kindheitsgeschichte. Wegweisend waren und sind noch heute der Franzose Philippe Ariès sowie die amerikanische Forschergruppe um Lloyd deMause.[213] Letzterer verdanken wir umfangreiche Einzelbeschreibungen der Kindheit vergangener Epochen, vor allem jedoch eigenwillige Fragestellungen und spannende Ideen. Ihr größter und eigentlicher Verdienst liegt darin, dass sie als Erste überhaupt das Augenmerk radikal auf Kindheitsgeschichte gelenkt und diese als Forschungszweig begründet haben.

Philippe Ariès geht von einer klaren Hypothese aus: Kindheit, wie wir sie heute wahrnehmen, hat es nicht immer gegeben. Sie ist als eine Erfindung der Neuzeit historisch gewachsen. Bis zum späten Mittelalter umfasste Kindheit nur die kurze Phase der frühen Abhängigkeit von der Mutter. Kaum war das Kind einigermaßen selbständig, wechselte es direkt über in das Erwachsenenleben – ohne jede Zwischenstufe. Erst mit der Einrichtung von Schulen und anderen Erziehungsinstitutionen kristallisierte sich jener Zustand der Kindheit heraus, den Ariès polemisch als *Quarantäne* beschreibt. Ariès beklagt diese Entwicklung. Er sieht darin einen großen Verlust für die Kinder. Sie werden künstlich von den Erwachsenen getrennt und sind von nun an der Kasernierung ausgesetzt mit den bekannten Auswirkungen von Disziplin-, Pflicht- und Strafsystemen, unter denen sie bis heute zu leiden haben. Ariès sieht in diesem Prozess einen linearen *Rückschritt*, eine Abnahme von Selbstbestimmung, Lebenssicherheit und -zuversicht. Hartmut von Hentig schreibt in seiner Einleitung zu Ariès' Buch: »Die Offenheit, Promiskuität und Sozialität des Mittelalters sind nicht, wie erhofft und behauptet, durch die Selbstbestimmung der Aufklärung, sondern durch die Herrschaft der Kleinfamilie und das Lernghetto der Schule ersetzt worden.«[214]

Aufregend ist für uns die Gegensätzlichkeit der Arbeitshypothesen von deMause und Ariès. Beide Male werden eindeutig selektiv Quellen zusammengetragen, die die jeweilige Grundannahme untermauern und plausibel machen sollen. Beide Theorien tragen viel Wahrheit in sich, aber eben nur so viel, wie ihre Vorurteile erlauben. Für uns, die wir neugierig sind auf Kindheitsgeschichte, sind diese Forschungen als Denkanstöße wertvoll, allerdings nicht als *die* einzige Wahrheit.

(3) Kindheitsgeschichte ist komplex
Nehmen wir an, wir wollten das Wesen und die Geschichte nur eines einzigen Kindes verstehen. Wo sollen wir beginnen? Mit Zeugung und Schwangerschaft? Mit der Geburt? Mit den frühen Monaten und Jahren? Wie sollen wir gewichten? Ist es das biologische Erbe, das sich im Kinde durchsetzt? Sind es nicht doch sein persönliches Temperament und seine Physiognomie? Welche äußeren Umstände schlagen sich nieder? Die Zusammensetzung der Familie? Die Art des Wohnens? Oder die Wahl der Schule? Nicht allein das Erfassen der möglichen Einflüsse, sondern vor allem die Bewertung und Deutung machen schon das Verstehen eines einzelnen Kindes unendlich schwer und fragwürdig.

Um wie viel schwerer, wenn wir ein Kollektiv von Kindern oder eine ganze Generation von Kindern verstehen wollen. Als Lösung versuchen wir, dem Zeitgeist nachzuspüren. Wir schauen alte Fotos von Schulklassen an. Die Körperhaltung der Kinder, auch wie sie ihre Hände halten, die meist uniforme Kleidung, die Frisuren und sogar die Gesichtszüge (oft schon früh erwachsen und selten lachend) sagen uns viel. Wir glauben, ein Stück des Wesens dieser Schulkinder einzufangen und zu *verstehen*. Aber natürlich ist da noch viel mehr: die Sprache der Kinder untereinander, ihr Umgang mit der Zeit, ihre Spiele, ihre Geheimnisse. Kindheitsgeschichte, die die lebendige, komplexe Vielfalt des Kinderlebens in Begriffe einfangen wollte, muss erst noch erfunden werden.

(4) Kinder hatten keine eigene Sprache
Eigentlich wundert es nicht, dass es kein einheitliches Konzept von Kindheitsgeschichte gibt. Kinder lebten (und leben) stets in Abhängigkeit der Erwachsenen, sie hatten noch nie wirklich eine *eigene Sprache*. Und auch keine eigene Schrift. Die Erwachsenen dagegen, wenn sie (überhaupt) über Kinder schrieben, hatten immer bestimmte Motivationen. Ihr vorrangiges Interesse war, die nächste Generation in das bestehende soziale und religiöse Wertesystem einzugliedern. Kinder hatten kaum je die Chance (und sicher selten das Begehren), aus eigener Kraft auszubrechen, weil jedes System mit mehr oder minder strengen Sanktionen reagierte.

Darin gleichen Kinder anderen sozialen Gruppen, die in der Gesellschaft über lange Zeit keine eigene Sprache hatten: Frauen, bestimmte Berufsgruppen, ethnische Minderheiten. Diese Gruppen waren oder sind in manchen Ländern immer noch wenig oder gar nicht Subjekt der Historie – und damit der eigenen Geschichtsschreibung. Frauengeschichte und die Geschichte der Minderheiten (beispielsweise der Schwarzen in den USA) sind ein mühsam errungener Fortschritt. Und dass in den vergangenen Jahrzehnten erstmals das Augenmerk auf Kindheitsgeschichte gerichtet wird, dürfen wir als Fortschritt in der Wahrnehmung der Kinder interpretieren. Sie sind noch längst nicht Subjekt ihrer Geschichte – das werden sie auch nie sein können. Aber sie werden als lebendige Akteure wahrgenommen. Und vielleicht wird es in Zukunft eine wesentlich reichere und wachsamere Kindheitsgeschichte geben.

Kleidung

»Der Knabe staunte. Er zog die Luft ein durch seinen offenen, lachenden Mund. Die Metallstickereien glitzerten im Lampenlicht. Silber- und Goldblitze überblendeten zwischen den unruhigen Armen des Alten zuweilen den stilleren Farbenschein, den Purpur, das Weiß, Olivengrün, Rosa und Schwarz der Zeichen und Bilder, der Sterne, Tauben, Bäume, Götter, Engel, Menschen und Tiere im bläulichen Nebel des Grundgewebes. ›Ihr himmlischen Lichter!‹, stieß Joseph hervor: ›Wie schön ist das!‹«
Thomas Mann

Dies ist die poetischste Stelle aus dem Josephsroman von Thomas Mann: die Beschreibung von Josephs Rock, den er, der Lieblingssohn, von seinem Vater Jaakob als Geschenk bekam.[215] Der bunte Rock, um den die Brüder ihn zu Recht beneideten, der ihren Hass entfachte, so dass sie ihn in die Grube warfen und nach Ägypten verkauften. Durch diesen Rock kam die wunderbare Geschichte von Joseph, dem *Träumer von Träumen*, der zum Retter Ägyptens wurde, ins Rollen.

Josephs Geschichte ist lange her. Doch immer noch liegt ein Zauber in den Kleidern, im Guten und im Schlechten. Kleider – das macht ihren Reiz aus – sind weit mehr als funktionale wärmende oder kühlende Objekte aus Wolle, Flachs oder Synthetik. Kleidung ist unsere zweite Haut. Unsere Erscheinung, wie wir sie unseren Mitmenschen darbieten, geht zunächst über den Körper, aber ebenso sehr auch über das, was diesen einhüllt, versteckt oder entblößt. Farben, Formen und Stoffe der Gewänder vermitteln Sympathie und Antipathie.

Kleidung ist unsere zweite Haut nach unserer Körperhaut, die das Innere (Ich) vom Außen (Nicht-Ich) scheidet. Und wie schon die erste Haut extrem viel auszudrücken vermag über unsere Befindlichkeit[216], so verrät auch die zweite Haut sehr viel über unser Wesen und sogar unsere Stimmungen. Denken Sie etwa an Pippi Langstrumpf: Mit wenigen Strichen zeichnet Astrid Lindgren das Kind, und als Erstes springen uns das viel zu kurze, komische gelbe Kleid und die blaue Hose mit den weißen Punkten in die Augen. Wir wissen sofort: Pippi ist ein durchgeknalltes, vergnügtes kleines Mädchen. Und ihre Freundin Annika erkennen wir augenblicklich, wenn von ihren *gebügelten Baumwollkleidern* die Rede ist. Annika ist lieb, wohlerzogen und artig.[217]

Es lohnt sich, die Kleider der Kinder, und umgekehrt die Kinder in ihren Kleidern, genau unter die Lupe zu nehmen. Wenn man sorgfältig hinschaut, ist die Kleidung ein weites Feld von Dramen und Konflikten, aber auch von Zufriedenheit und Wonne.

Anfangs entscheidet für gewöhnlich die Mutter, was das kleine Kind am Leib trägt. Sie kauft ein, sie näht oder strickt, und sie zieht es an. Auffallend früh – und viele Mütter irritiert das sehr – entwickeln Kinder klare Vorlieben und vor allem klare Abneigungen gegen bestimmte Kleidungsstücke.

Manche gelassene Mutter mag damit gut umgehen, sie fühlt sich nicht gekränkt oder provoziert, sie sortiert die ungeliebten Sachen aus und lässt sie verschwinden. Für andere, weniger gelassene Mütter beginnt hier manchmal ein langer Leidensweg. Und dies betrifft nicht nur sie selbst, sondern auch ihr Kind. Das anfänglich harmlose Gerangel um ein Kleidungsstück (»Du ziehst diese Schuhe an!«; »Was hast du gegen diese schöne warme Hose?«) entwickelt sich zu einem Machtkampf um den Körper selbst. Wenn das Kind die warme Hose nicht am Leib haben mag beim Spielen auf dem Schulhof, wenn das Mädchen sich absolut nicht in Röcke pressen lassen mag (»Ich hasse Röcke!«) und wenn sich der Junge beharrlich weigert, den selbst genähten Mantel anzuziehen[218], dann haben sie meist einen überzeugenden Grund dafür. Ein Grund, der den Eltern oft schwer vermittelbar ist, weil sie ihre eigenen Kriterien (Gesundheit, Anstand, was die Nachbarn sagen) haben. Und eben hier beginnt die Streitfrage, inwieweit selbst wohlwollende Eltern sich gegen den Willen der Kinder durchsetzen oder nicht doch lieber loslassen sollten.

Selten ist die Dynamik dieser Machtkämpfe um Kinderkleider direkt zu beobachten. Welche Mutter lässt sich schon bei dem Schauspiel, in dem sie zu hysterischen Ausbrüchen neigt und ihr manchmal sogar die Hand ausrutscht, zuschauen? Diese Szenen spielen sich morgens zwischen halb sieben und halb acht ab, abgeschottet in den Kinderzimmern. Sie wiederholen sich tagtäglich, tausende und abertausende Male. Allerdings werden sie meistens überspielt. Man geht zur Tagesordnung über: Kindergarten, Schule, Arbeit. Vergessen das Ganze.

Seltsamerweise hinterlassen diese Kämpfe um bestimmte Kleidungsstücke oftmals tiefe Spuren. Manchmal taucht die Erinnerung daran erst Jahre oder Jahrzehnte danach wieder auf, dann aber mit ungeahnter Heftigkeit, als habe sich die Szene erst gestern abgespielt. Manche entsinnen sich an grobe Übergriffe, als die Mutter sie zu verhassten Farben zwang (»dieses quietsch-orange«). Sie fühlen noch lebhaft die kratzenden Strümpfe oder Hosen (»wie Hautausschlag«). Sie erzählen von den schweren Anzügen und Mänteln, in denen sie sich nicht bewegen konnten (»wie ein Würgegriff«). Andere erinnern sich an die Qual, die Kleider sauber halten zu müssen. Das größte Unglück war es, in die Hose zu machen, was jedem einmal und vielen viele Male passierte und heute noch passiert. Schmutz wurde früher häufig mit der moralischen Qualität *Beschmutzung* gleichgesetzt, Fleck mit *Befleckung*, und wir können die Pein der Kinder erahnen.

Oft verschmelzen im Rückblick die Kleidungsstücke mit emotionalen Erlebnissen, so dass am Ende beide eine unauslöschliche Einheit bilden. Da kommt einer jungen Frau das lila Samtkostüm mit den goldenen Nadeln in den Sinn, das sie bei der Abschiedsfeier der Grundschule getragen hatte (»Wir haben alle geweint!«). Ein Mann erinnert sich an seine »nassen Jeans«, nachdem seine Eltern ihm und seinem Zwillingsbruder ihre Scheidung verkündeten. Und wieder ein anderer berichtet detailliert von einer dunkelgrünen Cordjacke mit Hirschknöpfen, die er anhatte, als er sich einmal in einer fremden Stadt verirrte. Er erzählt so ausschweifend von dieser Jacke, als sei das Verirren selbst ganz nebensächlich.

Sigmund Freud bezeichnet diese Art der Erinnerung als *Deckerinnerung*[219], ein heilsamer Mechanismus der Seele. Über das eigentliche dramatische Erleben legt sich ein Gegenstand, hier das Kleidungsstück, gleichsam um die Wucht der Emotion sanft zuzudecken. Die nasse Hose ist sanfter als die Scheidung der Eltern. Die Knöpfe der grünen Cordjacke lenken ab von dem Horror, sich als Kind in einer fremden Stadt zu verirren.

Im Zuge einer Ausstellung über historische Kinderkleidung, die wir vor Jahren im Marburger Kindheitsmuseum gezeigt haben[220], fragte ich die Jugendlichen nach Sternstunden im Zusammenhang mit den eigenen Kinderkleidern. Nie werde ich den siebzehnjährigen Jungen vergessen, der sein »Glücksgefühl mit Blinkerschuhen« schilderte. Er hatte sich diese Schuhe jahrelang sehnlich gewünscht und sie dann irgendwann bekommen. Als er das lachend erzählte, ging ein Strahlen durch den Raum, alle waren angesteckt von seinem Glück.

Nur einer nicht. Dieser Junge erzählte, dass auch er diese Blinkerschuhe ersehnt hatte, es aber nie im Leben gewagt hätte, seine Eltern darum zu bitten. Grundsätzlich habe seine Mutter ihm die Schuhe *ihrer* Wahl aufgezwungen. *Nie* habe er selbst Schuhe auswählen dürfen. Und Trauer und Zorn überkamen den Jungen angesichts der versäumten Möglichkeiten seiner Kindheit. Ich wünschte ihm, dass er irgendwann einmal dieses Glücksgefühl mit Blinkerschuhen nachholen könne.

Die Kleidung der Kinder hat entschieden mit Selbstbestimmung zu tun. Das Kind muss sich in seinen Körper erst hineinfinden, ihn kennen, akzeptieren und lieben lernen. Da hilft das Experimentieren mit Kleidern – auch das Verkleiden – unendlich viel. Wir sollten großherzig mit den Kleidungswünschen unserer Kinder umgehen, auch wenn es hundert Mal daneben geht. Es ist ihre Haut, ihr Körper, es sind ihre Kleider. Und es ist ihr Ich, das wachsen und seinen Ausdruck finden will.

Körper

»Interessanterweise war das erste Maß, das dem Kind in den Sinn kam, sein eigener Körper.«
Mary Ann Pulaski

Eine Sommerkinderszene in Frankreich am Meer: Ein Junge, etwa drei Jahre, liegt auf dem Bauch in einer großen Wasserlache. Er wippt traumversunken mit den Füßen, die Hände graben sich in den Sand. Das Kind liegt einfach nur da, wie eine Seerobbe. Was mag er *fühlen*, der nackte Kinderkörper? Ich möchte so gerne Worte finden für seinen kleinen Seerobbenleib und ich möchte seine Sprache – seine *Körpersprache* – verstehen.

Aber damit steht es denkbar schlecht. Wir alle sind Analphabeten, wenn wir den Körper und seine alltäglichen Sensationen beschreiben sollen. Ärzte, Krankenschwestern und Therapeuten sind Meister im Benennen des kranken Körpers, und auch wir haben uns das Vokabular der unterschiedlichsten Leiden angeeignet. Doch wenn wir den Körper, den eigenen und den unserer Kinder, im ganz alltäglichen, normal-fließenden Zustand benennen wollen, werden wir stumm. Die gesunde, weiche, sanfte Haut unseres Kindes ist nicht der Rede wert, Neurodermitis, Allergien und Asthma sind es hingegen schon. Unsere Sprache ist spezialisiert auf den körperlichen Negativkatalog.

Sicher streifen wir manchmal einige äußerliche Besonderheiten des Kindes, die Grübchen oder die Locken. Aber wem fällt schon ein, danach zu fragen, wie sich der kleine Körper anfühlt. Nie fragen wir: »Wie fühlt sich dein Rücken an oder dein Glucksen im Bauch? Wie kitzelig ist dein Po oder deine Kopfhaut? Wie schmecken eigentlich Nasenpopel und wie Ohrenschmalz?« Solche Fragen liegen außerhalb unseres Denk- und Sprachrepertoires (und sogar unseres Anstands), als gäbe es solche Gefühle und Körpersensationen nicht.

Der französische Schriftsteller Daniel Pennac hat das Aufsehen erregende Buch *Der Körper meines Lebens* geschrieben. Darin beginnt ein Junge mit zwölf Jahren mit besessener Genauigkeit, all seine Wahrnehmungen, Beobachtungen und vor allem seine Gefühle und (philosophischen) Fragen dem eigenen Körper gegenüber niederzuschreiben. Er setzt dieses Niederschreiben fort während seiner Jugend, danach im Erwachsenenalter und schließlich bis kurz vor seinem Tod im 87. Lebensjahr. Gleich am Anfang liefert er eine Begründung für sein Körper-Tagebuch: »Ich werde das Journal meines Körpers schreiben. Ich möchte das Journal meines Körpers auch deshalb schreiben, weil die anderen von anderem sprechen. *Alle Körper sind in Spiegelschränken ausgesetzt.*«[221]

Ein Kinderkörper im Spiegel- oder gar Eisschrank (das französische Wort *glace* ist doppeldeutig) – so nimmt es der Zwölfjährige wahr. So empfindet er, wie mit ihm und seinesgleichen umgegangen wird, und es klingt fast wie ein Todesurteil. Aber das Paradoxe liegt darin, dass das Kind eigentlich ganz in seinem Körper und aus seinen Körperimpulsen *heraus* lebt. Gleich zu Beginn, im Säuglingsalter, bestimmen ausschließlich körperliche Bedürfnisse seine kleine Welt: Hunger, Durst, der Wunsch nach Wärme und der Drang nach Bewegung und Bewegtwerden. Die Sprache der Mutter, ihr anfangs noch gänzlich unverstandener Singsang bildet dabei den akustischen Hintergrund und begleitet das kindliche Körperwesen ähnlich beruhigend wie die Radiomusik den Pendler auf der Autobahn.

Wenn dann im Lauf der Zeit ein immer deutlicherer Einklang zwischen Körpervorgängen und Sprache entsteht, wenn das Zusammenspiel zwischen Mutter und Kind von liebevollen und stimmigen Worten begleitet wird, kann sich das Kind gut entfalten. Es entwickelt

Selbstvertrauen in seinen Körper und Vertrauen in die Worte der Mutter – und beides geschieht simultan.

Den Zusammenhang von Körper und Sprache können wir uns gar nicht eng genug vorstellen: Bruno Bettelheim berichtet von einem neunjährigen autistischen Jungen, der zwar sprechen konnte, aber völlig kommunikationsunfähig war. Wie viele autistische Kinder redete dieser Junge von sich selbst stets in der Du-Form. Als er mit neun Jahren das erste Mal das Wort *Ich* aussprach, sagte er: »Ich möchte auf die Toilette!«[222] In der autonomen Entscheidung über die eigene Ausscheidung hatte sein Ich den Körper ergriffen und umgekehrt: Endlich war das (beschädigte) Ich des Jungen in seinem Körper angekommen.

Auch viele Kinder, die sich gesund entwickeln, sind nicht ganz Herr im eigenen Körper. Oft ist der mütterliche oder väterliche Zugriff so stark, dass sie eher dem Willen der Eltern folgen als dem eigenen körperlichen Impuls. Eltern, die von sich aus bestimmen, wann ihr Kind hungrig und durstig ist (»Du hast doch Hunger!«) oder wann es müde ist (»Du bist doch müde! Du willst doch schlafen.«), und die sogar glauben zu wissen, wann das Kind friert oder seinen Körper entleeren will (»Du musst doch sicher Pipi machen.«), nehmen dem Kind die Möglichkeit, den eigenen Körper stufenweise und differenziert in seinen Eigenheiten wahrzunehmen. Sie geben dem Kind auch keine Chance, Worte zu finden für eigenes Begehren, für Bedürfnisse, die aus dem Innern des Körpers kommen. Tatsächlich gibt es Kinder, die nicht wissen, ob sie aufs Klo müssen oder nicht: »Ich weiß nicht!«

Dies behindert nicht nur den Körper selbst, der gleichsam zum ausführenden Organ des mütterlichen Willens wird. Dies schwächt ganz wesentlich das Ich des Kindes, das seiner autonomen Entscheidung über den eigenen Leib beraubt wird. Ich erinnere mich an die lang anhaltenden Debatten um die Fütterungs- und Schlafzeiten der Säuglinge und Kleinkinder. Die Leidenschaftlichkeit, mit der jene Debatten geführt wurden, deutet darauf hin, dass es hier für viele um existenziell wichtige Fragen ging. Sollen und dürfen wir dem Körper unserer Kinder unseren Erwachsenenrhythmus aufzwingen, der aus einer ganz anderen Quelle und Notwendigkeit herrührt als der Rhythmus des Kindes?

Die kindliche Entwicklung ist immer ein Simultangeschehen. Der wachsende Körper und der sich entwickelnde Geist bilden dabei ein unauflösbares Geflecht. Es gehört zu den großen Wundern der Natur und wie so häufig verschlägt es uns hier die Sprache. Die alltäglichen Worte, und seien sie noch so feinsinnig, können kaum die vielen Nuancen, die Vibrationen und die Begierden des Körpers benennen, unsere verschiedenen Bauch- und Herzgefühle bleiben unbenannt. Angesichts der Lebendigkeit und universellen Vielfalt des kindlichen Körpers wirkt unsere Sprache erstaunlich kümmerlich. Aber vielleicht wäre es sowieso vergeblich, den Geruch des eigenen Babys in Worte fassen zu wollen.

Krankheit
»Der Beginn unserer Kinderkrankheiten richtete sich gewöhnlich nach den Träumen meiner Mutter.«
Marc Chagall

London der Vierzigerjahre. Kriegszeit. Der fünfjährige Jackie wird an der Wirbelsäule operiert zur Korrektur seiner Skoliose. Nach dieser schweren Operation, inzwischen schon in der Rekonvaleszenz, malt er ein Bild, eine Art *Landkarte* seiner Operation, und diktiert dazu folgenden Text: »Das ist eine Karte meiner Operation. Sie haben einen Knochen repariert. Und sie haben ihn zusammengenäht. Sie haben einen Verband über die Stiche gemacht. Dann haben sie die Stiche herausgenommen und mir einen Gips angelegt. Das Blaue sind die Knochen, die sie repariert haben. Und das Grüne ist, wo sie die Stiche reingemacht haben. Das Braune sind die Spritzen. Ich habe auch Sauerstoff bekommen. Den Sauerstoff haben sie in einer Art Weltraummaske gemischt, und das ist die rosa Farbe. Dann kam ich in den Raum, wo man wieder aufwacht. Dr. B. war dort und die Schwester und ich, und das ist die gelbe Farbe. Dann bekam ich wieder eine Medizin, die meine Schmerzen wegnahm. Ich glaube, das ist so ziemlich alles.«[223]

In dem Krankenbericht erfahren wir, dass der kleine Jackie diese Karte nicht für sich selbst, sondern ausdrücklich für andere Kinder gemalt hat, die vor einer ähnlichen Operation stehen. Um ihnen die Angst zu nehmen, als Aufklärungskarte sozusagen. Nur zwischen und hinter den Zeilen ahnt man – bei aller nach außen zur Schau gestellten Tapferkeit – seine tiefe Angst vor körperlichem Versehrtwerden. Man sieht den fünfjährigen (!) Jungen als das verlorene Gelb zwischen dem stärkeren Blau, Grün und Braun. Er spricht wie ein kleiner Fachmann ausschließlich von der Mechanik seiner Operation, nicht aber von seinem Körperinneren, nicht von dem, was ihn bedroht und irritiert. In der Psychoanalyse bezeichnet man diesen innerpsychischen Vorgang als *Verschiebung*. Um die Wucht des Angriffs, hier die Wirbelsäulenoperation, abzuwehren und somit nicht wirklich zu empfinden, *verschiebt* das Kind seine Energie und seine Neugier geradezu übertrieben auf das äußere mechanische Geschehen.[224]

Thesi Bergmann und Anna Freud, die in den Vierziger- und Fünfzigerjahren des vergangenen Jahrhunderts als Krankenhaus-Therapeutinnen praktizierten und denen wir auch Jackies Krankengeschichte verdanken, haben ein eindrucksvolles Buch über ihre Erfahrungen mit kranken Kindern, über deren Verhaltens- und Reaktionsweisen verfasst.[225] Sie beschreiben die höchst unterschiedlichen, mitunter skurril anmutenden, aber den Leser immer ergreifenden Strategien, mittels derer die Kinder ihre Schmerzen ertragen, ihre Krankheiten durchstehen und schließlich gesunden.[226] Eine der wichtigsten, wenn nicht überhaupt *die* wichtigste Überlebensstrategie der Kinder besteht darin, dass sie sich im Krankenhaus miteinander solidarisieren, ja, mehr noch: dass sie sich identifizieren mit ihren Mitpatienten. Die Tatsache, dass ein Fünfjähriger derart um die Operationsängste *anderer* bangt, wie im Fall von Jackie, ist ein einprägsames Beispiel dafür. Die Kinder machen die Erfahrung, dass sie nicht allein sind, sondern die Krankheit mit anderen teilen. Und indem sie viel aktive Anteilnahme auf die Leiden der anderen richten, werden sie von eigenen Schmerzen abgelenkt. Jede Form von Krankheit, Blindheit, Stummheit, Lähmung, Haut- und Herzkrankheiten erregt ihr unmittelbares Interesse und Mitgefühl. Sie stellen bohrende Fragen und bieten ihre Hilfe an, dabei die Schwestern und Ärzte imitierend.

Ich mache einen Sprung. Ich erfahre von einer Tanzaufführung des *Orphée*, im Pariser *Théatre Chaillot*, wo der Hauptdarsteller – also der Sänger Orpheus – ein Tänzer mit nur einem Bein ist. In Paris erlebe ich eine überwältigende Aufführung. Ach, könnten doch alle Kinder mit leichten oder schweren Operationen, alle Kinder und Jugendliche, denen ein Körperteil fehlt oder die von sich selbst glauben, dass ihnen etwas fehlt, Brahem inmitten all der anderen tanzen sehen. Brahem Aiache, begnadeter Breakdancer, hat als Kind, wie alle algerischen Jungen, nur Fußball gespielt. Mit elf Jahren musste ihm aufgrund eines ärztlichen Kunstfehlers das rechte Bein amputiert werden. Zur Zeit des *Orphée* ist er knapp zwanzig Jahre alt, und er tänzelt, hüpft, rollt, hämmert und taumelt über die Bühne, dass einem das Herz übergeht. Ganz zu schweigen von den Pirouetten, die er mit seinen Krücken oder ohne sie dreht. Noch Monate danach schaute ich das Video mit meinen Enkelkindern an. Sie wollten es gleich mehrmals sehen, immer und immer wieder. Das war kein Voyeurismus, sondern sie waren tief fasziniert von der Sensibilität, der Willenskraft und Lebenslust des jungen Tänzers.

Ja, wo beginnt Krankheit? Wo endet sie, wenn nicht im Tode? Wie stellt sich das Kind hinein in den Zusammenhang schwerer Krankheit? Wenn wir Jackies *Operationskarte* lesen und wenn wir Brahem beim Tanzen erleben, bekommen wir eine Ahnung davon, wie unterschiedlich Kinder und Jugendliche mit Krankheit umgehen. Sosehr sie körperlich angegriffen sein mögen durch ernsthafte und manchmal lebensbedrohliche Krankheiten, erstaunt es immer wieder, in welchem Maße sie für sich Selbstheilungskräfte und Wege der Heilung mobilisieren – sofern man ihnen die Chance gibt. Kinder wollen leben. Kinder wollen gesund sein.

Die Chance geben bedeutet für uns als Erwachsene, das kranke Kind nicht allein zu lassen, aber ihm doch gleichzeitig genügend Freiheit zu gewähren, die Krankheit als *seine* zu begreifen und damit zu ergreifen. So unterstützend Eltern und Pflegepersonal auch sein mögen, das Kind entscheidet letztlich selbst, wie es seine Krankheit für sich deutet und wie es sie in sein Leben integriert. Und manchmal – so erstaunlich das klingen mag – weiß das Kind mehr als die Eltern und die Ärzte.

Die Chance geben bedeutet auch, das Kind von falschen Vorstellungen zu befreien. Dabei können gute Kindertherapeuten hilfreich sein. Manche schuldbeladenen oder in ihrem Selbstwert schwachen Kinder neigen nämlich dazu, ihre Krankheit als logische Konsequenz für begangene (oder auch nicht begangene, also nur fantasierte) böse Taten zu deuten. Wie ein Sündenbock ertragen sie die Krankheit gleichsam als Strafe. In diesem Fall werden nicht Selbstheilungs-, sondern eher Selbstzerstörungskräfte in Gang gesetzt. Davon betroffene Kinder ziehen sich in den Kokon ihrer Krankheit zurück, wo sie niemand erreichen kann. Sie haben Angst davor, dass andere von diesem fatalen Zusammenhang zwischen vermeintlicher Schuld und Krankheit erfahren.

Jedes Kind sucht sich seinen Weg, mit der Krankheit oder gegen sie zu leben. Und wenn das eine Kind, dessen Bein amputiert wurde, darüber verzagt und seine Lebensenergie von der Welt abwendet, wird das andere Kind, dem dasselbe geschah, vielleicht Lehrer, Dichter, Gärtner oder – wie Brahem – auch Tänzer. Es wird deutlich die Spuren seiner Verletzung tragen, aber es wird nicht erstarren und verhärten. Nicht seelisch und nicht körperlich. Krankheit beim Kind beinhaltet demnach stets ein Doppeltes: die physische Erkrankung und dazu die Art, wie die Seele des Kindes mit der Erkrankung umgeht. Welches Glück, wenn die Seele stark ist und voller Vertrauen.

Kunst

»… und sahst die Kinder so, von innen her getrieben in die Formen ihres Daseins.«
Rainer Maria Rilke

Der Mensch will das, was er liebt, abbilden.[227] Das ist ein Gesetz. Darin unterscheidet er sich vom Tier. Das Tier genügt sich selbst, es braucht keine Bilder. Der Mensch aber wünscht sich, das geliebte Objekt im Bilde gleichsam zu verdoppeln, festzuhalten und zu transzendieren – am liebsten für die Ewigkeit. Dieser Wunsch ist dermaßen tief verankert, dass die erste große monotheistische Religion, das Judentum, ein Bilderverbot dagegenhält: »Du sollst dir kein Bildnis machen« – von Gott, dem Einen, dem höchsten Schöpferprinzip. Und wir erinnern uns an den Zorn, mit dem Moses auf die um das goldene Kalb tanzenden Israeliten reagierte während ihrer langen Wanderung durch die Wüste. Er war so zornig, weil seine Leute ein *Abbild* anbeteten.[228]

Das alttestamentarische Verbot, Gott selbst abzubilden, war auch in der christlichen Kunst überaus wirksam. Es gibt tatsächlich nur wenige Kunstwerke in der Malerei, die Gott in Menschengestalt darstellen.[229] Fast scheint es, dass all die religiös inspirierte Bilderfreude der Menschen sich in den vergangenen Jahrhunderten entfaltet und *ausgelebt* hat in der Darstellung von Gottes *Sohn* und seiner Mutter Maria.[230] Christus, das Christuskind, ist *das* Kind par excellence, real inkarniert und dennoch abgehoben aus jedem sozialen Kontext, einfach nur in den Armen der Mutter ruhend. Das Wort *nur* bezeichnet keine Einschränkung, es verweist auf das tief Symbolhafte dieser

Szene. Nichts soll uns ablenken von der einzigartigen Dualität von Mutter und Kind. Das Kind in den Armen der Mutter, das Kind an der Mutterbrust, symbolisiert grundsätzlich Leben und Hoffnung auf Leben. Wo diese Einheit gewährt ist, kann das Kind wachsen. Und wo diese Einheit zerstört ist, gibt es keine Zukunft.[231]

Seit dem Mittelalter über die Jahrhunderte hinweg und bis heute haben die großen Maler und Bildhauer die Madonna mit dem Kind abgebildet, und es ist lohnenswert, sich immer wieder in diese Bilder zu vertiefen. In der Moderne etwa greift Henry Moore das Motiv, wenngleich in eher säkularisierter Form, erneut auf. Die Mutter-Kind-Skulpturen sind omnipräsent im Werk des großen englischen Künstlers.[232]

In der Entbindungsstation einer anthroposophischen Klinik entdecke ich im Kreißsaal die Abbildung der Sixtinischen Madonna von Raffael.[233] In dieser Umgebung erscheint das Kind im Arm seiner Mutter plötzlich als Sinnbild des Lebens selbst. An diesem Ort, wo täglich neues Leben geboren wird, erwacht auch das Kunstwerk zum neuen Leben. Es ist kein Zufall, dass dieses Bild in vielen Waldorfschulen und -kindergärten hängt.

Viele Menschen begeistern sich an der Formen- und Farbenvielfalt der Kinderbildnisse der Vergangenheit und Gegenwart. Für die meisten von uns aber, die keine Kunsthistoriker sind, ist vor allem die in den Bildern verborgene Botschaft faszinierend. Was will der Maler uns sagen? Was will er uns verraten? Und mehr noch: Was ist das wirkliche Geheimnis dieses Kindes, das wir vor uns sehen – jenseits aller ästhetischen Kriterien?

Tatsächlich zeichnen sich die Kinderbildnisse der Vergangenheit, beginnend mit der Barockzeit, häufig durch eine idealisierende Darstellung und damit meist ungewöhnliche Harmonie und Schönheit des Kindes aus.[234] Diese Logik ist leicht nachvollziehbar: Wenn man ein Kind für würdig hält, zum Objekt eines Kunstwerkes zu werden, liegt es nahe, das Objekt selbst zu erhöhen und zu verklären.

Erst ab dem 19. Jahrhundert setzte sich neben romantisch stilisierenden Malweisen doch auch eine realistische Darstellungsweise von Kindern durch: Diese wurden zunehmend in realen Szenen ihres Alltags, in Arbeit und Schule oder in der Natur wiedergegeben wie beispielsweise bei Philipp Otto Runge. Fast überall spüren wir eine starke innere Hinwendung, ja eine Liebe zum Kind. So etwa bei der Malerin Paula Modersohn-Becker, die bei der Geburt ihres ersten Kindes starb. Bis dahin hatte sie unzählige fremde Kinder, darunter auch Säuglinge, aus zumeist bäuerlichem Milieu gemalt, zu denen sie ganz offensichtlich eine tiefe emotionale Bindung hatte.[235] Und dieselbe uneingeschränkte Liebe finden wir wieder in den Kinderbildern bei Picasso, die er in allen Epochen seines Lebens, vorzugsweise aber inspiriert durch die Geburt der eigenen Kinder, gemalt hat.[236]

Eine Malerei, die uns innerlich berührt, erfasst nicht nur die sonnigen Seiten des Kinderlebens – Beispiele dafür gibt es zur Genüge (so etwa Carl Larsson). Gute Malerei zeigt ebenso die Vielfältigkeit der kindlichen Seinszustände in Einsamkeit, in Krankheit und Melancholie. Auch diese Bilder gibt es in Fülle (Pablo Picasso, Max Liebermann, Paula Modersohn-Becker). Und schließlich wagt sich die Malerei gleichfalls an die Grenzen der menschlichen Existenz, an ihre Abgründe, an Gewalt, Krieg, Verlassenheit, Hunger und Tod, zum Beispiel Edvard Munch und Käthe Kollwitz.

Pablo Picasso hat es vorgelebt. Keiner hat krasser zu Bilde gebracht, was Krieg und menschliche Destruktivität anzurichten vermögen. In seinem Gemälde *Guernica* – entstanden 1937 unmittelbar nach der Zerstörung der (gleichnamigen) religiösen Hauptstadt des Baskenlandes durch deutsche, spanische und italienische Luftstreitkräfte – begegnen wir dem Gegenbild der Heiligen Maria mit dem Kind.[237] Hier ist es die verzweifelt nach oben hin (zu welchem Gott?) schreiende Frau mit ihrem toten Kind im Arm, dessen Kopf sich nach unten senkt. Um sie herum der Schrecken der zerstörten Stadt Guernica, Gewehre, tote Soldaten, Tiere. Picasso widersetzt sich in seiner

Malerei dem, was das Leben selbst bedroht: Krieg und Zerstörungswut.

Abschließend – und abseits der großen Malerei, die wir soeben streiften – komme ich noch einmal zurück auf den Anfangsgedanken, dass der Mensch das Bedürfnis in sich trägt, was er liebt, auch abzubilden. In meinem Zimmer hängt das Bild der Marburger Kunstlehrerin Liselotte Hofmeister, die während des Zweiten Weltkriegs ihre schlafende Tochter Gepa zeichnete. Das Kind liegt auf dem Bauch, hat beide Hände unter der Stirn liegen. In der linken Ecke hat die Mutter eine Handskizze gemalt, so dass man meint, das Kind verfüge über drei Hände. Besucher, die das Bild betrachten, rätseln um diese *dritte* Hand. Diese kleine Skizze hatte die Mutter wegen Papiermangels auf demselben Blatt entworfen, wo sich schon das liegende Kind befand, später gab sie beiden dann einen Holzrahmen. So gewährt die Malerin nicht nur einen Blick auf ihr lockiges, schlafendes Kind, sondern lässt uns auch teilhaben an der damaligen Situation des extremen Mangels. Papier war einfach eine große Kostbarkeit zu Kriegszeiten. Ich liebe dieses Bild wegen seiner Schlichtheit und Innigkeit, und ich frage mich, warum nicht viel mehr Mütter und Väter überall in der Welt sich hinsetzen und ihr Kind *malen*. Die Kunst steckt in uns allen, wir müssen sie nur (ab)rufen.

Kuscheltier

»Man soll immer zum Schlafen ein Kuscheltier haben, dann weiß man, dass man schläft.«
Celia, fünf Jahre

Wenn man morgens zwischen acht und neun Uhr durch einen kinderreichen Bezirk irgendeiner Großstadt geht, begegnet man scharenweise Kleinkindern mit ihren unter den Arm geklemmten Teddys, Stoffkatzen oder Plüschaffen. Wie kleine Schutzschilde tragen die Kinder sie mit sich, und dies mit allergrößter Selbstverständlichkeit. Manche Tiere sind abgewetzt, manchen fehlt ein Ohr, ein Arm oder ein Auge, und manche sind offensichtlich hässlich – doch wen kümmert's? Hier geht es nicht um Schönheit, nicht um Perfektion, hier gelten ganz andere Werte.

Das Kuscheltier ist nämlich nicht ein Spielzeug wie andere. Man kann es nicht einfach unbemerkt austauschen und durch ein neueres Modell ersetzen. Das Kuscheltier – und vor allem das auserwählte, der eine Liebling – ist der Begleiter des Kindes. Und je unwägbarer die Welt um es herum ist, desto notwendiger ist dieser Begleiter. Den ganzen langen Vormittag mag sich das Kind in der Kita mit den Jedermanns-Puppen und Jedermanns-Klötzen vergnügen, aber spätestens beim Mittagsschlaf verlangt es nach seinem tierischen Gefährten, dessen Gestalt und Geruch ihm vertraut sind, dessen Fell sich ihm anschmiegt und das ihm ein Stück Nähe gibt. Dieses eine Stück, das es mitgebracht hat, ist für das Kind unverwechselbar und es gibt ihm ein Gefühl von Zuhause.

Normalerweise sind es die Eltern, Großeltern und andere Verwandte, die das Kuscheltier für das Kind aussuchen. Selten wählt das Kind es selbst aus. Aber es zeigt zumeist eine spontane und deutliche Reaktion: Mit manchen Tieren verbindet es sich sofort und unwiderruflich, mit anderen dagegen überhaupt nicht. Letztere erscheinen ihm wie tote Objekte, und sie landen deshalb meist schnell in irgendwelchen Kisten oder gehen unter der Hand verloren. Das angenommene Stofftier indes wird überallhin mitgenommen und niemals im Stich gelassen. Mit der Zeit nimmt es seinen eigentümlichen, unverwechselbaren Geruch an und wird mehr und mehr beseelt. Manches Kind findet nicht in den Schlaf, wenn das Kuscheltier nicht neben ihm liegt, andere können ohne es nicht in den Zug oder das Auto steigen, und es gibt sogar Kinder, die nicht ohne ihr Stofftier (sorgfältig im Ranzen versteckt) den Weg in die Schule antreten. Sie brauchen einfach seine heilsame Nähe. Vieles, nein, eigentlich *alles*, was für das wirkliche Tier zutrifft – es ist beständig für das Kind da, ist nie übergriffig, ganz zu schweigen von seinem kuscheligen Fell –, erfüllt sich auch in diesen Fantasietieren.

Und schließlich, wenn diese kleinen Stofftiere schon im Alltag so wohltuend und hilfreich sind, um wie viel mehr werden sie es in Momenten der Gefahr. Verzweifelt verlangen Kinder in Not- und Krisenzeiten, in Angst oder bei Krankheit nach ihren Kuscheltieren. In zahlreichen Schilderungen über Krieg, Flucht oder Exil erinnern sich Menschen rückblickend mit großer Klarheit und noch größerer Zärtlichkeit an die kleinen Begleiter von damals. Auch auf vielen Fotos von Kindern, die von Eltern und Familie getrennt waren oder sind, entdeckt man immer wieder, wie sie sich an die verwaschenen Stofftiere klammern, ganz so, als wären es Menschen.

Zum Glück für uns alle gibt es die Dichter. Und so war es ein Dichter, Alan Alexander Milne, der für seinen Sohn das Buch *Pu der Bär* geschrieben hat, das schönste Denkmal, die tiefste Würdigung eines Stofftieres, die je geschrieben wurde.[238] Warum nur vergessen wir als Erwachsene sie so leicht, diese Magie der Kuscheltiere?

»Das eigentliche Wunder des Alphabets ist zweifellos die Tatsache, dass die gleichen Buchstaben von Sprache zu Sprache springen können, quer durch Raum und Zeit, über alle geografischen und historischen Grenzen hinweg. Anders ausgedrückt könnte man sagen: Das Alphabet ist der erste Schritt der Menschheit zu einer wahrhaft globalen Welt.«
Hugo Kastner

Lachen

»Ich liebe den Gesang der Vögel. Ich liebe die Musik aus meinen Silberpappeln. Aber mehr noch liebe ich es, meinen Sohn im Rosengarten lachen zu hören.«
Astrid Lindgren

Manche sind überzeugt, dass ein Kind erst dann wirklich auf der Erde angekommen ist, wenn es das erste Mal lächelt. Wenn es mit seinem Lächeln zeigt, dass es ein Mensch werden will, dass es in den menschlichen Dialog eintreten will. Tiere – so sagt man – lächeln nicht. Und sogar die *wilden Kinder*, die unter Tieren aufgezogen sind, lächeln angeblich nicht.[239]

Auch wenn das Lächeln überall in der Welt zu unserem menschlichen Repertoire gehört, ist es keineswegs selbstverständlich, dass das Kind diesen Gesichtsausdruck annimmt. Manche Kinder verweigern das Lächeln. Wenn das Kind aber lächelt, berührt es die Eltern zutiefst. Es gleicht tatsächlich einem kleinen Wunder. Es scheint, als sei es das erste Mal überhaupt, dass ein Kind zu lächeln beginnt. In manchen indigenen Kulturen wird das erste Lachen sogar mit einem Fest begangen, an dem ein Tier geschlachtet und mit den Nachbarn geteilt wird.[240]

Warum ist dieses Lächeln so wichtig? Die Antwort ist so einfach: Lächeln steht dafür, dass ich das Leben bejahend annehme. »Ja, ich will trinken, ich will fühlen, ich will in die Gemeinschaft hineinwachsen.«

Nicht-Lächeln (und später das Nicht-Lachen) dagegen steht für Verneinung: »Er hat nicht gut lachen«; »Ihm ist das Lachen vergangen«, sagt der Volksmund. Und die gefürchtetsten Menschen (etwa unter Lehrern, Gefängnisaufsehern und leider manchmal auch Müttern) sind jene, die nicht lachen können und die niemanden zum Lachen bringen können.

Apropos: zum Lachen bringen. Das Motiv, dass jemand ein niemals lachendes Mädchen (meistens eine Königstochter) doch dazu bringt, ist ein weltweit verbreitetes Märchen- und Legendenmotiv. Natürlich ist es eine große Qual für Väter und Mütter, ein Kind zu haben, das nie lacht. Für uns moderne Menschen heißt dies: in Melancholie beziehungsweise Depression gefangen zu sein. Wer erlöst das Kind aus der Nacht der Depression? Wer bringt es nur ein einziges Mal zum Lachen? Im Märchen soll *er* (denn es ist ja in der Regel ein erlösender Mann) zum Lohn dann gleich ein Königreich erlangen – so kostbar ist diese Gabe.

Wir ahnen auch, dass die Fähigkeit, jemanden zum Lachen zu bringen, nicht ohne Liebe vor sich geht, vielleicht sogar die Liebe selbst ist. Auch hier gibt es den versteckten und doch so offensichtlichen Sprachgebrauch, dass, wer jemanden zum Lachen bringt, meist zugleich dessen Herz gewinnt.

Das schönste Lachen hat die kleine Eva. Wenn sich ihr Mund mit der mächtigen Zahnlücke öffnet und das Lachen herausprustet und gackert, ist das für mich und alle drum herum *like heaven*. So lachen die Engel – und eben manche Kinder.

Doch dann gibt es noch eine Art von Kinderlachen, das anders aussieht und andere Ursachen hat. Es handelt sich um das eher erstarrte Lachen von Kindern, die sich diesen Ausdruck abzwingen, um sich bei den Erwachsenen *lieb Kind* zu machen. Ihr Lachen ist gepresst und gehört zum anerzogenen Höflichkeitsrepertoire. Diese Kinder sind, wie Françoise Dolto beschreibt,»derart verängstigt, dass sie ständig lächeln – ein erstarrtes Lächeln, wie um dem anderen Freude zu machen, so sehr haben sie Angst, dass sie der andere attackiert, wenn sie nicht zufrieden wirken«.[241] So kann man, wenn man das Lachen des Kindes wahrnimmt, gleichsam rückschließen auf seine innere Befindlichkeit.

Wenn ich an die Kinder von heute denke, fällt mir auf, dass ihre Umgebung generell dem Lachen nicht sehr freundlich gesinnt ist, oder anders gesagt, dass in unserer Kultur schlichtweg zu wenig gelacht wird. Andere Kulturen lachen viel mehr![242] Nicht nur Mönchen und Nonnen ist das laute, sogleich als grölend verunglimpfte Lachen verboten[243], sondern auch dem Kind während des Unterrichts, in der Kirche, in der Eisenbahn und manchmal sogar am elterlichen Tisch. Überall gibt es ein mehr oder weniger ausgesprochenes Lachverbot. Und wenn nicht Verbot, dann Schmähung. So haben es unsere Kinder schwer, sich im Lachen zu üben. Und sie werden, wenn sie als Kinder nicht genug geübt haben, später mit den eigenen Kindern auch nicht viel lachen.

Deshalb ist es gut, wenn Vater und Mutter von Anfang an mit ihren Kindern lächeln und lachen. Lieber einmal zu viel als einmal zu wenig. Lieber einmal zu laut als zu leise. Lächeln und Lachen stehen für Bejahung – sie signalisieren dem Kind, dass das Leben lebenswert ist. Und man muss sie täglich üben.

Lamm
»Kleines Lamm, wer schuf dich?«
William Blake

Nicht lange her, da begrub ein Freund in seinem Garten ein kleines braunes Lamm, das nach der Geburt von seiner Mutter verstoßen worden war. Es war zu schwach zum Überleben. Der Mann verscharrte es unter einer Hecke, und die Kinder, die dabei waren, klagten und trauerten um dieses Neugeborene, als verlören sie einen innigen Freund. Da war sie wieder: diese überraschend spontane, intime Nähe der Kinder zum Tier, stark, ungebrochen und leidenschaftlich.

Dass die allermeisten jungen Tiere Kinder faszinieren – Kätzchen, Welpen, Kälber oder Eisbären –, ist bekannt. Doch unter all den vielen kleinen Lebewesen hat das Lamm, ganz ähnlich wie der Bär oder der Schmetterling, doch eine Sonderstellung. Es ist einzig in seiner

Art – und in seiner Symbolik. Die Zartheit seiner Gestalt, seine grazilen Bewegungen, sein eindringlicher Geruch und schließlich das Wohlgefühl, wenn man sein krauses Fell berührt – all das verzaubert das Kind.

Woher dieser Zauber? Woher diese Identifikation? Könnte es sein, dass das Kind um die traditionelle Heiligkeit des Lammes weiß? Natürlich nicht im rationalen Sinne. Wir gehen längst davon aus, dass mittels religiöser Traditionen auch die dazugehörenden Bilder gleichsam als kollektives Erbe von Generation zu Generation weitergegeben werden. Das Lamm als Opfertier hatte schon im Judentum eine hohe spirituelle Bedeutung.[244] Mit dem Blut der Lämmer bestrichen die Israeliten ihre Häuser in Ägypten zum Zeichen der Unterscheidung. Beim Pessachfest war das gemeinsame Verzehren des frisch geschlachteten Lamms eine unerlässliche, heilige Handlung, und ebenso hat Jesus, so die Überlieferung, davon gegessen. Das Christentum bezeichnet Jesus als *agnus dei*, als *Lamm Gottes*, und es lässt sich wohl kaum eine zartere Benennung finden. Dass eben dieser gleichzeitig in Gestalt des Hirten mit seiner Herde erscheint, ist durchaus nicht als Widerspruch zu verstehen – nach christlichem Verständnis ist Christus beides in einem: Lamm Gottes und Hirte seiner *Menschenherde*.[245]

Auch wenn die religiösen Inhalte heute von vielen Menschen abgestreift und durch neue ersetzt werden, leben diese Bilder in uns und in unseren Kindern weiter. Sie entwickeln ihr Eigenleben. Sie tauchen in Gedichten auf[246] und in Kinderliedern, auf Kunstwerken und in Form von Spielzeug. Und wenn wir in unserer Gesellschaft jedes Jahr zu Ostern Osterlämmer verspeisen (und seien sie nur gebacken und mit Puderzucker bestreut), dann liegt auch darin unsere Bindung an jenes archaische Bild des Opferlamms im Frühling. Als ob der Pakt mit dem Lamm immer wieder neu befestigt werden müsste, indem wir es uns einverleiben. Der Ethnologe Claude Lévi-Strauss sagt es so: »Schließlich ist das einfachste Mittel, den anderen mit einem selbst zu identifizieren, immer noch, ihn zu verzehren.«[247]

Langeweile

»Gefangen zwischen der Ödnis des Dunkels und der Sonne, begann das Kind rastlos um den Tisch herumzurennen, wobei es wie eine Litanei ›Ich langweile mich! Ich langweile mich!‹ wiederholte. Es langweilte sich, aber gleichzeitig enthielt diese Langeweile ein Spiel, eine Freude, eine Art Genuss...«
Albert Camus

Sonntagnachmittag halb drei. Vater und Mutter dösen auf der Couch. Satt vom Mittagessen und erschöpft von der anstrengenden Woche. Draußen regnet es. Die Zwillingsbrüder und ihre kleine Schwester sind längst aus dem Mittagsschlafalter heraus. Keine Schule heute. Kein Schwimmen, kein Blockflötenunterricht und keine Maltherapie. Gar nichts. Nur gähnende Langeweile.

Es gibt Kinder, die, allein oder sich selbst überlassen, vor Langeweile sterben. Natürlich sterben sie nicht wirklich. Aber sie haben das Gefühl, dass alles um sie herum leer und tot ist. Sie fühlen sich verloren in Zeit und Raum: Wachen die Eltern denn *nie* auf? Geht dieser Nachmittag, der kaum begonnen hat, denn *nie* vorüber?

Langeweile ist immer eine Herausforderung für Kinder. Und je nach Temperament gehen sie höchst unterschiedlich damit um. Manche empfinden sie als Strafe, wofür, wissen sie selbst nicht. Sie assoziieren Langeweile mit Unglück: »Niemand will mit mir spielen – ich habe kein Spielzeug – ich habe keine Ideen!« Kurz: Die empfundene Langeweile ist im Grunde ein Gefühl von Verlassenheit. Das Kind fühlt sich allein in seiner Zeit und mit der Leere seiner Zeit. Und allzu oft ist der Satz »mir ist so langweilig« geradezu synonym mit »ich bin so traurig«.

Es könnte ja auch ganz anders laufen. Es könnte so ablaufen, wie wir es bei Camus am Anfang dieses Kapitels erleben. Die Langeweile, wenn sie unerträglich ist, kann zum Auslöser für Spiel, Freude und Genuss werden.[248] Das Kind schafft sich diesen Genuss, wenn es beginnt, seine Zeit nicht mehr nur mithilfe äußerer Vorgaben auszufüllen (»ich muss in die Schule – ich muss üben – ich muss den Opa besuchen«), sondern wenn es entdeckt, dass man Langeweile für sich in wirklich autonome Aktion verwandeln kann, man sich aus eigener Kraft und aus eigenem Begehren ein kleines Reich der Freiheit bauen kann. Ich könnte, wenn ich ein Kind wäre, mir Stifte holen und malen. Ich könnte mich ans Fenster setzen und die Tauben beobachten und zählen und ihnen schöne Namen geben[249] oder sie zähmen. Ich könnte jedwedem inneren Impuls nachgeben und diesen in die Tat umsetzen. Ich könnte auch Blödsinn machen. Oder einfach nur träumen. Das meint Albert Camus: mit der Langeweile *spielen*.

Die echte Langeweile stirbt allerdings aus. Erstens sind die allermeisten Kinder während der Woche und sogar am Wochenende so ausgefüllt und beschäftigt, dass für Langeweile kein Platz ist. Höchstens wenn sie krank sind (und am besten ansteckend), erleben sie manchmal noch Langeweile. Dann wollen die Tage nie enden.

Zweitens sind Kinder meistens in der Lage, jeden Anflug von Langeweile schon im Keime zu ersticken. Weder zu Hause noch unterwegs, weder in den Ferien noch in der Badewanne ist es heutzutage wirklich langweilig. Augen und Ohren sind fast ununterbrochen in Aktion mit Smartphones und Tablets. Auch bei Familienrunden zu Hause oder in Restaurants, Eisenbahn und Auto klicken sich die Kinder (aber nicht nur sie) einfach aus, sobald das Gespräch für sie langweilig wird. Und sie klicken sich ein in ihre eigene kleine (oder große?) Welt.

Langeweile ist einfach historisch passé. Doch ich kann mir eine nostalgische Bemerkung nicht verkneifen. Die Erinnerung an meine Schultage, -monate und -jahre sind extrem blass. Aber ich erinnere mich lebendig an die lang weilenden Nachmittage, in denen ich mein eigentliches Leben führte. Da war ich Herr meiner Zeit, und diese Zeit war gefüllt mit Handwerkeleien aller Art, vor allem jedoch mit Gedanken und Fantasien über das Leben, das vor mir stand. Viel Freude, viel Einsamkeit auch – und bis heute nicht verblasster Genuss.

Lehrer

»Wenn der Lehrer seine Kinder nicht mehr lieben kann,
aus innerer Not oder aus den Zwängen der Bürokratie,
dann ist alles verloren, nicht nur was die Bildung angeht,
sondern auch, was unsere Zukunft betrifft.«
Walter Kempowski

Auf der Fähre nach der griechischen Stadt Patras komme ich ins Gespräch mit einem Truckfahrer. Er spricht Deutsch, weil er als Kind von Gastarbeitern in Heilbronn zur Schule gegangen war. Sechs Jahre lang, dann brach alles ab. Alles, was er an Bildung mitbekommen hatte, stammte von seinem Grundschullehrer. »Dabei machte ich ihm nichts als Ärger, ich habe die ganze Zeit nur gezappelt und bin weggelaufen«, sagt Nicolas, lacht und geht über in ein nicht enden wollendes Loblied des Vertrauens und Respekts, ja, der Verehrung gegenüber seinem damaligen Klassenlehrer. Er behauptet, dass er mit seinem Lehrer viel mehr Zeit verbracht hatte als mit seinen Eltern: »Die gingen ja beide arbeiten. Und *er* hatte so viel Güte.« Ja, er benutzte das Wort *Güte*, das wohl kaum einem Kind mehr über die Lippen kommt. Schade, dass die allermeisten Lehrer solche Gespräche nicht mitbekommen, dass sie nie erfahren werden, was sie auf Dauer bei ihren Schülern bewirken. Vielleicht würden sie morgens freudiger, verantwortungsvoller und stolzer in ihre Schule gehen.

Kaum ein anderer Beruf ist in unserem Lande derart klischee- und vorurteilsbeladen wie der des Lehrers. Ich betone *in unserem Lande*, denn in anderen Kulturen, wie etwa der finnischen, sieht die gesellschaftliche Wahrnehmung des Lehrers ganz anders aus: »In

Finnland bezeichnet man Lehrer als *kansankynttillä*, ›Kerzen des Volkes‹, sie beleuchten Entwicklungswege – und wärmen dabei.«[250] Nicht zufällig erleben wir seit Jahren, dass die finnische Schulerziehung die sozialste und gleichzeitig erfolgreichste im gesamteuropäischen Maßstab ist. Und ich vermute, dass das hohe Sozialprestige der Lehrer daran nicht ganz unbeteiligt ist.

Eigentlich muss es wundern, dass dieser Funke nicht längst von Finnland auf uns übergesprungen ist. Denn es gibt doch keinen Zweifel: Kein Schüler kann sich zu einer autonomen, selbstbewussten und seiner Sache sicheren Persönlichkeit entwickeln, wenn er dies nicht in der Gestalt des Lehrers vorgelebt bekommt. Kein Kind lernt gern, wenn es sich nicht in den Augen des Lehrers gespiegelt weiß, der ihm sagt: »Weiter so! Schön gemacht!« – oder der es mahnt: »Hier kannst du es besser machen!« Und diese Regel gilt für alle Lehrer, von der Grundschule bis zur Universität. Überall ist der Dialog zwischen Lehrendem und Lernendem zugleich Herz und Motor für Lernwillen und Lernfreude.

Trotz dieser Einsicht wird das Bild des Lehrers immer wieder düster gemalt. Daran sind nicht nur die vielen literarischen Dokumente des vergangenen Jahrhunderts schuld, die den Lehrer als prügelnde, sadistische oder sonst wie deformierte Persönlichkeit beschreiben.[251] Die Negativzeichnung des Lehrerstands hat eine lange Geschichte, und die historisch gewachsenen, zäh sitzenden Vorurteile lassen sich bisher nur schwer aufweichen.

Unterrichten war stets fern der eigentlichen gesellschaftlichen Macht angesiedelt, selbst wenn es ihr zu Diensten stand. Unterrichten hatte in der Vergangenheit eher eine dienende Funktion. Im Altertum waren die Lehrenden sogar Sklaven. Im Kontrast dazu stand aber die bisweilen magische Verehrung, welche Lehrer in manchen Kulturen wie etwa der des alten China oder des Judentums genossen. Der Philosoph Theodor W. Adorno spürte in den Siebzigerjahren des vorigen Jahrhunderts den Gründen nach, weshalb der Lehrerberuf bis heute so ambivalent und von Tabus behaftet wahrgenommen wird. Eine der Hauptursachen sieht er darin, dass der Lehrer es grundsätzlich mit schwächeren, ihm Unterlegenen zu tun hat. Er stehe nicht, wie etwa der Arzt oder Jurist, in wirtschaftlicher oder geistiger Konkurrenz mit gleichwertigen, erwachsenen Berufskollegen, sondern führt seinen Beruf aus in einem vom wirklichen Leben abgetrennten Raum.[252]

Darin liegt wohl eine Spur Wahrheit. Eine Wahrheit allerdings, die weniger über das Berufsprofil des Lehrers aussagt als über die an wirtschaftlicher Konkurrenz orientierte Gesellschaft, in der wir leben. Denkt man aber in anderen Kategorien, nämlich in Kategorien der Zukunftsbezogenheit, dann sieht man, dass der Lehrer gegenüber den ihm anvertrauten Kindern eine durch nichts ersetzbare Verantwortung trägt. Er kann Bildungs- und damit Lebenswege durch gezielte Förderung möglich machen. Und ebenso leicht kann er diese stören. Er kann durch Güte Kinder aufbauen – und er kann durch falsche Worte, durch Gesten und Taten auch Kinder zerstören.

Die für mich bewegendste Geschichte, wie ein Lehrer das Schicksal eines Kindes beeinflusst, findet sich in Albert Camus' autobiografischem Roman *Der erste Mensch*. Camus lebte damals als Kind in Algier in dem Armenviertel Belcourt. Sein Grundschullehrer Louis Germain hatte von Anfang an seinen hellen Verstand erkannt, und er setzte es gegen das Misstrauen und den Widerstand der Familie durch, dass der Zehnjährige auf die höhere Schule wechseln durfte. Mutter und Großmutter, die ihn erzogen, waren Analphabeten, es gab keine Bücher im Haus. Und hätte sich der Volksschullehrer nicht so engagiert für den Jungen eingesetzt, wäre dessen Leben entschieden anders verlaufen. Als Albert Camus 1957 den Nobelpreis für Literatur empfing, schrieb er diesen Brief an seinen Lehrer:

»Lieber Monsieur Germain,
ich habe den Lärm sich etwas legen lassen, der in diesen Tagen um mich war, ehe ich mich ganz herzlich an Sie wende. Man hat mir eine

viel zu große Ehre erwiesen, die ich weder erstrebt noch erbeten habe. Doch als ich die Nachricht erhielt, galt mein erster Gedanke, nach meiner Mutter, Ihnen. Ohne Sie, ohne Ihre liebevolle Hand, die Sie dem armen kleinen Kind, das ich war, gereicht haben, ohne Ihre Unterweisung und Ihr Beispiel wäre nichts von alldem geschehen. Ich mache um diese Art Ehrung nicht viel Aufhebens. Aber diese ist zumindest eine Gelegenheit, Ihnen zu sagen, was Sie für mich waren und noch immer sind, und um Ihnen zu versichern, dass Ihre Mühen, die Arbeit und die Großherzigkeit, die Sie eingesetzt haben, immer lebendig sind bei einem Ihrer kleinen Zöglinge, der trotz seines Alters nicht aufgehört hat, Ihr dankbarer Schüler zu sein. Ich umarme Sie von ganzem Herzen, Albert Camus.«[253]

Jedes Mal, wenn ich Lehrer klagen höre, wie anstrengend, wie frustrierend oder sinnentleert ihr Beruf sei, jedes Mal, wenn ich von Burnouts erfahre und vor allem wenn ich die offene oder latente Feindseligkeit von Lehrern gegenüber ihren Schülern spüre, habe ich Lust, diese Geschichte von Camus und seinem Lehrer zu erzählen. (Und ich erzähle sie tatsächlich oft.) Warum vergessen wir so leicht, dass das Verhältnis von Lehrern zu ihren Schülern zu manchen Zeiten eine innige, von pädagogischem Eros getragene Bindung war? Wenn wir nur einen Funken von jener Liebe in unsere Zeit hinüberretten könnten, wäre schon viel getan. Und die Kinder würden es uns danken.

Liebe

»Er lachte. Du bist warm, sagte er.
Jetzt schlafen wir aber, sagte sie.
Ich bin nicht müde.
Ich auch nicht.
Anna lachte, sprang auf und hüpfte über ihn weg.«
Peter Härtling

Als mein Sohn Boris zehn war, schrieb er mit schräger, aber klarer Schrift auf einen Zettel: »Jeanne ist mein Herz.« Darunter malte er mit rotem Buntstift eben dies: ein Herz. Den Zettel verwahrte er über Jahre in einem Buchdeckel – ein Ort für die Ewigkeit. Ich weiß nicht, ob die kleine Jeanne, die damals nur wenige Wochen in seiner Klasse weilte, je von diesem frühen Glück erfahren hat. Ob diese kindliche Liebeserklärung sie je erreicht hat über Worte, über Gesten oder kleine Geschenke – oder ob am Ende doch alles nur ein Traumgebilde war.

Aber schauen wir noch einmal auf den Satz selbst. Nicht »Jeanne gehört mein Herz« – wie wir es aus Operettentexten kennen –, sondern sie »ist mein Herz« heißt es da. Über die Sprache überwindet das Kind die Trennung von Ich und Du. Der, in diesem Fall die andere wird zu einem Teil seiner selbst. Und als das kleine Mädchen bald wieder verschwand, war der Junge über Wochen hinweg tatsächlich krank, als fehlte ihm ein wichtiger Körperteil. Nämlich sein Herz.

Viele Erwachsene erinnern sich mit erstaunlicher Klarheit, ja bisweilen Überdeutlichkeit, an das allererste Verliebtsein als Kind.[254] Sie konnten schon damals deutlich wahrnehmen, dass dieses neue Gefühl sich von allem vorher Erlebten unterschied – alles war von einem Glanz umgeben, selbst wenn sie es zu jenem Zeitpunkt noch nicht in Worte fassen konnten. Oft ging die erste Verliebtheit zugleich mit Schrecken einher: Schrecken vor dem Unbekannten, das über sie hereinbrach, und vor dem – das ahnen die Kinder sehr wohl – Unerlaubten. Aber worin bestand das Unerlaubte? War es real, war es imaginiert? (Auch das Verbotene ließ sich damals noch nicht wirklich in Sprache bringen.)

Und so ist es kein Wunder, wenn Kinder anfangs eher mit Irritation und Widerspenstigkeit auf dieses neu erwachte Gefühl reagieren. In Peter Härtlings Roman *Ben liebt Anna*[255] – bis heute einzigartig in seinem Genre – überdeckt der Junge Ben seine aufkeimende Zuneigung gegenüber der aus Kattowitz zugezogenen Anna mit Spott, Aggression und Leugnung – gegenüber sich selbst und vor allem den Kindern seiner Schulklasse. Erst beim versteckten Heimweg von der Schule traut er sich, dem Mädchen freundlich zu begegnen und zaghaft seine Zuneigung zu offenbaren.

Härtlings Roman endet traurig – wie so viele frühe Kinderlieben. Wohl die meisten enden, indem sie im Geheimen versickern, unausgesprochen, vielleicht verlacht, vielleicht auch verspielt durch zu ungelenke Worte. (Auch die Sprache der Liebe muss erst erlernt werden.) Aber so gut wie immer werden sie als Erinnerungsspuren unauslöschlich eingraviert in die Biografie des Kindes. Niemals wird diese Erfahrung dem Kind und späteren Erwachsenen abhandenkommen. Und dann manchmal, ganz plötzlich, tauchen sie im späteren Leben wieder auf: *Jeanne* trägt nun einen anderen Namen, doch das Herzgefühl ist untrüglich dasselbe wie damals: Liebe.

Lob

»Und jetzt, wo ich das Bedürfnis habe, dass jemand mir den Weg weist, mich tadelt und lobt.«
Albert Camus

Lob ist wie Honig. Er macht das Leben süß. Lob ist Nahrung für die Seele des Kindes und unentbehrlich für sein Wachstum.

Warum so viel Lobpreis auf das Lob? Ganz einfach: Weil wir in Gefahr sind, über all unseren pädagogischen Aktivitäten die grundlegenden Dinge zu verschütten. Wir mahnen, wir korrigieren, wir diskutieren, wir belehren unentwegt, doch wir loben zu wenig. Schon das Wort klingt für manche Ohren altertümlich und provoziert negative Einfälle (»Eigenlob stinkt«). Vielleicht sind wir noch geneigt, den exzellenten Koch eines exzellenten Restaurants zu loben – aber Kinder?

Ja, in die Kinderstube gehört das Lob. Von Anfang an. Eigentlich sollte *jedes* Handeln des Kindes, das Spiel mit den Händen, das erste Lächeln sowieso, seine Laute und sein entschiedener Wille, gehen zu lernen, vom lobenden Echo seiner Umgebung begleitet sein: »Ja, gut so! Weiter so! Mach es noch einmal für dich – für uns – lächle noch einmal!« Lob bedeutet das bedingungslose Annehmen des anderen, ohne kritische Nebentöne, ohne destruktive Hintergedanken. Das Kind braucht diese lobenden Worte – und vor allem die sie begleitenden Gesichter –, um zu spüren, dass es auf dem richtigen Weg ist. Dass es seiner Sache sicher sein darf.

In der Schule setzt es sich fort. Der gute Lehrer geht im Schreibunterricht durch die Reihen seiner Klasse. Kein Kind übergehend, schaut er jedem über die Schultern und verteilt sein Lob: »Gut so! So ist es schön!« Und der Schreibfluss und die Schreiblust der Schüler werden lebendig. Hingegen der Mangel an Lob, oder gar dessen völliges Ausbleiben, bringt den Fluss ins Stocken. Kinder verhaken sich in ihren Buchstaben und Zahlen: Wo bleibt der Sinn in alledem?

Wenn wir ein Kind loben, dann zielen wir selten nur auf das äußerlich Wahrnehmbare allein, auf Leistungen gar. Wenn wir ein Kind loben, dann sprechen wir immer auch seine Persönlichkeit an. Wir zeigen ihm, dass wir es in seinem Ich wertschätzen. Wir loben es und drücken damit gleichzeitig aus, dass es auch zukünftig die Kraft und die Fähigkeit besitzen wird, Erfreuliches zu tun, zu sagen, zu lernen. Wir geben ihm ein Stück Zukunft.

Dieser Zusammenhang ist wichtig. Das Selbstwertgefühl des Kindes ist ja keineswegs ein für allemal eingepflanzt. Im Gegenteil, es ist fragil und muss fortwährend neu aufgebaut und genährt werden:

Baustein für Baustein, Lob für Lob. Bis hin zu jenem Moment, in dem das Kind und später dann der Jugendliche sich selbst Lob – und damit auch Mut – zusprechen kann: »Ich kann nun aufhören zu üben, ich glaube, ich habe für heute gut gelernt.« Das ist ein gesundes und produktives Eigenlob, das weiterträgt.

Wenn ich ein Kind lobe, dann lobe ich insgeheim und dennoch deutlich spürbar die Tatsache seiner Existenz. Womit sich der Kreis schließt: Das Kind loben heißt, das Kind lieben. Und umgekehrt. Beides ist nur durch einen winzigen Federstrich, sprich Buchstaben, getrennt.

Luftballon

»Wenn man einen Luftballon loslässt,
dann fliegt er davon und verschwindet.«
Albert Lamorisse

Der Ball ist *das* universale Spielzeug der Kinder. (Und nicht nur ihres.) Der Ball ist hart und irdisch. Er unterliegt den Gesetzen der Schwerkraft. Der Luftballon ist die überhöhte, gleichsam *vergeistigte* Form des Balls, weich und überirdisch. Er hebt ab.

Genau das ist es, was den Luftballon so faszinierend macht. Das Kind fühlt sich dem Schwebenden verbunden, uralte Flugsehnsüchte werden in ihm wach, und in manchen Geschichten erfährt man von Kindern, die mit einem Schwarm von Luftballons aufsteigen und auf Nimmerwiedersehen davonfliegen.

Aber es ist doch ein Riesenunterschied zwischen dem Schwarm der vielen, nicht mehr einzeln in Größe und Gestalt unterscheidbaren Ballons und jenem einen, dem Kind eigenen Luftballon. Er ist himmelblau. Er ist kanarienvogelgelb. Oder er ist so leuchtend rot wie jener aus dem französischen Kinderbuch von Albert Lamorisse.[256] Dieser Ballon begleitet, schützt und verzaubert das Kind. Im Zappeln und Zucken des Luftballons spiegeln sich die körperliche Erregung und seelische Schwingung des Kindes, welches ihn an der Schnur hält. Und bisweilen aus Übererregung auch loslässt. Was meist einer Katastrophe gleicht.

Der Ball ist für den Alltag geschaffen. Der Luftballon für die Festtage der Kindheit.

Lügen

»Ich habe permanent gelogen.
Ich log, dass sich die Balken bogen, ich log ständig.«
Jean-Jacques Sempé

»Lügen haben kurze Beine.« Mit dieser Bauernregel wollten schon Generationen von Erwachsenen Kindern Angst einjagen und sie am Lügen hindern. Aber vergeblich. Alle Kinder lügen. Genau wie die Erwachsenen. Kein Kind kann ohne Lüge überleben, denn die Wahrheit, spräche man sie radikal und gnadenlos aus, könnte bisweilen tödlich sein. Das junge Mädchen Deborah im Roman *Ich hab dir nie einen Rosengarten versprochen* spricht es unerbittlich aus: »Wie oft sagt man die Wahrheit und stirbt für sie.«[257]

Ich wiederhole: Kinder lügen. Doch sie lügen unterschiedlich, jedes auf seine Weise und jedes mit seinem eigenen Motiv. Und wenn wir die Gründe dafür besser begreifen, dann werden wir entspannter mit Kinderlügen umgehen können – und das gereicht beiden zum Segen, Eltern und Kindern.

Aber zuerst ein Blick auf die Erwachsenenwelt und ihren Umgang mit Lügen. Unser Alltagsleben ist voller Not-, Höflichkeits- sowie echter Lügen. Unentwegt frisieren wir unsere Wahrheiten. Auch die Vergangenheit der Menschen ist durchzogen von Lug und Trug – von Lügen und Betrügen – von Anfang an bis auf unsere Tage. Oft sind Lügen so selbstverständlich in das Gesamtgeschehen eingeflochten, dass wir sie kaum als solche erkennen. Besonders wenn sie einen guten Ausgang haben, werden sie im Nachhinein gern moralisch legitimiert und abgesegnet. Ein schönes Beispiel dafür findet sich im Märchen *Schneewittchen*. Als der Jäger von der neidischen Stiefmutter beauftragt wird, das Mädchen zu töten, tut er dies nicht, erlegt stattdessen ein Tier und überbringt dessen Herz und Leber der Stiefmutter. Niemand kommt auf die Idee, dass jemand lügt. Ganz im Gegenteil rettet dieser Jemand durch seine mutige Lüge ein Menschenleben. Und solche Geschichten gibt es nicht nur im Märchen, sondern durchaus auch im realen Leben.

Im Grunde verdichtet sich in der Lüge immer der besondere, subjektive Standpunkt eines Menschen. Jeder versucht, die Wahrheit so zu manipulieren, wie sie für ihn am günstigsten erscheint. Janusz Korczak, der polnische Arzt und Pädagoge, untermauert diesen Gedanken am Beispiel des biblischen Brüderpaars Kain und Abel: »Du sagst: Er hat mich zuerst geschlagen. Du lügst nicht. Er sagt, dass du ihn zuerst geschlagen hast. Er lügt nicht. Du weißt es anders und er weiß es anders von dem, was heute war.«[258] Jeder hat seine Wahrheit. Die reine Lüge gibt es ebenso wenig wie die reine Wahrheit.

Kinder haben verschiedene Gründe, die Wahrheit zu verdrehen und zu lügen. Das wichtigste und dringendste Motiv liegt in der Vermeidung von Schmerz und Unbehagen. Es gibt Wahrheiten, die das Kind nicht ertragen kann und denen es deshalb durch Lügengeschichten entfliehen muss. So beschreibt der amerikanische Autor Mark Bryan den Fall eines von seinem leiblichen Vater getrennt lebenden Jungen, der auf Erkundigungen nach diesem wilde Geschichten ersinnt: »Wenn Leute mich nach ihm fragten, sagte ich, er sei gestorben, meistens auf irgendeine coole Weise, wie etwa bei einem Motorrad- oder Autounfall. Er starb, als er gerade zu mir fuhr, sagte ich dann immer.«[259] Es bedarf kaum einer Erklärung, was der Junge mit seinen Lügen bezweckt. Er versucht den Verlassenheitsschmerz zu bewältigen. Mit dem Mittel der verkehrten Sprache stellt er seine kleine Welt wieder her, damit für ihn das Leben weitergehen kann.

Kinder wachsen überall auf, in Schlössern, in Mietskasernen und Bürgerhäusern, in Wellblechbaracken, in Gefängnissen, auf der Straße. Sie wachsen auf in Groß- oder Kleinfamilien, ohne Familien – und ständig arrangieren sie sich mit ihrer Umwelt. Arrangieren heißt *annehmen*, aber es heißt noch lange nicht, mit ihr versöhnt zu sein. Das Kind hat die wunderbare Gabe, die Wirklichkeit mittels seiner Fantasie und der damit einhergehenden Lügenmärchen so umzugestalten, wie es sie braucht. Es schmiedet sich seine *Realität*, damit sie ihm auf den Leib passt: Es dichtet sie um, idealisiert, lässt Dinge aus. Kurz: Es beherrscht alle Facetten des Lügenspinnens.

Natürlich ist dieses freizügige Ausschmücken der Realität durch Lügen ein Privileg jüngerer Kinder – wir werden jetzt nicht dafür plädieren, hemmungslos zu lügen. Das ist nur im Kino erlaubt, wenn es in einem Chabrol-Film heißt: »So, jetzt lasst uns alle lügen!«[260]

Ohne Wahrheit, ohne Verbindlichkeit in Raum und Zeit gäbe es weder Struktur noch Fortschritt in der Gesellschaft, und irgendwann müssen die Kinder die Unterschiede zwischen Wahrheit und Unwahrheit auch begreifen. Hier aber geht es darum, das Lügen nicht länger mit Böse-Sein zu assoziieren. Damit nehmen wir dem Lügen sein Angst und Schuldgefühle einflößendes Potential. Wenn wir dem Kind mehr Freiräume schaffen, wenn wir es nicht dauernd kontrollieren und bestrafen bei seinen kleinen Abweichungen von der vermeintlichen Wahrheit, kann es mutiger in die Welt vorpreschen. Es kann denkend und handelnd experimentieren, es darf sich irren, neu beginnen, ohne Scham und Schuld – und ohne die Qual der kurzen Beine.

Schauen wir Alice im Wunderland an, wie die Worte mitsamt all ihren Verdrehungen aus ihrem Mund sprudeln. Und hören wir Pippi Langstrumpf zu. Ihre prallen Lügengeschichten bereiten den anderen reinstes Vergnügen und verleihen ihr selbst Freiheit und Flügel und eine große Portion Charakterstärke. Wollten wir dies nicht alle für unsere Kinder? Und eigentlich auch für uns selbst?

M

»Jedes Kind, wenn es die ersten Buchstaben auf seine Schultafel malt und die ersten Leseversuche macht, tut damit den ersten Schritt in eine künstliche und höchst komplizierte Welt, deren Gesetze und Spielregeln ganz zu kennen und vollkommen zu üben kein Menschenleben ausreicht. Ohne Wort, ohne Schrift und Bücher gibt es keine Geschichte, gibt es nicht den Begriff der Menschheit.«

Hermann Hesse

Magisches Denken

*»Als das Kind Kind war,
wusste es nicht, dass es Kind war,
alles war ihm beseelt,
und alle Seelen waren eins.«*
Peter Handke

Vor nicht allzu langer Zeit lief in den Kinos der Film *Die Kinder des Monsieur Matthieu*. Nicht nur wegen der menschlichen Pädagogik und nicht nur wegen des hinreißend schönen Gesangs der Chorknaben war dieser Film bemerkenswert, sondern auch – und vor allem – wegen Pépinot. Der Film spielt in einem französischen Internat, in einer Anstalt für hoffnungslose Jungen, hoffnungslos jedenfalls für die damalige Gesellschaft. Pépinot erscheint gleich zu Beginn des Films an dem großen, schmiedeeisernen Tor dieses einsam gelegenen Anwesens, einem ehemaligen Gutshof. Jeden Samstagnachmittag sitzt er dort und wartet stundenlang auf seinen Vater, der ihn besuchen und abholen soll.

Wir erfahren bald, dass Pépinots Eltern während der Besatzungszeit der Deutschen ums Leben gekommen sind. Also dauert das Warten des Jungen schon eine Ewigkeit, obgleich die Erzieher ihn wiederholt über den Tod der Eltern aufgeklärt haben. Pépinot aber hat seine eigene Wahrheit, und diese ist magisch. Es ist *seine* Wahrheit. Diese Wahrheit entspricht nicht der äußeren Welt, sondern der inneren Welt des Kindes, sie entspringt seinem innersten Begehren: »Ich will meinen Vater wiederhaben. Ich will, dass er mich holt.« Deshalb wartet er weiter, jahrelang.

Das Denken und Fühlen des Kindes ist magisch. Was bedeutet das? Ich spreche hier nicht von Magie im Sinne von Alchemie und Zauberei. Magisches Denken bedeutet vielmehr, nicht nur äußere Realitäten abzubilden, sondern aus sich heraus Eigenes zu schaffen.

Wenn das Kind sich seine mit atemberaubenden Fantasiegebilden gespickte Welt zusammenreimt, dann fußt diese immer auf seinen persönlichen Erfahrungen und spricht eine eigene Sprache.

Obwohl viele Erwachsene die Logik der kindlichen Fantasiewelten nicht sofort verstehen, hat sie doch einen tiefen Sinn. Sie entspricht in mancher Weise der Traumlogik und ist ebenso eigenwillig und archaisch wie diese. Mein damals achtjähriger Sohn sagte zu mir: »Mama, du hast Glück.« Ich fragte: »Warum?« Und er antwortete: »Weil du vier Kinder hast. Und weil Glücksklee, das hat doch mein Lehrer gesagt, auch vier Blätter hat.« Diese Analogie berührte mich damals sehr. Kinder scheuen sich nicht, Großes und Kleines, Gleiches und Ungleiches in Beziehung zu setzen, sie kreieren eine fast *egozentrische* Logik, der wir Erwachsenen erst wieder nachspüren müssen. Es ist eine Sinngebung, die wir in Märchen, Mythen, Legenden und in der Bibel finden, in all den großen Schriften, die den Prozess der Menschwerdung widerspiegeln.

Da Kinder in den seltensten Fällen der Rationalität der Erwachsenen folgen, ist die Frage naheliegend, ob man die Logik der Kinder als *unlogisch* oder *alogisch* bezeichnen kann. Ich meine, dass keines der beiden eher negativ besetzten Worte trifft, sondern dass der Begriff des *Analogischen* hier weiterführt. Dieses Analogische bedeutet keinen wertenden Gegensatz, sondern erweitert die Grenzen des Verständnisses für Logik, so dass eine ganz neue Form von Logik entsteht. Der Philosoph und Märchenforscher Ottokar Graf Wittgenstein definiert das Analogische als »dem Sinn entsprechend, den Gesamtsinn – logos – hindurch, hinauf, obenan steigend, durchdringend«[261] – im Gegensatz zu einem linearen, eben kata-logischen Verständnis der Welt.

Das analogische Denken folgt nicht den kausalen Abfolgen, wie sie in der Erwachsenenwelt gelten. Vielmehr schafft es seine eigenen Gesetze, die nicht an Raum und Zeit gebunden sind. Alle physikalischen, mathematischen und sonstigen naturwissenschaftlichen Erkenntnisse wirft das Kind einfach über den Haufen, wenn es seine eigenen Schlüsse zieht: »Die Sonne scheint für *mich*«, so schlussfolgert das Kind und zweifelt nicht an dieser Überzeugung. Auch dass alle Lebewesen dieser Welt, ja selbst vermeintlich tote Gegenstände beseelt sind und über einen Willen und eine eigene Intention verfügen, steht für die meisten Kinder fest. Dafür brauchen sie keine Beweise, und widerlegen kann und vor allem sollte man diese kindliche Vorstellung schon gar nicht.

Damit knüpft das Kind an uralte Denkmuster an. Nach der Vorstellung mancher Kulturanthropologen und Tiefenpsychologen durchwandert das Kind in seinem individuellen Wachstumsprozess noch einmal alle Phasen der Menschheitsgeschichte. Deshalb steht es dem Denken, Fühlen und Wahrnehmen früherer Epochen, in denen das magische Denken einen großen Raum einnahm, noch sehr nahe. Das Kind trägt ein kollektives Erbe in sich und stöbert, neugierig wie es ist, in den Erinnerungsspuren früherer Zeiten herum. Obwohl im Alltag der Erwachsenen, zumindest in der westlichen Welt, nur wenig Platz ist für derlei symbolisch-magisches Denken, schimmern analogische Muster auch bei ihnen häufig durch, vor allem im Traum, ebenso in Fantasien, im Rausch oder in extremen Gemütszuständen wie Freude und Trauer. Das Kind hingegen darf dem Reich des Analogischen noch sehr nahe sein.

Wenn es also zutrifft, dass unsere Kinder in einem *anderen* Reich leben, dann werden viele Eltern und Erzieher fragen, für welches Alter diese Aussagen zutreffen. Wie lange darf man das Kind überhaupt in diesen Denkmustern belassen? Sollten Kinder nicht frühzeitig, vor allem aber rechtzeitig zum Erwachsenendenken hingeführt werden? Genau darüber streiten Wissenschaftler. Manche meinen, dieses Denken sollte am besten mit dem Schulbeginn aufhören. Damit der Kopf frei ist für das ABC und das Einmaleins. Andere dagegen sind überzeugt, dass das analogische Denken bis in die Pubertät, im Grunde sogar noch bis ins Erwachsenenalter hineinreicht.[262] So gibt es in der Entwicklung lange Phasen, in der die Kinder regelrecht zweigleisig operieren. Sie sprechen und argumentieren rational: »Natürlich gibt es keinen Osterhasen. Und schon gar keinen Nikolaus!« Wenn sie aber allein sind, ohne die kontrollierenden Blicke der Erwachsenen, suchen sie nach Spuren des Osterhasen im Garten und schreiben persönliche Briefe an das Christkind. Und meistens verbergen sie ihr Geheimwissen vor den Erwachsenen und hüten es wie einen Schatz.

Eltern und Erzieher können diese Zweigleisigkeit manchmal über Jahre hinweg bei ihren Kindern beobachten. Das allmähliche Abstreifen der kindlichen Vorstellungen ist wie ein Häutungsprozess, bei dem die Haut zuweilen auch wund liegt. Das kann schmerzhaft sein, aber irgendwann wird das Kind seine eigene Mitte finden, zwischen magisch beeinflusstem und rationalem Denken. Entscheidend ist allein, dass es dies in Freiheit und nach eigenem Maß tun darf.

Märchen

»Märchen sind die Träume der Völker.«
Erich Fromm

Kaum ein Kind in unserem Lande, das nicht die Gestalten unserer Volksmärchen kennt: Aschenputtel, Rotkäppchen, Schneewittchen, Hänsel und Gretel und die vielen anderen mitsamt den Tieren, die selbst Akteure oder wichtige Begleiter sind. Und kaum ein Kind, das nicht das eine oder andere Lieblingsmärchen hatte, welches es über Jahre hinweg begleitete und tröstete. Bruno Bettelheim hatte recht, wenn er sagte: »Kinder brauchen Märchen.«[263] Er behauptet nicht, Kinder mögen oder lieben Märchen wie Luftballons oder Pommes frites oder bunte Kleider, sondern er meinte, dass sie diese existenziell brauchen. Für ihre Seele, für ihre Reifung.

Warum dies? Warum ist es immer noch sinnvoll, Kindern Märchen zu erzählen, die gar nicht wirklich von dieser Welt sind? Und *diese Welt* ist es doch, in der die Kinder leben und in der sie stark und widerstandsfähig sein müssen. Genau da liegt der wunde Punkt. Genau da berühren sich Widersprüche, zwischen denen sich jedes Kind bewegt. Das Kind nämlich lebt in beiden Welten, in dieser *und* in jener.

Die eine ist die helle, klare Welt des Bewusstseins, der Regeln und Verlässlichkeit (»Du darfst! Du sollst!«), der Kontinuität in Zeit und Raum (die Schule beginnt jeden Morgen um acht Uhr), und ich nenne sie hier der Einfachheit halber die *Welt des Tages*. Hier kennt sich das Kind aus, hier weiß es, wo es langgeht. Das ist *diese Welt*.

Aber dann ist da auch die andere, die des Dunklen, des Unberechenbaren, der plötzlichen Einbrüche, des Chaos – und wir wollen sie, ebenfalls bewusst vereinfachend, als *Nacht* bezeichnen. Das Kind kennt diese Nachtanteile des Lebens von früh auf, und sie erscheinen ihm bizarr und unverständlich: Wenn der Hund stirbt, bricht ihm eine Welt zusammen. Wenn die Eltern trinken oder depressiv werden, verliert das Kind seinen Halt. Wenn das Kind von Lehrern oder Mitschülern gedemütigt wird, dann versagen alle Maßstäbe für Gut und Böse. Dann existiert nicht mehr *diese Welt*, dann ist für das Kind Nacht.

Das eigentliche Drama des Kindes liegt darin, die auseinanderfallenden Tag- und Nachtseiten immer wieder miteinander zu versöhnen, und dieses Drama spielt sich im Innern des Kindes ab. Den Erwachsenen bleibt es meistens verborgen. Das Kind kann sich darüber nur schwer mitteilen. Und wenn es doch spricht, wenn es beispielsweise Traumfetzen erzählt oder bizarre Bilder malt, dann sind diese für seine Umgebung oft nicht zu entziffern. Was bedeutet sie denn wirklich, diese existenzielle Angst eines Kindes, verlassen oder vernichtet zu werden – wie in *Hänsel und Gretel*? Was die Fantasie, in Wirklichkeit das Kind ganz anderer Eltern zu sein? Was tut es mit dem Kind, wenn es, wie in *Aschenputtel*, dem geballten Neid der Geschwister ausgesetzt ist? Oder wenn es, wie in *Schneewittchen*, eine Stiefmutter hat, die es am liebsten beiseiteschaffen möchte? Solche

Gefühle rumoren im Kind. Hier stößt es an seine Grenzen. Hier reiben sich Tag und Nacht. Und hier verlangt es nach Erlösung. Nach dem Zauberwort.

Das Märchen hat das Zauberwort. Das gute Märchen fügt die Emotionen des Kindes in einfache, klare Bilder. Es verbindet diese und jene Welt. Es verbindet Tag und Nacht. Das Bedrohliche wird den bösen Figuren zugeordnet, das Gute aber den Helden, mit denen sich das Kind identifizieren darf. Und da die klassischen Märchen meistens gut enden, erlebt das Kind den bedrohlichen, abenteuerlichen Weg heraus aus dem Drama und landet schließlich zuverlässig in einer guten, erlösten Welt.

Den Plot eines Märchens bildet immer ein Konflikt, und dieser wird stets ohne Umschweife, Beschwichtigung und ohne vorschnellen Trost benannt. So wie im Märchen von *Brüderchen und Schwesterchen*: »Brüderchen nahm sein Schwesterchen an der Hand und sprach: ›Seit die Mutter tot ist, haben wir keine gute Stunde mehr; die Stiefmutter schlägt uns alle Tage, und wenn wir zu ihr kommen, stößt sie uns mit den Füßen fort.‹«[264] Damit das Kind nicht gefangen bleibt in seiner desolaten Lage, beginnt die Geschichte seiner Erlösung. Es geht jedoch meistens umständlich und manchmal auf brüchigem Boden. Ähnlich wie das Kind selbst braucht das Märchen Zeit, Wiederholungen, mehrere Anläufe und Umwege. Nicht einmal, sondern dreimal muss das Brüderchen trinken: »Schwesterchen, mich dürstet, wenn ich ein Brünnlein wüsste, ich ging und tränk einmal.« Aber am Ende folgen Märchen doch einer inneren Konsequenz: Sie enden immer gut. Das ist ihr ehernes Gesetz und innerstes Geheimnis – und das ist ihre Magie.

Das märchensüchtige Kind verlangt nach ständiger Wiederholung. Offensichtlich kann es nicht genug bekommen, und so verinnerlicht es den positiven Ablauf der Geschichte, die Erlösung und das glückliche Ende. Die Sprache und die Bilder des Märchens verwandeln sich nach mehrmaligem Hören für das Kind gleichsam in innere Realität.

Jedes Kind sucht sich aus dem Text, was es in der aktuellen Lebensphase, in dem Moment seiner Entwicklung braucht. Anderes lässt es vorbeiziehen, manches erreicht es gar nicht und kann es deshalb auch nicht erschrecken. Und der Märchenvorleser und -erzähler kommt gleichermaßen auf seine Kosten. Auch er entdeckt trotz (oder wegen) aller Wiederholungen immer wieder Anregendes für seine Seele. Vor allem aber erlebt er die Begeisterung der zuhörenden Kinder hautnah.

Milch

»... milk as a symbol of human affection.«
Dalai Lama

Es gibt Filmszenen, die man, wie manche Bilder aus dem eigenen Leben, niemals vergisst. Die Milch-Szene beispielsweise aus dem französischen Film *Der Wolfsjunge* von François Truffaut.[265] Dieser Film ist bedeutungsvoll für die moderne Erziehungsgeschichte und für die Anthropologie schlechthin, denn er behandelt die bis heute offene Frage, wie groß der Anteil der Erziehung für die Menschwerdung ist – eine tiefgreifende und mutige Frage.

Die Szene steht an zentraler Stelle des Films. Das von Bauern in den Wäldern der Languedoc aufgegriffene wilde Kind wird von dem berühmten Pariser Arzt Itard aufgenommen und erzogen. Dessen brennender, vom wissenschaftlichen Ehrgeiz getriebener Wunsch ist es, dem Kind die Sprache zu lehren, und er scheut kein Mittel, dies zu erreichen. In einem unerwarteten Moment, als der Junge nach langem Betteln seine Schale Milch gereicht bekommt – entfährt ihm ein fast krächzender, entrückter Laut, der wie *lait* klingt: *Milch*. *Milch* ist das erste Wort des Kindes, und nicht nur es selbst, sondern vor allem sein Erzieher und dessen Haushälterin, die ihm bisher unermüdlich die Milch gegeben hatte, sind entzückt. Eine berührende Szene, in der wir das Laut gewordene Zeichen der Menschwerdung erblicken dürfen.

Dies ist charakteristisch für unsere Kultur: Nicht dem Wasser als eigentlichem Lebenselement gilt die erste sprachliche Benennung, sondern der Milch. Muttermilch ist die allererste Nahrung des Kindes, und sie hat eine tiefe Symbolik als Lebensspenderin.[266] Der Moment nach der Geburt eines Kindes, in dem es zum ersten Mal an die Brust gelegt wird, entscheidet über Leben und Tod. Jedenfalls war es so in der langen Geschichte der Menschheit, bevor man in der Lage war, Ersatz für Muttermilch zu schaffen. Ein Säugling, der in der Vergangenheit keine Milch aufnehmen konnte, war meist nicht lebensfähig. Wenn Einzelne doch überlebten, erkrankten sie oft an falscher Nahrung oder wegen mangelnder Abwehrkräfte. Das Annehmen der (Mutter-)Milch bedeutete somit das Annehmen des Lebens selbst. Das Vertrauen in die Süße der Milch war und ist gekoppelt an das Vertrauen, dass das Leben selbst süß ist.[267]

Zweifellos bietet die moderne Nahrungsmittelindustrie den Säuglingen, die nicht gestillt werden, guten Ersatz. Heute muss kein Kind mehr erkranken oder gar sterben, wenn es keine Muttermilch bekommt. Aber diese ist eben doch mehr als nur Milch. Mit der Milch gehen neben den Abwehrstoffen auch gleichzeitig die Wärme und der Geruch der mütterlichen Haut auf das Kind über. Da ist das Schlagen des Herzens (instinktiv reichen die meisten Mütter zuerst die linke Brust), und da ist der Klang der mütterlichen Stimme – ein ganzes Bündel intensiver körperlich-sinnlicher Wahrnehmungen. Aus gutem Grund wollen deshalb eine große Anzahl von Kindern dieses Paradies, wo Milch und Honig fließen, nur ungern aufgeben, und aus gutem Grund sehnen sich viele, wenn sie dann endlich entwöhnt sind, immer wieder dahin zurück.

Doch der Säugling wächst. Und er entwickelt sich zum kauenden und beißenden Kleinkind. Natürlich muss er die Mutterbrust irgendwann, früher oder später, verlassen, wobei dieses früher oder später entschieden äußeren, kulturellen Einflüssen unterliegt.[268] Die Entwöhnung geht meist leise und reibungslos vonstatten, bisweilen aber verläuft sie dramatisch. Manche Kinder, die bisher unkomplizierte und stets hungrige Esser beziehungsweise Milchtrinker waren, reagieren auf die Entwöhnung verzweifelt und aggressiv, und nicht selten kann man in solchen Fällen beobachten, dass sich das ursprüngliche Begehren nach Muttermilch in sein Gegenteil verkehrt, in die krasse körperliche Ablehnung. Und diese Ablehnung ist meist gleichbedeutend mit Ekel. So kommt es, dass unerwartet viele kleine Kinder bald nach der Entwöhnung mit Ekel auf nunmehr jede Form von Milch und Milchprodukten reagieren, ein für die Mütter befremdliches Phänomen. Vom Kleinkind aus betrachtet handelt es sich eher um eine gesunde Reaktion, hilft sie ihm doch, nicht rückfällig zu werden. Ekel schiebt einen Riegel vor die Muttermilch-Vergangenheit.

Was den Milchekel anbelangt, so erinnere ich mich nur zu genau an die Schulmilch-Aktionen der frühen Fünfzigerjahre in den deutschen Schulen. Milch polarisierte damals ganze Schulklassen: Die einen waren süchtig danach und konnten gar nicht genug davon bekommen. Die anderen hingegen ekelten sich gründlich vor Milch und trugen dies auch offen zur Schau – *Iiihhhh! E-ke-lig!* Das schlimmste war die Haut, die sich auf der warmen, fettigen Milch gebildet hatte. Sie war überhaupt der Inbegriff des Ekligen.

Bis heute sind mir die Gespräche unter uns Kindern lebendig, die unentwegt um Schulmilch kreisten. Als die Milch erstmals mit Kaba oder anderen Kakaosorten vermischt wurde, so dass man sie nicht mehr als solche schmeckte oder gar als Milch *erkannte* (ganz so wie man den Fisch nicht mehr erkennt, wenn er zum Fischstäbchen mutiert ist), war dies für etliche Kinder eine Erlösung.

Aber Milch polarisiert auch ganze Nationen beziehungsweise Kulturen. Die weitgehende Selbstverständlichkeit, mit der (außer bei überzeugten Veganern) wir in der westlichen Welt den Kindern aller Altersklassen Milch und Milchprodukte als das Nonplusultra gesunder Nahrungsmittel anbieten, all die Tricks, mit denen wir den Kindern Milch unterjubeln (Kinder-Milch-Schokolade), ist anderen Kulturen der Welt fremd. In Afrika, Südamerika und weiten Teilen Asiens wird den Kindern nach dem Abstillen nicht nur keinerlei tierische Ersatzmilch (von Kühen, Ziehen oder Schafen) gegeben, sondern auch die Kinder selbst meiden Milch, weil sie sie als eklig und sogar krankmachend wahrnehmen.[269] Die traditionelle chinesische Medizin etwa bestreitet denn auch, dass Kuhmilch, die für das Aufwachsen eines Kalbes gut sein mag, dem menschlichen Wachstum irgendwie nützen könne. Andere Milch dagegen, wie etwa Stutenmilch, wird hier als Medizin eingesetzt – nicht aber als Kindernahrung. Dass im heutigen China gleichzeitig neue Milchgewohnheiten aus dem Westen importiert werden, muss dazu nicht im Widerspruch stehen, sondern entspringt eher der Logik der Globalisierung. Nestlé hat schon Jahrzehnte zuvor in Afrika tradierte Ernährungsgewohnheiten der Säuglinge und Kleinkinder zerstört, und Ähnliches spielt sich derzeit in China ab.[270]

Nicht nur Wasser, sondern inzwischen auch Milch ist ein begehrtes Produkt und Politikum geworden. Nur wenig erinnert noch an den Zauber der ersten Milch, jene Milch, die in der Lage ist, das Kind zu *stillen*. Und nur noch selten gibt es Momente, wie jene aus Truffauts Film, in dem der Griff nach einem Schluck Milch als das größte Glück erscheint. So groß, dass es die Zunge löst.

Murmeln

*»Das Gefühl, ein Idiot werden zu müssen,
um die Freuden der Kindheit (das erste Murmelspiel
im Vorfrühling) wiederempfinden zu können.«*
Peter Handke

Im *Marburger Kindheitsmuseum* gab es neben unzähligen Dingen des Kinderalltags eine Fülle von Spielzeug.[271] Dieses war nicht nach Themen, Materialien oder zeitlicher Chronologie angeordnet, so wie es in traditionellen Museen meistens gehandhabt wird, sondern über das ganze Haus verstreut eingefügt in die (musealen) Szenen des Kinderlebens vergangener Zeiten. Spielzeug war überall und allgegenwärtig.

Die Gäste waren größtenteils Schulklassen, die wir erzählend durch das Museum führten. Am Ende einer solchen Führung gaben wir den Kindern meistens die Hand und fragten sie persönlich, was sie im Museum am liebsten mochten. Die Antworten kamen immer spontan und verblüffend schnell. Die meisten Kinder wählten vor allem größere, eindrucksvolle Objekte oder gleich ganze Szenerien: »Der Zoo!«; »Der Zirkus!« oder »Die Schulklasse!« Auffallend war der Nachahmungstrieb der Kinder. Sagte ein Kind etwa, dass es das Kinderzimmer am schönsten fände, dann folgten ihm gleich fünf andere, die eben dasselbe nannten, und ich musste sie häufig dazu ermuntern, selbst nachzudenken und zu entscheiden. Manche Kinder platzten einfach heraus: »Alles! Alles war am schönsten.« Auch dies war Kinderwahrheit. Und tatsächlich ist ja die Frage nach dem Schönsten eine schwierige, vielleicht überhaupt eher eine Erwachsenenfrage, die man Kindern so nicht stellen sollte.

Dann aber gab es Kinder mit großer Klarheit – und das verlieh dem Nachfragen doch einen Sinn. Als ich einmal einen etwa zehnjährigen Jungen fragte, antwortete dieser ohne jedes Zögern: »Die blaue Murmel«. Gemeint war eine blaue Glasmurmel, die im Eingangsbereich des Museums für die Kinder zum Spielen lag. Sie war nur eine unter den vielen funkelnden Murmeln verschiedener Größen, wie wir sie wohl alle in der Kindheit besaßen – und die intensiv blaue ist weiß Gott die schönste. Sie ist die Projektionskugel für die Fantasien und Träume unserer Kinder. Sie ist das Ur-Spielzeug, über Zeit und Raum hinweg. Nicht die realistischen, kostbaren, sprechenden Puppen wie bei *Momo*, nicht das technisch perfekte Spielzeug bildet das Universum des Kindes, sondern die einfache blaue Murmel.

Das Beglückende ist nicht nur, dass es solche Murmeln heute noch gibt. Das eigentliche Glück liegt vielmehr darin, dass es immer wieder Kinder gibt, die das Wunder der blauen Glaskugel erkennen. Vielleicht hatte dieser Junge eine Ahnung davon, dass das Blau eine besondere Kraft in sich trägt, dass wir es so gern ansehen, wie Goethe in seiner Farbenlehre sagt, »nicht weil es auf uns dringt, sondern weil es uns nach sich zieht«.[272] Und vielleicht ahnte er auch, dass die Murmel, die Kugelform im Kleinen und im Großen, einen Kosmos in sich birgt. Im Kleinen als Tropfen, als Wasserelement. Im Großen unsere Erdkugel selbst. Ja, ich bin überzeugt, dass Kinder davon eine Ahnung in sich tragen.[273]

Musik

»Singen

Freundlich sein.«

Bertolt Brecht

Ein Leben ohne Musik: unvorstellbar. Ein Kinderleben ohne Musik: O Traurigkeit! Egal, welche Art Musik es ist, wie abgehoben oder unvollkommen sie tönen mag, wichtig ist, dass sie überhaupt erklingt und dass sie das Kind erreicht.

Manche Kinder erreicht sie schon im Mutterleib. Die Geschichten von Menschen, die plötzlich eine Melodie wiedererkennen, die ihre Mutter während der Schwangerschaft gehört oder selbst gesungen hatte, sind inzwischen bekannt. Das Ohr nimmt schon sehr früh wahr. Und das Ohr hat für alles ein Gedächtnis.[274] Man hat sogar entdeckt, dass das Ungeborene Musik nicht nur passiv aufnimmt und speichert, sondern dass es aktiv auf sie reagiert und zu unterscheiden weiß. Und – welch' Wunder – Mozart ist ihm am liebsten.

Von dieser fast kreatürlichen Liebe zur Musik hin zum Musikgenuss, zum bewussten Hören, vor allem aber zum Musizieren, liegt ein langer, nicht selten harter Weg: jahrelanger Verzicht und manchmal sogar *Unbehagen*, das, wenn man Sigmund Freud glauben will, zu jeder Kulturleistung dazugehört.[275] Tonleitern üben statt seliger Langeweile. Etüden trällern statt Schlittschuhpirouetten drehen. Langer Atem statt kurzweiliger Vergnügungen. Noten malen statt Männchen. Schmerzende Finger.

Glücklich die Kinder, bei denen der lange Atem am Ende zum Erfolg führt – sprich: zu einem Leben als Berufs- und Hobbymusiker oder auch Straßenmusikant. Weniger glücklich all jene, die eine musikalische Ausbildung begannen, diese jedoch aus irgendwelchen Gründen abbrechen mussten. Vielleicht hatten sie die falschen Lehrer, vielleicht zu wenig Rückhalt in der Familie oder – auch das gibt es – ganz einfach das falsche Instrument.[276] Manche trösten sich schnell darüber hinweg, suchen sich anderswo neues Vergnügen. Andere dagegen trauern ihrem Instrument lange nach. Manchmal sogar lebenslang. In dem Buch *Kindheiten*[277] wird der französische Zeichner Sempé befragt, welche Kindheit er gern gehabt hätte, wenn er jetzt noch einmal neu beginnen könnte. Der alte Mann antwortet: »Es wird Ihnen lächerlich vorkommen! Aber ich glaube, dass ich gern Eltern gehabt hätte, die mich gezwungen hätten, Klavier zu lernen...« Der Interviewer hakt nach: »Wenn man sich allerdings so manche Zeichnung von Ihnen anschaut – den kleinen Jungen, der Geige lernt, oder das Mädchen, das Klavier übt –, dann sehen die nicht besonders glücklich aus...« Darauf Sempé: »Überhaupt nicht! Aber die meisten Musiker, die ich getroffen habe, haben mir gesagt, dass sie aufgegeben hätten, wenn man sie nicht buchstäblich am Klavierschemel festgebunden oder sonst wie gezwungen hätte.«[278]

Wir sollten Sempés Sehnsucht ernst nehmen. Nicht die nach dem Zwang, wohl aber die nach Musik und nach der Fähigkeit, selber Geigen, Flöten oder Klarinetten zum Klingen zu bringen. Tatsächlich führt die Begleitung eines Kindes beim Üben manche Eltern an die Grenzen ihrer Geduld und oft sogar ihrer Pädagogik. Sie wollen erklärtermaßen nicht Gewalt ausüben, doch gleichzeitig wissen sie – ganz im Sinne Sempés –, dass es ohne Konsequenz kaum zu schaffen ist, ihren Kindern die glückseligen Momente des Musizierens zu Hause, im Schulorchester oder in der Musikschule zu schenken – ganz zu schweigen von dem lebenslänglichen Schatz, mit Musik zu leben.

Dabei ist das Musizieren nur das eine. Vergessen wir nicht das eigentliche Instrument der Menschen, die Stimme! Alle Kinder singen gern. Man muss sie nur lassen, ihnen die Gelegenheit geben. Dass nur wenige gern in Gemeinschaft singen, liegt wohl in unserer anspruchsvollen Kultur begründet, die sich an der Perfektion der Aufführungen in den Medien orientiert, aber den leicht schrägen, krächzenden oder brummelnden Gesang von Kindern nicht gut ertragen kann. »Sing nicht so laut!«; »Sing nicht so falsch!« – Dies sind Sätze, die sich vielen Kindern einprägen – sie werden sie nicht los. Sie nehmen diese Zuschreibung, die irgendwann einmal (nach)lässig von den Eltern, Lehrern oder älteren Geschwistern ausgesprochen wurde, als lebenslängliches Urteil an und glauben am Ende selbst fest daran: »Ich kann nicht singen.«

Dabei geht es doch beim Singen der Kinder niemals um Perfektion (die können sie später erreichen, wenn sie es denn wollen). Singen sollte in unserem Leben allgegenwärtig sein – nicht nur in der einen Schulstunde pro Woche, nicht nur im Kinderchor. Wie eine erweiterte, vertiefte und verzauberte Sprache sollte Singen das Kind begleiten: im Haus, im Garten, im Kinderzimmer sowieso und warum nicht auch am Schulweg?

Singen begleitet das Kind durch Tag und Nacht und durch die Jahreszeiten. Es verbindet die Menschen miteinander. Singen ist verlängerter Atem. Und Glück!

Mutter

»Mutter,
madre,
mare,
Meer,
Maria.«

Frédéric Leboyer

Neun Monate lang wohnten wir alle in *der bergenden* Höhle des Mutterleibs.[279] Neun Monate lang erlebten wir nur sie: ihre Wärme, ihre Schwingungen, ihre Tag-und-Nacht-Rhythmen, ihre Stimme und ganz besonders ihre Stimmungen. Neun Monate lang waren wir ein Teil unserer Mutter. Kein Zweifel, dass dies Spuren hinterlässt – ein Leben lang. Und kein Wunder auch, dass wir uns manchmal, zumindest in Träumen, nach unserem vorgeburtlichen Schwebezustand im Mutterleib zurücksehnen.

Mit der Geburt endet dieser Zustand. Angesichts dieses Verlustes ist es nur allzu verständlich, dass die Geburt von manchen als Trauma empfunden wird, gleichsam als Ausgestoßenwerden aus dem Paradies.[280]

Zum Glück aber wartet da die Mutter auf das ungeborene Kind. Sie sehnt seine Geburt herbei und ist gewillt, sich ganz auf das Neugeborene einzulassen. Die Sorge um sein Wohlgefühl ist der Mutter ein eigenes triebhaftes Verlangen[281], und dafür ist sie bereit, eine Zeitlang die Prioritäten in ihrem Leben radikal zu verschieben. Plötzlich will sie nicht mehr Nachrichten hören, sondern fragt sich, wie viel Gramm das Kind zugenommen hat, ob es gut trinkt und ob die Windel kratzt oder nicht. Das sind die wirklich relevanten Dinge in den ersten Tagen und Wochen des Kindes.

In dieser Zeit lässt die Mutter die Welt gleichsam hinter sich. Sie gibt sich selbst nicht auf, wie manche argwöhnen, sondern gibt sich dem Kind ganz hin – als ein Akt bedingungsloser Liebe. Sie will, dass das Kind wächst. Für das Kind könnte dieser Zustand ewig dauern. Das wäre das zweite Paradies – diesmal nicht im Mutterleib, sondern auf Erden. Und verständlicherweise trachtet es danach, die Mutter so lange wie möglich in der Umklammerung festzuhalten.

Aber die Mutter wehrt sich. So wie sie in die sorgende Position hineingeschlüpft ist (die Hormone halfen ihr dabei), so zieht sie sich auch irgendwann unmerklich wieder zurück. Die Geschwisterkinder wollen versorgt werden. Der Partner sucht nach der Geburt wieder mehr Nähe, und da ist der Beruf. Die Mutter muss ihre Energie teilen, muss ihr gewohntes Leben aufnehmen, nunmehr mit dem Säugling.

Das Kind muss diese bittere Pille schlucken. Es muss lernen, dass die Mutter noch anderen gehört und trotzdem weiter ganz auf seiner Seite steht, trotzdem ganz *seine* Mama bleibt. Es muss begreifen, dass die Mutter manchmal weggeht, mal länger, mal kürzer, und trotzdem immer wiederkommt – ein langer, schwerer und höchst störungsanfälliger Prozess.

Bleiben wir ein wenig bei diesem Gedanken. Die Art nämlich, wie der Säugling diese ersten frühen Versagungen vonseiten der Mutter durchlebt, wie er sie seelisch *verarbeitet* (um einmal diesen viel zu groben Begriff zu benutzen), entscheidet ganz wesentlich darüber, was er später als Mutterbild in sich trägt. Überwiegen die frühen Frustrationen (Erfahrung von abruptem Verlassen-Sein, Hunger oder Frieren), wird das Kind in der Regel mit Resignation und/oder Hass auf die Mutter als Verursacherin reagieren. Natürlich hatte seine Mutter (hatte jede Mutter) auch ihre guten, sorgenden Anteile, aber diese werden überlagert von den frühen frustrierenden Erfahrungen des Kindes. Deshalb nehmen manche Kinder ihre Mutter bis ins Erwachsenenalter hinein tatsächlich quasi als ausschließlich böse wahr. *Sie ersehnen eine andere, bessere Mutter oder wiegen sich in der heimlichen Überzeugung, in Wirklichkeit eine ganz andere, nämlich liebevolle und sorgende, stets zugewandte, echte Mutter zu haben.*[282]

Das Gegenbild ist zweifellos häufiger anzutreffen. Und dies aus gutem Grund. Das Kind hat ein tiefes Wissen von der Allmacht der Mutter. Es weiß, dass es ihr in hohem Maße ausgeliefert und auf ihre Liebe angewiesen ist. Und es entspricht einem sicheren Überlebensinstinkt, wenn das Kind alles dazu tut, eine starke, liebevolle Bindung und ein entsprechend positives Mutterbild aufzubauen. Ein Mutterbild, das trägt, auch wenn die reale Mutter versagt. Deshalb leugnet das Kind nur allzu leicht die Negativseiten der Mutter und ersetzt sie durch Verklärung und Idealisierung: »Meine Mutter ist *immer* lieb. Meine Mutter schimpft *nie*«, sagen viele kleine Kinder und sie glauben es auch. Kinder können Ambivalenzen schwer ertragen, und ambivalent ist die Liebe zur Mutter – und umgekehrt die Liebe der Mutter zum Kind – zweifellos.

Für jeden Menschen – und nicht nur für Kinder – ist es unendlich schwer, ein wirklich ausgewogenes, der Person der Mutter angemessenes Bild in sich aufzubauen. Selbst wenn der Verstand es längst begriffen hat, dass die Mutter eine eigenständige Person ist, mit eigenem Körper, mit eigener Sexualität, mit ihrer eigenen Art, in der Welt zu sein, so haften in den meisten Menschen bewusst oder unbewusst die Überreste jener früh-kindlichen naiv-egoistischen Wahrnehmung, dass die Mutter im Grunde ohne jedes Eigeninteresse einzig für sie da ist.[283]

Für Frauen kommt es zu einem Bruch dieser Haltung, wenn sie selbst Mütter werden.[284] Da ändert sich die Perspektive radikal. Sie nehmen nun die Position der Mutter ein und spüren, dass sie stark mit der eigenen Mutter identifiziert sind. Viele junge Mütter erschrecken darüber, wie ähnlich sie plötzlich ihren eigenen Müttern werden. Jahrelang meinten sie, sich von der eigenen Mutter befreit zu haben, ihr eigenes Gesicht, ihre eigene Identität aufgebaut zu haben – und mit der Geburt ihres Kindes fühlen sie sich plötzlich der eigenen Mutter noch einmal so unendlich nahe.

Doch dies ist nur natürlich. Mütterlichkeit, die die junge Frau mit der Geburt ihres Kindes fortan aktiv leben wird, wurde ihr niemals erklärt. Niemand hat sie sie gelehrt. Die Fähigkeit, sich empathisch in die Bedürfnisse zunächst des Neugeborenen und später des heranwachsenden Kindes einzufühlen, sowie die Art, darauf in einer bestimmten Weise zu reagieren, hat man gelernt durch allerfrüheste passive Erfahrung: Es geschah so an uns, und deshalb können wir es nun selbst als Mütter an unsere Kinder weitergeben.[285]

Doch sogar hier stoßen wir bald an Grenzen. Auch wenn es gelingt, die Rolle als Mutter einigermaßen gut auszufüllen, bleibt das wirkliche Wesen der einzigartigen Beziehung zur eigenen Mutter doch immer ein Stück im Dunkeln. Es bleibt ein Mysterium. Zu sehr vermischen sich vorgeburtlich-körperliche, nicht-sprachliche Reminiszenzen mit den realen Bruchstücken der Erinnerung. Zu sehr vermischen sich die harten Fakten unserer Lebensgeschichte mit Fantasien, mit Projektionen und Wunschbildern. Franz Kafka schreibt: »Es müssen oft sehr lange Jahre vergehen, ehe das Ohr für eine bestimmte Geschichte reif wird. Die Menschen aber müssen – so wie unsere Eltern und überhaupt alles, was wir lieben und fürchten – sterben, damit wir sie richtig begreifen.«[286] Vermutlich trifft eben dies in besonderem Maße für unsere Mutter zu. Damit wir sie richtig begreifen.

»Während das kühle Wasser über eine Hand floss, buchstabierte meine Lehrerin (in Zeichensprache) in der anderen Hand das Wort Wasser ... Plötzlich spürte ich ein verschwommenes Bewusstsein von etwas Vergessenem – eine Sensation wiederkehrender Gedanken; und irgendwie wurde mir das Geheimnis der Sprache enthüllt.«
Helen Keller

Namen

*»Lieblich ist es, deinen Namen zu nennen.
Er ist wie der Geschmack des Lebens.«*
Amon

Von einem Theaterstück, dessen eigentliche Handlung ich längst vergessen habe, erinnere ich eine besondere Szene: ein junges Mädchen streift seinen verhassten Namen *Martine ab* und nennt sich fortan *Zoë*. *Zoë* heißt auf Griechisch *Leben*. Und dies ist von nun an der Name ihres authentischen Ichs, das zum Durchbruch kommt. Eine starke Aussage eines jungen Mädchens. Als ob es in eine neue Haut schlüpfte mit seinem neuen Namen.[287]

Namensgebung – vor allem die willentliche Änderung eines Namens – ist niemals banal. In der Vergangenheit nicht und heute nicht. Früher und auch heute noch in manchen Gesellschaften waren Namen eindeutig Träger von sozialer und kultureller Identität. Es erschien den Menschen wichtig, ihre Familienidentität von einer Generation an die nächste weiterzugeben. Deshalb war und ist es in weiten Teilen der Welt üblich, den Namen des Vaters und der Mutter, des Großvaters und der Großmutter, an die neugeborenen Kinder weiterzureichen und so die Generationenfolge sprachlich zu dokumentieren. Das gibt den Menschen ein Gefühl von Sicherheit: die Gewähr, dass das Leben über den Namen hinaus weitergeht.

Wenn bei der Namensgebung dieser Aspekt der Generationenfolge überwiegt, wundert es nicht, dass es in der Vergangenheit möglich und sogar üblich war, im Fall des Todes eines Geschwisters, dem nächstgeborenen Kind denselben Namen noch einmal zu geben – gleichsam als könne man damit auch das verstorbene Kind wiederbeleben. Bis ins Mittelalter hinein konnten sogar ganze Geschwisterreihen denselben Namen tragen, sie wurden nur durch Etiketten der Geburtsordnung voneinander unterschieden.[288]

Die Vorstellung, über Namensgebung Tote wenn schon nicht physisch, wohl aber symbolisch lebendig zu machen, entspricht einem archaischen Wunschdenken der Menschen. Viele der nach Palästina (später Israel) emigrierten Juden, deren Eltern, Schwestern oder Brüder in den Konzentrationslagern umgebracht worden waren, gaben ihren Kindern den Namen der ermordeten Angehörigen als unverrückbaren Ausdruck der Erinnerung und des Respekts. Für die betroffenen Kinder aber bedeutete es eine schwere Hypothek, mit den Geistern der Toten zu leben.

Moderne Eltern schwanken oft zwischen ihren eher traditionellen Gefühlen hinsichtlich der Namensgebung, eingebunden in die Generationenfolge ihrer Eltern und Großeltern, und ihrem Wunsch nach Originalität. Der Name soll Persönliches, am liebsten *Persönlichkeit* zum Ausdruck bringen. Er soll schön klingen, er soll zum Nachnamen passen und auch *modern* sein.[289] Der Name muss heute ein ganzes Bündel von Ansprüchen erfüllen, die durchaus nicht immer auf einen Nenner zu bringen sind.

Darüber hinaus entdeckte ich noch einen weiteren Gesichtspunkt, der diesmal nicht auf die Vergangenheit und Gegenwart, sondern ausdrücklich auf die Zukunft zielt. Auf einer Konferenz in der algerischen Stadt Oran wurde über traditionelle und moderne Namensgebung diskutiert. Die Referentin, selbst Mutter von mehreren Kindern, platzte heraus: »Soll ich meinen Sohn Mohammed nennen, wo er doch später in Paris und Boston studieren soll? Das kann ich ihm nicht antun!« Mich hat dieser Satz und die dahinter stehende Vorstellung erschreckt. Mich hat überrascht, dass Eltern Namen derart stark nach ihrem Eigenwillen und nach ihren persönlichen Aufstiegswünschen ausrichten und damit missbrauchen können. Vielleicht will der kleine Sohn, wie immer er jetzt heißen mag, gar nicht in Paris studieren. Vielleicht will er ja Schäfer oder Automechaniker oder Imam werden. Die Namen von Kindern sagen also sehr viel über ihre Eltern aus, ihre Zukunftshoffnungen und ebenso über die Wandlungen und

Brüche der Gesellschaft. Ganz zu schweigen von den Modeströmungen einer Zeit.[290]

Noch einmal: Namensgebung ist nie banal. Sie ist eine tiefernste Sache für das einzelne Kind, weil nur ganz wenige Menschen wie das Mädchen Zoë den Mut aufbringen, ihren Namen zu ändern. Sie müssen damit leben. Ganz früher – und manchmal ist dies noch spürbar, wenn wir über sie nachsinnen –, ganz früher waren Namen *heilig*. Am heiligsten waren die Namen der Götter. Und der Name des einzigen Gottes in der alt-testamentarischen Tradition war so heilig, dass er nicht einmal ausgesprochen werden durfte. Auf der anderen Seite ist da der Name als Ausdruck des *Lebens* selbst: Zoë. »Dein Name ist wie der Geschmack des Lebens«[291], heißt es so schön bei Eugen Drewermann.

Nest

Der französische Philosoph Gaston Bachelard schreibt: »Die Entdeckung eines Nestes versetzt uns in unsere Kindheit zurück, in die Kindheit ganz allgemein. In Kindheiten, die wir hätten haben sollen. Selten sind diejenigen unter uns, denen das Leben das volle Maß seines kosmischen Bezugs gegeben hat.«[292]

Lassen wir diesen zauberhaften Satz einfach so stehen. Er tut der Seele so gut.

Neue Medien

»Wir sind blind für das, was wir nicht erwarten.«
Ellen Langer

Samstagnachmittag an einer Frankfurter U-Bahn-Station: Ein Mädchen und ein Junge, dreizehn oder vierzehn Jahre alt, kauern dicht beieinander. Sie tragen Kapuzenpullover und schauen versunken in ihr Smartphone – jeder in *seines*. Und während sie so starren, minutenlang ohne ein Wort, wendet sich das Mädchen plötzlich dem Jungen zu und sie küssen sich lange. Stumme, innige Zärtlichkeit. Die Smartphones vergessen.

Kaum ein Thema der modernen Kindheit und Jugend, das die Menschen derart polarisiert wie die Allgegenwart der elektronischen Medien. Auf der einen Seite die Befürworter, die davon überzeugt sind, dass früh eingesetzte Technologien (am besten schon im Babyalter) für Kinder vor allem Vorteile bringen: mehr Infos, mehr Wissen und vor allem mehr Intelligenz.[293] Dazu die sichere Anbindung an das Elternhaus, sprich: Kontrolle des Kindes auf allen seinen Wegen und rund um die Uhr.

Auf der anderen Seite die Skeptiker, die in puncto Medien die Zeit gern zurückdrehen würden, die vor allem die Negativbilder und Gefahren einer vom Computer beherrschten Generation im Auge haben.[294] Sie tragen die beängstigende Vision von kontaktgestörten, übergewichtigen, konzentrationsgeschädigten, süchtigen und gewaltbereiten Kindern in sich und verknüpfen dies ursächlich mit exzessiver Mediennutzung.[295] Bei den beiden U-Bahn-Kindern sehen sie nur die Handys – nicht aber die Küsse.

Beide Seiten nehmen auf ihre Weise selektiv wahr, beide erfassen (nur) einen Teil der Wahrheit. Selbst die Forschung auf diesem Gebiet ist häufig parteiisch und interessengeleitet.[296] Sie liefert nur insolierte Erklärungen für strukturell hoch komplexe Probleme. Sie verfügt noch über keine Erkenntnisse, die die Langzeitfolgen des kindlichen Medienkonsums ermessen – und vor allem liefert sie keine Maßstäbe, an denen wir uns orientieren können.

»Aus medienpädagogischer Perspektive dürfte die Ahnungslosigkeit vieler Menschen die größte Hürde im Umgang mit problematischen Medien sein«[297], schreibt der Pädagoge Philipp Möller, und er erinnert damit an jenes alte Prinzip der *Erziehung der Erzieher*. Nicht die Kinder – sondern die Erwachsenen entscheiden. Nicht die Kinder, wir tragen die Verantwortung.

Schauen wir auf die Faszination der Medien. Was ist es, was die Kinder so bannt? Was ist es, was sie derart an ihre Apparate heftet, dass sie sich, wenn man sie ihnen wegnimmt, fühlen, als fielen sie ins Leere – als müssten sie sterben?[298]

Wenn es tatsächlich zutrifft, dass die Computergrafik längst realistischer und schöner als die Wirklichkeit selbst ist[299], warum sollte sie das Kind *nicht* sogartig anziehen? Die Fernseh-, Computer- und Smartphone-Wirklichkeit ist für das Kind leicht greifbar, immer und überall, ein Klick, und sie *existiert*. Ein Klick, und sie hüllt das Kind ein mit ihren Bildern, Tönen, Spielen und niemals endender Aktion. Vielleicht müssen wir uns eines Tages verabschieden von der für unser Denken bisher so überzeugenden Trennung zwischen Realität und Nicht-Realität, in der Sätze wie »du spinnst« oder »du träumst ja« noch als beschämend galten. Kinder sind teilweise längst darüber hinaus. Sie *spinnen* längst. Für sie wird die visuelle Welt der Medien mehr und mehr zur eigentlichen und damit zu *ihrer*. Was am Morgen in der Schule mühsam gelernt wurde, wird nachmittags von den spannenderen Inhalten der Tablets überlagert.[300] Manche Kinder spielen ihre Computerspiele im Geist und mit den Fingern einfach weiter, auch wenn der Computer längst abgeschaltet ist, wie ein Pianist, der sein Stück im Trockenen weiter übt.

Und tatsächlich hängen viele Kinder stundenlang und suchtartig an ihren Geräten. Vom Netz abgeschnitten zu sein ist für sie eine schwere Strafe und macht sie unsicher. *Online* zu sein hingegen heißt für sie, in die Schar der *Freunde* eingebunden zu sein, der echten oder unechten Facebook-Familie und in ein Gefühl der *Jetzigkeit*: »Ich bin immer dabei – nichts geschieht ohne mich.« Unter Umständen gehen die Bindungen vieler Kinder an die Facebook-Peers inzwischen tiefer als an manche Familienmitglieder – wobei der Vergleich womöglich nicht ganz glücklich ist. Vielleicht sind die Bindungen nicht tiefer, wohl aber für das Kind relevanter, lebenswichtiger. Die Worte eines nörgelnden Bruders kann das Kind schlucken. Es schlägt die Tür hinter sich zu und vergisst sie. *Cyberbullying* hingegen, die neue Art der digitalen Diffamierung, wie sie unter Schülern kursiert, kann kein Kind verkraften. Es fühlt sich gedemütigt vor aller Welt. Es ist gefangen in seiner Wut und hat keine Möglichkeit, sich zu wehren, denn der Angreifer versteckt sich in der Anonymität.

Wut, Kränkungen, Frustrationen: Jedes Kind erfährt sie in seinem Leben. Und wo ließen sich diese Impulse reibungsloser ausleben als im Internet? Hier gewinnt noch das schwächste Kind Oberhand. Hier darf jeder zuschlagen, ohne Schmerz zu empfinden und ohne Rücksicht auf das Leid des anderen. »In den aktuellen Shooter-Spielen beispielsweise schießen virtuelle Abbilder von Menschen auf andere, und es entsteht so der Eindruck eines echten, lebendigen Organismus.«[301] Schon Grundschulkinder, hier vor allem Jungen, konsumieren die hoch aggressiven Spiele oft ohne jede Kontrolle, vielfach mit Wissen oder sogar im Beisein der Eltern. Dass die Spielinhalte erst ab achtzehn zugelassen sind, kümmert kaum jemanden. Dabei ist es mit diesen Gewaltdarstellungen nicht anders als bei Bildern in anderen Portalen: Das Kind saugt sie wie ein Schwamm in sich auf. Es speichert sie und nimmt sie als Wirklichkeit auf. Es identifiziert sich mit den Aggressoren und deren Moral, und vor allem gewöhnt es sich an eine Welt, in der Gewalt selbstverständlich und omnipräsent ist. Irgendwann kann es nicht mehr unterscheiden zwischen virtueller und realer Gewalt – wie denn auch, wenn die Prägungen nur lang und tief genug wirksam sind. »Wenn Piloten während ihrer Ausbildung am Flugsimulator lernen, warum sollten nicht auch Kinderhirne von den zigtausend Morden lernen, die sie im Laufe der vielen Stunden vor dem Bildschirm begehen.«[302]

Auch Mädchen können nicht mehr ohne Internet leben. Sie bewegen sich – getreu der klassischen Muster der Geschlechterrollen – vor allem im kommunikativen Bereich. Sie simsen sich Nachrichten, Hausaufgaben, Bilder und selbstfabrizierte Videos über Mode und Magersucht, über Jungen und Lehrer zu – und natürlich am liebsten über sich selbst. Dass sie ihre Nachrichten über Netzwerke wie Facebook, WhatsApp oder Snapchat innerhalb von Sekunden nicht nur ihrer Lieblingsfreundin, sondern ganzen Scharen von Kindern oder Jugendlichen zuleiten, macht das Spiel für sie so begehrlich und gleichzeitig auch dramatisch – mit derselben Leichtigkeit können genauso negative Informationen zirkulieren. Jedes Kind glaubt, auf diese Weise Aufmerksamkeit bei anderen zu erzeugen, die es realiter selten erlebt. Und jedes Kind kann sich via Online-Rollenspielen zur eigenen Traumfigur (*Avatar*) stilisieren und sich als solche mit anderen vernetzen. Den virtuellen Fantasien und Möglichkeiten sind keine Grenzen gesetzt. Ein Lehrer berichtet, dass er kürzlich für Minuten seinen Unterricht unterbrechen musste, weil ein Mädchen im Zuge eines *Social Games* pünktlich seinen (virtuellen) Hund füttern musste und die anderen Mitschüler interessiert daran teilhatten. Erst danach setzte er seinen Unterricht fort – so als wäre (*fast*) nichts geschehen.[303]

Dass sich Kinder und Jugendliche inzwischen auch in Sex- und Pornoportalen des Internets annähernd barrierefrei bewegen, ist bekannt. Die Faszination, gerade in verpönten und verbotenen Domänen zu surfen, ist unwiderstehlich. Nicht erst seit Sigmund Freud wissen wir, dass das Verbotene, die Grenzüberschreitung das eigentlich Spannende ist – vor allem für Jugendliche. Genau das ist ihr Revier. Inwieweit dieser Medienkonsum die eigene sexuelle Entwicklung berührt und möglicherweise blockiert, ist ein anderes Kapitel.

Wer genau hinschaut, kann ermessen, wie umfassend Internet, Smartphones und Computerspiele unsere Kinder inzwischen im Griff haben, dass sie deren Gedankenmoden und Gefühlstrends[304] vollkommen durchdringen. Es ist nur eine Frage der Zeit, dass auch das letzte Kind zu Hause, in der Kita und Schule vernetzt ist. Dabei besteht kein Zweifel: Die neuen Medien werden unsere Kinder, Enkel und Urenkel in einer Weise verändern, die wir derzeit zwar erahnen, aber uns doch nicht wirklich ausmalen können.

Der Computer ist nicht einfach nur eine zusätzliche Ergänzung der derzeit verfügbaren Technologien. Vielmehr ist er eine »Materialisierung ursprünglich geistiger Arbeit«.[305] In ihm sind Strukturen menschlichen Denkens und Verhaltens immanent, die auf den Benutzer zurückwirken und diesen verändern: Die wesentlichen Bausteine sind Algorithmisierung, Modularisierung und das oben bereits erwähnte Prinzip der Simulation.[306] Vielleicht – und nicht zuletzt durch fortwährende Gewöhnung – erscheinen uns Computer tatsächlich irgendwann immer menschlicher. In Wirklichkeit jedoch passen wir uns ihren Operationen zunehmend an.[307] Wir denken wie sie, wir ticken wie sie. Die Grenzen zwischen Mensch und Gerät verschwimmen zusehends. Wir sind eingespannt in das große weltweite Netz, das uns ausschließlich seine Wege vorgibt.

Die Menschen werden diesem Angleichungsprozess, der sich schleichend und subtil vollzieht, kaum völlig ausweichen können – wir leben mit dem Computer. Aber wir können, nein, wir *müssen* in unseren Kindern all jene Lebensfunktionen stärken, die diesem Prozess entgegenstehen und die wir in den Generationen nach uns bewahren wollen: Wir sollten den Kindern wieder mehr Raum schaffen für das wirkliche Leben – außerhalb der Bildschirme. Wir sollten sie Zweifel und Risiko lehren. Wir sollten sie ermutigen, vom Weg abzugehen und ihrer Intuition zu folgen, ihren Eigenwillen zu entwickeln. Wir könnten sie in Empathie stärken und gleichzeitig in Ungehorsam und Widerstandskraft. Wir müssen sie wieder lehren, *Gedanken zu denken*: »Es gibt Äonen von Gedanken, die wir in dieser Sekunde mit einem einzigen Knopfdruck abrufen können. Aber kein Gedanke ist so wertvoll und so neu und schön wie der, dessen erstes Flügelschlagen wir gerade jetzt in unserem Bewusstsein hören.«[308]

Es geht schon längst nicht mehr um ein paar Stunden oder Minuten mehr oder weniger Fernsehen und Smartphone – das ist pure Ablenkung. Vielmehr geht es um unsere Grundhaltung gegenüber den Bildschirmmedien, um die Überprüfung der Werte, die wir unseren

Kindern vorleben und die wir an sie weitergeben wollen. *Hier* liegt unsere Verantwortung, die wir an niemanden delegieren können. Handys oder Küsse? Oder am Ende doch beides?

»Ich erfand die Farbe der Vokale.«
Arthur Rimbaud

Opfer

»Da rief ihn der Engel des Herrn vom Himmel und sprach: Abraham! Abraham! Er antwortete: Hier bin ich! Er sprach: Lege deine Hand nicht an den Knaben und tue ihm nichts.«
1. Mose 22,11f.

Es gibt Gestalten des Alten Testaments, die sich dem Bewusstsein so tief einprägen, dass man meint, dabei gewesen zu sein. Sicher hat man diese Charaktere auch schon auf Bildern gesehen, seien es die Lithografien der Kinderbibeln, seien es Darstellungen großer Meister. Und ich sehe die beiden vor mir: Vater Abraham mit gebeugtem Kopf, sein Sohn Isaak an seiner Seite, ahnungslos-ahnungsvoll, auf dem mühsamen Weg hoch zum Berg Moriah, jenem Ort, an dem das Opfer vollzogen werden soll. Abraham war geheißen, als Beweis seines bedingungslosen Gehorsams das Liebste zu geben, das er besaß: seinen Sohn. Und er gehorchte.

Anscheinend hegt Abraham in keinem Moment Zweifel an seinem Auftrag. Er bereitet das Holz, rüstet sich mit Kordel, Messer und Feuerstein und macht sich auf den Weg. Er belügt sogar seinen Sohn, als dieser ihn nach seinem Vorhaben fragt. Aber Gott erbarmt sich. Er lässt einen Widder erscheinen, damit dieser anstelle von Isaak als Opfer geschlachtet wird. Und am Ende segnet er Abraham.

Dieser Augenblick ist ein zentraler Moment der Menschwerdung. Vielleicht ist er sogar »der Anfang der menschlichen Gesittung«.[309] Allerdings, wenn es zutrifft, dass der Anfang der menschlichen Gesittung im Verzicht auf das Menschenopfer – zumal das Kindesopfer – liegt, dann haben die Tiere dafür teuer bezahlt. Für sie war und ist der Preis hoch.

Uns modernen Menschen ist der Opfergedanke weitgehend fremd geworden. Wir können schwer nachvollziehen, wie selbstverständlich diese Vorstellung über so lange Zeit hinweg war. Warum das Opfer? Der Sinn des Opfers liegt darin, dass man etwas *hergibt*. Nicht irgendetwas – das ist kein Opfer –, sondern dass man sein Liebstes hergibt. Nur dadurch versichert man sich der Gunst der Götter und, in den monotheistischen Religionen, des einen Gottes. Nur dadurch hält man sich den göttlichen Zorn vom Leib. Und der Zorn der Naturgötter, und vor allem des einen Gottes, ist mitunter sehr groß: Überschwemmungen, Missernten, Dürren, Krankheit von Mensch und Vieh. Man gab das Kostbarste überhaupt: seine erste Ernte, die Erstlinge der Tiere – und die Kinder. Die Verpflichtung war so zwingend, dass die Opfernden nicht auf die Idee kamen, über Sinn oder Widersinn ihrer Handlungen nachzudenken – für sie war nur entscheidend, dass und wie ihr Opfer angenommen wurde. Welch heftige Reaktion entstehen konnte, wenn ein Opfer nicht angenommen wurde, erleben wir in der Geschichte von Kain und Abel: Gott nahm Kains Getreideopfer nicht an, wohl aber das Tieropfer seines Bruders Abel. Darüber geriet Kain so sehr in Zorn, dass er den Bruder erschlug. Dies allerdings ist lange, lange her.

Glaubten wir nicht, dass die Zeit der Kinderopfer inzwischen weit hinter uns liegt? Waren wir nicht überzeugt, dass »der Anfang der menschlichen Gesittung« längst eingetreten sei?

Nein, das Thema *Kinderopfer* ist nicht aus den Augen und nicht aus dem Sinn. Archaische Denk- und Verhaltensmuster lassen sich nicht einfach wegwischen und ungeschehen machen. Sie holen uns immer wieder auf sonderbare Weise ein. Igor Strawinsky schreibt in seinen Lebenserinnerungen: »Als ich in St. Petersburg die letzten Seiten des *Feuervogels* niederschrieb, überkam mich eines Tages – völlig unerwartet, denn ich war mit ganz anderen Dingen beschäftigt – die Vision einer großen heidnischen Feier: Alte weise Männer sitzen im Kreis und schauen dem Todestanz eines jungen Mädchens zu, das geopfert werden soll, um den Gott des Frühlings günstig zu stimmen.«[310] Dieses also wurde zum Thema von *Le sacre du printemps*, das 1913 in Paris uraufgeführt wurde.

Fast ein Jahrhundert später greift der Musikpädagoge Royston Maldoom das brisante Thema des *Mädchenopfers* auf, verbindet sich mit dem Dirigenten Simon Rattle und startet mit 250 Berliner Kindern und Jugendlichen eines der schönsten, ergreifendsten Tanzprojekte unserer Zeit: *Rhythm Is It*. Der gleichlautende Film legt davon Zeugnis ab.[311]

Woran liegt es, dass das uralte Thema Kinderopfer heute noch die Seele der Menschen erreicht – und sogar mitreißt? Haben wir vielleicht eine unbewusste Sehnsucht oder gar Notwendigkeit, uns mit diesem Thema zu befassen? Der künstlerische Rahmen, besonders wenn er so gut gelingt wie in diesem MusikTANZ[312], ist überhaupt die beste Weise, mit diesem archaischen Bild in Kontakt zu kommen. Hier befinden wir uns – und vor allem unsere Kinder – in einem geschützten Raum. Hier darf er noch einmal leben, der dramatische Mythos vom Kinderopfertod. Damit am Ende jeder begreift: *nur* hier auf der Bühne! *Nur* unter Royston Maldooms Händen! Und sonst nirgendwo.

Osterei

»Mit einem Ei schenke ich euch das ganze Universum.«
Pierre de Ronsard

Es gibt in unserer Kultur Dinge, die trotz ständigen Wandels und wechselnder Konsumverkleidungen beharrlich sie selbst bleiben und von einer Generation zur nächsten weitergereicht werden. Zu diesen Dingen – aber ist es denn wirklich ein *Ding*? – gehört das Osterei. Kaum jemand, der nicht als Kind seine Ostereier suchte. Und kaum jemand, der im Herzen nicht diesem Kinderbrauch anhinge, auch wenn er ihn äußerlich längst abgestreift hat. Das Ritual um das Osterei sitzt tief.[313]

Da ist zunächst das Wunder um das wirkliche Ei, das wir in der Hand halten. Welches Potential an Leben liegt nicht darinnen! Welches Geheimnis auch! Was wird da ausgebrütet? Ein Küken? Eine Taube? Eine Ente?

Das Kind fantasiert, wie aus dem Kleinen Großes werden kann oder werden wird. Beides ist möglich. Und dieses Ungewisse kennt es gut. Dieses nebelhaft Zukünftige trägt es als Grundgefühl in sich selbst: Werde ich wachsen? Was, wenn ich einmal groß bin?

Und dann das Mysterium selbst. Wir haben es bei dem Ei ja nicht mit irgendeinem Objekt zu tun. Das Ei ist durch nichts austauschbar. Es ist *das* Symbol für werdendes Leben schlechthin. Viele Schöpfungsmythologien der Vergangenheit[314] umkreisen es: »Das Ei als Urkeim alles Lebens schließt in sich nicht nur alle stofflichen Teile der Welt, sondern auch das zeugende Prinzip, das zur Geburt, zur Schöpfung drängt. Aus dem Urei wird nicht nur die Welt geboren, sondern auch die Lebewesen, vor allem die Götter, die Urvögel und der Mensch.«[315]

Es ist womöglich dieses Doppelte, welches uns am Ei – und zu Ostern eben am Osterei – so fasziniert. Generationen um Generationen haben sich die dazugehörigen Mythen gesponnen. Heute schmücken wir unsere Häuser und Gärten mit bunten Eiern, und unsere Kinder werden, wie wir damals, nicht müde von dem alljährlichen Versteckspiel. So als wäre jedes Ei das erste, das sie voll echter oder gespielter Überraschung[316] hinter einer Tonne auf dem Hof oder unter dem Sofa hervorziehen. Die Eier sind längst aus Zuckerwerk und Plastik. Keine Spur mehr von Fruchtbarkeit. Aber das Unbewusste ist großherzig. Es suggeriert uns: Jedes Osterei ist (wie) eine kleine Neugeburt.[317] In jedem steckt das Leben selbst.

Deshalb der ganze Zauber.

P

»Wir begannen mit dem Vergleich der Vokale und bedienten uns noch der Hand, um uns des Ergebnisses unserer Erfahrungen zu vergewissern. Jeder der fünf Finger wurde dazu bestimmt, einen der fünf Vokale zu bezeichnen und dessen deutliche Wahrnehmung festzustellen. Der Daumen entsprach dem A und musste beim Aussprechen dieses Vokals gehoben werden; der Zeigefinger war das Zeichen für E, der Mittelfinger für das I, und so fort.«

Jean Itard

Pippi Langstrumpf

»*Pippi glaubte, dass ihre Mutter nun oben im Himmel sei und durch ein kleines Loch auf ihr Kind runterschaue, und Pippi nickte oft zu ihr hinauf und sagte: ›Hab keine Angst um mich! Ich komme schon zurecht.‹*«
Astrid Lindgren

Wann haben Sie zum letzten Mal *Pippi Langstrumpf* gelesen? Ist es lange her? Meinen Lehramtsstudenten habe ich oft gesagt, dass jeder, der bei mir Examen in Pädagogik mache, Pippi Langstrumpf kennen sollte. Und ich meinte es ernst.

Lehrer sollen den Kindern in der Schule neben Wissensinhalten verschiedene Regeln beibringen: pünktlich sein, ordentlich schreiben und zählen, stillsitzen, zuhören – all das, was der Erwachsene später braucht, um sich sozial und beruflich gut zu organisieren. Das ist der amtliche Auftrag der Lehrer, dafür werden sie bezahlt. Wie aber kann der Lehrer vor Kinder treten, wie kann er guten Unterricht machen und die Kinder wirklich erreichen, wenn er sie nicht in ihrem unerzogenen Rohzustand kennt, wenn er nicht weiß, wie sie wirklich ticken?

Astrid Lindgren wusste, wie Kinder ticken, und ihr Buch *Pippi Langstrumpf* ist der Beweis. Alle Regeln der vernünftigen Erziehung stellt die Autorin auf den Kopf. Kein geregeltes Aufstehen, kein Waschen und Anziehen, kein Aufräumen, kein Zähneputzen und kein In-die-Schule-Gehen – Pippi lebt sehr gut so. Ganz ohne den Zugriff der Erwachsenen entscheidet sie selbst, was sie den lieben langen Tag treibt.

Es ist die Utopie von kindlicher Freiheit, ein grenzenlos undomestiziertes Aufwachsen. Welcher Erwachsene ahnte nicht, wie viel unter all seiner guten und vielleicht sogar »zu guten Erziehung«[318] davon verlorengegangen ist und wie sehr ihm die Anpassung an die kulturellen Pflichten zur zweiten und anscheinend endgültigen Natur geworden ist.

Nicht zufällig lehnte der schwedische Verlag, dem Astrid Lindgren 1944 das erste Manuskript ihres Kinderbuches zusandte, prompt ab. Das Buch irritierte. Niemand möchte gern erinnert werden an jenes Reich der Unordnung, welche der Erziehung zur Ordnung voranging.

Denkt man an Pippi Langstrumpf, sind es aber nicht nur all die Freiheiten, die Verrücktheiten und die nie ausgehenden Süßigkeiten, die einem einfallen. Pippis größte Begabung ist ihre Fantasie, mit der sie alle verzaubert. Vielleicht ist uns die Fantasie überhaupt nur deshalb gegeben, damit wir die Widrigkeiten, Bedrohungen und Nöte des Lebens ertragen können. Die Einbildungskraft gibt uns Flügel. Sie half Rosa Luxemburg im Gefängnis, durch ihre Gitterstäbe hindurch Blumen zu sehen.[319] Sie ließ Anne Frank die Jahre in ihrem Versteck mit einer intimen Freundin Kitty teilen[320], und sie hilft auch der literarischen Figur Pippi, ihr Alleinsein zu bewältigen. Vergessen wir nicht, dass sie in der (literarischen) Wirklichkeit ein vater- und mutterloses verwahrlostes kleines Kind ist. Kraft ihrer Fantasie dichtet sie alles zu ihren Gunsten und ihrem Wohlgefallen um: Vaterlos zu sein erlaubt ihr, von einem Vater als *Negerkönig*[321] auf einer fernen Insel zu träumen. Mutterlos zu sein bedeutet, dass oben eine Mutter im Himmel sitzt, die dem Kind immer freundlich zunickt. Allein zu sein heißt für Pippi, sich seine Gefährten – Pferd und Affe und Nachbarskinder – selbst zu wählen. Pippi ist eine Meisterin der kindlichen Umdeutung und der Beseelung ihrer Umwelt.

Astrid Lindgren wusste einfach, wie Kinder ticken. *Deshalb* der Erfolg von *Pippi Langstrumpf*.

Puppe

»Ich
habe eine
ich habe eine Puppe
gestohlen.
Die ich mir wünschte
bekam ich nie.
Drei Geburtstage lang
und dann die mit Tintenaugen
und Haaren aus Zelluloid.
Beinahe ist oft schlimmer als Nein.
Nun habe ich eine.
(Gestohlen.)«

Mascha Kaléko

Meine erste Puppe trug ich unter meinem Ärmel, wickelte sie in das karierte Taschentuch meines Großvaters, nahm sie überall mit, gab ihr zu essen und legte sie abends schlafen. Meine erste Puppe war eine Hasenpfote, aber ich liebte sie sehr. Nur ihren Namen habe ich vergessen.

Was heute ungewöhnlich klingt, war lange Zeit selbstverständlich. Schon immer haben Kinder mit Tierpfoten, -schwänzen oder -flügeln hantiert, und wenn man ihnen keine fertigen Puppen gab, haben sie diese selbst geschaffen. Bereits seit der Frühgeschichte fabrizierten die Menschen Puppen und puppenähnliche Figuren aus Steinen, Horn und Knochen, aus Holz und Wurzeln, aus Schiefer, Alabaster und Tierfellen. Und sie schufen sie in allen erdenklichen Gestalten.[322]

Die puppenähnliche Figur gehört zu den ältesten und wichtigsten Kinderspielzeugen, und zwar überall in der Welt. Natürlich könnte man einwenden, dass die Liebe zu Puppen ähnlich wie die zu Kindern eine ambivalente Sache ist, die man lernen kann oder eben auch nicht, die jedoch keineswegs angeboren ist.[323] Aber welchen Standpunkt wir auch einnehmen, so ist doch unbestritten, dass die Erhaltung der Spezies Mensch nur funktioniert, wenn sich irgendeiner bewusst um den Nachwuchs kümmert.

Das junge Kind, das alle Eindrücke seiner Umgebung wie einen Schwamm aufsaugt, erlebt die Mütterlichkeit aus einer passiven Position. Sobald sich aber das sensible Zusammenspiel von Sprache, Handeln und Denken entfaltet, verkehrt es die Rolle und drängt danach, selbst aktiv zu sein. Das Kind will es der Mutter gleichtun, und da eignet sich das Wickeln und Herumtragen eines Puppenkindes besonders gut.

Und noch etwas: Die Puppe ist das Abbild des Menschen. Sie gab und gibt Raum für alle Formen von Projektionen. Sie ist imstande, das menschliche Ich zu spiegeln und in manchen Fällen sogar göttliche Kräfte zu repräsentieren. Mit dem Schaffen des menschlichen Abbildes, mit der ersten Gestaltung einer Art Puppe begann die menschliche Kunst: »Muss man nicht annehmen, dass diese naiven Schöpfungen ganz bestimmte Vorstellungen zum Ausdruck bringen wollten und dass sie nicht nur die ersten, noch kindlichen Denkmale der bildenden Kunst darstellen, sondern zugleich die frühesten Zeugnisse dafür sind, dass bei dem Urmenschen die Intelligenz zum Durchbruch kam? Kein Tier, auch nicht das begabteste, ist imstande, mit Wissen und Willen Abbilder seiner selbst zu schaffen.«[324]

Wir müssen uns vergegenwärtigen, dass Puppengestalten in den Augen ihrer Schöpfer keine toten Gegenstände, sondern beseelte, mit menschlichen und sogar übermenschlichen Fähigkeiten begabte Wesen darstellten. Sie konnten Schutz verleihen, verzaubern und verhexen. Es gab sogar Puppen, die als so unheimlich und schädlich galten, dass sie für Kinder verboten wurden.

Ähnlich wie die Frühmenschen halten es die Kinder. Ihre Puppen sind keine toten Figuren aus Stoff, Porzellan oder Plastik. Sie sind lebendig, haben Namen und reagieren auf das Kind. Wenn es lacht, lacht auch die Puppe. Wenn es trauert, muss auch die Puppe trauern.

Und wenn die Puppe angegriffen wird, dann fühlt sich das Kind selbst angegriffen. Dazu eignen sich besonders Puppen, deren Gesichtszüge nicht zu eindeutig auf eine Gemütsstimmung festgelegt sind und die das ganze Spektrum menschlicher Gefühle auszudrücken imstande sind. Käthe-Kruse-Puppen oder die Puppen der Schweizer Künstlerin Sasha Morgenthaler erfüllen genau diese Bedingung.[325] Die Gesichter sind zwar deutlich gemalt, aber immer so verhalten, dass sie jeder kindlichen Spiegelung standhalten. Auf jeden Fall sind sie ganz anders als die lachenden und sprechenden Puppen, die das Kind anfangs zwar vielleicht faszinieren, es mit der Zeit allerdings eher anöden.

Puppen sind nicht nur Übungsobjekte, Wegbegleiter und Dialogpartner, sie gewähren stets auch Trost. Überall in der Welt, wo Kinder sich allein fühlen, wo sie auf Reisen gehen, Krankenhäuser oder anderes unsicheres Terrain betreten, tragen sie Puppen mit sich. Das Unbewusste des Kindes weiß, dass es seine Puppe immer festhalten kann, egal was passiert, und dass auf sie Verlass ist. Puppen tun also jedem Kind gut, Mädchen genauso wie Jungen.

»Wem gehören die Buchstaben des Alphabets?«
The New York Times

Quälen

»Die gnadenlosen Kinder.«
Peter Handke

Der schottische Filmemacher Bill Douglas hat kein großes, dafür aber ein höchst eindrucksvolles Werk hinterlassen – die Trilogie einer Kindheit.[326] Ein Stück weit wohl seine eigene Geschichte als hin- und hergeschobener, verstörter Junge (Jamie) in den Jahren während und nach dem Zweiten Weltkrieg. Atemberaubende Szenen in extrem langen Einstellungen und tiefer Stille haften dem Besucher im Gedächtnis. Darunter auch diese: Als Jamie zeitweise in einem Waisenhaus untergebracht ist, beobachtet er, wie eine Gruppe von Jungen eine Grille auf ein Stück Karton setzt. Sie träufeln um das Tier herum Benzin und stecken den Karton mit dem Feuerzeug an. In dem Moment, als das Feuer entzündet, brechen die Jungen in Johlen aus. Nur Jamie läuft weg. Das Quälen, die Qualen des Tieres sind ihm unerträglich. (Oder ist es das Johlen?)

Überall in der Welt quälen Kinder Tiere. Und keineswegs nur zufällig im Spiel, weil sie angeblich das Tier mit dem Spielzeug verwechseln, sondern durchdacht und zielgerichtet. Gezielt auf das Leid des Tieres. Meistens ist das Quälen vom aufputschenden Grölen der Kinderschar begleitet. Nähme man ein einzelnes Kind heraus und befragte es nach seinem Empfinden, so würde man vielleicht von der Ablehnung der Grausamkeiten, ja sogar von der Angst, selbst zum Opfer der Attacken zu werden, erfahren. Aber das Gejohle der Gruppe übertönt die eigenen Gefühle, und die meisten Kinder lassen sich vom sadistischen Treiben der anderen mitreißen. Nur Jamie im Film läuft weg.

Häufig quälen Kinder ihresgleichen, also andere Kinder. Hier wählen sie allemal die schwächeren aus, die körperlich, sozial oder sprachlich eher eingeschränkten, die sich nicht wehren können. Weil sie keine Rache des Opfers befürchten müssen. Viel häufiger aber und mit mehr sadistischem Vergnügen üben sie sich tatsächlich in Tierquälerei, weil sie hier so gut wie sicher sind, vom Opfer niemals verpetzt werden zu können. Beim Tierquälen können sie alle Facetten von kleineren, mittleren und großen Grausamkeiten erproben. Es fängt an mit den kleinen: Insekten aufspießen, zerschneiden oder verbrennen. Mittelgroße Tiere werden geblendet, verstümmelt, in die Luft geschleudert oder im Wasser ertränkt. An wirklich große Tiere wagen sich Kinder nur heran, wenn sie sich sicher fühlen, im Zoo oder hinter einer Koppel. Doch auch diese Tiere werden nicht verschont, oft bewerfen Kinder sie mit Steinen, schießen mit Schleudern oder jagen sie.

Vielleicht, könnte man meinen, testen Kinder ihre eigenen Grenzen aus. Vielleicht wollen sie sich ja nur im Umgang mit Tieren erproben und diese besser verstehen. Doch schnell entdeckt man, dass Tierquälerei weit über normale kindliche Entdeckerfreude hinausgeht, dass sich immer eine gehörige Portion Aggressivität beimengt. Man spürt deutlich, dass es sich bei kindlicher Tierquälerei nicht selten um eine Verschiebung handelt.[327] Das Kind erlebte Kränkungen und Schmerzen vonseiten anderer (oft Erwachsener), denen es nicht direkt durch Aggression begegnen konnte. Das Tier, als Objekt der Quälerei, macht es ihm nun leicht, seiner Kränkungswut freien Lauf zu lassen, ohne selbst bestraft zu werden. Faktisch allerdings wendet das Kind seine Tat eindeutig an die falsche Adresse. Dass in seinem Fall das Einfühlen in den Schmerz des Gegenübers (des Tieres) so gut wie fehlt, verwundert nicht. Das Kind ist ganz geleitet und getrieben von eigenen unbewussten Rachemotiven.

Aber halten wir inne. Wenn die Einfühlung in den Schmerz des Tieres auch scheinbar nicht vorhanden ist, so fehlt doch keineswegs das Bewusstsein der Gewalttätigkeit und des Unrechts. Bereits sehr früh erfahren Kinder, was durch Brutalität erzeugter Schmerz bedeutet. Am eigenen Leib oder durch die Schmerzäußerungen der anderen. Sie hören Katzen heulen und Hunde aufjaulen, und sie können schon in erstaunlich jungem Alter bedrohliche Situationen deuten. Dieses Bewusstsein hingegen hält sie nicht ab. Der Sog beziehungsweise das Zwanghafte, bei manchen sogar Berauschende des Quälens überwiegt. Kinderpsychologen beschreiben einstimmig die Nähe von aggressiv-quälendem Verhalten zu anderen kindlichen Verhaltensstörungen.[328]

Manche Kinder sind so einsam und verstört, dass sie ihre Quälereien verborgen vor allen anderen ausführen. Keine Bewunderungs- und Jubelschreie der Gleichaltrigen. Quälen ist hier keine heroische Tat, mit der man sich brüsten kann, sondern die nackte Konfrontation mit dem Opfer in der Einsamkeit. Wir erinnern uns an den Jugendlichen Jürgen Bartsch, der seine Opfer in versteckte Bunker verschleppte, um sie dort zu quälen und zu töten.[329] Hier versagt jede Form sozialer Kontrolle, nicht einmal die Gesetze der Peergroup finden ihre Anwendung. Diese Extremformen des Quälens sind selten, aber es gibt sie.

Stellen wir nun die Frage nach der Gewichtung. Wie schwer wiegt das Quälen eigentlich wirklich?

Die Antwort ist einfach und eindeutig: Quälen wiegt schwer. Das Fehlen von Einfühlung in den anderen, in seine Persönlichkeit und in seinen Schmerz betrifft den Nerv unserer Kultur – im Großen und im Kleinen. Wenn wir nicht im Kleinen, also von Eltern zu Kind, von Kind zu Kind, vom Kind zum Tier, Empathie passiv erleben und aktiv selbst leben, wie können wir je erhoffen, Empathie im Großen, zwischen den sozialen Gruppen, zwischen den Religionen und gar Nationen, zu erlangen?

Ohne Zweifel gibt es eine enge Verknüpfung zwischen der Lust und Begierde kindlichen Quälens und dem Sadismus der späteren Erwachsenen. Alles hat einmal klein begonnen, bevor es sich groß und systematisch ausbreiten konnte, bevor es zur Methode wurde. Sicher muss man nicht davon ausgehen, dass jedes Kind, das einmal selbst quälte, notwendig zum Sadisten oder gar Verbrecher würde. Umgekehrt steht fest, dass gewalttätige Erwachsene sich im Kindesalter schon fleißig eingeübt haben. Es ist deshalb mehr als angezeigt, bereits früh gegenzusteuern. Es beginnt damit, die Gründe zu ermitteln, weshalb ein Kind zwanghaft quälen muss. Quälen hat eine andere Qualität als nur wütend sein. Quälen ist immer die eigene Wut, die sich im anderen auslässt. Tun wir deshalb alles, mit der Wut und Verzweiflung von Kindern so umzugehen, sie so aufzufangen und umzulenken, dass sie niemals gegen sich selbst, vor allem aber nicht quälend gegen andere gerichtet werden muss. Wehren wir den Anfängen.

R

»Vom ersten Tag an, an welchem der Lehrer mir die Buchstaben des hebräischen Alphabets in Reihen nacheinander zeigte, sah ich Soldaten in Reih und Glied wie die, welche manchmal an unserem Haus vorbeimarschierten, mit ihrem Trommler an der Spitze voranstürmen, der *tum taratum tum* trommelte. Die Alephs waren die Buchstaben, die ihnen am meisten ähnelten, mit ihren schwingenden Armen und weitausschreitenden Beinen, und den Gimels mit ihrem nach links ausschreitenden Stiefel, dessen drei Punkte wie eine Leiter aussahen. Meine Augen begannen das Buch nach verschiedenen Richtungen abzusuchen: ›Was suchst du denn?‹, fragte der Melamed (Lehrer). ›Den Trommler‹, sagte ich, und meine Augen wanderten umher … Den ganzen Tag träumte ich mit wachen Augen von Armeen und Soldaten.«
Chaim Nachman Bialik

Raum

*»Hänschen klein
ging allein
in die weite Welt hinein.
Stock und Hut
steht ihm gut
er ist wohlgemut.«*
Deutsches Kinderlied

Wir kennen alle das Kinderlied. Wir haben es hunderte Male gesungen. Wir haben als Kind schon die Freude gespürt, wie sich Hänschen aufmacht, gerüstet mit Stock und Hut und in fröhlicher Aufbruchsstimmung. Wie alt mag er sein? Vier Jahre, oder fünf, oder vielleicht doch erst drei? Und dann der Knick. Die Mutter weint und zieht das Kind in ihre Arme zurück. Hänschen ist noch zu jung für den Aufbruch von zu Hause, weg von der Mutter. Aber dieser misslungene Versuch war nicht umsonst. Hänschen hat erfahren, dass es jenseits des Elternhauses einen anderen Raum gibt, und fortan wird er diesen sehnsüchtig als Vision in sich tragen. Irgendwann wird er ihn für sich erobern.

Es ist immer wieder atemberaubend, wie Kinder Schritt für Schritt den Raum erfassen. Das Neugeborene hat, nachdem es die Höhle des Mutterleibs verlassen hat, nur seine Wiege. Das genügt ihm. Da ruht es, und die Begrenztheit der Wiege tut ihm über Monate hinweg gut. Mit dem Krabbeln und später mit den ersten Schritten beginnt das Kind, seine Außenräume zu ertasten. Der Weg führt in die Küche, von einem Zimmer ins andere und vielleicht in den Garten. Das ist das Universum des Kleinkindes, diese Räume lernt es Stück für Stück beherrschen bei ständig sich erweiterndem Radius. Hier will es sein, hier fühlt es sich sicher. Der Raum riecht nach Familie, und das Kind fragt nicht, ob er gut oder schlecht ist, ob es ein Palast oder eine Mietwohnung oder eine Blechhütte ist. Der Raum ist die selbstverständliche Hülle des Kindes.[330]

Der Einbruch beginnt dann tatsächlich mit den ersten Fantasien von Hänschen, einmal *ohne* Mutter, aber sicher in der eigenen Haut (Stock und Hut) loszuziehen. Nicht zufällig beginnen die meisten Volksmärchen mit dem Verlassen des Vaterhauses. Mit dem Fortgehen beginnt die Ich-Werdung. Der gewohnte alte Raum wird ausgetauscht durch den ungewohnten neuen. Meist ist es ein Wald, in dem man sich zu verlieren droht, ein Raum der Dunkelheit, wo Gefahren lauern. Da sind Quellen, aus denen man nicht trinken darf (*Brüderchen und Schwesterchen*), wilde Tiere, die man fürchten muss (*Rotkäppchen*), und verlockende Speisen, die zum Tode führen (*Hänsel und Gretel*). Kurz: Der neue Raum, weit weg vom Elternhaus, ist voller Verführungen und Gefahren.

Kinder ahnen die Gefahren. Aber sie begegnen ihnen sehr unterschiedlich. Ich kenne Dreijährige, die ungefragt den Kindergarten verlassen und die nächste Straßenbahn besteigen, um damit die Stadt zu durchqueren.

Mein jüngster Sohn war als Kind ein Meister im Erobern fremder Räume: Mit zwei Jahren durchquerte er allein den Englischen Garten in München, und mit dreizehn Jahren irrte er durch Thessaloniki, weil er neue Wege ausprobieren wollte. Manche Kinder drängt es, ungewohnte Räume zu betreten.

Andere wiederum muss man locken oder sogar anschubsen, damit sie sich rausbewegen. Und dann gibt es Kinder, die krampfhaft ihre Ordnung bewahren wollen, die jede räumliche Veränderung stark ängstigt. Autistische Kinder gehören dazu.

Wie stark dürfen oder müssen wir als Erwachsene unsere Kinder begleiten bei ihren Versuchen, neue Räume für sich zu erkunden? Natürlich müssen wir sie schützen vor Übergriffen und Unfällen, aber wie leicht gerät das, was von den Eltern als Schutz begriffen wird, für die Kinder selbst zur Einschränkung.

Kinder brauchen eigene Wege. Sie müssen auch ohne die Kontrolle der Erwachsenen ihre eigenen Räume erproben. Allein oder in Gruppen Gleichaltriger das eigene Viertel erkunden hat eine ganz andere Qualität, als an der Seite der Eltern zu gehen. Der Schulweg mit Freunden zu Fuß, Bus oder Bahn ist ein solcher Raum. Er ist zwar vorgegeben, aber er erlaubt immer wieder Abweichungen. Das Kind sollte die Freiheit haben, auch einmal vom Weg abzugehen, nicht nur den vorgegebenen Routen zu folgen. Vom Weg abgehen umfasst ja viel mehr als nur Räumliches. Vom Weg abgehen bedeutet auch, den bedingungslosen Gehorsam gegenüber den Autoritäten lockern. Mal probieren, was geschieht, wenn ich nicht gehorche. Wie weit kann ich gehen, wenn ich nicht den Eltern, sondern mir und meiner Intuition folge?

Jedes Kind in jedem Alter ist verletzlich. Überall lauern Gefahren auf seinem Weg. Doch wir müssen die Kinder loslassen: in der Stadt, in der U-Bahn, in Kaufhäusern, an Flüssen, auf Fußballplätzen, denn dies ist ihr Lebensraum. Der polnische Pädagoge Janusz Korczak ging sogar so weit, den Kindern grundsätzlich ein *Recht auf den eigenen Tod* zuzusprechen.[331] Damit meinte er, dass Kinder trotz ihrer großen Verletzlichkeit das Risiko eingehen müssen, sich auf die Welt einzulassen, also ihren Raum in der Welt zu ergreifen bis an die Grenze. Eine starke, für viele vielleicht extreme Aussage, die sich nur dadurch legitimiert, dass sie radikal die Persönlichkeit des Kindes im Auge hat. Das Kind entscheidet über *seinen* Raum.

Die wunderbare biblische *Legende vom Verlorenen Sohn* verweist in genau diese Richtung. Ein Vater hat zwei Söhne. Der eine bleibt zu Hause, der andere verlässt gegen den Willen des Vaters die Familie, zieht durch die Welt, verprasst nebenbei sein Erbe, erobert fremde Räume und scheitert. Als er nach Jahren reumütig zurückkehrt, ist der Vater überglücklich und nimmt den Sohn alles verzeihend in seine Arme. Die Legende lehrt uns, dass das Fortbewegen im Raum immer zugleich innere Entwicklung bedeutet. Initiation, geistiges Wachsen beginnt dann, wenn sich Kinder oder Jugendliche auf den

Weg machen, wie weit und lang er auch sei und wo er auch hinführen mag. Am Ende dieses Weges jedoch, wenn das Kind erwachsen ist, steht es fest in Raum und Zeit. So jedenfalls sollte es sein.

Rechts und links

»Welches ist rechts? Meine Rechte?
Nein, nein.
Rechts. Dann links.
Und rechts.
Wieder links.
Jedes zu seiner Zeit.
Harmonisch.«
Peng Hu

Montagvormittag. Einschulung einer ersten Klasse. Magdalena, brauner Pferdeschwanz, runde Brille und weiß gekleidet wie eine kleine Braut, läuft ihrem neuen Lehrer entgegen, den linken Arm weit ausgestreckt. Dieser hält eine Sekunde lang inne – wohl eine Spur irritiert – und ergreift dann mit seiner linken Hand die sich ihm entgegenstreckende linke Kinderhand. Der erste Tag. Die linke Hand kommt vom Herzen! Welch einfühlsamer Pädagoge! Einer, der seinen Namen zu Recht trägt. Wo hat er das nur gelernt?

Unsere Gesellschaft ist ganz und gar rechtslastig. Unsere Kultur kann die Ambiguität von rechts und links nicht gut ertragen. Sie verlangt nach klaren Verhältnissen, nach Orientierung und Hierarchie. Wenn wir das Wort *rechts* hören, assoziieren wir schnell Begriffe wie *Recht, richtig, ehrlich*. Die rechte Hand ist die aktive, die ausführende, in ihr liegt Kraft, Entscheidung und technische Kompetenz. *Links* hingegen repräsentiert bewusst oder unbewusst das Gegenprinzip: link, linkisch, unrichtig. Der rechten untergeordnet. Es gibt tatsächlich immer noch Menschen, die zu Kindern sagen: »Gib die liebe

Hand!« Als ob eine Hand lieb sein könnte. Oder umgekehrt: als ob eine der beiden böse sein könnte.

Indes, so unsinnig sind diese Assoziationen nicht. Sie haben ihren Ursprung zumeist in uralten hygienischen und religiösen Vorstellungen, in denen es weniger um Gut und Böse, wohl aber um Rein und Unrein geht. So auch im Islam: Die rechte, reine Hand dient den Muslimen zum Essen, die linke, unreine zum Waschen des Körpers.

Zurück zur Realität der Rechts-Links-Dominanz beim Kind. Tatsächlich gibt es bei den Menschen die ausgeprägten und kulturell abgesegneten Seitigkeiten, und es ist kein Zufall, dass die große Mehrheit (etwa 85–90 Prozent) rechtshändig ist. Es ist auch sinnvoll, das Kind daraufhin zu beobachten, weil viele späteren Rechtschreib- und Leseschwierigkeiten damit zusammenhängen können. Das ganze Prinzip des Lesens und Schreibens sowie die meisten technischen Geräte (Schreib- und Sportgeräte, Musikinstrumente u. a.) sind auf Rechtshändigkeit ausgerichtet, und deshalb stoßen linkshändige Kinder immer wieder an ihre Grenzen.

Aber was bedeutet eigentlich Dominanz beziehungsweise Seitendominanz? Der menschliche Körper basiert äußerlich auf Symmetrie: Die beiden Körperhälften sind annähernd symmetrisch geformt und symmetrisch in ihrer Funktionsweise. Innerlich dagegen sind die beiden Körperhälften asymmetrisch angeordnet. Die wichtigsten inneren Organe, Herz, Leber, Milz, Gallenblase und Lungen, sind nach eigener, nicht symmetrischer Anordnung im Körper gelagert. Dies hat unendlich weitreichende Folgen für die gesamte Funktionsweise des Stoffwechsels, des Blutstroms und des Stroms der Lymphe. Logischerweise ist davon die gesamte Funktionsweise von Händen und Füßen, Augen und Ohren betroffen, auch wenn diese äußerlich weithin symmetrisch sind. Es geht also um verborgene, von außen nicht sichtbare Vorgänge.

Während der ersten Lebensjahre ist rechts und links beim Kind noch relativ ausgewogen. Es greift nach seinem Spielzeug mal mit der linken, mal mit der rechten Hand. Es malt mit zwei Buntstiften mit beiden Händen gleichzeitig. Es hüpft auf dem linken Bein ebenso geschickt wie auf dem rechten. Mit der Sprachentwicklung allerdings bildet sich gleichzeitig die Festlegung auf eine Seitendominanz heraus. Das Kind greift nun von selbst mehr mit der rechten beziehungsweise linken Hand, es hüpft vorzugsweise auf dem einen Fuß. Auch Augen und Ohren entwickeln ihre Dominanz.

Spannenderweise gibt es nicht nur Rechts- und Linksseitigkeit, sondern ebenso die kreuzweise Dominanz. Ein bekanntes Beispiel dafür ist Leonardo da Vinci, »der mit einer Hand skizzieren und mit der anderen malen konnte, der mit beiden Händen gleichzeitig in verschiedene Richtungen und in Spiegelschrift schreiben konnte«.[332]

Wenn das Kind zu Schulbeginn mit Lesen und Schreiben konfrontiert ist, hat sich die Seitendominanz so gut wie endgültig etabliert. In der Vergangenheit (und möglicherweise mancherorts noch heute) haben unendlich viele Kinder unter dem Versuch der Eltern und Erzieher gelitten, die Hände umzubiegen, und wir können uns vorstellen, wie viele dabei auch seelisch umgebogen wurden. Man greift nicht ungestraft in das tiefe und komplexe Körpergeschehen des Kindes ein. Das hat die Pädagogik glücklicherweise heute begriffen. Rechts bleibt rechts, und links darf links bleiben. Zwischen beiden Seiten muss es frei fließen und sich auch mal überkreuzen. Magdalenas Lehrer hat ein gutes Zeichen gesetzt.

Rituale

»Die Riten sind in der Zeit, was das Heim im Raum ist.«
Antoine de Saint-Exupéry

Carlos, der sechsjährige Junge aus dem Nachbarhaus, steht unmittelbar vor der Einschulung. Er redet ohne Unterlass von dem bevorstehenden Ereignis – von seiner Schultüte, von Geschenken (er hat sich ein rotes Taschenmesser gewünscht) und von all den Verwandten, die ihn begleiten werden. Ich frage ihn, warum die Einschulung so ein großes Fest für ihn sei, und er antwortet mir: »Vielleicht als Trost. Als Trost, dass ich in die Schule komme.« Diese Worte haben mich verblüfft. Seltsam, dass ein Kind, das sich doch so offensichtlich auf die Schule freut, nach Trost verlangt.

Schwellensituationen wie der Schulbeginn sind voller Ambivalenz. Dass Kinder vor den anderen, und vor allem Jüngeren, damit protzen, bald in die Schule zu kommen, und dass sie gleichzeitig daheim wieder beginnen, kleinkindhaft weinerlich, also trostbedürftig zu werden, ist durchaus kein Widerspruch. Alle biografischen Übergänge, auch freudvolle, können mit Ängsten einhergehen, weil sie für das Kind in keiner Weise einschätzbar sind. Bisher hat es noch keine Schule von innen gesehen, das feierliche Einschulungsritual soll helfen, die Schwelle zu überschreiten.

Rituale geben zwar nicht direkt Trost, wohl aber die Sicherheit, dass die Schwelle gefahrlos überschritten werden kann. Auf die Einschulung bezogen: Dieselben Rituale, die ich heute durchlebe, vor allem die Schultüte voller Süßigkeiten, haben schon unzähligen anderen Kindern den Weg in die Schule gewiesen und werden nun auch mir helfen. Und in zwei, drei Jahren wird das Geschwisterkind dasselbe Ritual erleben, und auch dies wird den Schritt über die Schwelle tun. Das gibt Sicherheit.

Rituelle Handlungen dienen dem Kind im Großen und im Kleinen. Kindergärten, Schulen, Pfadfinder und Kirchen wissen das längst und pflegen Rituale, die das Kind von Stufe zu Stufe in die Welt hineinführen und gleichzeitig mit der Gruppe verschmelzen: Mutproben, Grenzen berühren, nicht hinter sich schauen, Abschiede durchleben – all dies sind Erlebnisse, die sich mittels Ritualen leichter bewältigen lassen.

Die höchste und gleichzeitig tiefgreifendste Stufe ist der Abschied vom Kindsein mit zwölf oder dreizehn Jahren, und es hat eine Logik, dass gerade dieser Einschnitt traditionell hoch ritualisiert ist. In den Initiationsriten floss beziehungsweise fließt alles zusammen, was das Kind bisher in abgeschwächter Form schon erlebte: auch hier wieder die Mutproben, das Abschiednehmen.

Die großen Schritte beim Hineinwachsen in die Welt – das ist das eine. Der eigentliche Segen der Rituale liegt indes ebenso im Kleinen. Wir haben als Erwachsene meist vergessen, wie brüchig Kinderleben ist, wie dramatisch die alltäglichen und allnächtlichen Erfahrungen sein können. Es gibt noch keine Hierarchie in der Bewertung der Dinge, die auf das Kind tagsüber sowie nachts in seinen Träumen einprasseln. Wenn es morgens sein Rechenheft nicht findet, rastet es aus. Wenn es abends seinen Hamster tot im Käfig findet, ist es für das Kind manchmal schmerzlicher, als wenn die Oma im Pflegeheim stirbt – was gar nichts mit der Großmutter zu tun hat, aber sehr viel mit der Wahrnehmung des Kindes und auch sehr viel mit seiner Fähigkeit, sich erschüttern und in Empathie und Trauer mitreißen zu lassen.

Rituale, symbolisch stimmige Handlungen, sind stärker als Sprache. Über den toten Hamster reden ist das eine. Ihn würdig im Garten oder notfalls im öffentlichen Park zu begraben ist für das Kind unendlich viel überzeugender. Rituale, also bewusst vollzogene Handlungen, sind die sanfteste Weise, dem Kind Halt zu geben in seiner bedrohten Welt. Sie sind kleine Anker, an denen sich das Kind festhalten und orientieren kann, mit denen es seinen Tag, seine Woche, sein unmäßig langes Jahr, seine Freude und sogar seine Trauer innerlich strukturieren kann. Sie binden das Kind ein in seine Familie, seine Gruppe und seine Kultur – oder eben an sein Tier. Umgekehrt fühlt es sich durch die Nicht-Teilhabe an gemeinsamen Ritualen wie ein Fremdkörper aus seiner Gruppe ausgestoßen. Dann lebt es in dem Gefühl, nicht dazuzugehören.

Natürlich gibt es nüchterne Eltern und Erzieher, die ihre Kinder von allem Rituellen möglichst fernhalten wollen. Sie assoziieren Rituale mit Zwang und Einengung oder schlicht mit Spinnerei. Vielleicht haben sie es tatsächlich in ihrer Kindheit so erlebt. Aber sie dürfen sich nicht wundern, wenn ihre eigenen Kinder doch unter der Hand nach Ritualen verlangen oder sie sich selbst herbeizaubern. Sie tun dies allein oder in Geheimbünden mit anderen Kindern und vor allem unter Ausschluss der Erwachsenen. Sie erfinden und inszenieren ihre eigenen Rituale, so wie ihre Seele sie momentan braucht. Die meisten von uns erinnern sich wohl an solche oft magischen Szenen. Manche standen im Zusammenhang mit Orten (die man aufsucht oder meidet), mit Worten von suggestiver Kraft, Zahlen, die nicht ausgesprochen werden durften – ganz zu schweigen von Handlungen, die so eigen waren, dass nur das Kind selbst sie verstand. All das entspricht einem tiefgründigen Bedürfnis des Menschen und eben auch schon des Kindes. Die vorgegebenen oder aus der Fantasie geschaffenen Rituale geben dem Kind eine Ahnung davon, dass es verankert ist in Zeit und Raum und deshalb nicht so leicht untergeht. Sie besänftigten die großen Widersprüche des kleinen Kinderlebens.

(Übrigens: Carlos hat sein Taschenmesser bekommen. Ein rotes. Am dritten Tag wurde es ihm in der Schule geklaut. Oder er hat es verloren. Niemand weiß es genau. Aber wie dem auch sei: Er braucht es jetzt nicht mehr.)

»›Sie lernten also malen‹, fuhr die Haselmaus fort und begann dabei zu gähnen und sich die Augen zu reiben, denn sie wurde allmählich sehr schläfrig, ›und sie malten alle möglichen Sachen – alles, was mit S angeht –‹

›Warum mit S?‹, fragte Alice.

›Warum nicht?‹, fragte der Schnapphase.

Alice schwieg.

Die Haselmaus hatte inzwischen schon die Augen geschlossen und war eingeschlummert, doch vom Hutmacher in die Seite gezwickt, kam sie leise aufquietschend wieder zu sich und fuhr fort: ›– was mit S angeht, wie Sichelbein und Sonne und Seelsorge und Selbstheit – du weißt ja, man sagt oft von etwas, es sei die Selbstheit selbst – vielleicht hast du das auch schon einmal gesehen, das Gemälde von einer Selbstheit?‹

›Also jetzt, wo du mich fragst‹, sagte Alice in größter Verwirrung, ›glaube ich nicht –‹

›Dann halte den Mund‹, sagte der Hutmacher.«

Lewis Carroll

Sammeln

»Jeder Stein, den es findet, jede gepflückte Blume und jeder gefangene Schmetterling ist ihm schon Anfang einer Sammlung, und alles, was es überhaupt besitzt, macht ihm eine einzige Sammlung aus.«
Walter Benjamin

Sie steckt in allen. Und sie steckt sogar bereits in den Kindern: Sammelleidenschaft. Diese Lust am Sammeln, am systematischen und auch unsystematischen Anhäufen von Dingen nach dem Motto »je mehr, desto besser«, ist unser aller Erbe. Es erinnert an jene Phasen der Menschheit, in denen der am flinksten, zähesten und originellsten Sammelnde schlechthin die besten Überlebenschancen hatte. (Und diese Phase ist gar nicht so lange her beziehungsweise sie erscheint in immer neuen Gewändern auch in unserer Zeit.) Der hingegen, der anstatt fleißig zu sammeln untätig oder gar arglos singend in den Tag hineinlebt, so wie die Grille in La Fontaines Fabel, ist viel eher von Mangel aller Art bedroht. Er hat schlichtweg keine Reserven.[333]

Das Bewusstsein davon lebt zweifellos in unseren kollektiven Erinnerungsspuren weiter – und durchaus auch schon in denen der Kinder. Zum Glück sind ihnen rein nützlichkeits- und zukunftsorientierte Hintergedanken fremd. Sie kennen noch nicht das Prinzip der Vorsorge. Sammeln ist für sie eine durch und durch vergnügliche Angelegenheit.

Das Kind beginnt mit Neugier und Liebe die allerersten Sachen anzuschleppen, von Sammeln kann man noch kaum reden. Zuerst sind es Steine, Knöpfe, Muscheln, Puppenschuhe oder Streichholzschachteln. Hier setzt dann gewöhnlich das Staunen ein, dass mit der Veränderung der Quantität sich unversehens auch die Qualität der Dinge verändert. Aus der Summierung der kleinen unscheinbaren Gegenstände entsteht ein völlig Neues – die Sammlung – mit ihrem ganz eigenen Charakter: heiter, bunt, witzig, bizarr, farbig, auf jeden Fall aber lebendig.

Das Kind entdeckt aus eigener Kraft Ordnungsprinzipien – viele Steine machen eine Mauer, viele kleine Autos machen einen Auto-Park –, und es entwickelt immer neue Lust am Entdecken neuer Konstellationen. Damit einher geht die Gier nach mehr, nach mehr Steinen, mehr Autos. Immer mehr!

Es lässt sich schwer ausmachen, was beim kindlichen Sammeln am stärksten am Werk ist: die Lust am Finden, am Neuentdecken von Sammelgut, so wie Pippi Langstrumpf es im Kapitel *Pippi Sachensucher* vorlebt, in dem sie in jedem achtlos hingeworfenen Gegenstand einen kostbaren Schatz erblickt. *Oder* die pure Gier nach mehr, jenes Prinzip des Haben-Wollens, des Besitzens und Zur-Schau-Stellens, welches längst ein Grundmerkmal unserer Gesellschaft geworden ist.[334] *Oder* aber die Lust am Spielen und Sich-Vergnügen mit der Sammlung, das heißt ordnen, arrangieren, systematisieren, zählen und immer wieder neu zusammenfügen: nach Farben und Größen, nach Materialien oder nach der Laune des Kindes.

Es ist kein Zufall, dass das Kind seine Sammlung oft geheim hält. Darin steckt eine große Weisheit. Keiner soll erfahren, was es in der Ecke des Gartens oder im Winkel seines Kleiderschrankes zusammengetragen hat. Manche Schätze müssen vor den Augen und dem Zugriff der Erwachsenen geschützt werden. Was nämlich, wenn jene über die gesammelten Fundstücke, deren wahren Wert nur das Kind allein kennt, lachen würden? Was, wenn die Mutter einmal aufräumen würde und dabei seine heilige, nur ihm allein zugängliche Ordnung zerstörte? Was auch, wenn sich die Geschwister Teile der Sammlung aneignen würden? Für das Kind gewichtige Gründe, seine Sammlung für sich geheim zu halten. Es muss sein Ureigenes schützen. Es muss Herr und Gebieter über seine Sammlung bleiben.

Sauberkeit

»Einmal, ich rieb Papa gerade den Rücken mit dem Rosshaarhandschuh ab, sagte er: ›Hast du dich jemals gefragt, wo dieser ganze menschliche Schmutz hingeht? Was verdrecken wir, wenn wir uns waschen?‹«
Daniel Pennac

Wenn es auf irgendeinem Gebiet des Kinderlebens in der letzten Zeit einen spürbaren Fortschritt gibt, dann ist es die sogenannte Sauberkeitserziehung. Dabei ist schon das Wort selbst fragwürdig. Fragwürdig deshalb, weil darin unterschwellig mitschwingt, dass das Kind ein unsauberes kleines Wesen sei, das um jeden Preis sauber werden müsse.

Wenn wir von Sauberkeit sprechen, entdecken wir einen Doppelsinn. Da gibt es auf der einen Seite die Hygiene und auf der anderen Seite Sauberkeit als moralische Qualität. Obgleich voneinander getrennt, werden sie doch oft zusammen gedacht: Natürlich will niemand in der Welt ein unsauberes Kind haben. Natürlich muss irgendwie zur Sauberkeit erzogen werden, wer will schon ein Schmuddelkind haben? Und als genüge diese Doppeldeutigkeit noch nicht, kommt noch eine andere Sprachverwirrung hinzu, die gleich zu Anfang geklärt werden muss. Es gibt die Sauberkeitserziehung im engen Sinne (hier geht es darum, dass das Kind nicht mehr in die Hose macht), und dann gibt es die Sauberkeitserziehung im weiteren Sinne, die dem Kind die kulturell gültigen Standards so vermittelt, dass es sie als selbstverständlich verinnerlicht. Der Hinweis auf kulturell gültig ist extrem wichtig. Das Gefühl, sauber zu sein, und das Bedürfnis, für die eigene Sauberkeit zu sorgen, variieren extrem. Manche glauben, täglich ein- bis zweimal duschen zu müssen, andere sind dankbar, wenn sie alle paar Tage ein bisschen Wasser zur Verfügung haben.

Wir Erwachsenen haben größtenteils vergessen, welch langer und schwerer Weg hinter uns lag, bis wir sauber wurden, bis uns das Bedürfnis, vor dem Essen die Hände zu waschen, zur zweiten Natur wurde. An die Phase der Sauberkeitserziehung erinnert man sich später selten, weil sie sich in einem frühen Lebensstadium abspielte. Die späteren Rückfälle, das In-die-Hose-Machen in der Schule oder das Ins-Bett-Pinkeln im Ferienlager vergisst man aber niemals, so peinigend war es, so beschämend.

Zum Glück müssen heute geborene Kinder nicht mehr das erleben, was Generationen vor ihnen erleiden mussten: Sauberwerden nach Plan, Sauberwerden als Dressur. Da wurden kleine Kinder, kaum dass sie eigenständig sitzen konnten, auf kalte Blech- oder Porzellantöpfe und manchmal sogar eigens dafür konstruierte Sitzapparate gepresst und durften nicht eher aufstehen, bis etwas im Töpfchen gelandet war.

Die Mutter oder Großmutter (tatsächlich waren es meistens Frauen, die dieses Amt ausübten) wachte streng und manchmal geradezu sadistisch über die Resultate. Das Thronen auf dem Töpfchen war alles andere als ein Kinderspiel, und ich möchte nicht wissen, wie viele Tränen, Schläge, wie viel Geschimpfe und Geschrei – ganz zu schweigen von all den Demütigungen – sich darum abgespielt haben.

Viele Mütter prahlten regelrecht damit, wie früh ihr Kind es geschafft hatte, sauber zu sein (sieben, neun oder zwölf Monate), und es gab manch ehrgeizigen Wettstreit unter ihnen. Jungen schlug man großzügigerweise meist ein paar Wochen oder sogar Monate zu. Doch auch sie unterlagen dem Wettbewerb. Und wenn ein Kind eigentlich schon sauber war, später allerdings doch noch einmal (oder mehrmals) einnässte, wurde dies als besonderes Ärgernis empfunden und in der Regel hart bestraft.

Sicher haben viele junge Eltern heute ein freieres Verhältnis zu den Ausscheidungen ihrer Kinder. Sie erzwingen nichts, sie lassen ihr Kind größtenteils nach eigenem Gesetz sauber werden. Das bedeutet, dass manche Kinder früh von den Windeln wegwollen. Andere hingegen haben wenig Antrieb, sich aus den bequemen, kuschelig-nassen Umhüllungen zu befreien. Und die meisten Eltern lassen angesichts dieser Unterschiede einfach locker und akzeptieren die Eigenart ihrer Kinder.

Faktum ist: Kein normales Kind hat von sich aus das Bedürfnis, auf seinen Körper aufzupassen, ihn gesund und sauber zu halten. Warum auch? Sich waschen, schrubben, Nägel schneiden und Haare bürsten ist Arbeit und manchmal sogar Anstrengung. Und welches Kind will schon aus seinen Spielen herausgerissen werden und ins Badezimmer gehen?

Das routinemäßige Waschen, vor allem auch das rituelle Waschen in den großen Weltreligionen, ist eine lang tradierte kulturelle Errungenschaft, die weit über die Hygiene hinausgeht. Hygiene war zwar oftmals der Ursprung, aber das Waschen, das Sich-Reinigen in heiligen Bädern, Flüssen oder Schalen bis hin zur Wassertaufe steht in allen Religionen für moralische Reinigung und Läuterung und damit einen höheren Seelenzustand.

Gegenstände, Räume und Menschen müssen sauber sein. Wer Reinlichkeitsregeln nicht befolgt, stellt sich außerhalb der sozialen oder religiösen Gruppe. Wer meine Hygienestandards teilt, gehört zu meiner sozialen Gruppe. Dessen Kinder dürfen mit meinen Kindern spielen. Die anderen halte ich mir vom Leib, sie könnten uns möglicherweise anstecken mit ihrem Schmutz. Ja, deshalb sang Franz Josef Degenhardt so unvergesslich: »Spiel nicht mit den Schmuddelkindern.«

Scham

»Jacques begann das Wort zu schreiben, hielt inne und lernte auf einen Schlag die Scham kennen und die Scham, sich geschämt zu haben.«
Albert Camus

Mit zehn Jahren bekam mein Mann ein Stipendium an einer Londoner Schule, wo er von Anfang an heftig um seinen Platz in der Klassenhierarchie kämpfen musste. Logisch, dabei musste er viel um sich schlagen. Die Folge war, dass er von den Lehrern permanent bestraft wurde – und das hieß damals Prügelstrafe. Er musste nach vorne treten vor die versammelte Klasse, den Po hinstrecken und bekam seine abgezählten Schläge. Die taten weh – aber dieser Schmerz war lächerlich angesichts der eigentlichen Pein: der Scham. Das Gefühl, in dieser Haltung vor den anderen erniedrigt zu werden, ohne sich wehren zu können und ohne dem Lehrer zumindest frech ins Gesicht zu sehen, hat er nie überwinden können. Wenn er diese Geschichte erzählte, geriet er in Zorn, als sei es gestern gewesen.

Nicht alle Kinder können von ihrer Scham sprechen. Die meisten schlucken sie runter. Das nämlich ist ihr eigentliches Wesen, dass sie versteckt werden muss. Schamhafte Gefühle sind derart peinlich, dass sie – so jedenfalls in der Vorstellung des Kindes – niemals ausgesprochen werden dürfen. Es könnten zu schlimme Dinge passieren. Und die Angst vor diesen schlimmen Dingen: Das ist die unkontrollierbare, destruktive Seite der Scham.

Typischerweise steht das auslösende Ereignis oft in keinem Verhältnis zu dem Ausmaß der Scham, die das Kind über Jahre und manchmal lebenslang mit sich schleppt. Es kann deshalb leicht passieren, dass es den Auslöser längst vergessen oder verdrängt hat und nur noch eine frei flottierende Scham fühlt. Es schämt sich dann nicht mehr für irgendetwas Spezifisches, sondern es schämt sich, überhaupt da zu sein. Wir erleben manchmal Kinder, die den Blick abwenden, die sich am liebsten wegzaubern würden, wenn man mit ihnen in Kontakt treten will. Sie schämen sich ihrer selbst willen.

Was hat es auf sich mit der Scham, die so stark unter die Haut geht, dass man deswegen erröten oder auch erbleichen muss? Was ist das für eine Kraft, die in einem bescheidenen Maß sinnvoll und förderlich ist, im Übermaß allerdings tief zerstörerisch auf das Selbstwertgefühl des Kindes wirkt?

Ein Leben ohne Scham gab es einzig im Paradies, bevor Adam und Eva dazu verurteilt wurden, sich voreinander zu verhüllen. Seitdem definiert jede Gesellschaft ihre eigenen Vorstellungen von Schamschwellen und -tabus für sich, wobei diese selbst auch ständigem Wandel ausgesetzt sind.[335] Jeder Erwachsene erlebt am eigenen Leib, wie sich bereits innerhalb von ein bis zwei Generationen die Grenzen verschieben können, wie sie ganz schwinden oder wie sich unter ihren Augen neue etablieren.

Und es gibt ein Leben ohne Scham in der allerfrühesten Kindheit. Kleine Kinder kennen weder Schuld noch Moral. Kaum aber setzt das ein, was man gemeinhin *Erziehung* nennt – essen und laufen lernen, sauber werden, lieb Kind sein –, kommt das Moment der Scham ins Spiel. In der Vergangenheit wurde noch ganz ungeniert mit dem Wort umgegangen. »Schäm dich!«, war eine fast tägliche Mahnung gegenüber Kindern. Und in den Schulen gab es bei Fehlverhalten (manchmal fiel schon das Zu-spät-Kommen darunter) regelrechte Strafmanöver, die gezielt demütigen sollten. Kinder wurden demonstrativ in die Ecke gestellt, manche bekamen sogar Eselskappen aufgesetzt, um sie lächerlich zu machen und zu beschämen.

Das war früher, könnte man einwenden. Aber auch ohne diese krassen Auswüchse kann man als Erwachsener das Kind leicht beschämen, und dies geschieht viel häufiger, als wir ahnen. Nach den Worten des Psychoanalytikers Erik E. Erikson scheint man tatsächlich »auf der ganzen Welt davon überzeugt zu sein, dass die richtige Erziehung darin bestehen muss, konsequent Scham, Zweifel, Schuld- und Furchtgefühle im Kinde zu erwecken«.[336] Dabei sind sich die meisten Erwachsenen dessen gar nicht bewusst, weil sie es subjektiv gut meinen mit dem Kind.

Erziehung zur Scham braucht keine großen Worte. Sie läuft eher unterschwellig über viele kleine Gesten, Blicke und Reaktionsweisen im Alltag: »Du sollst nicht so manschen! Nicht so toben! Nicht so laut schreien! Nicht so rumstottern! Sieh dich mal an!« Jede dieser Aufforderungen, jede auch nonverbal übermittelte Botschaft ist geeignet, dem Kind Scham einzuflößen, wenn damit sein noch ungefestigtes

Körper-Selbstbild, sein kleines Ich in Zweifel gestellt oder angegriffen wird.

Wenn ein Kind in seiner Haut rundum sicher ist und verankert in der Umgebung seiner Mitmenschen, wenn es ein gesundes Urvertrauen hat, gibt es wenig Grund, sich zu schämen. Es kann sprachlich einiges einstecken.

Anders ist es, wenn diese Sicherheit nicht da ist, wenn das Kind in seiner Ich-Entwicklung fragil ist, wenn es sich unsicher fühlt (das heißt, die Signale der anderen nicht klar deuten kann). Dann neigt das Kind dazu, jede Botschaft der Erwachsenen gegen sich zu wenden, es entdeckt darin einen Beweis für seine wie auch immer imaginierte Schwäche und schämt sich. Der Satz »Stottere nicht so rum!« verfestigt sich in ihm zu der Überzeugung »Ich bin ein Stotterer – ich muss mich schämen«, und die vielleicht nur hingeworfenen Worte des Vaters »Du bist aber fett« lassen es für immer zum *Fettfleck*[337] werden.

Wenn sich die Scham erst einmal einschleicht in das Kinderleben, setzt ein Teufelskreis ein: Das Kind beißt sich lieber die Zunge ab, als über seine Scham zu sprechen, so dass Eltern und Erzieher häufig gar nicht ahnen, inwiefern sie eventuell selbst Verursacher sind. Sie können nicht ermessen, wie das Kind ihre Botschaften innerlich verarbeitet, wann und warum es in die Scham flüchtet.

Prinzipiell gibt es Strategien der Schamvermeidung.[338] Alles Entwürdigende, alles Bloßstellende, alles Generalisierende sollte im Umgang mit Kindern tabu sein. Ebenso wichtig ist es, sich immer wieder bewusst zu machen, dass Kinder extrem verletzlich sind. Scham – im Gegensatz zu vielen anderen Kindersorgen – verschwindet nicht einfach von selbst, sie hat die Tendenz, sich einzunisten und im Untergrund der Seele weiter zu nagen. Wir müssen die Scham ernst nehmen.

Scheidung

*»Eine Scheidung ist wie eine Amputation,
man überlebt, aber man hat etwas verloren.«*
Margaret Atwood

Scheidung – das weiß inzwischen jedes Kind – gehört heute in unserer Kultur zur Normalität. Niemand erschrickt und verurteilt mehr, wenn von Scheidung die Rede ist. Vergessen die Zeiten, als sie noch als soziale Schande galt oder schlichtweg verboten war.

Scheidung ist gesellschaftlich akzeptiert worden. Wenn man heute eine Großstadt-Schulklasse vor sich hat, kann man davon ausgehen, dass die Hälfte der Kinder mit nur einem Elternteil, mehrheitlich mit der Mutter[339], aufwächst. Kaum jemand hinterfragt mehr diese Entwicklung, denn zweifellos bringt die Scheidung denen, die sie begehren, meist unmittelbare Erleichterung und auch Glück. *Erleichterung* insofern, als der nunmehr ungeliebte Ehepartner aus den Augen ist (wenn auch nicht immer aus dem Sinn). *Glück* insofern, als viele Scheidungswillige, sobald sie ihre alte Partnerschaft hinter sich gelassen haben, diese gegen eine neue, mehr Befriedigung verheißende Bindung eintauschen. Das ist es, was die Scheidung so begehrenswert und überzeugend macht. Und das ist die Seite der Eltern.

Aber es gibt auch die andere Seite. Die Seite der Kinder. Kinder können nur selten begreifen, was sich offen oder verborgen vor ihren Augen abspielt. Sie können nicht nachvollziehen, dass Zanken und Streiten, selbst Schlagen, zur endgültigen Trennung der Eltern führen. Tagtäglich erleben sie doch am eigenen Leib, in der Schule, im Kindergarten und auf der Straße, dass man zankt und streitet und um sich schlägt, um am nächsten Tag wieder friedlich miteinander zu spielen. Kinder beherrschen ihre alltägliche Streitkultur.

Die Auseinandersetzungen der Erwachsenen haben in der Wahrnehmung der Kinder eine ganz andere Qualität. Wenn Erwachsenenliebe in Hass umschlägt, dann scheint ein anderes Gesetz zu gelten, dann besteht die Lösung in Trennung und Scheidung. Die meisten Kinder können nicht begreifen, dass es eine Kausalbeziehung zwischen der lang anhaltenden quälenden Gereiztheit der Eltern und dem plötzlich erfolgenden Auszug von einem der beiden gibt. Wenn sich Eltern trennen, fühlen Kinder sich immer unmittelbar verwickelt, und zwar schuldhaft verwickelt. Irgendjemand muss doch schuld sein, wenn der Vater oder die Mutter das Haus verlässt, so die kindliche Logik. Vielleicht habe ich ihn (oder sie) durch mein eigenes Verhalten weggetrieben? In dem Film *Mrs. Doubtfire* (ein Scheidungs-Film zwischen Lachen und Weinen![340]) glaubt der zwölfjährige Chris, dass allein seine verrückte Geburtstagsparty Auslöser für das Weggehen des Vaters war. Die Standarderklärung der auseinandergehenden Eltern – »Wir verstehen uns nicht mehr so gut.« – erreicht das Kind nicht. Sie überzeugt nicht. Wie auch? Verlassen ist, wie gesagt, stets mit Schuld verknüpft.

Die Scheidungseltern aber haben, jeder auf seine Weise, mit ihrer Trauer, ihren Geldsorgen und mit ihren Verwicklungen in neue Partnerschaften mehr als genug zu tun. Und so kommt es, dass sie das unmittelbare Erleben der Kinder nur wenig wahrnehmen können – auch das Trösten geschieht oft halbherzig. Die Kinder sind häufig gelähmt, weil sie das dramatische Geschehen um sich herum nicht wirklich *verstehen,* und gehen unbewusst in Deckung. Insgeheim hoffen sie, dass es sich nur um einen bösen Traum handelt oder vielleicht alles gar nicht wahr ist und der verschwundene Elternteil plötzlich mit seinem Koffer vor der Türe steht und Vater und Mutter wieder eine *Einheit* werden, so wie es das Kind bis dahin so selbstverständlich erlebt hatte: als Papa-Mama-Kind-Einheit. Wie im *Doppelten Lottchen* bei Erich Kästner.[341]

Wie immer im Einzelnen die Scheidung sich auch abspielt – und jede Familie findet ihre Weise, damit umzugehen –, so gut wie immer schlägt sich die Trennung der Eltern bewusst oder unbewusst auch langfristig in den Kindern nieder. Spätestens wenn sie selbst Liebesbeziehungen eingehen, werden sie sich innerlich fragen, ob sie das Schicksal ihrer Eltern wiederholen werden. »Kann ich wirklich lieben? Bin ich liebenswert – oder werde ich genauso abrupt verlassen wie damals meine Mutter oder mein Vater?« Das Kind nämlich, ganz gleich welchen Alters, identifiziert sich nicht nur mit Vater und Mutter als Einzelperson, sondern es identifiziert sich zugleich mit den Eltern als Paar. Und wenn dieses Paar zerbricht, dann zerbricht auch etwas im Kind selbst: »Der Tag, an dem meine Eltern geschieden wurden, war auch der Tag, an dem meine Kindheit endete«[342], sagt ein ehemaliges Scheidungskind. Wenn die letzte markante Erfahrung mit dem Elternpaar dessen *Auflösung* war, so wirkt dies wie eine lebenslange Narbe. Narben verdeckt man. Niemand soll sie sehen. Lange spürt man sie nicht. Aber manchmal tun sie dann doch weh.

Schießgewehr

»Seine große, lange Flinte
schießt auf dich mit Schrot,
dass dich färbt die rote Tinte
und dann bist du tot.«
Deutsches Kinderlied

Beginnen wir mit einem zugegeben etwas ungewöhnlichen Dialog zwischen einem Vater und seinem vierjährigen Sohn namens Adam:

»*Adam* (als er hört, dass es im 22 Kilometer entfernten Kandy Kämpfe und Schießereien und Tote gibt): ich will nach Kandy gehen und Menschen töten und sie in Stücke schneiden und zum Frühstück essen, mit einem großen Gewehr aus Eisen und einem richtigen Abzug
Vater (*Daddy*): warum?
Adam: weil ich viele Leute erschießen und töten will, damit sie tot sind. So wie das letztemal

Daddy: wie meinst du das: das letztemal?
Adam: das letztemal als ich hier war
Daddy: hier?
Adam: das letztemal als ich lebte
Daddy: woher weißt du denn das?
Adam: ich kann mich erinnern. Ich war Soldat. Ich hab viele Leute getötet
Daddy: wirklich
Adam: hast du das letzte Mal viele Leute getötet, Daddy?
Daddy: ich glaube nicht
Adam: in letzter Zeit nicht?
Daddy: nein
Adam: aber hast du vor langer, langer Zeit viele Leute getötet?
Daddy: das ist schon möglich, aber ich kann mich nicht daran erinnern
Adam: du kannst dich nicht daran erinnern! (*ungläubig*)
Daddy: nein
Adam: ach«[343]

Der Vater, der englische Psychiater und Familienforscher Ronald D. Laing, der dieses Gespräch mit seinem Sohn aufzeichnete, bezeugt, dass dieser Wortwechsel tatsächlich so und nicht anders stattgefunden habe. Anfangs sind wir als Leser verblüfft. Über die Kaltschnäuzigkeit, womöglich auch Altklugheit des kleinen Jungen, wir sind überrascht von seinen kannibalistischen Anwandlungen und wir staunen über die eigentümliche Kraft seiner Erinnerung.

Zweifellos ein ungewöhnlicher Dialog! Der vierjährige Junge verlangt nach einem Gewehr, groß soll es sein, aus Eisen und mit richtigem Abzug. Allerdings, wir wissen von Anfang an, der Junge träumt nicht. Er hat kurz vorher von einer Schießerei in einem nahe gelegenen Ort erfahren, wo er mit seiner Familie vorübergehend lebte (Kandy, Sri Lanka). Kinder sind scharfe Beobachter und Zuhörer. Sie sehen, hören und ziehen ihre eigenen Schlüsse ohne Beschönigung und ganz ohne Moral. Kinder wittern Gefahren. Sie sind wach und erkennen schnell die Spielregeln des Kriegs – lange bevor sie die wahre Natur des Todes erfassen: Du schießt – oder du wirst totgeschossen. Dazwischen gibt es nichts. Kein halb-tot, halb-lebendig, verwundet, erblindet, all das existiert nicht im Bewusstsein kleiner Jungen, wenn es um Schießgewehre geht. Die Moral – beziehungsweise die Unmoral – des Tötens kennen nur die Erwachsenen, ebenso das empathische Sich-Hineinfühlen in den Schmerz des anderen.

Die Faszination für Waffen hat eine unendlich lange Geschichte. Sie ist so alt wie die Existenz der Waffen selbst. Für seinen Stamm, für sein Land, für seine Religion in den Krieg zu ziehen ist Teil der männlichen Geschichte und wurde den Jungen schon immer vorgelebt und anerzogen. Diese versuchten, Haltung und Gebaren der Krieger zu imitieren, sie organisierten sich ihre eigenen (kleinen) Gewehre, Schwerter und Wurfgeschosse. Wenn sie solche nicht vorfabriziert von Vätern, Großvätern oder älteren Brüdern in die Hände bekamen, fertigten sie diese selbst oder benutzten andere beliebige Gegenstände.[344]

Ich habe meinen eigenen Vater nie gesehen. Doch ich besitze ein Foto von ihm, das ihn als Dreijährigen mit Helm und Kindergewehr an der Seite seiner stolzen Mutter, einer überaus gutmütigen Frau, zeigt. »Mein kleiner Soldat« hätte eigentlich unter diesem Foto stehen müssen. Es hat nur 25 Jahre gedauert, da wurde der Soldat in der Wüste von Afrika getötet – diesmal durch wirkliche Waffen.

Dies ist nun lange her, und unsere heutigen Jungen laufen, außer zur Karnevalszeit, kaum mit Gewehren umher. Moderne Lehrer und Erzieher würden sich beschweren, wenn Kinder damit in Schule oder Kindergärten kämen. Aber niemand heult auf, wenn unsere Kleinen in Filmen, Fernsehen, Computerspielen und auf ihren Tablets einander jagen, quälen, aufspießen und umbringen. Niemand protestiert und greift wirklich ein. In ihren Gedanken bei Tag und in ihren Träumen bei Nacht speichern Kinder diese Todesgestalten, die Schießenden und die Erschossenen, die als Geister in ihren Seelen wuchern. Ohne Erklärung, ohne Sprache, ohne Erlösung.

Wir wissen nicht, und vor allem fragen wir nicht danach, wie die noch jungen Kinder (und ebenso die schon älteren) mit so vielen Toten umgehen, wie sie diese in ihr noch im Werden begriffenes Weltbild integrieren. Wir lassen sie damit allein.

Und dann, scheinbar immer ganz *plötzlich*, erschrecken uns Kinder und Jugendliche als Amokläufer in Schulen, wo sie chaotisch und wie von Sinnen um sich schießen.[345] Die Pädagogen und die Öffentlichkeit sind geschockt und reagieren mit Fassungslosigkeit. Wieso konnte das geschehen? Wieso musste das *uns* geschehen?

Vielleicht – nein, dies soll weiß Gott keine Antwort sein, sondern nur der Versuch einer Annäherung an die Frage – vielleicht müssen einzelne Kinder (oder Jugendliche) immer wieder stellvertretend für die vielen anderen Kinder in unserer Gesellschaft um sich schießen – und zwar im Sinne einer *Spiegelung*: »Das habt ihr uns gelehrt! Damit müssen wir täglich leben. Das habt ihr unserer Seele angetan!«

Folgen wir noch einmal dem Ablauf des Gesprächs von Ronald D. Laing mit seinem Sohn: Die Schieß- und Tötungswünsche des Kindes sind das eine. Das andere ist seine auf den ersten Blick so paradox wirkende *Erinnerung*: »Ich kann mich erinnern. Ich war Soldat. Ich habe viele Leute getötet.«[346] Wie kann ein vierjähriges Kind so sprechen?

Wir alle tragen das Potential des Tötens in uns. Männer, Frauen und sogar auch Kinder. Wir tragen es in uns als anthropologische Bereitschaft, die jederzeit aktiviert werden kann. Die Kindersoldaten der Moderne, die zum Teil freiwillig in Religionskriege ziehen oder in Bürgerkriege verwickelt sind, legen hierfür einprägsam Zeugnis ab. Irgendjemand legt ihnen die Waffe in die Hand (mit oder ohne Zwang), und irgendwann gewöhnen sie sich an sie und wollen nicht mehr ohne sie sein: »Meine Einheit war meine Familie, mein Gewehr ernährte und beschützte mich und mein Motto lautete: Töte oder du wirst getötet«[347], sagt ein ehemaliger Kindersoldat.

Wenn der vierjährige Adam also sich selbst als Soldat *erinnert* – könnte man dies als rational denkender, moderner Mensch natürlich als *Unsinn* abtun. Nimmt man die Erinnerung des Jungen allerdings ernst, so könnte es sein, dass hier Erinnerungsspuren lebendig sind, die weit in die Vergangenheit zurückreichen. Womöglich – und Adam fragt ja besonders eindringlich danach – war es der Vater, der getötet hat (»aber hast du vor langer, langer Zeit viele Leute getötet?«) oder der Großvater oder ein anderer ferner Verwandter. Vielleicht vermischt sich im Bewusstsein des Kindes das Töten der Generationen vor ihm mit seinen eigenen Fantasien. Vielleicht erinnern Kinder überhaupt viel mehr als Erwachsene. Wer weiß.

Schlafen und Wachen

»Schlafen und Wachen sind die beiden Pole des menschlichen Daseins.«
Erich Fromm

Schlafen und Wachen. Wir können uns kaum unterschiedlichere Seinsweisen vorstellen – fast so wie Leben und Tod. Im Wachen ist das kleine Ich des Kindes Herr im eigenen Haus, um Sigmund Freuds schönes Bild zu gebrauchen. Im Wachen hat es die Realität an seiner Seite, es vertraut auf seine Sinne, hier kennt es sich aus. Dagegen der Schlaf, dieser kleine Bruder des Todes: Da ist das Ich des Kindes gar nicht mehr Herr im eigenen Haus. Der Schlaf ist das Reich der Träume und der Traumgestalten. Da gelten andere Gesetze, andere Farben, andere Töne. Das ist das andere Reich.

Wenn es doch so einfach wäre! Die krasse Zweiteilung täuscht. Sie täuscht beim Erwachsenen und ebenso sehr beim Kind. Der Tag greift in die Nacht ein und die Nacht in den Tag. Und dazu gibt es die Phasen des Übergangs, morgens beim Aufwachen und abends beim Einschlafen – ganz zu schweigen von den Momenten des Dahindämmerns während des Tages und den jähen Momenten von Wachheit in der Nacht.

Wir Erwachsenen sind eingebunden in unsere Zwänge und Zeitmuster, und wir haben uns damit mehr oder weniger arrangiert. Wir benutzen Wecker, Schlafmittel und andere Tricks, um den eigenen Schlaf zu disziplinieren. Kinder sind davon weit entfernt. Sie reagieren sensibel auf den Wechsel der verschiedenen Seinszustände. Sie wehren sich instinktiv dagegen, ihr Vegetativum von Weckern und Schulbehörden manipulieren zu lassen. Kinder wollen ihren eigenen Schlaf-Wach-Rhythmus leben.

Die Erfahrung zeigt, dass die meisten von Natur aus eher Morgenkinder sind. Das Morgenkind ist, kaum dass es die ersten Laute im Haus hört und durch die noch geschlossenen Lider die ersten Lichtstrahlen wahrnimmt, hellwach. Es springt auf, macht einen scharfen Schnitt zur Nacht und lebt sogleich im Tage, in der wachen Klarheit des Tages. Es möchte sofort spielen, lesen oder irgendetwas tun, und es bereitet ihm große Qual, wenn es gezwungen ist, weiterhin im Bett zu liegen, weil es die anderen nicht stören darf. Am schlimmsten sind für das Morgenkind die Sonntage, wenn alle anderen im Haus weiterschlafen wollen. Und wenn diese dann doch endlich – gegen neun, zehn oder gar elf Uhr – aufstehen, ist das Morgenkind oft schon erschöpft vom langen Warten. Seine Morgenvitalität ist verwelkt. Abends ist dieses Kind müde von seinem langen Tag, es ersehnt den Schlaf, den es auch rasch findet.

Völlig anders das Abendkind. Der Morgen ist ganz und gar nicht seine Zeit. Es muss ein-, zwei- oder sogar mehrmals geweckt werden und findet nur mit Mühe sein Gleichgewicht, geschweige denn ein morgendliches Lächeln, wenn es sich langsam ins Badezimmer und an den Frühstückstisch schleppt. (Meistens hat es sowieso noch keinen Hunger.) Eigentlich will es nur schlafen. Den morgendlichen Wecker empfindet es als gewaltsamen Übergriff, denn nicht nur der kleine Körper will weiterschlafen und im Warmen ruhen. Auch der Geist will sich noch nicht einfügen in die Forderungen des Tages. Das Ich will noch nicht Herr im eigenen Hause sein. Es krampft. Es verweigert sich dem fremden Willen, der über es herrschen will.

Ich schildere hier zwei Extreme. Wie immer im Sozialverhalten der Menschen finden wir die ganze Palette der Zwischentöne, der Vermischungen und mitunter auch des Wechsels zwischen den Polen. Auf jeden Fall gibt das morgendliche Verhalten eines Kindes unendlich viel über sein Wesen preis. Als Schulkind schrieb ich einmal in einem Aufsatz: »Mein Bruder spricht beim Frühstück kein Wort.« Leicht zu verstehen, dass ich selbst beim Frühstück eher redselig war und unter dem Schweigen meines Bruders litt – ebenso wie er unter meinem morgendlichen Gerede. Erst viel später begriff ich, welche Mühe er hatte, in den Tag zu kommen.

Bruno Bettelheim berichtet aus seiner Arbeit mit gestörten Kindern, dass der Morgen für sie der schwerste Moment des Tages sei, die anspruchsvollste Ich-Leistung überhaupt. Viele dieser Kinder hängen noch in ihren Träumen, sie verstecken sich unter der Decke – so, als dürfte der Tag sie gar nicht erreichen –, bis sich unter Umständen eine Hand zart heraustastet, um doch Kontakt aufzunehmen. Und es ist die Aufgabe des Erziehers, die Kinder in dieser Situation jeden Morgen neu über die Schwelle ihrer Ängste in den Tag hineinzuführen.[348] Bettelheim machte diese Beobachtungen, wie gesagt, an schwer gestörten Kindern. Viele seiner Wahrnehmungen gelten ebenso für unsere eigenen, mehr oder weniger normalen Familien.

Abends dasselbe Drama mit umgekehrten Vorzeichen. Eltern haben subjektiv gute Gründe, ihre Kinder rechtzeitig ins Bett zu legen. Sie müssen zum Elternabend oder zur Weiterbildung und wollen auch mal ins Kino. Doch die Zeit der Eltern ist nicht die Zeit der Kinder beziehungsweise das Zeitverständnis der Eltern ist nicht das ihrer Kinder. Vor allem wollen diese abends nicht allein sein, und die tiefen evolutionsgeschichtlichen Gründe hierfür sind bekannt: »Ohne den

Schutz von Erwachsenen einzuschlafen war früher ein Rezept für den sicheren Tod. Die ungeschützten Winzlinge wären von Hyänen verschleppt, von Bären gefressen oder von Schlangen gebissen worden. Kein Wunder also, dass nicht der schöne blaue Himmel und auch nicht die oft besungenen Sternlein die Brücke zum Schlaf bilden, sondern ein vertrauter Mensch, der Nähe gewährt: Hautkontakt, Schaukeln, Wärme, Rhythmen, die gewohnte Stimme...«[349] Deshalb schöpfen Kinder auch heutzutage das ganze Repertoire aus, die Eltern zu klammern: »Lass das Licht an!«; »Erzähl noch eine Geschichte!«; »Bring mir noch einen warmen Kakao!« Plötzlich, wenn die Eltern fortgehen wollen, erscheinen Ungeheuer unter dem Bett und hinter dem Vorhang. Kurz: Die Kinder tun alles, um den Schlaf hinauszuzögern.

Viele Eltern empfinden diese Situation als Machtkampf und nutzen genau diesen Moment, um ihren Kindern zu zeigen, was Ordnung – auch zeitliche Ordnung – ist. Kinder *brauchen* ihren Schlaf. Kinder *müssen* ins Bett. Und zwar pünktlich! (In keinem anderen Land übrigens begegnet man abends so wenig Kindern wie bei uns in Deutschland. In anderen Ländern ist es gang und gäbe, Kinder am Abend mitzunehmen, vor allem in Restaurants. Bei uns aber werden sie gerade abends, wenn es am schönsten ist, ins Bett gesteckt.)

Andere Eltern hingegen, in Sorge um den Schlaf ihrer Kleinen, legen sich zu ihren Kindern oder die Kinder zu sich. Manche beten mit ihnen, andere singen Nachtlieder oder erzählen erlösende Geschichten. Vor allem jedoch lassen sie ihren Kindern Zeit, loszulassen und in den Schlaf zu sinken. Maria Montessori schreibt: »Das Kind muss das Recht haben, zu schlafen, wenn es schläfrig ist, aufzuwachen, wenn es ausgeschlafen ist, und aufzustehen, wenn es will.«[350] Und sie erinnert sich an einen siebenjährigen Jungen, der, weil er immer so frühzeitig schlafen gelegt worden war, noch nie einen wirklichen Sternenhimmel gesehen hatte: »Ich möchte – sagte der Junge – einmal bei Nacht auf einen Berg steigen und mich dort niederlegen, um die Sterne anzuschauen!«[351]

Natürlich sind wir auch Realisten. Wir müssen unsere Kinder zur Schule schicken und deshalb Kompromisse finden. Jeder auf seine Weise. Und welch ein Glück, dass es die Ferien gibt. In unserer Familie war dies immer das Reich der Freiheit. Da werden alle Schlafregeln gebrochen. Da spüren die Kinder endlich, was es bedeutet, selbst über Schlafen und Wachen entscheiden zu dürfen. Das Durchbrechen der Alltagsroutine – morgens um drei die Sterne anschauen, bei Sonnenaufgang Vögel beobachten und abends am Esstisch einfach einschlafen – diese Erfahrungen lehren das Kind, dass es *viele* Zeitmaße gibt, nicht nur das eine. Aber dann, am Ende der Ferien, kommt im Kind meist so etwas wie Dankbarkeit auf, jetzt wieder in das eingeübte Zeitmaß zurückzukehren und zu spüren, dass es so schlecht gar nicht ist und dass es Halt gibt.

Schlafen und wachen, aufwachen und einschlafen – nichts ist starr. Alles ist in dauernder Bewegung und Veränderung.

Schmetterling

»Chuang Tzu träumte, er sei ein Schmetterling,
und beim Aufwachen wusste er nicht, ob er ein Mensch war,
der geträumt hatte, er sei ein Schmetterling,
oder ein Schmetterling, der nun träumte, er sei ein Mensch.«
Herbert Allen Giles

Kaum einer schreibt anrührender über Kindheit als der deutsche Philosoph Walter Benjamin. Seine Texte sind reine Poesie. Einmal erinnert er sich an sein Vergnügen, damals als Kind im Sommer in der Umgebung von Berlin »fernab der gepflegten Gartenwege«[352] in der Wildnis nach Schmetterlingen zu jagen. Und das klingt so:

»Wenn so ein Fuchs oder Ligusterschwärmer, den ich gemächlich hätte überholen können, durch Zögern, Schwanken und Verweilen mich zum Narren machte, dann hätte ich gewünscht, in Licht und

Luft mich aufzulösen, nur um ungemerkt der Beute mich zu nähern und sie überwältigen zu können. Und so weit ging der Wunsch mir in Erfüllung, dass jedes Schwingen oder Wiegen der Flügel, in die ich vergafft war, mich selbst anwehte oder überrieselte. Es begann die alte Jägersatzung zwischen uns zu herrschen: je mehr ich selbst in allen Fibern mich dem Tier anschmiegte, je falterhafter ich im Innern wurde, desto mehr nahm dieser Schmetterling in Tun und Lassen die Farbe menschlicher Entschließung an, und endlich war es, als ob sein Fang der Preis sei, um den einzig ich meines Menschendaseins wieder habhaft werden könne.«[353]

Einmal ins Netz gegangen, schließt sich für die Schmetterlinge der eher grausame Teil an, mit »Äther, Watte, Nadeln mit bunten Köpfen und Pinzetten«, die der Knabe in seiner blechernen Botanisiertrommel mit sich trägt.

Dann aber fügt sich die *Erinnerung* ein, jenes einzigartige, unentwirrbare Knäuel von Worten und Faltern: »Die Luft jedoch, in der sich dieser Falter damals wiegte, ist heute ganz durchtränkt von einem Wort, das seit Jahrzehnten nie mehr mir zu Ohren noch über meine Lippen gekommen ist. Es hat das Unergründliche bewahrt, womit die Namen der Kindheit dem Erwachsenen entgegentreten. Langes Verschwiegenwordensein hat sie verklärt. So zittert durch die schmetterlingserfüllte Luft das Wort ›Brauhausberg‹. Auf dem Brauhausberge bei Potsdam hatten wir unsere Sommerwohnung. Aber der Name hat alle Schwere verloren, enthält von einem Brauhaus überhaupt nichts mehr und ist allenfalls ein von Bläue umwitterter Berg, der im Sommer sich aufbaute, um mich und meine Eltern zu behausen. Und darum liegt das Potsdam meiner Kindheit in so blauer Luft, als wären seine Trauermäntel oder Admirale, Tagpfauenaugen und Aurorafalter über eine der schimmernden Emaillen von Limoges verstreut, auf denen die Zinnen und Mauern Jerusalems vom dunkelblauen Grunde sich abheben.«[354]

Welche Gnade, *so* über Schmetterlinge und Kindheit zu schreiben!

Schnee

»Das Erfahrungsgedächtnis spült schöne Bilder hoch.
Eines davon ist der Schnee, das Kindchenschema der Natur.«
Michael Stoessinger

Alle Kinder sind fasziniert vom Schnee, besonders wenn es der erste des Jahres ist, der – so fühlt es sich jedenfalls an – immer so plötzlich, so aus heiterem Himmel kommt. Das Kind schläft abends ein, und wenn es morgens aufwacht, liegt auf Dächern und Straßen *plötzlich* Schnee. Es geht in die Schule, und wenn es in der Pause herauskommt, liegt auf dem Schulhof *plötzlich* Schnee. Auch wenn er schon angekündigt war, fällt er immer ganz *plötzlich*. Als sei es das allererste Mal im Leben.

Den Schnee anfassen – mit bloßen Händen. Den Schnee ins Gesicht reiben – in das eigene oder das des anderen. Schnee im Hals haben – das Erschaudern darüber. Schneebälle formen, Schneebälle werfen. Und mit Schneebällen beworfen werden. Schnee essen (trotz aller Verbote und gerade). Schneemänner bauen. Mit nackten Füßen im Schnee laufen.

Jeder kennt Geschichten über Schnee. Jeder erzählt seine persönlichen Schneegeschichten. Vor allem die gefährlichen: Kinder, die sich im Schnee verirrten, darin einschliefen und erfroren. Damals die Flucht im Schnee. Tote Pferde im Schnee. Ach, gäbe es doch in unserer Sprache tausend Worte für das eine Wort Schnee!

Es gab Jahre, in denen wir fürchteten, dass es gar nicht mehr schneien würde, dass unsere Kinder in unseren Breiten keine Schneewinter mehr erleben würden. Mich machte das traurig: Ich wollte meine Kinder nicht groß werden lassen, ohne einen richtigen Winter erlebt zu haben. Wir fuhren einen Winter nach Montréal, lebten und arbeiteten dort, die Kinder gingen in die Schule. Und nicht nur die Tage, sondern vor allem die Nächte übertrafen alle unsere Erwartungen. Bei starkem Schneefall – und das war oft – konnte keiner einschlafen. Wir zogen um Mitternacht die Stiefel an und wanderten durch die atemberaubend stille Stadt. Zwischendurch gab es heißen Kakao in einem der noch offenen Cafés am Boulevard Saint Laurent. Und am nächsten Morgen ging es trotz allem zur Schule. Die Kinder hatten Glück, sie haben im richtigen Alter richtigen Schnee erlebt.

Dabei haben sich unsere Befürchtungen nicht erfüllt. Trotz globaler Erwärmung gibt es weiterhin Schneewinter. Und auch hier bei uns können Kinder manchmal nachts nicht einschlafen, wenn der Schnee treibt. Eltern, lasst eure Kinder aus den Betten! Lasst eure Kinder nicht das Schönste verschlafen: die tanzenden Schneeflocken bei Nacht.

Schokolade
»Die Hände des schlafenden Kindes riechen nach Schokolade.«
Peter Handke

Ich sehe sie vor mir. Ich rieche sie. Das matt glänzende Papier knistert in meinen Händen: meine allererste Schokolade. Das war 1945. Olivgrün gekleidete Männer kletterten auf schmalen Leitern von olivgrünen Militärlastern herunter und warfen uns Schokolade zu. Wie das? Er regnete Schokolade! Und wir Kinder waren hungrig. Diese Schokolade, eingewickelt in dunkelrostrotes Papier: Sie kam von einem fremden Stern. Noch heute, wenn ich dieses Rot sehe, habe ich den Geschmack von Hersheys-Milchschokolade auf der Zunge.

Die amerikanischen Befreier taten gut daran, sich mit Schokolade in unser Herz einzuschleichen. Sicher ahnten die jungen Soldaten, die selbst kaum den Kinderschuhen entwachsen waren, gar nicht wirklich, welch magische Waffe sie da in ihren Taschen trugen. Für mich und für alle Kinder um mich herum änderten sie die Welt. Kriegsende wurde für uns gleichbedeutend mit Schokolade. Unsere erste Zeitmessung hieß *vor* der Schokolade und *nach* der Schokolade.

Doch das ist Geschichte. Heutige Kinder wachsen mit Schokolade, Gummibärchen, Lollis, Zuckerwatte und Popcorn in Fülle auf. Auch sie wünschen sich Süßes (ihr Körper ist längst auf einen gewissen Zuckerpegel eingestellt), aber sie kennen kaum mehr diese verzweifelte Begierde, wie sie nach Süßem ausgehungerten Kindern eigen ist.

Der Pädagoge und Psychiater Bruno Bettelheim war stets der Überzeugung, dass Süßes für Liebe steht. Und er hat diesen Gedanken konsequent in die Tat umgesetzt. In seiner *Orthogenetischen Schule* für psychisch kranke Kinder hat er im Flur einen Schrank für Leckereien aufstellen lassen, der immer, das heißt Tag und Nacht und sieben Tage die Woche, für die Kinder frei zugänglich war. Bettelheims Begründung: Wenn es schon nicht möglich war, die ungeheuren Defizite der Kinder an frühkindlicher Liebe nachträglich zu stillen, so sollten zumindest gegenwärtig alle Formen von Süßem, als Äquivalent von Liebe, uneingeschränkt zur Verfügung stehen. Milch und Honig sollten, ein bisschen wie im Schlaraffenland, niemals ausgehen.[355]

Interessanterweise regulierte sich das Verhalten der Kinder oft erstaunlich schnell. Nachdem sie sich anfangs mitunter Smarties bis zum Platzen einverleibt hatten, entdeckten die meisten Kinder sehr bald ein für sie gutes, keineswegs exzessives Maß. Vor allem waren sie frei in der Entscheidung, wann sie Süßes brauchten. Natürlich bedenkt Bettelheim auch die Sorgen um die Kinderzähne. Aber er setzt in diesem Fall klare Prioritäten. Allein das Wohlgefühl der kindlichen Seele ist entscheidend.

Eigentlich sollte die Süße immer frei fließen können, nicht behindert von Warnungen, Knausrigkeit und schlechtem Gewissen. Doch wie stets gibt es auch hier nicht *die* eine Wahrheit. Eine andere, ebenso faszinierende Idee geht nämlich von dem Gegenprinzip des Süßigkeitenschranks aus, von der Schokoladen-Askese. Will man diese mit

Kindern praktizieren, oder vielleicht auch mit sich selbst, hält man Schokolade so fein dosiert, dass sie niemals zum alltäglichen Nahrungsmittel wird, sondern ein seltener und begehrter Genuss. Wir wissen allerdings, Entzug steigert die Begierde. Entzug stimuliert Fantasien: »Ach, hätte ich jetzt ein einziges Stück Nuss-Schokolade! Hast du nicht irgendwo in einer Schublade einen Schokoriegel versteckt?«

Viele ältere Menschen erinnern sich, dass es in ihrer Kindheit ab Ende September kaum mehr Süßes gab. Das Verlangen nach Schokolade wurde über Wochen und Monate bis Weihnachten systematisch aufgebaut. Dieser Hunger steigerte sich immer mehr, um endlich mit dem Nikolaus-Schuh und zu Weihnachten mit dem bunten Teller befriedigt zu werden. Der *bunte Teller*, beladen mit Schokolade, Plätzchen und Marzipan, war für viele Kinder das Allerschönste an Weihnachten. Dass muslimische Familien die langen Wochen des Ramadan am Ende mit einem Zuckerfest feiern, gehorcht ebenfalls dieser Logik der bewussten und lang anhaltenden Askese, auf welche die Orgien des Süßen folgen. In all dem liegt ein ganz wunderbarer, tiefer Sinn.

Schulschwänzen

»Wenn du auf deine eigene Erziehung zurückblickst, werden es bestimmt nicht die erfüllten, lebendigen, lehrreichen Stunden des Schulschwänzens sein, die du bedauerst; lieber würdest du einige glanzlose Zeiten zwischen Schlaf und Wachen im Unterricht streichen.«
Robert Louis Stevenson

Die moderne Wissenschaft hat Begriffe wie Schulverweigerung, Absentismus, Schuldistanz oder -müdigkeit erfunden. Ich bleibe lieber bei dem jedem Kind vertrauten Begriff Schwänzen und behaupte sogar: Manchmal ist Schulschwänzen notwendig. Traurig, dass manche Eltern das nicht verstehen. Es gibt einfach Tage, wo das Kind wirklich Bauchweh, auch Kopf-, Zahn- oder Fußweh hat – ohne organpathologischen Befund wohlgemerkt[356] –, und in diesem Fall entspricht es einer inneren Notwendigkeit, dass das Kind zu Hause bleiben muss. Vielleicht bei seinem neugeborenen Geschwisterchen, vielleicht bei seinem kranken Hund, vielleicht auch ganz einfach bei sich. Es wird schon einen Grund haben.

Erstaunlich viele Eltern reagieren hörig auf das Gesetz: Schule muss sein! Muss sie es wirklich? Neun, zehn, dreizehn Jahre – jeden Tag? Möglicherweise könnten wir wirklich mehr Weichheit des Herzens – und damit *Liebe* – zurückgewinnen, wenn wir unsere Kinder ab und zu einfach aus freiem Willen zu Hause ließen. Im Bett, im gemütlichen Wohnzimmer, am Küchentisch. Wenn das Kind plötzlich eines Morgens sagt: »Mama (Papa), ich hab dich so lieb, dass ich heute bei dir bleiben muss« –, spätestens dann sollte man als Mutter oder Vater weich werden. Beachten Sie, lieber Leser, das Wort *plötzlich*. Hier geht es um das Überraschende, Einmalige dieser zärtlichen Anwandlung, die das Kind in Worte bringt. Und hier, meine ich, sollte man ab und zu gewähren, anstatt zur Schulpflicht und Gesetzestreue zu mahnen. Wie sagte bereits Goethe: »Unendlich viel die Pflicht, doch mehr die Liebe.«

Natürlich würde das System der Schule ins Wanken geraten, wenn alle Kinder unentwegt ans Schwänzen dächten. Tun sie aber nicht. Entweder aus Furcht vor den monströsen und übrigens von Bundesland zu Bundesland unterschiedlichen Folgen[357] oder aus Mangel an Fantasie (man muss schon einige Krankheiten und Unglücksfälle fantasieren können). Und schließlich müssen die Eltern verständnisvoll und kooperativ sein, damit das Ganze einigermaßen glimpflich abläuft. Wo dies nicht der Fall ist, kann das mitunter schlimme Folgen haben. Ich denke etwa an François Truffauts Film *Sie küssten und sie schlugen ihn*. Da verbringt der zwölfjährige Antoine seine Schulvormittage am liebsten im Kino, und als er wieder einmal erwischt und zur Rede gestellt wird, erfindet er in seiner Not die spontane Ausrede: »Meine Mutter ist gestorben.« Natürlich hat das für den Jungen dramatische Konsequenzen.[358]

Lassen wir es nicht so weit kommen, dass unsere Kinder zu solchen Lügen greifen müssen. Lassen wir ihnen ab und zu den Willen, ohne Angst im Rücken, ohne schlechtes Gewissen und ohne sich zu verbiegen, frei über sich und ihre Zeit zu verfügen. Das ist das wahre Glück des Schulschwänzens. Und das macht stark fürs Leben.

Schulweg

»Als wir aus der Schule kamen
trafen wir
eine große Eisenbahn
und die nahm uns mit davon
um die ganze Erde
in einem goldenen Waggon
um die ganze Erde.«
Jacques Prévert

Nedîmes erste Russisch-Stunde, erste Klasse, Berlin-Kreuzberg. Die Lehrerin erzählt den Kindern, dass sie, als sie selbst in ihrem Alter war, in den langen russischen Wintern morgens den Schulweg mit dem Besen vom Schnee befreien musste. Jeder Schritt musste *erfegt* werden. Ein schönes Bild, das neugierig macht auf Russisch-Lernen und auf das Land. Ganz sicher gibt es auch heute noch Kinder, die mühsame oder gefährliche Schulwege zu bewältigen haben.[359] Die meisten Kinder in unserem Lande allerdings haben es bequem. Viele werden im Auto zur Schule transportiert, andere benutzen Busse und Bahn. Aber zum Glück gibt es immer noch eine große Anzahl von Kindern, die ihren Weg zur Schule zu Fuß oder per Fahrrad machen dürfen – ohne die

Begleitung der Eltern. Ich sage *zum Glück*, weil der Schulweg einer der wenigen sozialen Räume ist, in dem die Erwachsenen keinen direkten Zugriff auf die Kinder haben. Der Schulweg ist ein Zwischenreich. Die Eltern geben für eine kleine Weile ihre Erziehungsgewalt ab, der Lehrer hat sie noch nicht ganz.

Die meisten Kinder gehen ihren Weg zügig und ohne Umwege. Manchmal passiert es, dass Kinder zwar das Elternhaus zur rechten Zeit verlassen, brav mit dem Ranzen auf dem Rücken oder im Arm, dass sie aber ganz woanders hingehen. Schade, dass es viel zu wenige Kinder mindestens einmal wagen, vom vorgezeigten Schulweg abzuweichen. Das tun nur die echten Schulverweigerer. In der Regel gehen die Kinder brav und schnurstracks ihren Schulweg, als sei dies das Selbstverständlichste der Welt. Sie lassen sich kaum zu Umwegen verleiten und wissen, dass Zuspätkommen bestraft wird – zwar nicht mehr mit Schlägen wie in alten Zeiten, wohl aber mit Beschämung.

Mittags oder nachmittags wird der Weg von der Schule nach Hause potentiell zum Reich der Freiheit. Sofern man die Kinder lässt. In manchem ist der Schulweg tatsächlich das Gegenbild der Schule selbst. Hier gelten andere Gesetze, die sich die Kinder selbst geben. Hier tragen sie ihre Konflikte aus. Hier verteilen sie Schläge, die auf dem Schulhof verboten sind. Hier reden sie über Dinge, die im Lehrplan der Schule nicht vorgesehen sind. Und hier durchleben sie Gefühle, die im Klassenraum tabu sind. In Peter Härtlings Kinderbuch *Ben liebt Anna* gibt es eine wunderbare Schulweggeschichte. Anna kommt aus Kattowitz, aus Polen, und ist neu in der Klasse. In der Schule schaut Ben sie nicht an, aber auf dem Heimweg, den die beiden teilen, erwachen seine zärtlichen Gefühle für das Mädchen.

Es ist spannend, Kinder beim Heimweg von der Schule zu beobachten. Manche scheinen unter Hochdruck zu stehen, so schnell flitzen sie nach Hause. Andere verweilen zögerlich, so als hätten sie nach der Schule gar kein Ziel, ganz außerhalb von Zeit und Raum.

Mein eigener Schulweg führte mich an Kornfeldern vorbei, die mir Angst machten. Hier haben wir Sachen getauscht. Hier haben die Jungen geprotzt und sich für uns Mädchen entblößt. Einer von ihnen hat sogar Regenwürmer gegessen. Nirgendwo sonst geschah das. Nur hier auf dem Schulweg. Der Schulweg war wie ein Einweihungsweg. Nicht in die Schule, wohl aber ins wirkliche Leben.

Sehnsucht

»Ich kenne die Arten der Einsamkeit;
manche wissen die Namen der Sterne,
ich weiß die Namen der Sehnsucht.«
Nazim Hikmet

In einer Reportage lese ich über Moldawien, das »Land ohne Eltern«.[360] In diesem ärmsten Land Europas muss ein Großteil der arbeitsfähigen Männer und Frauen ins Ausland abwandern, um sich und die Kinder durchzubringen. Während sie in Deutschland, der Schweiz und Italien die Fußböden und die künstlichen Gebisse alter Leute reinigen, müssen ihre eigenen Kinder sich daheim ohne ihre Obhut die Zähne putzen und die Schulsachen beisammen halten. Manchmal sorgen wohlwollende Großeltern und Tanten, Nachbarn oder bezahlte Dorfbewohner für die Kinder, oft aber sind diese völlig sich selbst überlassen, wobei, wenn es mehrere sind, meist das älteste der Geschwister das Leben der jüngeren überwacht. Kontakte zur Mutter gibt es bisweilen über Handy oder Skype. Das Hauptbindemittel und Trost sind die mehr oder weniger regelmäßigen Geld- und Geschenkesendungen aus dem Westen.

Diese Form der transnationalen Mutter- und Vaterschaft hat sich in weiten Teilen der Welt etabliert und breitet sich immer weiter aus. Die Migrationsströme von Eltern, und als historisches Novum besonders von Müttern aus lateinamerikanischen Ländern in die Wohlstandsparadiese USA und Kanada, gehören zum Kinderalltag innerhalb einer globalisierten Welt. In Ecuador beispielsweise zählt mehr als die Hälfte aller Kinder zu den sogenannten Migrationswaisen, das heißt, hier arbeiten ein oder beide Elternteile für unbestimmte Zeit in fremden Ländern und lassen die Kinder zu Hause zurück.

So gut wie immer wird die oft jahrelange Trennung der Familie von den Betroffenen als Notwendigkeit dargestellt, als einzige Alternative, der Armut zu entgehen, und wohl auch so empfunden. Nur wenige können sich dem entziehen, weil die meisten Nahrung, Kleidung und vor allem die Perspektive auf Bildung ihrer Kinder grundsätzlich höher bewerten als die Trennungserfahrung. Das von den Kindern erlebte Leid muss ebenso wie ihr eigenes geleugnet und abgespalten werden, damit der Alltag überhaupt bewältigt werden kann. Selten klagen die Mütter laut. Aber wie ihre Kinder weinen sie heimlich, wenn es keiner sieht. Es gibt keine Sprache für dieses Trennungsleid und die Sehnsucht nach den jeweils fehlenden Mitgliedern der Familie: die Sehnsucht der Eltern nach den Kindern und die der Kinder nach Vater und Mutter.

Der Schmerz der oft monate- und jahrelangen Trennung schlägt sich nieder in den Gesichtern dieser Kinder – sie wirken leer und älter –, in ihrer Körperhaltung, ihren Träumen, in der Art und Weise, wie sie ihre Tage ausfüllen beziehungsweise wie sie die als sinnlos erlebte Zeit totschlagen. Manche Kinder haben ihre Mutter jahrelang nicht gesehen, was bedeutet, dass sie außer einigen Fotos gar kein wirkliches Bild der Mutter verinnerlicht haben.

Andere, die vielleicht ein inneres Bild von der Mutter in sich tragen, hängen an Telefon und Skype und versuchen, ihre Sehnsucht nach der Mutter auf diese Weise zu stillen. Sicher gibt es allerhand Austausch über Alltagsdinge, manchmal mischen sich die Mütter sogar in die Schularbeiten ein. Aber die eigentlich zehrende Sehnsucht nach körperlicher Nähe und Berührung, nach Gesehen- und Gehörtwerden, nach gemeinsamem Essen und Erleben, diese Sehnsucht vermag die virtuelle Kommunikation niemals zu stillen. Die Skype-Mutter gleicht mehr einer Gestalt aus dem Fernsehen ohne Geruch, und ohne Ecken und Kanten. Und es kann durchaus passieren, dass das Kind diese Mutter, wenn es sie irgendwann leibhaftig am Flughafen wiedersieht, gar nicht wiedererkennt. Denn die Mutter wirklich kennen, erkennen und wiedererkennen, ist ganz anders geartet als das visuelle Wahrnehmen der Mutter auf dem Bildschirm oder das Hören am Telefon.

Die Sehnsucht nach der Mutter – genauso wie die nach dem Vater – ist ein körperlicher Vorgang, ein körperlich-seelisches Simultangeschehen. Vergessen wir nicht: Im Wort Sehnsucht steckt Sucht, jene zwanghafte Abhängigkeit vom Objekt des Begehrens selbst. Das Kind braucht die Mutter – existenziell. Es braucht den Vater – existenziell. Die schmerzhafte Sehnsucht nach Vater und Mutter, und umgekehrt die Sehnsucht der fernen Eltern nach ihren Kindern, ist ein viel zu hoher Preis für unsere globalisierte Welt.

Selbstmord

»Ich heiße Mohamed Douzen und ich habe mich umgebracht.«
Mohamed, elf Jahre

So stand es in der Zeitung: Am 10. März 2012 gegen 19.30 Uhr hat sich der elfjährige Mohamed, jüngstes von dreizehn Kindern, im Dorf Adrar in Algerien am Ast eines Olivenbaumes aufgehängt. Dieser knorrige Baum im Nachbargarten, nur wenige Schritte vom Elternhaus entfernt, war, wie sein Vater später aussagte, bis dahin stets seine Zuflucht gewesen, dort hatte er am liebsten gespielt. Der kleine Körper, noch warm, als sein Bruder ihn fand, schwebte nur drei Zentimeter über den zwei roten Backsteinen, die er sich zum Vollzug seiner Tat von zu Hause herübergeschleppt hatte. Am Nachmittag desselben Tages war er um seine Schwestern herumgeflattert wie ein Schmetterling, hatte sie geärgert, hatte sich wie eine Katze auf ihrem Bett geflegelt und die Schwestern unentwegt gefragt, was sie gerade machten. Danach hatte er ein Stück Papier abgerissen – vielleicht aus seinem Schulheft – und lesbar darauf geschrieben: »Ich heiße Mohamed Douzen und ich habe mich umgebracht.« Diesen Zettel fand sein Bruder am darauffolgenden Morgen an einem Feigenbaum.[361]

Algerien ist weit. Aber Mohameds Tat kann sich überall abspielen – hier wie dort. In zahlreichen Industrienationen, etwa Frankreich und Kanada, jedoch mehr noch in den sogenannten Schwellenländern, nimmt die Selbstmordrate von Kindern und Jugendlichen zu. Ein Stück weit sind die Tabus, offen darüber zu sprechen, gebrochen, aber immer noch liegt viel Dunkel über diesem traurigsten Kapitel menschlicher Existenz.[362]

Ein Kind, das sich das Leben nimmt: Das ist verkehrte Welt. Das Kind *will* wachsen, das ist seine Bestimmung, das ist sein Gesetz. Was allerdings, wenn das Kind dem nicht folgen will, wenn es das eigene Wachsen zu verhindern versucht, so wie der kleine Oskar in Günter Grass' *Blechtrommel*? Und was schließlich, wenn es überhaupt nicht leben, sondern sich selbst töten will?

Niemand kann den Suizid von Kindern wirklich begreifen. Am allerwenigsten versteht das todessüchtige Kind selbst, was sich in ihm abspielt und was es in den Tod zieht. In diesem Moment ist es erfüllt von einem einzigen Gedanken: »Weg! Nur weg von hier!« Eltern, Lehrer und Kinderpsychologen begreifen das Geschehen ebenso wenig. Sie fühlen sich zumeist von der Tat überrumpelt, als hätte es nie ein Vorzeichen gegeben. Übrigens, der kleine Mohamed hatte drei Tage vor seiner Tat in der Küche einen rätselhaften Satz zu seiner Mutter gesprochen: »Du wirst auch einmal meinen Schulranzen wie die verrückte Frau durch die Straße tragen.« Offensichtlich spielte der Junge mit diesen Worten auf den Selbstmordfall eines gleichaltrigen Kindes zwei Jahre zuvor an. Seit dem Tod ihres Kindes war die Mutter jenes Jungen wie von Sinnen mit dem Ranzen des Kindes durch die Straßen des Dorfes geirrt. Anscheinend hatte Mohamed diesen Vorgang also genau registriert. Dieses Vorzeichen, oder darf man es schon fast Ankündigung nennen, wäre bei der Mutter unter all dem Geplapper ihrer dreizehn Kinder mit Sicherheit längst untergegangen und vergessen. Erst durch die Tat bekam es nachträglich Sinn.

Die Selbstmordquote bei Kindern unter zehn Jahren ist noch eher gering. Für die Elf- bis Zwölfjährigen steigt sie dramatisch an und findet ihren Höhepunkt bei den Fünfzehn-, Sechzehnjährigen. In dieser empfindlichen Phase der Selbstfindung ist der Selbstmord statistisch gesehen die zweite Todesursache nach Verkehrsunfällen. Und auffallend ist die Geschlechterverteilung: Während Mädchen viel häufiger als Jungen vom Selbstmord sprechen, ohne ihn auch real zu inszenieren, ist die Zahl der Jungen, die ihn faktisch vollziehen, dreimal so hoch wie die der Mädchen. Vielleicht, so könnte man vermuten, ist das Sprechen eine Art von Prävention. Was sprechend ausgehandelt werden kann, muss nicht unbedingt in die Tat umgesetzt werden. Und umgekehrt: Wenn Jungen, wie man gemeinhin unterstellt, weniger redselig sind, sich weniger austauschen über ihre innere Welt, wenn sich in ihnen das Leid ansammelt, dann drängt der selbstzerstörerische Impuls zur Tat. Sprechen scheint also zentral zu sein.

Natürlich bedarf es eines spezifischen Nährbodens, auf dem die suizidale Sehnsucht gedeihen kann. Dabei handelt es sich zumeist um ein depressives Milieu, in dem sich das Kind verloren fühlt: Depression der Mutter, Gewalt, Trennungen, Bindungslosigkeit, all dies kann das Kind in eine hoffnungslose Lage versetzen. Doch auch in einer äußerlich gut funktionierenden Familie, in der alles intakt scheint und wie am Schnürchen klappt, kann sich ein Kind verloren fühlen. Dann nämlich, wenn es aus diesem perfekten Familiensystem herausfällt, wenn es nicht die gewünschte Leistung bringt, wenn es nicht dem Bild entspricht, das seine Eltern für es entworfen haben. Das ist für manches Kind eine hoffnungslose und vor allem tief zerstörerische Lage.

Der suizidale Nährboden ist das eine. Das Ausschlaggebende für das Umsetzen einer Idee in die Tat erfolgt über das Sprechen. Wo immer die sprachliche Verbindung abgerissen ist, wo, wie René Spitz sagt, der »Dialog entgleist«[363], wenn Worte und Verhaltensweisen des einen den anderen nicht mehr erreichen, ist der Kontakt zur Welt mitunter ganz abgebrochen. Dann hält und trägt das Kind nichts mehr. Der kleine Mohamed hatte mit seiner Mutter *gesprochen* – rätselhaft, vielleicht beiläufig nur, aber vielleicht redete er überhaupt viel vermeintlichen Unsinn in jenen Tagen. Was wäre geschehen, wenn die Mutter die Worte aufgefangen und den Faden aufgegriffen hätte? Was, wenn sie gefragt hätte: »Warum soll *ich* so traurig auf der Straße rumlaufen wie die Mutter von dem Selbstmörder?« Was, wenn die Schwestern ihn an diesem Nachmittag in den Arm genommen hätten wie ein Baby?

Kinder planen, im Gegensatz zu Jugendlichen und Erwachsenen, ihren Selbstmord selten oder nie. Häufig werden sie von ihren Stimmungen überfallen, dem Gefühl, verloren, verlassen oder ausgestoßen zu sein, und in dieser Empfindung neigen sie dazu, das Unglück zu generalisieren: »Ich habe immer Bauchweh«, heißt es dann oder: »Ich mache immer alles falsch« oder aber: »Ich habe nie Freunde«. Und hier reicht manchmal nur ein einziges gesprochenes oder ein einziges unterlassenes Wort, um sie in suizidale Verzweiflung zu treiben oder sie davor zu bewahren. Wenn schon vernichtet, dann richtig, schlussfolgert das Kind im Affekt. Wenn mich schon keiner will, dann laufe ich unter ein Auto, dann springe ich vom Balkon. Dann hole ich mir einen Strick. Dann ist alles verloren. Stets ist es ein Aufschrei: »Warum ich? Warum immer ich?« Und manchmal ist es ein Gemisch aus verzweifelter Selbstaggression und dem (unbewusst) sadistischen Wunsch, die bösen Eltern als Ursache des Übels zu strafen.

Der Selbstmord von Jugendlichen ist anders gelagert. Auch hier bedarf es eines Nährbodens. Aber anders als das Kind planen Jugendliche viel eher einen Selbstmord. Sie beschäftigen sich ausführlich mit dem Tod und sind sich der Konsequenzen bewusst. Häufig geben sie deutliche Signale an ihre Umwelt ab, sei es im Freundeskreis, in der Schule oder in der Familie – inzwischen auch längst über Facebook. Jugendliche ab etwa zwölf Jahren wählen den Selbstmord oft bewusst als Ausweg, nicht groß werden zu müssen, nicht in die Verantwortung genommen zu werden, die ihnen undurchsichtig und übermächtig erscheint.

Jeder biografische Übergang bedeutet Krise. Und die Geschlechtsreife ist wohl einer der tiefgreifendsten Übergänge überhaupt. Der oder die Pubertierende verlässt endgültig das Stadium des Kindseins, ist biologisch in der Lage, selbst Kinder zu bekommen. Und gleichzeitig ist er doch noch lange kein Erwachsener. Traditionelle Gesellschaften haben diese Übergänge immer rituell begleitet, und nicht zufällig fällt in den meisten Weltreligionen auch die Zeremonie der religiösen Einweihung in dieses Alter.

Jene Einweihungsriten waren stets mit Prüfungen verbunden, die an die Schwelle des Todes reichten und nicht selten tödlich ausgingen. Sie waren von der jeweiligen Gesellschaft streng vorgegeben und hatten für die Kinder beziehungsweise nunmehr Jugendlichen einen ängstigenden und zugleich reinigend-kräftigenden Aspekt. Die Grenzerfahrung des Todes, die übrigens bei den Mädchen oft durch lang anhaltendes Hungern hervorgerufen wird, machte sie gleichsam immun gegen den wirklichen Tod. Wenn der pubertierende Jugendliche durch die Feuerprobe der Initiation hindurchgegangen war, wenn er die Lehren seines Stammes und seine eigene Geschlechtsrolle verstanden hatte, war er anschließend wie neu geboren. Er war nun kein Kind mehr, sondern ein vollwertiger Teil der Männer- oder Frauengesellschaft. Er wusste nun, wo sein Platz in der Gemeinschaft war.

Moderne Anthropologen und Tiefenpsychologen gehen davon aus, dass zahlreiche Suizide von Jugendlichen nach dem Muster der traditionellen Initiationsriten neu interpretiert werden können.[364] Wenn die Gesellschaft den Kindern keine Möglichkeit für Grenzerfahrungen – bis hin zum Tode – bietet, schaffen viele Jugendliche sie sich selbst. Sie wollen sich als angehende Männer fühlen, sie greifen zu Gewehren und Messern und spielen mit dem Tod.

Mädchen wollen sich auf ihre Weise als autonome Wesen fühlen. Sie möchten über ihren Körper verfügen und machen, was sie wollen, und nicht, was die Mutter will. Sie hungern, sie überfressen sich, sie strangulieren und ritzen sich, die Hauptsache ist fühlen – auch dies, zumindest unterschwellig, immer mit der mitgedachten Konsequenz des eigenen Todes.

Der Selbstmord von Kindern und Jugendlichen hat viele Gesichter, kennt viele Grenzbereiche und noch mehr Rätsel. Forschung und Prophylaxe tun not. Aufklärung tut not. Und dennoch: Die Tatsache, dass ein Kind sich dem Leben verweigert, dass es ihm jeden Sinn abspricht, übersteigt unseren Verstand, wir können sie nicht begreifen. Albert Camus schreibt: »Es gibt nur ein wirklich ernstes philosophisches Problem: den Selbstmord.«[365] Davon bin ich überzeugt.

Sexualität

»Oma, sag mir ehrlich: Was ist wichtiger:
Brust oder Pimmel?«
Celia, neun Jahre

Die allermeisten Kinder sind neugierig auf ihren eigenen Körper. Und auf den der anderen. Sie wollen wissen, wie er sich anfühlt, wie er riecht – und was sich womöglich darin versteckt. In *allen* Teilen, auch und vor allem in jenen, die unter Kleidern verborgen sind. Dabei geht es um ein überaus vitales Interesse: Wie funktioniert mein Körper? Wie unterscheide ich mich von anderen? Und sobald Kinder mit Klarheit den Geschlechterunterschied entdeckt haben, werden die Fragen brennender: Wie bin ich entstanden? Wo komme ich her?

Sie wollen sehen (die Genitale der anderen Kinder, die der Eltern, auch die der Großeltern). Und sie wollen selbst zeigen (kindlicher Exhibitionismus), womöglich, um sich zu vergewissern, dass ihr Körper in Ordnung ist. Womöglich aber auch, um in den Gesichtern der anderen abzulesen, wie jene reagieren. Sie wollen, wenn man sie frei lässt, spielen, verstecken, anfassen, praktizieren, masturbieren.

Dem Kind, wenn es so forscht, wenn es fragt und experimentiert, bleibt die Sexualität der Erwachsenen dennoch über lange Zeit ein Buch mit sieben Siegeln. Selbst wenn es durch Aufklärungsbücher, Fernsehen und Internet über vieles informiert ist, ist es doch weit davon entfernt, wirklich zu verstehen.[366] Es hat noch kein Bewusstsein für die inneren anatomischen Zusammenhänge, Ursachen und Folgen der Erwachsenensexualität.[367]

Seine Art der kindlichen Sexualität umfasst dagegen das ganze Spektrum an Befindlichkeiten, an Fähigkeiten und Verhaltensweisen, die der (späteren) genitalen Handlung vorgelagert sind, die diese (später) erst möglich machen beziehungsweise zur Erfüllung bringen. Der kleine Körper übt sich fortwährend: in Lustempfinden beim Baden im warmen Wasser, in Empathie beim Liebkosen des Brüderchens und in Zärtlichkeit beim Kuscheln mit den Eltern im Bett. Dies sind nur einige Facetten dessen, was später seine Liebesfähigkeit ausmacht. Und dabei sollte es nicht allein gelassen werden, es sollte spüren, dass Liebe am besten gelernt wird am Liebesobjekt, bezogen auf den anderen.

Denn Liebesfähigkeit lernt und vor allem beherrscht der Jugendliche ja durchaus nicht plötzlich mit der Pubertät, von einem Tag auf den anderen, wenn er erstmals die Begegnung mit dem anderen Geschlecht sucht. Wenn es so weit ist, muss er zurückgreifen können auf etwas, das schon früh in ihm angelegt wurde, das ihm seit Langem vertraut ist durch seine fortwährende kindliche *Einübung*.

Sigmund Freud hat als Erster – und gegen enormen gesellschaftlichen Widerstand – die Sexualität der Kindes entdeckt und dabei die

Nähe zu und gleichzeitig die Andersartigkeit der Erwachsenensexualität hervorgehoben.[368] Er beschreibt Kinder als *polymorph-pervers*, das heißt, ihre Sexualität ist noch nicht genital fixiert, sondern überall präsent. Überall ist der Körper lustbereit. Beobachten Sie einmal Kinder beim Füße- oder Bauchkitzeln: Alles ist ihm Übungsfeld – und alles ist allerhöchste Lust!

Hundert Jahre nach Freuds Entdeckung sind wir tatsächlich weitergekommen. Die Mehrheit der Eltern und Erzieher hat gelernt, sexuell gefärbtes Verhalten der Kinder zu akzeptieren. Sie bemühen sich, auch den intimsten Körperteil mit Selbstverständlichkeit zu benennen. Und wenn bei all dem auch gemeinsam gelacht werden darf, kann das Kind seine Sexualität freudvoll und ohne Ängste erleben. Damit sind die Weichen für die Zukunft gestellt.

Dies wäre eine gute Sexualerziehung: Das Kind liebevoll auf das, was kommen wird, einzustimmen. Es freizulassen in seiner Sexualität – es zu schützen vor den Einbrüchen virtueller Sexualität. Das Kind muss noch nicht *alles* wissen. Es muss noch längst nicht alles machen (das kommt später, und niemand sollte es dazu treiben, Erwachsenentun vorwegzunehmen). Kindheit ist immer Warten und eine einzige große Vorbereitung. Auch und gerade im Sexuellen.

Spielzeug

»Und wenn sie Langeweile hatte, so nahm sie eine goldene Kugel, warf sie in die Höhe und fing sie wieder; und das war ihr liebstes Spielzeug.«
Brüder Grimm

Ich erinnere mich an ein Spielzeugritual meiner Kindheit. In jenem Haus, in dem wir nach dem Krieg lebten, wohnte auch die alte Tante Erna. Sicher war sie den Jahren nach nicht sehr alt, uns Kindern erschien sie allerdings uralt in ihren dunkelblauen, gepunkteten weiten Kleidern, mit ihren stets weißen Kragen und ihrem hochgesteckten aschgrauen Haar. Als Flüchtlingskinder hatten wir kein eigenes Spielzeug. Und Tante Erna war eine Zauberin. Sie besaß einen Glasschrank voller Spielzeug, den sie, wenn wir sie nachmittags besuchten, mit einem kleinen Schlüssel feierlich für uns öffnete. Wir langten nicht einfach zu. Wir warteten, dass sie uns ein oder zwei Spielzeuge reichte, meistens kleine Blechtiere zum Aufziehen, pickende Hühner, kreisende Elefanten und Purzelbaum schlagende Affen. Und wir spielten mit ihnen und behandelten sie wie Reliquien. Wenn der Nachmittag zu Ende war, schloss Tante Erna die Spielzeuge genauso feierlich wieder in den Glasschrank ein, wie sie sie herausgeholt hatte. Es war mehr als ein Ritual, es war Zauber. Glücksgefühl ohnegleichen.

Heute glaube ich, dass ich meine Liebe zu gutem Spielzeug bei Tante Erna gelernt habe. Und gleichzeitig habe ich bei diesen Besuchen erfahren, dass die Quelle an Spielzeug doch nie versiegt, auch wenn man als Kind nicht viel besitzt. Ich musste die Kostbarkeiten nicht besitzen, denn irgendwo, verborgen in einem fremden Schrank, gab es immer Spielzeug in Hülle und Fülle.

Das nämlich ist das wirkliche und eigentlich so offensichtliche Geheimnis des Spielzeugs: Es ist Zeug zum Spielen. Und Zeug zum Spielen findet das gewitzte Kind überall. Jedes Ding, jedes Stück Fell, Plastik, Stein, Holz, Blech, Wolle, jedes Küchengerät kann das Kind sich als Spielzeug aneignen. Es kann die Dinge roh und direkt benutzen, es kann aber auch die noch unförmigen Materialien durch Schneiden, Biegen, Brechen in die gewünschte Form bringen.

Das Spielzeug an sich, das durch Handarbeit oder Maschinen gefertigte Objekt, ist ja immer nur das eine. Was das Objekt erst zum geliebten Spielzeug werden lässt, ist seine Beseelung durch das Kind selbst. Ohne sie wäre es nur ein toter Gegenstand. Das Kind bläst dem Objekt seinen Geist ein. Mit seiner Fantasie und seinem Handeln gibt es nicht nur dem Teddy eine Seele, sondern auch Bausteinen und

Plastikautos. Durch sein Spielen verknüpft es eigenes Leben mit diesen Dingen und verleiht ihnen damit einen biografischen Stellenwert, den es nur selbst begreift.

Sprache

»Was bleibt? Es bleibt die Muttersprache.«
Hannah Arendt

Pawel Felenbok war einer der jüngsten Überlebenden des Warschauer Ghettos. Er war sieben Jahre alt, als er gemeinsam mit seinem Bruder Georges vor den Nazis fliehen konnte. Die beiden Jungen versteckten sich fast zwei Jahre lang im Keller unter einem Holzhaus in der Nähe von Warschau. 1946 wurde Pawel von einer jüdischen Hilfsorganisation[369] nach Frankreich gebracht. Seinen Kindernamen *Pawel* benannte er in das französische *Paul* um. Angeblich hat er die polnische Sprache nie mehr benutzt.

Außer einmal. Das war 1986, als er am Blinddarm operiert wurde, beziehungsweise *danach*. Als er nämlich aus der Narkose aufwachte, sprach er plötzlich perfekt mit der polnischen Krankenschwester, die ihn bewusst oder unbewusst – wer weiß? – in ihrer Muttersprache angeredet hatte. Vierzig Jahre war die Sprache in ihm ausradiert gewesen. Seine eigene Frau hatte nie ein Wort Polnisch aus seinem Mund gehört, und plötzlich, in dem traumnahen Zustand des Aufwachens aus der Narkose, war sie wieder da: die Muttersprache. Sie hatte ihn eingeholt.[370]

In den meisten Sprachen der Welt machen wir diese Zweiteilung: Wir sprechen von *Vaterhaus* und von *Muttersprache*. Obgleich beides doch unlösbar verbunden ist, vollziehen wir diese klare Trennung. Wir weisen das Haus dem Vater zu und die Sprache der Mutter. Ein bisschen paradox ist es schon, denn natürlich spricht auch der Vater, und natürlich bewohnt auch die Mutter das Haus. Aber Wortschöpfungen, die sich in einer Sprache langfristig und bisweilen universal einnisten, entsprechen meist nicht einer an Realität und Rationalität orientierten Logik. Sprachschöpfungen wie die von Vaterhaus und Muttersprache entspringen eher einer inneren Wahrnehmung der Menschen, und sie sind historisch-kulturell gewachsen. Dieser Wahrnehmung entspricht es, dass der Vater in der Vergangenheit traditionell für das Bauen und Erhalten des äußeren Hauses verantwortlich war, zumal wenn die Berufsarbeit im Haus stattfand (Bauernhof, Schmiede, Bäckerei etc.). Die Mutter hingegen gestaltete im Umgang mit den Kindern traditionellerweise jenen inneren Raum, in dem Sprache sich entfaltet.[371]

Aus der Mutter und in der Mutter entsteht Sprache. Schon vorgeburtlich spricht sie mit den Ungeborenen, mal laut, mal leise, mal zuversichtlich und bisweilen sorgenvoll. Schon vorgeburtlich erlauscht das Kind alle Tonlagen und Tonarten der Mutter.[372] Es erkennt Stimmungen und reagiert sensibel auf Musik. Auch die Körpergeräusche, die der Embryo im Mutterleib mittels einer Art Filter ununterbrochen in sich aufnimmt – Raunen, Grunzen, Zischeln, Murmeln und viele andere Töne –, bilden rudimentäre Bausteine und Klangformen der späteren Sprache.

Vor der eigentlichen Sprachbildung verbringt das Kind rund ein Jahr lang vor allem mit Lallen. Es übt spielerisch die Laute und Silben ein, die es später zur Konstruktion der Worte braucht. Ähnlich wie sich das Kind motorisch im Strampeln übt, dienen diese unermüdlichen Wiederholungen der immer selben Silben dem Trainieren und der Differenzierung der Sprechmuskeln. Das Kind übt allein und – viel lieber noch – in Gesellschaft. Und sogar taub geborene Kinder lallen wie Hörende.[373]

Das Interessante an diesem Lallen ist, dass es sich in den meisten Sprachen der Welt ähnelt oder sogar gleicht. »Weder lallt ein französischer Säugling französisch noch ein deutscher deutsch oder ein russischer russisch. Über die ganze Erde hin lallen alle Säuglinge so, als würden sie sich auf jede mögliche Muttersprache vorbereiten.«[374] Ganz allmählich beginnt das Kind mit etwa zwölf bis vierzehn Monaten, die Silben in Worte zusammenzufügen und dadurch mit Sinn zu erfüllen.

Wie leicht und gleichzeitig schwer ist doch Sprache! Und wir, die wir uns an unser vor-sprachliches Dasein kaum mehr erinnern, wissen nicht, wie sie zu uns kam. Wir erinnern nicht, wie sich nach und nach die Silben verknüpften, wie aus den Stoßlauten *p-p* das Wort *Papa* entstand, und wie es geschah, dass wir den Bruder, aus Liebe zu den weichen *b*-Lauten und aus Liebe zum Bruder selbst, erstmals *Bobo* nannten.

Die Sprachentwicklung beim Kind verläuft höchst eigenwillig. Natürlich haben die Sprachpsychologen das Feld gründlich erforscht und beschrieben, wie das normale Kind sprechen lernt. Gegen Ende des achtzehnten Monats verfügt es in der Regel meist schon über vierzig bis fünfzig Worte, die es in Einwortsätze fügt. Danach steigt der Wortschatz rapide an, bis zu vier- oder fünfhundert Worten am Ende des zweiten Lebensjahres.

Aber das *normale* Kind, wie es in der Statistik erscheint, gibt es nicht wirklich. Gar nicht so selten folgen die Kinder ihrem eigenen Gesetz. Sie warten ab, bleiben manchmal über zwei, drei oder noch mehr Jahre (fast) stumm, um dann eines Tages perfekte kleine Mehrwortsätze zu artikulieren. Allerdings, dies ist extrem wichtig, man muss ihnen die Zeit lassen, man muss ihre Verzögerung respektieren und nicht vorschnell eingreifen.

Irgendwann entdeckt das Kind die Sprache ganz für sich, und dann lebt es vollkommen im Benennen und gleichzeitigen Erobern der Dinge. Es eignet sich die Dinge seiner kleinen Welt sprechend an und verbindet sich gleichzeitig damit: »Das Kind spielt mit der Sprache und mit ihren Worten wie mit den schönsten goldenen Bällen, die ihm zugeworfen werden und die von nun an ihm gehören.«[375] Und es speichert all dies in seiner Muttersprache, an die es lebenslang gebunden sein wird, auch wenn sie, wie im Fall des Pawel Felenbok, über Jahrzehnte verschüttet war.

Ich bin mir bewusst, dass das Konzept der Muttersprache angreifbar ist in unserer globalisierten Welt, wo Zwei- und Mehrsprachigkeit inzwischen weit verbreitet und durchaus erstrebenswert ist. Aber sofern die Muttersprache nicht exklusiv, andere Sprachen ausschließend oder gar abwertend begriffen wird, ist es sinnvoll, zuerst eine Sprache in ihrer ganzen Tiefe zu lernen und sich von da aus in die Fülle der anderen Sprachen hineinzubegeben. Mit der speziellen Wortgebung, mit dem Klang, dem Laut, der Tönung der Vokale und Konsonanten, die das Wort ausmachen, assoziieren sich in der Tiefe des kindlichen Bewusstseins Emotionen, die das Kind in die Sinnzusammenhänge seiner Umgebung, seiner Kultur einfügt. Das *Sch*, das *f* und der starke *a*-Vokal im Verb *schlafen* beispielsweise (*Schlaf, Kindchen, schlaf!*) haben eine andere Konnotation als die Worte *dormir* im Französischen oder das englische *to sleep* – eine völlig unterschiedliche atmosphärische Tönung. Und diese Tönungen sind es vor allem, welche die Eigenart und die Poesie einer Sprache ausmachen. Das Englisch von Blake, Yeats und Shakespeare, das Französisch von Verlaine, Baudelaire und Rimbaud und das Deutsch von Hölderlin, Rilke und Brecht – all diese Tönungen fließen hinein in unsere Alltagssprache, sie formen ihren Charakter. Auch schon die des Kindes.

Und noch etwas kommt hinzu. Der Schriftsteller Kurt Drawert erinnert uns daran, dass wir die Muttersprache vor allem dann suchen, »wenn der Körper bedroht ist und ganz unmittelbar eine Antwort erwartet. Das letzte Wort der Sterbenden, heißt es, ist eine Anrufung der Mutter. Das Kind, das Schmerz erleidet, ruft auch zuerst nach der Mutter; sie hat, was der Vater oft nicht haben kann: eine Stimme, die nicht nur technisch, sondern auch existenziell ist.«[376]

Wächst das Kind von Anfang an konsequent zweisprachig auf, lernt es mit den Worten gleichzeitig *zwei* Tönungen, *zwei* lautliche Schwingungen für ein und denselben Gegenstand (beziehungsweise ein und denselben Vorgang), dann besteht die Gefahr, dass diese Schwingungen gesplittet, zerrissen, vielleicht sogar widersprüchlich sind, auf jeden Fall erscheinen sie dem Kind nicht einstimmig.[377] Und möglicherweise können sich diese sensiblen Sprachirritationen später auch im Denken und Fühlen niederschlagen. Solche Dinge sind schwer zu beweisen. Es ist doch augenfällig, dass, wenn wir zwei oder mehrere Sprachen beherrschen, uns diese unterschiedlich erreichen. Manche Menschen, die lange im Ausland leben, sprechen und schreiben fließend in der Sprache des Gastlandes, aber sie träumen weiterhin in ihrer Muttersprache. Im Traum also kehren sie zurück zu den Ursprüngen ihrer eigenen Sprache. Dorthin, wo alles begann: in den Körper der Mutter.

Stehlen

»Wenn A. auf Leute Wut hat, hat sie Lust,
ihnen etwas zu rauben.«
Peter Handke

Im Zug nach Berlin frage ich den jungen Mann aus Martinique, der mir seit zwei Stunden gegenübersitzt, ob er als Kind manchmal gestohlen habe. »Ja, sagt er – auf allen Ebenen. Sachen und Ideen.« In Berlin stelle ich zwei Polizeibeamten dieselbe Frage. Die beiden lachen. Der eine sagt: »Lutscher«. Der andere: »Spielautos«. Alle Kinder klauen. Alle Kinder nehmen irgendwann einmal irgendetwas von irgendjemand mit. Das ist normal. Aber vorweg: Wir sollten den harten Begriff *stehlen* im Zusammenhang mit Kindern vergessen. Kinder stehlen nicht. Sie nehmen sich Sachen, sie lassen Dinge mitgehen, sie klauen auch (und manchmal sogar sehr dreist), doch sie stehlen nicht wie Diebe mit Vorsatz, List und Bösartigkeit.

Im Grunde verwundert es mich, dass Kinder nicht viel mehr mitgehen lassen, dass sie sich *nicht* überall vergreifen an den verlockenden Gegenständen, die sich ihnen darbieten. Ist es die moralische Erziehung, die sie davon abhält, oder schlichtweg die drohende Strafe, wenn sie erwischt werden? Oder ein Gemisch aus beidem?

Auf jeden Fall gibt es überzeugende Gründe, weshalb es für das Kind unendlich schwer ist, nicht einfach spontan nach dem zu greifen, was ihm unter die Augen kommt. Weshalb es so schwer ist, *nicht* zu klauen. Der erste Grund liegt, wie so häufig, in der frühesten Lebenszeit des Kindes. In den ersten Wochen und Monaten gibt es für den Säugling schlichtweg keine Trennung von *mein* und *dein*. Das kleine Kind unterscheidet, trennt und sondert nicht, und vor allem fühlt und denkt es überhaupt nicht in den Kategorien von Besitz und Nichtbesitz.

Nicht nur die Menschen, sondern auch alle Dinge sind am Anfang des Lebens *mein*. Alle Dinge in der Wiege, im Zimmer, in Küche, Haus und Garten, alles: *mein*. Das Kind nimmt sich die Dinge und bedient sich ihrer mit Selbstverständlichkeit, bis ihm eines Tages beigebracht wird, dass es bestimmte Gegenstände an bestimmten Orten nicht anfassen, vor allem jedoch nicht mitnehmen darf – etwa den Plüschhund des Nachbarkindes oder die schönen Holzpferde aus dem Kindergarten und insbesondere nicht die Süßigkeiten aus dem Supermarkt.

Es braucht Jahre, die Unterschiede zwischen *mein* und *dein* mitsamt der Grenzfälle wirklich zu begreifen – Smarties zu Hause: ja, Smarties an der Supermarktkasse: nein. Was aber mit den Smarties in Großvaters Schublade? Ja oder nein? In Gesellschaften, wo Diebstahl per Handabhacken geahndet wird, lernen die Kinder den Unterschied natürlich schnell. Meine eigenen Kinder haben es nicht so schnell gelernt. Alle vier haben geklaut. Mal mehr, mal weniger. In Krisenzeiten mehr (Spielzeug, Bonbons und Schokolade), in guten Zeiten weniger (*nur* CD-Rohlinge). Zwei meiner Kinder wurden nie ertappt, worauf sie heute noch stolz sind. Zwei wurden geschnappt. Einer musste sich nur ein bisschen schämen, weil ein Polizist ihn zu

Hause ablieferte (Beute: zwei Tafeln Schokolade), der Zweite hat die entwendeten CD-Rohlinge durch zwanzig Arbeitsstunden im Bettenhaus unserer Uniklinik gesühnt. Das hat gesessen. Das prägt für ein ganzes Leben.

Der zweite Grund dafür, dass es für Kinder so schwer ist, *nicht* zu klauen, sind wir selbst, die Erwachsenen. Sprachlich erklären wir den Kindern unentwegt, was *mein* und *dein* ist, aber mit unserer Haltung, unseren Gesten und unseren begehrlichen Blicken vermitteln wir ihnen fortwährend, dass wir die Grenzen eigentlich übertreten wollen, dass immer mehr *mein* werden soll, dass überhaupt das Wichtigste in der Welt ist, *mehr* zu haben. Shopping, der moderne Familienspaziergang, wo man gemeinsam alles bestaunt, anfasst und ausprobiert, ist eine Lieblingsbeschäftigung geworden. Und wenn einem die Füße davon wehtun, dann kann man den Spaziergang zu Hause im Internet und in Katalogen fortsetzen: »*Das* will ich noch haben!« Ein polnischer Freund erzählt, dass immer mehr seiner Landsleute heute auf den Sonntagsgottesdienst verzichten und stattdessen zu IKEA fahren. Mehr, schöner, bunter, grenzenlos Haben. Haben, Haben!

Wie gefestigt muss die Moral unserer Kinder sein, sich bei den sie umgebenden materiellen Verlockungen permanent zu bremsen, *nicht* zuzugreifen. Die Kinder leben in einem fortwährenden Widerstreit zwischen dem »Ich will haben!« und seinem Gegenspieler »Nein, du darfst nicht. Es gehört dir nicht.« Unentwegt und überall wiederholt sich dieser Konflikt. Und die raren Momente, in denen das Kind dann doch zugreift, sind ein Zeichen dafür, dass es überfordert ist und seine Energie nicht ausreicht, diesen Konflikt aus eigener Kraft zu handhaben.

Aber was heißt hier *rare Momente*? Es gibt Kinder, die mit ihren kleinen Klauereien geschickt sind und es über Wochen und Monate hinweg treiben. Sie schaffen sich damit ihr Ersatzglück abseits der Legalität, das sie vielleicht ein wenig entschädigt für den Mangel in ihrem Kinderleben. Anna Freud beschreibt eindringlich, dass vor allem Kinder, denen eine feste Bindung fehlt, ihr Glück im Stehlen suchen.[378]

Übrigens: Wer sich für klauende Kinder interessiert, möge sich die geklauten Gegenstände einmal anschauen. Stellen Sie sich vor, was ein Kind so alles mitgehen lassen kann – Münzen und Milchflaschen, Computerspiele und Waffen, Kugelschreiber, Korkenzieher, Dosen, Perlenketten, Lippenstifte, Pudel aus der Tierhandlung, Scheine aus Papas Portemonnaie – und Sie können sich das ganze Universum dieses Kindes ausmalen. Ganz nach dem Motto: »Sage mir, was du klaust, und ich sage dir, wer du bist.«

Stille

»Still, still, still,
weil's Kindlein schlafen will.«
Altes Kinderlied

Kürzlich traf ich einen Mann, der nach dem Tod seiner Mutter als kleiner Junge mehrere Jahre in dem Kinderheim eines Benediktinerklosters verbracht hatte. Seine Erinnerungen an diese Zeit lagen wie unter einem Schleier, aber sie waren plötzlich überaus lebendig, als er über die große Stille im Speisesaal sprach. Man atmete sie. Man fühlte sie körperlich: zweihundert Kinder schweigend ihre Suppe löffelnd. Zweihundert Jungen und Mädchen schweigend nach dem Brot greifend und den Becher zum Mund führend. Diese Erinnerung sitzt tief. Wir wissen nicht im Geringsten, *was* sich alles in der Stille unter den Kindern abspielte. Bedeutete sie Schutz? Wohlbehagen? Einsamkeit, Angst? Der Mann erinnert die Stille, kann jedoch nicht sagen, was in ihr lag.

Wenn ich an Kindheit heute denke, drängt sich mir spontan und eindringlich die fehlende Stille auf. Die meisten, oft noch kleinen Kinder sind von morgens bis abends eingehüllt in Geräusche: Gleichförmiges wie das Rattern der Spülmaschine in der Küche, bizarr laute Töne aus Kopfhörer oder Fernsehen, die Telefone im Haus, dazu die Verkehrsgeräusche auf der Straße. Dann das Sprachgewimmel in Kindergarten und Schule, das Geschrei auf den Schulhöfen – kurz: Das Kind lebt unter einer permanenten Geräuschglocke, der es sich nicht erwehren kann. Es muss dauernd hören, zuhören, überhören oder weghören.

Viele Lehrer und Erzieher beklagen sich, dass die Kinder nicht mehr über längere Zeit hinweg zuhören können. Sicherlich hängt dies auch mit den fortwährend auf sie einwirkenden Geräuschen zusammen. Die Klagen der Erwachsenen sind müßig, wenn sie nicht selbst Ruhe um sich erzeugen und wenn sie den Kindern nicht dazu verhelfen, in die Stille zu gelangen. Zumindest für kurze Momente. Kinder sollten die Ruhe wieder erfahren, um zu begreifen, dass diese nicht nur erholsam ist, sondern dass aus ihr heraus unendlich Kostbares entstehen kann. Stille ist das Reich der Fantasie, der Tagträume, der Geheimnisse – kurz: der Freiheit.

Wir sollten Kinder lehren, ihr Bedürfnis nach Rückzug ernst zu nehmen und zu verteidigen. Zu Hause ist es vielleicht am ehesten möglich, sich in einen ruhigen Winkel zurückzuziehen, in den kein anderer eindringen darf. In der Schule und im Kindergarten ist es meist aussichtslos, sich akustisch abzuschirmen. Nie habe ich begreifen können, dass Schulen nicht grundsätzlich über einen Raum der Stille, eine Art *Silentium*, verfügen, wie viele Bibliotheken oder Universitätseinrichtungen; einen Raum, in dem nicht gesprochen wird, wo Kinder zur Ruhe kommen können, die sie zu manchen Zeiten so dringend für sich brauchen. (Nicht zufällig wollen manche Kinder in Schule oder Kindergarten hartnäckig ihre Mützen aufbehalten und über die Ohren ziehen – als wollten sie sich instinktiv schützen gegen das Eindringen von zu vielen und zu lauten Geräuschen.)

Ich begann diese Gedanken mit der Erinnerung an die Stille im Speisesaal eines Kinderheims. Und der Kreis schließt sich, wenn wir abschließend das Wort *stillen* betrachten, welches uns eindringlich auf den Zusammenhang von Nahrung und Stille hinweist. Hunger ist bei Mensch wie Tier stets assoziiert mit Anspannung, Unruhe, Geschrei. Der Ruf nach Nahrung ist immer laut. In dem Moment aber, wo die Nahrung gegeben wird, wo die Milch fließt, tritt Entspannung ein und Stille. Der Hunger ist gestillt. Das Kind ist gestillt.

Auffällig, wie weit wir durch unsere Lebensart von diesen elementaren Zusammenhängen entfernt sind. Klang, Geräusch, Töne – das ist ursprünglich der Ruf nach Speisung. Stille, das ist die Befriedigung des Hungers. Vielleicht sollten wir diese Momente der Stille im Zusammenleben mit unseren Kindern öfters bewusst zelebrieren.

Strafen

*»Körperliche Strafen jeder Art sind out,
weil sie den Kreislauf der Gewalt verewigen.«*
Steven Pinker

Lange habe ich über den Sinn des Strafens nachgedacht. Ich habe mich umgehört bei Kindern und Jugendlichen, ich habe Erwachsene in Gespräche verwickelt (sie ließen sich verblüffend gern *verwickeln*), und ich schließe aus all dem nur eines: Strafen ist Un-Sinn. Diskussionen über Qualität, Quantität und Modalitäten von Strafen verhärten sich schnell und führen so gut wie immer ad absurdum. Wer will beweisen, dass ein paar Schläge niemandem schaden? Gibt es überhaupt solche Beweise?

Im Folgenden nenne ich sieben Gründe über den Un- beziehungsweise Wider-Sinn von Strafen.

Erstens: Strafen basieren a priori auf Ungleichheit und einem daraus resultierenden Machtverhältnis: groß-klein, stark-schwach, frei-abhängig. Alles signalisiert Ungleichheit. Strafe ist nicht umkehrbar, außer in versteckter Form (»Du kriegst deine Strafe zurück! Ich räche mich!«, beschwört das geschundene Kind.)

Zweitens: Strafen sind in den allermeisten Fällen unproportional und absurd. Es gibt keine Gerechtigkeit, kein rechtes Strafmaß, und deshalb fallen die meisten Strafen *über*proportional aus (viel Strafe für wenig *Schandtat*). Ein Beispiel: Der kleine Maximilian verspielt sich auf seinem Klavier, die Mutter schlägt ihm mit dem Notenheft auf den Kopf, dass es in Stücke zerreißt (zum Glück zerreißt das Heft und nicht der Kopf). Kinder sind ja nicht dumm! Sie spüren diese Absurdität. Natürlich können sie dies nicht zur Sprache bringen, doch sie haben ein Gefühl dafür, wie lächerlich es ist, wenn die Eltern wegen ein paar frecher Worte, wegen ein paar falscher Töne, ein bisschen Klauen oder wegen einer kleinen Lüge schwere Geschütze auffahren. Viele Kinder erinnern sich Wochen oder Monate danach gar nicht mehr an den Auslöser einer Bestrafung – anscheinend war er zu banal –, wohl aber an die Strafe selbst. Es gibt keine kausal-logische Verknüpfung von Vergehen und Strafe.

Drittens: Strafen sind in den allermeisten Fällen fantasielos. Nach Aussage eines Nachbarkindes ist die Lieblingsstrafe der Eltern (ja, das Kind gebrauchte genau dieses Wort) heutzutage das Handyverbot. Anscheinend fällt es den Müttern und Vätern als Erstes ein, wenn ihr Kind über die Stränge schlägt.

Viertens: Strafen sind kontraproduktiv, sie bewirken in den meisten Fällen das Gegenteil von dem, was Eltern und Erzieher langfristig bewirken wollen. Unsere Kinder sollen doch – so unser aller Wunsch – aus eigenem Antrieb ehrlich, sozial zugewandt und verantwortungsbewusst sein. Solche Kinder wünschen wir uns, allerdings bewirken Strafen und die damit verbundenen verinnerlichten Strafängste genau das Gegenteil. Das Kind wird äußerlich angepasst, es wird brav, ordentlich, sauber, aber nur, weil ihm dies von außen abverlangt wird. Sobald die kontrollierenden Augen der Erzieher außer Sicht sind, meint das Kind sein unsoziales Verhalten wieder ungehemmt ausleben zu können.

Fünftens: Der Strafende macht sich lächerlich. Wenn es nämlich zutrifft, dass die meisten Strafen disproportional und absurd sind, stellen Kinder auch stets eine Verbindung zu der strafenden Person her. Das ist alles andere als vorteilhaft für den strafenden Erwachsenen. Nicht selten wirkt er in den Augen des Kindes lächerlich.

Sechstens: Der Strafende beschämt sich selbst. Ein guter Freund, den ich befragte, ob und wie er seine inzwischen erwachsenen Kinder bestraft hat, reagiert beschämt. Er will nicht gern daran erinnert werden, wie er sich im Zorn zu Strafen hinreißen ließ, die er längst bereut. Einmal zum Beispiel (wir kennen alle diese Szenen aus Filmen, aber sie passieren auch im wirklichen Leben), einmal hatte er seine Kinder während einer Urlaubsreise mit dem Auto ausgesetzt. Zwar nur kurz, doch die Viertelstunde reichte für seine bis heute anhaltende Scham. Auch der Erwachsene muss in sich hineinschauen und fragen, warum ihm keine besseren, freundlicheren und intelligenteren Methoden einfielen, um seine Kinder zu erziehen.

Siebtens: Strafen tun dem Kind weh, sie kränken und beschämen es, und sie können es ernsthaft traumatisieren – ein Leben lang. Ein älterer Mann, mit dem ich während einer Zugfahrt sprach, erzählt von der dunklen Kiste im Keller, in die er als Kind häufig stundenlang eingesperrt worden war. Auch er weiß nicht mehr warum – vielleicht war es ein freches Wort, vielleicht war er zu zappelig, zu aufsässig in den Augen des Vaters. Jedenfalls ist er damals nicht wegen Luftmangels, sondern vor Wut fast erstickt. Diese Wut schlägt sich heute noch in seiner Stimme nieder, wenn er davon berichtet. Und dem jungen Mädchen, das mir anvertraut, dass ihre eigentlich doch so liebe Mutter ihm oft mit dem Kinderheim gedroht hat – »Wir geben dich ins Kinderheim!«–, bricht plötzlich die Stimme. Auffällig, wie sich die Straf- und Angsterlebnisse auf die Stimme niederschlagen, dieses menschliche Organ, das wie kaum ein anderes die seelische Gestimmtheit spiegelt.[379]

Dass die manifeste körperliche Züchtigung, das Schlagen aller Art, das An-den-Haaren- und An-den-Ohren-Reißen, inzwischen hierzulande per Gesetz verboten sind, ist als großer Fortschritt zu werten, und es lohnt, sich dies bisweilen in Erinnerung zu rufen.[380] Zu dramatisch und zu erbärmlich war die Prügelpädagogik ganzer Jahrhunderte in allen ihren grauenhaften Formen und mit ihrer Grundauffassung der Züchtigung aus Liebe.[381] Aber schädigen und traumatisieren können auch Worte und Strafen, die tief in die Personalität und Körperlichkeit des Kindes eingreifen, wie etwa Essensentzug oder -zwang, Sprechverbot oder Ausschluss des Kindes aus der Gemeinschaft. Solche Strafen kränken das Kind und zerstören das Ich in seinem Innersten. Auch ohne körperliche Übergriffe können Strafen verwunden.

Sieben Gründe müssen genug sein, den Widersinn der Strafen für Kinder zu begründen. Die Eltern brauchen sie nicht – und die Kinder schon gar nicht.

Struwwelpeter

»Seht einmal, da steht er,
pfui, der Struwwelpeter!
An den Händen beiden
ließ er sich nicht schneiden
seine Nägel fast ein Jahr;
kämmen ließ er nicht sein Haar.«
›Pfui‹, ruft da ein jeder,
›garstger Struwwelpeter!‹
Heinrich Hoffmann

Das wahrscheinlich bekannteste und doch gleichzeitig umstrittenste Kinderbuch in Deutschland ist der *Struwwelpeter*.[382] Selbst wenn er um die Mitte des 19. Jahrhunderts entstand und damit als historisches Kinderbuch gelten kann, gibt es auch heute kaum ein Kind, das ihn nicht kennt. Allerdings verbieten manche Eltern das Original. Sie wollen ihre Kinder nicht den grausamen Szenen von Schlagen, Verbrennen und In-die-Tinte-Tauchen aussetzen, und sie erlauben stattdessen die harmloseren, freilich leider langweiligeren Nachdichtungen.[383] Oder sie greifen gleich zum *Anti-Struwwelpeter*.[384]

Der *Struwwelpeter* war ein Volltreffer. Wie konnte es sein, dass ein ehrwürdiger Nervenarzt so unter der Hand einen Bestseller schrieb? Anfangs war ihm dieses Kinderbuch so peinlich, dass er es nicht einmal mit seinem Namen versehen mochte. Übrigens: Nicht das Kinderbuch war ihm peinlich, wohl aber die Tatsache, dass er als angesehener Frankfurter Arzt nebenbei solchen Spielereien wie dem Schreiben von Kinderbüchern nachging.

Nein, die Erfolgsgeschichte des Heinrich Hoffmann war ganz und gar kein Zufall. Erfahren im Umgang mit seinen Kranken, als feiner Beobachter der familiären Verstrickungen seiner Patienten, unter denen sich auch viele Kinder und Jugendliche befanden, hatte er einen sicheren Instinkt dafür, wie und vor allem *wo* man die Menschen besonders treffen konnte: Nägel, Hände, Daumen und selbst die Haare werden zum Ziel fürchterlicher Strafen.

Haare sind lebendig, beweglich, greifbar und für alle sichtbar. Und darüber hinaus stehen sie symbolisch für die Gestimmtheit und Persönlichkeit des Kindes. *Struwwelpeter* ist ein durch und durch eigensinniger Junge, der sich nichts aufzwingen lässt. Er steht einfach nur da, trotzig und traurig. Nein, er fühlt sich gar nicht wohl in seiner Haut. Niemand weiß genau, wer ihn auf das Podest gestellt hat, auf dem er seine langen Nägel und zotteligen Haare zur Schau stellt: »Pfui, ruft da ein jeder, garstiger Struwwelpeter!« Das Bild ist eine Warnung für alle Kinder, die sich nicht brav Haare und Nägel schneiden lassen wollen.

Die anderen Geschichten des Buches gehen weit schlimmer aus – obgleich dieses An-den-Pranger-gestellt-Sein schon schlimm genug ist. Die Geschichte vom Konrad, dem Daumenlutscher, beispielsweise endet blutig. Ihm werden zur Strafe für das ewige Lutschen kurzerhand beide Daumen abgeschnitten: »Weh, jetzt geht es klipp und klapp mit der Scher die Daumen ab.« Und das Paulinchen, das so gern zündelt, muss verbrennen.

Diese und die anderen Episoden aus dem *Struwwelpeter* stehen nicht nur für das, was ein Kind in der Mitte des 19. Jahrhunderts in Frankfurt bewegte. Überall im ganzen Land und weit über die Grenzen Deutschlands hinaus fühlten sich Kinder eingeschüchtert und bedroht, wenn sie die Ge- und Verbote der Eltern nicht befolgten. Man muss es ja nicht ganz so wörtlich nehmen, sicher wurden ihnen nicht die Daumen abgehackt. Aber die Drohung und die fantasierte Möglichkeit, dass da jemand im Auftrag der Eltern – ein Schneider, ein Arzt oder vielleicht doch sogar die Eltern selbst – zur Strafe einen Teil des eigenen Körpers verschwinden lassen könnte, wühlte ganze Generationen von Kindern innerlich auf.[385]

Ob diese allgegenwärtige Drohung im *Struwwelpeter* nun tatsächlich Kinder *traumatisieren*, also ernsthaft krank machen konnte oder ob nicht die Geschichten nur künstlerisch verdichteter Niederschlag einer die Kinder verstörenden und sogar krankmachenden Erziehungspraxis waren, darüber stritten sich die Geister von Anfang an. Ersteres hieße einem Kinderbuch eine übermächtige Wirksamkeit zuzusprechen, als könne ein kleines, gleichsam durch Zufall entstandenes Bändchen tausende und abertausende Kinder tatsächlich real schädigen.[386] Also können wir auf Letzteres schließen: Tatsächlich spiegelt der *Struwwelpeter* krasser als andere Bücher den Geist der damaligen rigiden deutschen Erziehungswirklichkeit wider, und er führt diesen Geist sogar ad absurdum: Wer will schon, wenn er so sehr um die Erziehung seiner Kinder bemüht ist, diese verbrannt, verstümmelt und verhungert sehen!

Jedes Kind konnte sich leichthin mit einer oder sogar mehreren Gestalten des *Struwwelpeter* identifizieren. Lutschte nicht jeder trotz aller Warnungen hin und wieder am Daumen? War nicht jeder einmal bitterböse zu Tieren oder zur kleinen Schwester? Zappelte nicht jeder bisweilen bei Tisch und verweigerte sein Essen? Und wenn das

Kind sich nicht identifizieren konnte oder wollte, so fühlte es sich zumindest betroffen und erschrocken.

Genau das war das Geheimnis des Doktor Hoffmann: Er schuf mit seinen Bildern und Geschichten Urbilder der Kindheit.[387] Er erreichte die Kinder in ihren Ängsten, in ihren von Angstlust getriebenen Sehnsüchten, in ihren Körperfantasien, in ihrer Faszination für Grenzerfahrungen und bei ihrem oft so widersprüchlichen Verhalten beim Essen. Und all dies nie in Bitterkeit, sondern durchwirkt von einem allgegenwärtigen zarten Humor in Sprache und Bildern. Kurz: Heinrich Hoffmann erreichte die Kinder mit Haut und Haaren. Struwwelpeter, Zappel-Philipp und Suppen-Kaspar gehören unzweifelhaft zum europäischen Kinder-Kulturerbe. Sie sind allgegenwärtig, und wir wollen sie nicht missen.

T

»Das Vielsinnige des Lesens:
die Buchstaben sind wie
Ameisen und haben ihren
eigenen geheimen Staat.«
Elias Canetti

Tanzen und sich drehen

*»Ja, wir drehen uns unentwegt. Ich kann nicht verstehen,
wie man sich nicht drehen kann.«*
Ein Derwisch-Tänzer aus Marokko

An einem Sonntagnachmittag im Mai in einer französischen Kleinstadt. Auf der Bühne des Stadtparks eine Zehnmannkapelle aus Mazedonien: dröhnende, mitreißende Fanfarenmusik. Hunderte Menschen um sie herum versammelt, doch nur ein *einziges*, etwa zwölfjähriges Mädchen mit Downsyndrom beginnt, zunächst zaghaft, dann aber völlig dem Rhythmus hingegeben, zu tanzen. Nicht wirklich zu tanzen. Es beginnt sich wie ein Kreisel zu drehen, immer schneller und schneller, scheint abzuheben um seine eigene Spirale – ein Wunder, dass die Füße das Kind zentrieren.

Warum, denke ich mir, warum tanzt dieses Kind so allein? Warum sind unser aller Körper, die großen und die kleinen, so verhärtet, dass sie nicht, wie der des Mädchens, unweigerlich in Schwingung geraten und zu tanzen beginnen? Was steht zwischen unserem Kopf, unserer guten Erziehung und unserer körperlichen Lust? Was hindert uns daran, uns zu drehen, zu tanzen?

Natürlich bewegen sich unsere Kinder. Sie gehen auf den Fußballplatz und ins Schwimmbad, sie üben fleißig Eislaufen und Ballett. Aber diese Sportarten sind eher darauf ausgerichtet – zumindest in unserer Kultur –, die Kinder ein Stück weit zu kontrollieren und zu bändigen. Art, Ausrichtung und Tempo der Bewegungsabläufe sind in hohem Maße vorgegeben. Abweichungen davon werden als Regelstörungen wegtrainiert. Der Sport folgt immer einer Ordnung.

Die Tanzlust des Mädchens, das sich dieser Kontrolle entzieht, ist etwas grundlegend anderes. Sie folgt keiner Ordnung. Sie kommt tief von innen her. Dieser Impuls, sich um die eigene Achse zu drehen, steckt ursprünglich in allen Kindern. Wäre er nicht blockiert, so würden wir ihn viel öfter, ja eigentlich überall entdecken, wo Kinder sich bewegen, in Kinderzimmern, auf Straßen und natürlich auf Schulhöfen. Zum Glück ist er nicht ausgestorben, der Impuls des Sich-Drehens: Unter jugendlichen Breakdancern hat er längst seinen Raum und eine neue Blüte gefunden.

Bruno Bettelheim beschreibt einmal ein Kind, das beim Gehen immer wieder seine Schritte unterbricht und sich um sich selbst dreht, so als müsse es sich seiner eigenen Achse versichern.[388] Eine besondere Variante davon findet sich in uralten Spielen von Kindern – auffälligerweise eher von Mädchen als von Jungen –, in der die Kinder sich so lange um sich selbst drehen, bis sie am Ende schwindelig umfallen und auf den Boden kippen. Kinder inszenieren dieses Spiel als eine Art Grenzerfahrung. Und die französische Ärztin Ginette Raimbault beobachtet eine solche Szene sogar bei todkranken Kindern. Eines der Mädchen spielt dieses Spiel sehr exzessiv, bis es zu Boden fällt, danach »erhebt es sich sehr rasch und sagt lachend: ›Du dachtest, ich sei tot, was?‹«[389]

Dass dieses Drehspiel um die eigene Achse wirklich zu einer Grenzerfahrung führen kann, erleben wir bei Tänzern vieler Kulturen, vor allem aber bei den religiösen Tänzen der Derwische.[390] Was sie aufgrund der extrem hohen Drehfrequenzen um die eigene Achse in die religiöse Ekstase treibt, entspricht genau dem, was die Kinder schwindelig werden lässt. Genauso ist es im Kettenkarussell. Genauso ist es, wenn Vater oder Mutter das Kind mit einem Arm und Bein halten und um die eigene Achse wirbeln. Ein Gefühl ganz außerhalb von Zeit und Raum. Eines von Fliegen und zugleich Getragensein – zentriert sein.

Noch einmal zurück zu dem tanzenden Mädchen. Andere, ähnlich geartete Szenen fallen mir ein: Wie oft begegnet man in Fußgängerzonen, vor Bahnhöfen oder in Parks Musikergruppen, die uns zwingen, stehen zu bleiben und zu lauschen. Immer sind es kleine Kinder, die sich lösen, die zu trippeln und selbstvergessen zu tanzen beginnen. Ältere Kinder lassen sich nicht mehr mitreißen, ihnen ist das Ganze eher peinlich, und sie reagieren häufig wie strenge Erzieher, wenn sie die kleinen Tänzer mit kritischen Blicken fixieren. Eigentlich wollten sie sich vielleicht selbst dem Rhythmus hingeben, eigentlich wollten sie vielleicht selbst gern bis zum Umfallen tanzen. Aber irgendeine unsichtbare Hand – welche nur? – hält sie davon ab.

Anscheinend verunsichert der wilde und unkontrollierte Tanz die Menschen. In der Vergangenheit waren sie sogar davon überzeugt, dass zu viel Tanzen verrückt mache. So wurde im Mittelalter die Tanzwut wie eine ansteckende Krankheit verfolgt, und sie war angeblich auch kurierbar – durch »Schläge und kaltes Wasser«[391] –, wie Paracelsus damals vorschlug. Heute sorgt, zumindest in unserer Kultur, eine strukturell auf Haltung und innere Disziplin ausgerichtete Erziehung dafür, dass diese vermeintliche Krankheit gar nicht erst aufkommen kann.

Wenn es da nicht den Engländer Royston Maldoom gäbe, der so viele Kinder und Jugendliche wieder zum Tanzen – und damit zu sich selbst – zurückgeführt hat. Maldoom, der seine Erfahrungen mit den Kindern in seiner Autobiografie *Tanz um dein Leben*[392] niedergeschrieben hat, erinnert daran, dass der Tanz, aus den konventionellen Zwängen der Ballettsäle befreit, den Kindern eine ungeahnte Kraft geben kann: Er verleiht ihrer Seele Selbstvertrauen und Flügel und ihrem Körper Rhythmus. Sie dürfen stampfen, springen, hüpfen, am Boden rollen, kreiseln und sich um ihre eigene Achse drehen. Sie tun dies individuell und gleichzeitig verschmelzen sie im Tanz mit den anderen.[393]

Und sie entscheiden am Ende selbst, welches ihr *eigener* Rhythmus ist, in dem sie gut in Gemeinschaft mit anderen wachsen können.

Teddybär

»Es ist ulkig, es gibt Sachen, die werden einem so wichtig wie Menschen. Ich habe das mit einem Teddybär erlebt, als ich klein war. Patoche hieß er. Er war furchtbar hässlich, mit einem angenähten Auge, und ganz abgeschabt. Aber er war mein Teddy. Ich hätte nicht ohne ihn schlafen können, das wäre so gewesen, wie wenn ein Bruder gestorben wäre.«
Marie-Sabine Roger

Dieses Kapitel widme ich dem Teddy von Julius Ebbinghaus. Wer ist Ebbinghaus, und was hat es mit diesem Teddy auf sich, werden Sie vielleicht fragen. Teddys liebt man wegen ihrer Geschichte, die man mit ihnen teilt. Und die Geschichte, die ich hier erzähle, ist zwar eine sehr persönliche, doch gleichzeitig auch überpersönliche, auf jeden Fall aber eine besondere.

Ebbinghaus' Teddy (nicht einmal einen eigenen Namen hat er) war lebenslang im Besitz von Julius Ebbinghaus, Professor für Philosophie an der Philipps-Universität Marburg. Über Jahrzehnte hinweg gab es kaum einen Marburger Studenten, der den Philosophen nicht kannte, sei es vom Hörensagen oder durch den Besuch der Kant-Vorlesungen, die über lange Zeit hinweg Pflichtübung für alle angehenden Lehrer war.[394]

Als Julius Ebbinghaus 1981 im Alter von 96 Jahren starb, übergab seine Witwe dem Kindheitsmuseum[395] neben anderen kostbaren Erinnerungsstücken auch den Teddy ihres Mannes, den er, so ihre Worte, »seit immer« unter seinem Kopfkissen bewahrt hatte. »Seit immer« übersetze ich mit »seit seiner Kindheit«. Dieser Teddy glich seinem Besitzer wie manche Hunde ihrem Herrn. Der Teddy war spirrlig und abgeschabt und sah ein bisschen intellektuell aus. Wir gaben ihm einen würdigen Platz im Museum, wo er jahrelang unauffällig zwischen einer Schar anderer Teddys zubrachte (womöglich philosophierend, wie er es sein Leben lang getan hatte).

Dann allerdings erwachte er zum Leben, und das kam so: Eines Tages kam eine Schulklasse in das Museum, die mir der Lehrer bereits im Vorfeld als *Problemklasse* angekündigt hatte, was immer das auch bedeutete. Als die Schüler das Haus betraten, spürte man sofort, dass sie eigentlich lieber zu McDonald's als ins Museum gehen wollten, und sie zeigten dies im Übrigen sehr direkt (Kaugummi kauend und mit Kopfhörern auf dem Kopf).

Der Teddy von Ebbinghaus war der Retter. Ich erzählte ganz einfach seine Geschichte. Ich erzählte, wie er zu uns gelangt war – beziehungsweise von seinem Vorleben unter dem Kopfkissen eines alten Mannes, der sicherlich auch im Schlaf noch von Kant brabbelte. Und ich erzählte der Schulklasse, dass es Menschen gibt – so wie Julius Ebbinghaus –, die erstens klug im Kopf sind (denn klug muss man schon sein, um Kant zu verstehen), die zweitens politisch mutig und integer sind (Ebbinghaus hatte zwar in der Zeit des Nationalsozialismus gelehrt, aber die Amerikaner hielten ihn 1945 für würdig, als erster Rektor nach der Befreiung eingesetzt zu werden) und die drittens ein so weiches Herz haben, dass sie nicht ohne ihre Teddys unter dem Kopfkissen schlafen können. Diese drei Dinge zu vereinen ist für manche Menschen kein Widerspruch – wie man am Beispiel dieses Mannes erleben kann.

Nie werde ich die Reaktion dieser Schulklasse vergessen, den heftigen Stimmungsumschwung. Die Jugendlichen begannen sofort ohne Scheu von ihren eigenen Stofftieren und anderen hoch besetzten Lieblingsdingen zu erzählen. Sie offenbarten vor mir und vor den Mitschülern, wie und weshalb sie ihre Teddys und Affen und andere Kuscheltiere (genau wie Ebbinghaus) vor den anderen versteckten und welche Bindung sie zu ihnen hatten.

Seit diesem Tag fiel Licht auf den kleinen abgeschabten Teddy. Er war auf einmal eine wichtige Persönlichkeit im Marburger Kindheitsmuseum. Zeitungsartikel und Internetbeiträge erschienen über ihn. Manchmal klingelte es bei uns, fremde Besucher wollten das Haus sehen, in dem der große Philosoph gewohnt hatte. Nein, mussten wir abwinken, nicht ER, nicht Ebbinghaus, aber sein Teddy.

Jeder wirkliche Teddybär hat seine eigene Geschichte, und jedes Kind hat seine tiefe Bindung zu Bären und anderen kuscheligen Tieren, die es über die Jahre der Kindheit begleiten.[396] Keine Tierart, die nicht darunter wäre, kein Tier, das es nicht auch als Kuscheltier gäbe. Und dennoch: Der Bär hat unter der Riesenschar der Kuscheltiere eine Sonderstellung. Und es ist kein Zufall, dass er sich als eigene Spezies – eben als Teddybär – in den Kinderstuben durchsetzte.

Tiere

»Warum isst man sein Liebstes auf?«
Joscha, zehn Jahre

Einmal zeigten wir im Marburger Kindheitsmuseum[397] eine Ausstellung über Tiere. Wir nannten sie *Zeichne mir ein Schaf. Ich brauche ein Schaf.* Manche Besucher wunderten sich. Dabei hatten wir uns den Titel nicht ausgedacht, sondern lediglich die Worte aus dem Buch *Der kleine Prinz* von Saint-Exupéry für uns geliehen.[398] Mir waren diese Worte wichtig. Der Satz »Ich brauche ein Schaf« drückt eine Notwendigkeit aus. So wie das Kind Nahrung braucht oder Kleidung und Schutz. Kaum ein Kind, das nicht in enger seelischer Verbindung zum Tier steht, das nicht eine ganz persönliche Geschichte mit einem Tier verbindet. Ich fragte russische und ukrainische Kinder, was sie an ihrer Heimat am meisten vermissen. Kein Ding wird genannt, auch nicht die Oma, nicht der Onkel und nicht das Haus – stattdessen aber der Hund. Den Hund zu verlassen war am schlimmsten beim Fortgehen aus der Heimat.

Unsere Ausstellung *Zeichne mir ein Schaf* war unter allen Ausstellungen, die wir in dreißig Jahren im Kindheitsmuseum zeigten, die lebendigste. Wiederholt habe ich die Besucherkinder gefragt: »Was ist, wenn ihr überhaupt kein Tier hättet? Kein echtes, kein Stofftier, kein gemaltes Tier (so wie das Schaf des kleinen Prinzen) – was dann?« Und wunderbarerweise kam immer dieselbe spontane Antwort: »Wir bilden uns ein Tier ein. Ein Traumtier. Ein Schutztier.« Doch ein Tier muss da sein – in welcher Form auch immer.

Selten habe ich tiefergehende Gespräche mit Kindern im Museum erlebt als in jenem Sommer während der Ausstellung. Tiere werden geliebt, aber sie werden auch gequält, gefoltert, geschlachtet und gegessen. »Warum«, fragten die Kinder, »warum isst man sein Liebstes auf?«; »Warum ernannten die Menschen ihre Tiere zu Göttern?« Ein zehnjähriger Junge fand selbst die Antwort: »Die Menschen wussten, dass die Tiere so wichtig zum Überleben waren. Und um die Tiere gut zu stimmen, machten sie sie zu Göttern.« Fragen über Fragen, die diese Kinder – und die *alle* Kinder – im Innersten beunruhigen.

Kinder sind Tieren so nahe, dass es wohl keinen besseren Weg gibt, ihre Seele zu erreichen.[399] Die Erwachsenen nähern sich dem Kind oft allzu direkt. Sie fassen es an, sie schauen es an, sie sprechen es an und brechen häufig ungefragt in seine empfindsame Welt ein. (»Steh auf!«; »Iss deine Nudeln!«; »Geh ins Bett!«). Das Tier hingegen ist nie übergriffig, es mahnt und drängelt nicht. Es wahrt eine heilsame Distanz. Und selbst wenn es sich dem Kind nähert, wie etwa der Hund oder die leise Katze, dann drängt es sich doch niemals auf. Stattdessen lockt das Kind das Tier zu sich, um mit ihm seine Stimmung auszuleben. Das Tier kommt, wenn es das Kind so braucht, und es schmust, wenn es das Kind so will. Alle menschlichen Wesen haben »eine tiefe Sehnsucht nach der Bindung zur Natur«.[400]

Neben der Körperlichkeit des kuscheligen Tieres ist es vor allem die völlige Abwesenheit von moralischen Urteilen, was die Tiere so liebenswert für Kinder (wie ja ebenso für die meisten Erwachsenen) macht. Tiere fordern außer Betreuung und Fütterung nichts, und sie urteilen nicht. Sie passen sich dem Verlangen des Kindes an, ja, sie werden zum Spiegel der kindlichen Seele. Goldfische können lachen.

Katzen können traurig sein und Hunde zornig. Das Kind findet seinen Widerhall und fühlt sich dadurch weniger allein.

Weniger allein. Ein wichtiges Stichwort in diesem Zusammenhang. Ein Großteil der Kinder in unserer westlichen Kultur hat keine Geschwister, mit denen sie ein Zimmer sowie Geheimnisse und alltägliche Abenteuer teilen können.[401] Das Tier, sei es Hund, Vogel oder Ratte, wird deshalb oftmals zum Geschwisterersatz, zum Bruder, zur Schwester. Alle negativen Seiten des Geschwisterdaseins (Zank und Streit, Neid und Petzen) bleiben dem Kind mit seinem Tier erspart, so dass dieser Geschwisterersatz vor allem Vergnügen mit sich bringt. Tiere sind wirklich – viel mehr als wir ahnen, viel mehr als wir wahrhaben möchten – Menschenersatz. Eine Mutter eröffnet ihrem Sohn, dass der Vater die Familie verlassen habe und ausgezogen sei. Die Antwort des Jungen: »Dann kann ich jetzt ja einen Hund haben.«[402]

Aber das Tier ist dem Kind nicht nur Geschwister-, Vater- oder Mutterersatz. In seiner animistischen Weltsicht erhöht das Kind die Tiere gern und schreibt ihnen übermenschliche, erlösende Fähigkeiten zu. Mein Sohn Samuel trug während des ersten Schuljahres über Monate hinweg seinen kleinen schwarzen Stofftiger im Schulranzen bei sich, stets gut versteckt vor den neugierigen Blicken der Mitschüler und des Lehrers, aber auch aus Angst, der Tiger könne irgendwie verschwinden. Kein Schultag ohne seinen Tiger. Wir kennen die Schutz- und Erlösertiere aus vielen Geschichten und Märchen: Das Pferd Mirames führt Mio zu seinem Vater, dem König (in Astrid Lindgrens *Mio, mein Mio*). Die Gänse tragen Nils Holgersson sicher auf ihrem Rücken. Die Taube (im Märchen *Aschenputtel*) kommt auf das Grab der Mutter geflogen und bringt in ihrem Schnabel das geschmückte Ballkleid. Und schließlich retten die Bienen und Ameisen den Dummling aus allen Gefahren (im Märchen *Die Bienenkönigin*).

Geschwisterlichkeit, Faszination und Überhöhung, das ist die eine Seite der Tiernähe des Kindes, daneben allerdings existiert gleichermaßen der Gegenpol: die Angst vor dem Tier. Tief in seinem Innern trägt das Kind bewusst-unbewusst jene uralten Erfahrungen der Menschheit in sich, dass Tiere nicht nur anhänglich und freundlich, sondern auch aggressiv sein können. Und manchmal sogar beides zugleich. Auch die heutigen Kinder tragen eine Ahnung in sich, dass sie von wilden Tieren verschlungen werden, von einem Raubvogel gepackt und davongetragen werden könnten. So kreisen viele Kinderträume – gleichsam als Erbe unserer Vorväter – um Tiere, vor allem um solche, die fortschleppen, verschlingen, die beißen und reißen.

Was die Tiere angeht, so sind die Volksmärchen ein unerschöpflicher Fundus. Kein Aspekt der tierischen Existenz, der ausgespart wäre. Hinzu kommt, dass in ihnen die Trennung zwischen Tier und Mensch aufgehoben wird. Die Möglichkeit, dass ein Kind in ein Reh, einen Raben oder Vogel verwandelt wird, ist allgegenwärtig und überhaupt nicht erstaunlich. Denn mit dieser Vorstellung lebt das Kind ja selbst. Nicht nur, dass es sich gern als Tier gebärdet, sich als solches verkleidet und sich mit Tieren umgibt, sondern es lebt ganz real mit der Vorstellung, dass es schon bald oder in einem anderen Leben ein Tier sein wird: »Mama, wenn ich noch einmal geboren werde, möchte ich ein Wolf sein«, sagte meine damals neunjährige Tochter Rebekkah.

Auch wir Erwachsenen sind vertraut mit der Möglichkeit der Metamorphose: Allerdings lassen wir solche Gedanken, beziehungsweise Ängste, lieber beiseite. Das Tierische soll lieber außen vor bleiben. Nicht in mir! Schwangere Frauen, die dem Unbewussten besonders nahe sind, träumen häufig davon, ein Kind in halb Tier-, halb Menschengestalt zu gebären. Wenn sie morgens aufwachen und sich vielleicht über diese Träume erschrecken, vergessen sie womöglich, dass sie damit nicht allein sind. Märchen sind die Träume der Völker. Und in den Märchen ist das Motiv des halb Tier, halb Mensch gang und gäbe. »Ich will ein Kind. Und wäre es auch ein Igel!«, sagt die Mutter im Märchen *Hans, mein Igel*.

Aber nicht nur das Märchen, die Wirklichkeit selbst schafft immer wieder Situationen von unglaublicher Nähe zwischen Mensch und Tier, so dass die Verwandlung des einen in das andere selbstverständlich ist. Schauen wir auf die Bärenkulte, wo Menschenmütter Tierbabys säugen und liebevoll bemuttern. Denken wir umgekehrt an die Wolfskinder, die von Tiermüttern gesäugt, geschützt und großgezogen werden. Für das Kind sind diese Nähe und Austauschbarkeit selbstverständlich, es kennt keine Tabuschranken zwischen sich und dem Tier. Die Tabus, die künstlich errichteten Barrieren (Ekel und Abscheu), werden anerzogen, so dass die Menschen verschiedener Kulturen unterschiedlich auf Tiere reagieren. Eine auf Hygiene ausgerichtete Gesellschaft wird kleine Insekten, Ameisen, Motten, Fliegen, Frösche, Schnecken, Ratten und Spinnen ausmerzen und entsprechend hysterisch auf sie reagieren. In anderen Kulturen wird man diese Lebewesen weniger verfolgen, vielleicht werden sie gebraten und verspeist, aber sie werden mit wesentlich mehr Gelassenheit behandelt.[403]

Bisweilen warnen Biologen oder engagierte Tierschützer davor, Tiere zu sehr zu anthropomorphisieren.[404] Bei Kindern können wir das getrost vergessen. Sie haben das Recht, hemmungslos zu vermenschlichen. Tiere – Pferde, Hunde, Katzen und Vögel und all die anderen – verstehen das Kind. Und je weniger die Erwachsenen Zeit haben zum Gespräch mit Kindern, zum geduldigen Zuhören auch, desto mehr müssen die Tiere diese Rolle einnehmen.

Tod

»Was macht mein Kind? Was macht mein Reh?
Nun komm ich noch zweimal und dann nimmermehr.«
Brüder Grimm

Ein paar Wochen nach meiner Geburt ist mein Vater *gefallen*. Irgendwo in der Wüste von Afrika. Er sollte mich eigentlich noch begrüßen, hatte die Reise auch schon geplant, doch er ging auf eine andere Reise. Tausende, ja abertausende Kinder machten wie ich damals, machen bis heute ihre Erfahrungen mit dem Tod. Bewusst oder unbewusst. Der Umgang der Erwachsenen mit Sterblichkeit und Tod liegt häufig unter Schleiern. Auf der einen Seite verhüllen und schieben sie den Tod beiseite, vor allem weit weg vom Kind.[405] Auf der anderen Seite verklären sie ihm gegenüber den Tod mit blumigen Umschreibungen: »Sie sind nur ausgegangen«; »Er ist eingeschlafen« oder »ins Paradies gegangen«. Zu dieser letzten Art überhöhter Verklärung gehört auch jenes »Er ist gefallen«. Dieser Satz lässt das Kind – wie so viele Aussagen der Großen – im Leeren. Der Satz ist hinterhältig und doppeldeutig, voller Widersprüche. Brachte man dem Kind nicht all die Jahre bei, dass man, wenn man hinfällt, gleich wieder aufstehen muss? Was ist das für ein Mann, der fällt und nicht wieder aufstehen kann? So hat das kleine Mädchen, das ich selber war, den Erwachsenen auch nie wirklich glauben können. Eines Tages, das stand schon früh fest, würde es selbst auf die Suche gehen und den Vater in Afrika suchen, dort, wo er (hin)gefallen war. Sicher lebte er nicht wie Pippi Langstrumpfs Vater auf einer Insel, und er musste auch kein König sein, aber womöglich hatte er dort irgendwo eine neue Familie. Die Frage, ob und wie er noch mit seiner vorherigen Familie (mich eingeschlossen) verbunden war, bewegte mich meine ganze Kindheit.[406]

Kinder haben Vorstellungen vom Tod, die sich strukturell von denen der Erwachsenen unterscheiden. Sie wissen, und gleichzeitig wissen sie nicht. Sie wissen um das *Große* des Todes[407], das erspüren sie feinsinnig an den Signalen, die die Erwachsenen aussenden, wenn jemand im Sterben liegt oder wenn vom Tod gesprochen wird.[408] Und sie wehren sich gegen das Ungeheure, das sich hinter dem Tod verbirgt. Ein neunjähriger Junge sagt: »Ich will nicht jung sterben. Darum muss ich ganz viel essen. Ich esse jetzt immer ganz viel.«

Die Überzeugung, dass man dem Tod entgehen könne, lebt ja nicht nur in den Kindern.[409] Weiterleben, Auferstehen, Wiedergeborenwerden ist der Kern vieler Weltreligionen. Sigmund Freud erinnert daran, dass wir im tiefsten Inneren dazu neigen, unsere eigene

Sterblichkeit zu leugnen – auch dann, wenn wir rational alles über den Tod zu wissen glauben. Er schreibt: »Wenn man uns anhörte, so waren wir natürlich bereit zu vertreten, dass der Tod der notwendige Ausgang alles Lebens sei (...) kurz, dass der Tod natürlich sei, unleugbar und unvermeidlich. In Wirklichkeit pflegten wir uns aber zu benehmen, als ob es anders wäre. Wir haben die unverkennbare Tendenz gezeigt, den Tod beiseite zu schieben, ihn aus dem Leben zu eliminieren. Wir haben versucht, ihn totzuschweigen (...) So konnte in der psychoanalytischen Schule der Ausspruch gewagt werden: Im Grunde glaube niemand an seinen eigenen Tod oder, was dasselbe ist: Im Unbewussten ist jeder von uns von seiner Unsterblichkeit überzeugt.«[410]

Kinder haben Angst vor dem Tod. Und doch wissen Kinder über Jahre hinweg nicht, was der Tod in letzter Konsequenz bedeutet. Weder für sich selbst noch für die anderen. Sie haben keine Vorstellung von der Endgültigkeit des Todes, vom Ende der Lebenszeit. Für sie ist alles in Bewegung, alles verwandelt sich fortwährend, von groß zu klein, von hell zu dunkel, von fröhlich zu traurig, von Wahrheit zur Lüge. Deshalb ist es nur logisch, dass das Tote nicht definitiv tot ist, sondern dass sich für das Kind Geheimnisse dahinter verbergen, welche die Erwachsenen nur nicht zu ahnen scheinen. Und so sucht es nach Bildern, die es auch in Fülle vorfindet: Tote werden zu Blumen, zu Schmetterlingen und zu Engeln. Auf Verwandlung, auf Metamorphosen versteht sich das Kind gut. Lebendige werden tot, und Tote werden lebendig. Alles ist im Werden.

Träume

*»Träum, Kindlein, träum, im Garten stehn zwei Bäum'.
Der eine, der trägt Rosen, der andere Aprikosen.«*
Christian Morgenstern

Der größte Traumdeuter aller Zeiten heißt in Wirklichkeit gar nicht Sigmund Freud. Er heißt Joseph. Mit seinem außergewöhnlichen Rock und seinen nicht minder schillernden Träumen taucht Joseph erstmals im Alten Testament auf. Aber in seinem Leben und in seinen Träumen steckt so viel Poesie, dass ihm Thomas Mann später mit seinem Roman *Joseph und seine Brüder* ein eindrucksvolles Denkmal gesetzt hat. Das Faszinierende an dieser Bibelgestalt ist, dass sie den zarten, träumerischen Jüngling ebenso beinhaltet wie den scharfen Analytiker, der es als Traumdeuter bis an den Hof des Pharaos brachte.

Ähnlich wie Joseph, der schon als Kind intensiv träumte und diese Träume sogleich weitererzählte, ergeht es vielen Kindern. Vor ein paar Tagen besuchte mich ein Nachbarskind. Es hatte nachts geträumt, dass mein Haus verschwunden und in einen Parkplatz verwandelt worden sei. Das Mädchen wollte lediglich prüfen, ob es recht hatte oder ob es »doch nur ein Traum war«. Wie das verschwundene Haus sind viele Kinderträume von einfacher Struktur. Stärker als der Inhalt selbst wirken Bilder und Farben. Und ganz besonders intensiv stellen sich körperliche Zustände im Traum dar, wie etwa Fallen, Schweben, Laufen oder die Ohnmacht, sich nicht von der Stelle bewegen zu können. Auch die Emotionen sind eindeutig: Freude, Verblüffung, Angst und Entsetzen. Im Traum gibt es keine Ambivalenz.

Die meisten Kinder haben den Drang, von ihren Träumen zu erzählen. Und wenn sie dies tun, dann schmücken sie sie aus, erdichten neue Details und liefern eine Art Textinterpretation mit. Bisweilen fallen ihnen während des Sprechens noch Teile des Traumes ein, die sie beim Aufwachen schon vergessen hatten. Die Lust am Fabulieren hat mit Geschwätzigkeit nichts zu tun. Das Kind will über die Traumbotschaft mit seiner Umgebung kommunizieren und stellt diese ganz unauffällig auf die Probe. Wie reagieren Mutter oder Vater? Verstehen sie, was mich bewegt oder tun sie es bloß ab? Wenn sich Eltern jedoch in ein Gespräch mit ihren Kindern über deren Träume einlassen wollen, sollten sie behutsam sein. Kinderpsychologen warnen zu Recht davor, Kindern Erklärungen oder gar Interpretationen ihrer Träume zu liefern. Dies birgt die Gefahr, dass die Erwachsenen zu sehr in die Imagination des Kindes eingreifen und es mit ihren Deutungen verwirren. Viel sinnvoller ist es hingegen, die Kinder ihre Träume malen zu lassen – Malen als Brücke zum Unbewussten.

Träume sind intim, sie geben unendlich viel preis von einem Individuum. Deshalb braucht das Kind auch einen respektvollen Umgang mit seinen nächtlichen Traumreisen. All die Geister, Raben und Wölfe gehören ja nur ihm, und auch wenn sie unheimlich sind, sind es doch seine genuin eigenen Abenteuer und Ängste. Gerade weil es ahnt, dass seine Träume aus einer anderen Welt kommen, will es sie schützen vor dem Zugriff der Erwachsenen.

Wenn Kinder schon im Alltag unfassbar fantasievoll sind, so geht es im Reich der Träume erst recht hoch her. In den Träumen fügt sich alles zu einer eigenen Wirklichkeit, die im Alltagsleben von Elternhaus, Kindergarten und Schule keinen Raum hat. Irrationale Wünsche und Sehnsüchte (»Ich wachte auf und da war ich ein Pferd«) treffen sich mit dem größten Entsetzen (»Ich wurde ausgesetzt. Lag draußen in der Nacht«).[411] Im Traum ist alles möglich, es ist ein magisches Reich ohne Grenzen und Gesetze.

Sigmund Freud (Sie wissen schon, der zweite Mann nach Joseph) gilt als der Wegweiser der modernen Traumdeutung. Er weist darauf hin, dass der Traum meistens durch ein Tagerlebnis, den sogenannten Tagesrest, ausgelöst wird. Dazu aber greift der Träumende immer auch eine Botschaft aus dem Unbewussten auf, eine Botschaft, die dem Tagesbewusstsein nicht zugänglich ist. Im Traum versagt der strenge Zensor des Tages, der darüber richtet, was gut und böse, was erlaubt und was verboten ist. Der Traum ist frei von jeder Moral, ebenso a-moralisch wie das noch nicht erzogene Kind selbst.

Der Schweizer Tiefenpsychologe Carl Gustav Jung argumentiert nochmals in eine andere Richtung. Er fasst die menschliche Seele weiter auf als Freud. Im Schlaf und vornehmlich im Traumzustand öffnet sich seiner Theorie nach die Seele für Grenz- und Urerfahrungen der Menschen, für die sogenannten archetypischen Wahrnehmungen, welche im Wachbewusstsein versunken scheinen. Und das Kind, noch sensibel und empfänglich, kann diese Botschaften besonders leicht empfangen: »Die Seele ist Durchgangspunkt, daher notwendigerweise nach zwei Seiten bestimmt. Sie gibt einerseits ein Bild vom Niederschlag alles Vergangenen, und in diesem andererseits ein Bild der keimenden Erkenntnis alles Kommenden, insofern die Seele selber die Zukunft schafft.«[412]

Der folgende Traum eines fünfjährigen Jungen ist ein gutes Beispiel für einen kindlichen, archetypischen Traum. »Ich habe geträumt, ich bin ein Mädchen, fünf Jahre, das ganz krank ist, ganz grün vor Krankheit. Es schlüpft in deinen Bauch und kommt wieder ganz kerngesund heraus.« Der kleine Junge verändert sein Geschlecht, wird zum androgynen Wesen und durchlebt eine tödliche Bedrohung. Die Farbe Grün, die normalerweise für Natur und Hoffnung steht, symbolisiert im Unbewussten auch den Gegenpol, Krankheit und Tod (giftgrün). Wie durch ein Wunder wird das Kind im Traum von seinem Leiden erlöst: Es verkehrt die Zeit und kehrt zurück in den Mutterleib, um hernach als Junge (!) neu geboren zu werden. Das Traumgeschehen ähnelt Märchenmotiven (*Rotkäppchen, Der Wolf und die sieben Geißlein*). Hier wie dort vollzieht sich die *Individuation*, die Menschwerdung, die ein zentrales Thema in vielen Kinderträumen darstellt. Das Wachsen und Reifen ist niemals ein linearer Prozess, sondern häufig durch Krisen, Trennung und Todesnähe geprägt. Und wenn das Kind am Ende diese Widerstände überwindet, geht es daraus gestärkt, und, ja genau, wie neugeboren hervor.

U

»*Armer Gutenberg. Er glaubte, bewegliche Buchstaben würden die Literatur retten. Heute werden Gedanken vervielfältigt wie Wassertropfen vom Wasserfall.*«

Sándor Márai

Ungeborene Kinder

»Wir umarmen nicht nur die Abwesenden, sondern auch die, die gewesen sind, und die, die noch nicht sind.«
Michel de Montaigne

Meine Nachbarin heißt Marie-Claire. An einem Dienstagmorgen erzählt sie mir en passant, mit der Zigarette in der Hand, dass sie eine Zwillingsschwester hat. Und als sie sich am Waschbecken in meiner Küche die Hände wäscht, die Zigarette ist noch nicht ausgeraucht, ruft sie mir zu: »Madame, ich hätte eigentlich auch noch drei Kinder.« Da steht sie, lässt das Wasser über die Hände laufen und weint. Drei Kinder. Sie nennt die Monate, in denen sie zur Welt gekommen wären, oder erwähnte sie doch die Zeugungszeit? Alles verwischt sich unter ihren Tränen. Zwei Jungen – das dritte ungewiss.

Unendlich viele Frauen leben mit dem Schatten ihrer ungeborenen Kinder. Meistens verhalten sie sich wie Marie-Claire. Sie leben ihr Leben, sie tun ihr Tagwerk und spalten ab: Die Ungeborenen sind normalerweise kein Thema für die Lebenden. Nur manchmal, ganz unverhofft und dort, wo man es am wenigsten erwartet (in der Küche der Nachbarin), bricht *es* heraus, drängt sich schmerzlich ins Bewusstsein, als lebte es unter uns.

Es, das ist das Kind, welches die Mutter durch Fehlgeburt verloren hat, wobei sie sich diesem Geschehen meist passiv ausgeliefert fühlte. Da war kein eigenes Zutun. Es, das ist auch das Kind, das abgetrieben wurde, weil die Mutter glaubte, dass es nicht geboren werden dürfe oder könne – hier war die Mutter selbst aktiv, hier verlangte es eigenes Zutun.

Viele Frauen, auch viele Mütter von Kindern, erleiden Fehlgeburten, eine, zwei oder mehrere. Niemand versteht das Geheimnis dieser Vorgänge, aber häufig ist eine tiefe Weisheit der Natur am Werk: Der mütterliche Körper spürt sehr deutlich, dass der Embryo sich aus irgendeinem Grunde nicht gut entwickeln kann, dass er vielleicht krank ist. Er spürt diese Schwächung und lässt ihn absterben. Von Anfang an, von der Nidation des Eis in der Gebärmutter an, findet eine Art Aushandeln, eine *Zwiesprache von Mutter und Kind* statt.[413] Beide, der sich einnistende Embryo und die aufnehmende Gebärmutter (und das heißt die Mutter selbst), müssen bereit sein für diesen Dialog: »Wachse, mein Kind, wachse!«, ist die ständige Botschaft der Mutter an das Ungeborene. Und dieses hört die Stimme – und wächst.

Aber die Stimme der Mutter ist nicht immer gleich. Gerade in den ersten Wochen der Schwangerschaft schwankt sie oft extrem zwischen Ja und Nein, zwischen Begeisterung und Schrecken, kurz: Die Stimme ist ambivalent: »Will ich das Kind haben – oder will ich nicht lieber meine Freiheit genießen?«; »Kann ich das Kind haben und halten – oder bin ich nicht viel zu schwach, zu jung, zu unerfahren – oder womöglich schon zu alt?« Und schließlich: »Darf ich das Kind für mich annehmen?«; »Oder muss ich nicht noch meine Prüfung machen und dies und jenes Dringende erledigen?«

»Kind: unsere Logik steckt voller Widersprüche«, schreibt die italienische Journalistin und Schriftstellerin Oriana Fallaci. »Kaum hast du etwas behauptet, erkennst du auch schon das Gegenteil. Und merkst vielleicht, dass dieses Gegenteil ebenso gültig ist wie deine Behauptung.«[414]

Die ersten Tage und Wochen der Schwangerschaft sind meistens ein Wechselbad der Gefühle. Die schwangere Frau muss nicht nur den Innenraum ihres Körpers einstellen auf die neue Zweieinheit, sie muss zudem gleichzeitig das Äußere neu ordnen: die Beziehung zum Vater des Kindes, zur Familie, zur Arbeits- oder Ausbildungsstelle. Alles muss neu organisiert werden, alles verschiebt sich, und manches gerät ins Wanken.

Unter dem Einfluss dieser Ambivalenzen sendet der mütterliche Leib dem Ungeborenen unterschiedliche Signale. Neben dem »Wachse, wachse!« ruft er gleichzeitig: »Bleib mir vom Leibe! Verschlinge mich nicht!« bis hin zum »Verzieh dich!« Wenn die Ambivalenzen der Mutter für den Körper, für die empfindsame Gebärmutter, gänzlich unerträglich werden, kann und will er sich nicht wehren. Wie soll die Gebärmutter schützen, wenn sie selbst schutzlos ist? Aus dieser Schwächung heraus entscheidet sich der mütterliche Körper dafür, das Kind nicht zu tragen und nicht auszutragen – es kommt zur Fehlgeburt. Wenn die Blutungen verheilt sind, müssen die Mutter – und auch der Vater – mit ihrem Schmerz weiterleben.

Nicht alle, jedoch die meisten der Vorgänge, von denen hier die Rede ist, spielen sich *unbewusst* ab. Auch wenn man diese Zusammenhänge so akzeptiert, geht es niemals um Schuld und vorsätzliches Handeln. Die allerwenigsten Frauen wünschen sich eine Fehlgeburt, und dennoch kommen diese so überaus häufig vor, dass man die unbewussten Anteile einfach mitdenken muss. Es gibt kein körperliches Geschehen ohne intimes Zusammenspiel mit dem Seelischen. Und intim ist das vorgeburtliche Leben wahrhaftig.

Auch die abgetriebenen Kinder sind unsere Ungeborenen. So paradox es scheint: Die allermeisten Frauen, die eine Schwangerschaft abbrechen, trauern tief, denn ihre Entscheidung war alles andere als leicht. Womöglich haben sie tage- oder wochenlang mit dem Ungeborenen verhandelt: »Soll ich? Kann ich? Will ich dich?« Auch sie steckten in der Falle der Ambivalenz zwischen oft unbewusstem Kinderwunsch und bewusster (rationaler) Ablehnung. Sehr oft ist es so, dass die Waage der Ambivalenz über eine Zeitlang schwankt, von Tag zu Tag, und mehr noch von Nacht zu Nacht. Tags das große Ja und nachts das zerstörerische Nein. Und manchmal bedarf es nur äußerst Geringem: ein vernichtendes Argument (»Das schaffst du nie!«), ein verächtlicher Blick oder ein lieblos hingesprochener Satz (»*Du* willst ein Kind haben?«), und die empfindliche Waage kippt zuungunsten des Ungeborenen. Das Urteil ist gesprochen. In diesem Moment löst sich der Knoten der mütterlichen Ambivalenz. Die schwangere Mutter empfindet einen diffusen Schmerz, den sie nicht benennen kann und will, aber sie verwendet nun all ihre Energie in die Vorbereitung der Abtreibung. Diese muss rasch und reibungslos vonstattengehen, in einer Nach-mir-die-Sintflut-Haltung. Während und unmittelbar danach löschen die meisten Frauen ihr seelisches Schmerzempfinden fast ganz aus, sie spalten ab, als ginge es um eine kleine Operation. Auch dieses schreibe ich ohne moralische Bewertung; ich glaube sogar, die Frauen müssen so agieren, um nicht vom eigenen Schmerz überwältigt zu werden, sonst würden sie vielleicht den Abbruch gar nicht vollziehen. Sie spüren und wissen tief im Innern, dass sich das Messer des Gynäkologen auch gegen sie selbst richtet.

Die ungeborenen Kinder, ganz gleich ob Fehlgeburt oder Abtreibung, konnten von der Mutter nicht gehalten, nicht ausgetragen, nicht zur Welt gebracht werden. Aber diese Kinder, zumeist namenlos, gehören zu unserer Biografie. Sie sind eingraviert in die Lebenslinie der Frauen. Manche wollen diesen dunklen Teil ihrer Lebenslinie ausradieren, ungeschehen machen. Doch sie tun sich dabei nichts Gutes. Das Geleugnete, das Verdrängte will doch immer irgendwann durch, so wie Marie-Claires Weinen in der Küche. Und wenn *es* sich nicht durch Weinen Erleichterung schafft, dann nagt es am Körper und an der Seele und sucht sich dort seine Bahn. Körper und Seele schmerzen.

Die ungeborenen Kinder sind Teil unseres Lebens. Sie möchten erinnert und benannt und begleitet werden: »Du warst ein Junge – du wärest jetzt sieben.« »Du warst ein Mädchen, und du hättest möglicherweise selbst schon dein erstes Kind.« Und sie dürfen sogar im Nachhinein, gleichsam verspätet, im Herzen angenommen werden: »Verzeih mir, heute würde ich dich austragen – damals war es mir nicht möglich.« Vielleicht lassen sich die Ungeborenen durch solch eine Geste versöhnen und kehren, zumindest im Traum, wieder zu uns zurück.

Urvertrauen

»Das Urvertrauen ist der Eckstein der gesunden Persönlichkeit.«
Erik E. Erikson

Die Frage, was Kinder zum Wachsen antreibt, was sie bereit macht, Bindungen mit Menschen einzugehen und sich auf die Welt einzulassen, durchzieht das ganze *Alphabet der Kindheit*. Als kürzlich mein Enkelkind geboren wurde, weitete sich die obige Frage sofort für mich aus: Was eigentlich gibt dem Ungeborenen die Kraft, sich auf die Geburt einzulassen, mitzumachen bei diesem mühsamen und atemberaubenden Weg durch den Geburtskanal? Was macht es, dass das Kind auf die Welt kommen will?

Die einen zitieren den genetischen Code, der am Werk ist. Die anderen erklären es religiös, als Wille von oben. Ich schlage vor, einen dritten Aspekt hinzuzufügen, der mir mehr und mehr zum Schlüsselbegriff der Kindheit geworden ist: Vertrauen – und als dessen Steigerung und Vertiefung der Begriff des Urvertrauens. Ohne Vertrauen, ohne einen Vorschuss an Zuversicht darauf, dass sich das In-der-Welt-Sein lohnt, wird das Kind kaum die Kraft entwickeln und seinen Teil der Geburtsarbeit leisten. Gewiss, man wird es nicht fallen lassen, man wird ihm helfen, notfalls durch einen Kaiserschnitt, die Medizin ist dafür gut gerüstet. Aber diese allererste Chance, sich in Vertrauen einzuüben und aktiv-selbsttätig den Weg zu bahnen, ist erst einmal vertan.

Wenn wir über Vertrauen nachdenken, entdecken wir sogleich, wie schwer es überhaupt in Worte zu fassen ist. Es gibt keine Skala, mit der man es messen kann. Und dennoch ist es das Öl im Getriebe des Kinderlebens. Wir erkennen schnell Kinder, die voller Vertrauen sind – an ihrem Blick, an ihrer Körperhaltung und ihrem Gang – und ebenso deutlich nehmen wir oft wahr, wo es an Vertrauen fehlt.

Das Konzept vom Urvertrauen stammt von dem Sozialpsychologen Erik E. Erikson[415] und es umfasst ein Doppeltes: Einerseits, und so kennen wir es alle aus der Alltagssprache, richtet sich Vertrauen auf den anderen, auf denjenigen, der das Kind versorgt, schützt, füttert – kurz: Vertrauen ist das Resultat eines zuverlässigen Dialogs. Andererseits entwickelt das Kind bald auch ein Vertrauen in sich, in die Fähigkeit des eigenen Körpers, selbständig und angemessen zu reagieren: essen, wenn ich Hunger habe, aufs Klo gehen, wenn ich wirklich muss, schlafen, wenn ich müde bin und aufstehen, wenn ich ausgeschlafen bin. Wenn das gelingt, muss das Kind nicht Anweisung und Unterstützung von außen suchen, sondern es betrachtet sich selbst als vertrauenswürdig genug, sein Handeln zu regeln. Es kann sich auf sein Begehren, seine Wahrnehmung und seinen Willen verlassen.

Die Verbindung von beidem, Vertrauen nach außen und Vertrauen von innen her, ist das eigentliche Wesen des Urvertrauens. Wenn das eine versagt – und in Momenten von Erschütterung ist das immer möglich –, dann ist da immer noch das jeweils andere. Konkret: Wenn die Mutter zeitweise versagt (verschwindet, enttäuscht, verbietet oder wie immer sich dem Kind verweigert), dann hat das Kind im Idealfall so viel Vertrauen, dass es sich selbst tragen kann. Es weiß aus sich heraus, dass entweder die Mutter sich ihm wieder zuwendet oder es vertraut auf guten Ersatz. Und umgekehrt: Wenn die Eigenkräfte des Kindes zeitweilig schwach sind, in Momenten von Krankheit, Trauer oder Regression, trägt es in sich das tiefe Gefühl, dass es nicht allein gelassen wird. Dies muss nicht einmal faktisch der Fall sein, bereits die innere Vorstellung, geschützt und getragen zu werden, verleiht dem Kind Halt. Nicht zufällig gibt es das Bild des Schutzengels, der stets für das Kind da ist. Und das vertrauensvolle Kind glaubt fest an seinen Schutzengel.

Ja, Urvertrauen ist ein Schlüsselbegriff der Kindheit. Das Vertrauen darauf, dass das Kind von den Eltern gewollt oder gar herbeigesehnt war, ist das A und O seiner Existenz. Ist dies nicht der Fall, entstand es vielleicht aus Zufall oder gar als ein Unfall, dann ist dies ein Drama und das Gefühl des Ungewünschten wird es lange begleiten.

Aber halten wir inne: Es gibt keinen Zufall, vor allem nicht, wenn ein Kind gezeugt wird. Allerdings reicht unser Bewusstsein manchmal nicht aus, so dass wir hilflos und vereinfachend von Zufall oder auch menschenverachtend von Unfall sprechen. Der anthroposophische Psychiater und Gynäkologe Peter Petersen schreibt in diesem Zusammenhang: »Für die seelischen und anthropologischen Prozesse vor und bei der Zeugung und Empfängnis fehlt ein Bewusstsein – und erst recht ein wissenschaftliches Bewusstsein. Es ist ein weißer Fleck auf der Landkarte.«[416] Und an anderer Stelle spricht er vom »Kind als Wesen eigener Art, auch schon bei seiner Zeugung«[417] – eine Vorstellung, die alles Zufällige notwendig ausschließt.

Und dann ist da die andere Möglichkeit: Hat das Kind von Anfang an das sichere Gefühl, dass es erwünscht und herbeigesehnt wurde, dass es wichtig ist im Leben seiner Eltern, dann überträgt sich dieses frühe Gefühl bald auf andere Menschen in seiner Umgebung: Es wird voller Vertrauen sein, dass es auch die Nachbarin, die Kindergärtnerin und der Lehrer (und im späteren Leben Partner oder Partnerin) so mögen, wie es ist. Urvertrauen ist das Grundgefühl, das alle späteren Bindungen, die das Kind eingeht, bis hinein ins Erwachsenenalter, durchdringt. Wenn ich genügend Urvertrauen in mir habe, dann kann ich es mit dieser Welt aufnehmen. Ich kann Bindungen eingehen, in der Sicherheit, dass sie bestehen werden, ich kann Tiere halten, in der Zuversicht, dass sie es gut haben bei mir, ich kann Gemüse oder Bäume pflanzen, in der Hoffnung, dass sie wachsen und blühen, und ich kann Brücken bauen, im Vertrauen darauf, dass sie tragen. Das ist das Geheimnis des Urvertrauens – ein Segen für unsere Kinder.

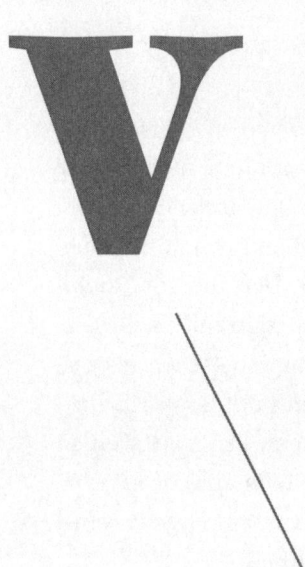

»Kraniche im Flug,
wie sie Buchstaben bilden.«
Elias Canetti

Vater

*»Wie mein Vater für mich pflanzte,
so pflanze ich für meine Kinder.«*
Talmud

»Ich habe versucht, von Anfang an, schon als Kind, selbst herauszufinden, was gut war und was böse ist – da niemand in meiner Umgebung es mir sagen konnte. Und jetzt, wo mir alles abhandenkommt, wo ich das Bedürfnis habe, dass jemand mir den Weg weist, mich tadelt und lobt, nicht aufgrund von Macht, sondern von Autorität, brauche ich meinen Vater.«[418] Diese Sätze stammen von Albert Camus, dessen Vater mit 29 Jahren gleich zu Beginn des Ersten Weltkriegs starb. Der kleine Albert war damals kaum ein Jahr alt und wurde von Mutter und Großmutter in Belcourt, dem Armenviertel von Algier, aufgezogen.

Und diesen Satzfetzen hörte ich von meinen eigenen Kindern, unmittelbar nach dem Tod ihres Vaters. Rebekkah, sieben Jahre, sagt: »Ich brauche Papa.« Samuel, neun Jahre alt: »Warum?« Rebekkah stammelt: »Weil ... ich weiß nicht ... ich brauche ihn.«

So wenig Gemeinsamkeiten der Schriftsteller mit dem kleinen Mädchen teilt, so vereint sie doch ein tiefes Bedürfnis: Beide brauchen den Vater. Das kleine Mädchen kann es noch nicht in Sprache bringen, aber es weiß es genau. Vielleicht bedarf es der Einsicht und Sprachfähigkeit eines Schriftstellers, um die Vatersehnsucht auf den Punkt zu bringen: »Jemand, der mir den Weg zeigt.« Natürlich kann auch die Mutter den Weg zeigen. Doch sie tut es anders als der Vater, und das Kind spürt den Unterschied.

Wenn ich hier über den Vater spreche, so meine ich weniger den biologischen Erzeuger, sondern den Vater als Repräsentanten des männlichen Geschlechts, den Vater als Mann. Und es ist längst erwiesen, dass viele Stiefväter, manchmal auch Großväter, diesen Anteil des Vaters ernsthaft und gut ausfüllen.

Zu Beginn des Lebens ist die Mutter die zentrale und wichtigste Bezugsperson für das Kind, und dabei ist es relativ unerheblich, wie eine Familie organisiert ist. Doch irgendwann, früher oder später, hört dieser Zustand auf, weil sich der Vater einschaltet und Grenzen setzt. Er beansprucht die Frau für sich und wird für das Kind zum Repräsentanten von Zeit und Raum. Von dem französischen Psychoanalytiker Jacques Lacan stammt das Wort vom »Nom-du-père«, vom »Namen-des-Vaters«.[419] Interessanterweise klingt damit auch gleichzeitig das *Non* an, das *Nein* des Vaters, das sich gegen die eher gewährende Mutter wendet und eine strukturgebende Kraft darstellt. Vom Klang her also, zumindest in der französischen Sprache, verschmelzen Name und das Nein des Vaters in eins, und dieses Nein hat eine wichtige Funktion.

Mit seiner Person und seinem Nein führt der Vater das Kind aus der engen Zweieinheit der Mutter-Kind-Symbiose heraus und ermöglicht ihm dadurch, in die Dreieinheit, die *Triangulierung*, hineinzuwachsen. Dies ist ein vielfach unterschätzter, indes überaus wichtiger Lebensschritt, denn erst in der Dreieck-Konstellation von Vater-Mutter-Kind erlangt das Kind ein relatives Maß an Freiheit. In der Zweierbindung ist es dem anderen grundsätzlich ausgeliefert, es muss sich seinem Willen fügen, um nicht verlorenzugehen. In der Dreierbeziehung kann es sich unterschiedlich verbünden, Partei ergreifen. Es wird sich aber dabei nie verloren fühlen, weil es den Dritten als Fluchtpartner gibt. Das Kind kann mit der Mutter zürnen, doch es findet Trost beim Vater. Es kann sich mutig dem Vater widersetzen, wenn es in seinem Kampf die Mutter im Rücken spürt.

Kinder brauchen ihren Vater auch ganz körperlich. Wie so ein Vater klingt und riecht, wie sich Muskeln, Bauch und kratziges Kinn anfühlen, all das nehmen Kinder voller Neugier und mit allen Sinnen auf. Sie erfahren den Vater als den *anderen* und lernen am Beispiel der Eltern die Unterschiedlichkeit und gegenseitige Bezogenheit der Geschlechterrollen kennen. Wie wichtig der Vater ist, zeigt sich vor allem, wenn er fehlt. So belegt die Forschung eindeutig, dass vaterlos aufwachsende Kinder in vielen Bereichen Mangel erleiden. Zahlreiche alleinstehende Frauen spüren dies und versuchen, männliche Vorbilder wie Paten, Großväter und Onkel in das Familienleben einzubeziehen. Und oft sind es auch die väterlosen Kinder selbst, die sich Ersatzväter in Lehrern, Gruppenführern, Chorleitern oder Busfahrern suchen.

Jungen und Mädchen brauchen den Vater, um im Leben zu bestehen. Doch hat er für beide eine durchaus unterschiedliche Bedeutung. Jungen können sich mit dem Vater geschlechtlich identifizieren. Während Mädchen meist relativ selbstverständlich in ihre Frauenrolle hineinwachsen (was natürlich nie ganz ohne Probleme einhergeht), müssen sich die Jungen gewaltsam aus ihrer frühen Bindung an die Mutter, ihrer ersten zärtlichen Liebe, lösen. Dies geschieht nicht einfach von selbst, sondern unterstützt von der bewussten und dauernden Auseinandersetzung mit dem Vater. Ob sich der Vater rasiert, ob er pinkelt, Wasserkästen trägt oder Computer repariert – der kleine Junge ahmt alles nach und orientiert sich an der männlichen Welt, die ihm sein Vater vorlebt. Und irgendwann nach der Pubertät ist aus dem Jungen ein eigenständiger Mann geworden. »Die Identität des Sohns wurzelt im Körper des Vaters«[420], schreibt der kanadische Schriftsteller Guy Corneau.

Für Mädchen bedeutet der Vater das erste männliche Liebesobjekt. An ihm kann es vieles lernen, was es über Liebe lernen muss. Denn Liebe muss, wie das allermeiste im Leben, eingeübt werden. Das Repertoire an Liebesmöglichkeiten und Ausdrucksweisen wird in den ersten fünf bis sieben Lebensjahren angelegt. Dann darf es über eine lange Wartezeit, die so genannte Latenz, hinweg ruhen und reifen, um nach eingetretener Geschlechtsreife für die eigentliche Erwachsenensexualität abgerufen zu werden. Jetzt kann das Mädchen über das früh angelegte Potential verfügen. Und wenn es den Vater gut kennengelernt hat, sind ihm die Männer nun keine Fremdkörper mehr.

Ebenso wie der Sohn den Vater als Modell für seine männliche Identifikation braucht, benötigt die Tochter ihn als Verstärker, als denjenigen, der ihr Heranwachsen vom Mädchen zur Frau begleitet und bedingungslos in ihrer Schönheit, ihrer Intelligenz und mit all ihren Fähigkeiten bejaht: »Ja, du bist meine Tochter! Ja, du bist ein schönes Mädchen, unter allen das liebste. Du bist so schön und stark wie deine Mutter, die ich als Frau gewählt habe!« Dies ist der Grundtenor der väterlichen Stimme, bei dem das Mädchen gut gedeihen kann. Du bist nicht die Mutter, das darf nicht verwechselt werden. Du bist *wie* deine Mutter.

Vatersein ist kein Kinderspiel. Über lange Zeit hinweg konnten sich Männer in ihrer Vaterrolle relativ sicher fühlen. Die Autorität, mit der sie in ihrem Familienverband herrschten, war gesellschaftlich abgesegnet, und das Prinzip der väterlichen Machtstellung wurde im Grunde bis Ende des Zweiten Weltkriegs kaum in Zweifel gezogen.[421] Dass einzelne Menschen darunter unendlich litten und dies auch auszudrücken wussten – denken wir nur an die leidenschaftliche Klage in Kafkas *Brief an den Vater*[422] –, ändert nichts an diesem Prinzip. Nach dem Zweiten Weltkrieg ging diese Sicherheit vielen Männern, und das heißt vielen Vätern, in Deutschland verloren. Der Krieg hatte sie gebrochen, und die Verantwortung und damit verbundene Autorität verlagerte sich so weit auf die Frauen, dass Alexander Mitscherlich von der »vaterlosen Gesellschaft« sprechen konnte.[423] Der Krieg markiert zwar entscheidend diesen Bruch der Autorität. Aber es versteht sich, dass es sich beim Vaterverlust um ein insgesamt komplexes sozialpsychologisches Geschehen handelt.

Heutzutage ist die Vaterrolle keineswegs gesellschaftlich vorgegeben. Dies lässt Raum für Experimente und neue Herangehensweisen. Ein Beispiel: Bei der Geburt eines Kindes gehen viele Väter mit in den Kreißsaal, und fast alle schieben Kinderwägen – vor 30, 40 Jahren war dies keineswegs selbstverständlich. Viele nehmen nicht nur ihre Aufgaben als Vater wahr, sondern üben sich auch zusätzlich in den klassischen mütterlichen Aufgaben. Sie tragen ihre Babys schützend am Leib und sitzen geduldig auf Spielplatzbänken und in den Wartezimmern der Kinderärzte.

Egal wie der Vater seine Rolle lebt, wie gut er sie spielt, entscheidend ist immer, dass er für die Kinder präsent ist, wahrnehmbar, abrufbar. Entscheidend ist, dass er, wie Camus sagt, den Söhnen und Töchtern *den Weg zeigt*.

Verbotenes
»Immer ist alles verboten.«
Anna

Beginnen wir mit dem Feuer-Verbot. Der französische Philosoph Gaston Bachelard machte eine verblüffende und doch zugleich überzeugend einfache Entdeckung. Er, derart fasziniert vom Element Feuer, dass er ihm ein eigenes Buch widmete[424], beobachtet, dass Kinder, bevor sie überhaupt dem Feuer nahe kommen, seine Dynamik, seine Hitze, ja, sein Wesen erleben dürfen, mit den Feuer-Verboten konfrontiert werden: »Die wirkliche Basis der Ehrfurcht vor der Flamme sieht dann also so aus: wenn das Kind seine Hand nach dem Feuer ausstreckt, gibt ihm der Vater einen warnenden Schlag auf die Finger. Das Feuer schlägt, ohne dass es zu brennen braucht. Ob dieses Feuer Flamme oder Hitze, Lampe oder Ofen ist, die Wachsamkeit der Eltern ist die gleiche. Das Feuer ist also ursprünglich der Gegenstand eines *allgemeinen Verbotes*; daraus kann man den Schluss ziehen: das soziale Verbot ist unsere erste *allgemeine Erkenntnis* über das Feuer. Was man zuerst vom Feuer erfährt, ist, dass man es nicht berühren darf. Je größer das Kind wird, desto mehr vergeistigen sich die Verbote: der Schlag auf die Finger wird durch die zürnende Stimme ersetzt, die zürnende Stimme durch die Geschichte von den Gefahren des Brandes, durch die Legenden über das Feuer, das vom Himmel kommt. So wird das natürliche Phänomen rasch in die komplexen und verworrenen sozialen Erkenntnisse einbezogen, die keinen Raum für die naive Erkenntnis lassen.«[425]

Eine Erkenntnis, die sich ebenso auf andere Bereiche des Kinderlebens, auf Objekte und auch Lebewesen, übertragen ließe. Verbote richten sich zu allermeist gegen die verlockenden Seiten des Lebens, gegen das, wohin das Kind instinktiv drängt. Nur das, was wirklich fasziniert und begehrenswert ist – eben mit dem Feuer zündeln, mit den Schmuddelkindern spielen und ins Schwimmbecken pinkeln –, das muss von außen verboten werden. Das Kind, auch das frei erzogene, stößt überall auf Begrenzungen und Bremsen, bevor es sich einer Sache voll hingeben kann: Bestimmte Worte dürfen nicht ausgesprochen werden (selbst wenn sie auf der Zunge liegen); viele Bewegungen der Hände dürfen nicht vor anderen Augen geschehen (Nase bohren, masturbieren); der Zugriff auf verlockende Dinge im Supermarkt (liegen sie nicht für *mich* da?) ist untersagt. Die Liste der Verbote ist in den unterschiedlichen kulturellen Milieus höchst verschieden, aber meistens ist sie lang und muss dem Kind mühsam und, wie Bachelard am Beispiel des Feuers zeigt, auf verschiedenen Niveaus des Verstehens über die Jahre eingetrichtert werden.

Das Wort eintrichtern ist durchaus zutreffend in diesem Zusammenhang. Nachdem die Eltern und Erzieher die Verbote anfangs noch andauernd wiederholen (und teilweise auch begründen), wird dies sehr bald überflüssig. Sie müssen nun nicht mehr ausgesprochen werden. Denn irgendwann, im Alter von etwa fünf bis sechs Jahren, werden die bis dahin von außen formulierten Versagungen verinnerlicht, ganz so, als gehörten sie dem Kind schon immer an. Das Aussprechen des Verbots wird überflüssig, weil das Kind eine innere Stimme etabliert hat.

Diese innere Stimme bezeichnet Sigmund Freud als Über-Ich[426], und sie bildet die Basis all dessen, was später das Gewissen ausmacht. Sie diktiert dem Kind nun selbst, was es darf und was es nicht darf

(»Ich darf nicht Papas Computer anfassen!«). Und gleichzeitig versüßt diese innere Instanz dem Kind diese Einschränkung, indem sie dem Verbotenen das Bedrohliche nimmt und zu seinen Gunsten umdichtet (»Ich will Papas Computer gar nicht – meiner ist viel spannender!«). Oder ein anderes Beispiel: Dem ursprünglich heißen Begehren, sich mit Süßem vollzustopfen, begegnen bereits manche kleine Kinder mit dem rigiden Satz: »Ich mag kein Süßes. Süßes macht mich krank!« Sie haben damit das elterliche Verbot voll verinnerlicht. Nur manchmal verraten ihre traurigen Gesichter die Härte des Verzichts und womöglich die Verwirrung darüber, ob Süßes denn tatsächlich krank macht – in der Sprache Freuds: ob das Über-Ich wirklich immer im Recht sei.

Gewisse Verbote sind elementar notwendig zur Regelung des sozialen Lebens. Kinder müssen sie lernen. Aber was heißt schon *müssen*? Müssen wir wirklich *alles* Verbotene grundsätzlich meiden? Ich meine, wir sollten Kinder viel häufiger ermuntern, auch gegen den Strich zu agieren, auch Verbotenes zu tun, oder – um mit Bachelard zu sprechen – auch die Flamme zu berühren und sich an ihr zu verbrennen. Wir sollten ihnen Mut machen, sich querzustellen. Wenn ich mit Kindern darüber spreche, schauen sie mich zuerst irritiert an. Schnell aber kommt ein Leuchten in ihr Gesicht, als ob ich sie an etwas Wichtiges erinnere. Und ich mache sie mir zu Verbündeten und wir tun mit Vergnügen Unerlaubtes: Wir gehen in fremde Gärten, schaukeln auf fremden Schaukeln, wir baden mit Kleidern (unvergesslich!) und nehmen auf dem Wochenmarkt heruntergefallene Birnen mit.

Ich ermuntere bereits die Kleinen zu diesen Grenzüberschreitungen. Denn was später einmal beim Erwachsenen als Zivilcourage in Erscheinung treten soll, muss schon früh im Kindesalter erweckt und ständig neu geübt werden, damit es nicht verkümmert, wenn das Kind groß ist.

Kinder wollen mutig sein. Sie wollen Grenzen überschreiten. Nur so können sie sich erproben und ihr eigenes Maß erlangen. Kinder wollen auch mal verrücktspielen. Nicht nur zu Halloween. Und sie haben immer gute Gründe, etwas Verbotenes zu tun, auch wenn diese uns oft verborgen scheinen.[427]

Vögel

*»Andere mögen ihren Schutzengel haben,
er hat einen* Schutzvogel.«
Elias Canetti

Über meinem Kopf – nur getrennt durch ein paar morsche Holzbretter und Dachziegel – nistet eine Amselfamilie. Morgens kurz nach sechs beginnt ein leises Gezirpe, das bald übergeht in herzzerreißendes Geschrei. Dann ebbt es kurz ab, und Sekunden danach schwillt es bei Ankunft der Amselmutter hysterisch wieder an. Amselfrühstück. Ich liege im Bett und registriere jeden Laut, ich mische mich ein und rede ganz leise mit ihnen. Peter Handke schreibt: »Die Vögel rufen, indem sie ihr Junges suchen, mit Stimmen, als ob sie Menschen nachahmten, die Vogelrufe nachahmten: Angst um das Junge macht die Stimme der Tiere menschenähnlich; die winzige Antwortstimme des ins Gebüsch geklatschten Jungen, wie der Ton einer mit Wasser gefüllten Trillerpfeife.«[428]

Vögel sind einzig unter den Tieren. Sie sind nicht greifbar wie Hunde, Katzen und Kaninchen. Vögel sind Objekte der Sehnsucht. »Wenn ich ein Vöglein wär, und auch zwei Flügel hätt, flög' ich zu dir.« Dieses Kinder- und zugleich Liebeslied drückt den uralten, archaischen Menschheitstraum aus: abheben, wie ein Vogel davonfliegen. Nicht aus Bedrängnis (das wohl auch), sondern vor allem aus Liebe.[429] Die meisten Erwachsenen haben diese Fantasien längst hinter sich gelassen beziehungsweise sie haben sie eingetauscht gegen die Lust, im Flugzeug zu fliegen.

Doch es geht ja nicht nur darum, es den Vögeln gleichzutun. Kinder lieben ihre Nähe, und wenn es nicht die realen Vögel sind, dann suchen sie deren Geist in Liedern, Spielen oder in ihren Büchern, überall dort, wo der vertraute Umgang mit Vögeln selbstverständlich ist. Im Märchen erscheinen sie als Helfer und Retter. In *Hänsel und Gretel* beispielsweise weist der kleine weiße Vogel den Kindern den Weg, und in *Aschenputtel* versorgt die Taube das Mädchen mit Kleidern und Schuhen für die Ballnacht im Schloss. Die Nähe der Kinder zu den Vögeln zeigt sich besonders dadurch, dass sich Kinder leicht in Vögel und umgekehrt Vögel in Kinder verwandeln. Die Zauberin in *Jorinde und Joringel* bewacht in ihrem Reich hunderte von Nachtigallen, die sie zuvor als kleine Mädchen angelockt und verzaubert hat. Und im Märchen von den *Sieben Raben* ruft ein Vater in einem Moment von Not und Ungeduld den zornigen Satz aus: »Ich wollte, dass die Jungen alle Raben wären!«, und schon geht sein zorniges Begehren in Erfüllung. Die Brüder verwandeln sich in Raben und fliegen davon. Kinder sind voller magischer Fantasien in Bezug auf die Verwandlung ihrer selbst. Sie träumen sich häufig in Vogelgestalt, nehmen auch wohl das Gebaren von Vögeln an und leben im Traum aus, was ihnen bei Tag die Schwerkraft verweigert.

Vögel kommen von oben, das spürt jedes Kind. Sie galten seit jeher als Boten der Götter, der Engel, der Propheten – sie sprechen von oben und sie wollen das Kind mit dem *Oben*, mit dem Himmel verbinden.[430]

Gleichzeitig wissen Kinder, wie fragil Vögel sind. Wie mühsam ist es, einen Vogel in der Hand halten zu wollen. Wie bedroht ist der kleine Vogel, wenn er sich der Erde nähert. Ein kleiner toter Vogel im Garten oder auf der Straße bringt viele Kinder zum Weinen. An seinem Körper ahnt das Kind die unbegreifliche Zerbrechlichkeit – und vielleicht auch Kostbarkeit – des Lebens. Ich sehe Picassos Bild vor mir: das kleine Mädchen mit der Taube in der Hand. Diese wunderbare haltende Hand und diese innige Verbindung von Kind und Tier. Doch das Bild vermittelt auch Wehmut: Dieses Gefühl, einen Vogel in der Hand tragen zu dürfen, ist immer nur ein kurzes Glück. Aber was für ein Glück!

W

»Daß es ein großes und ein kleines ABC gab, hatte ich, dem eigentlich ein kleines ABC genügt hätte, unter anderem der unübersehbaren, nicht aus der Welt zu denkenden Existenz großer Leute entnommen, die sich selbst Erwachsene nannten. Man wird schließlich nicht müde, die Existenzberechtigung eines großen und kleinen ABC durch einen großen und kleinen Katechismus, durch ein großes und kleines Einmaleins zu belegen, und bei Staatsbesuchen spricht man, je nachdem wie groß der Aufmarsch dekorierter Diplomaten und Würdenträger ist, von einem großen oder kleinen Bahnhof.«

Günter Grass

Wachsen

»Wachse mein Sohn und werde mir zum Segen.«
Janusz Korczak

Früher gab es in vielen Häusern eine hölzerne oder metallene, an der Flurwand befestigte Messlatte, mit der man in regelmäßigen Abständen das fortschreitende Wachsen der Kinder ablas und natürlich säuberlich registrierte. Vater und Mutter reagierten meist voller Bewunderung über jeden gewachsenen Zentimeter des Kindes, und dieses selbst war stolz, als habe es eine persönliche Leistung vollbracht.

Ja: Recht hat es, das Kind. Wachsen ist tatsächlich eine Leistung, auch wenn sie nicht mit unseren herkömmlichen Kriterien von Sichmühen und Abrackern verbunden ist. Wachsen ist eine Leistung von innen her, die gar nicht so selbstverständlich ist, wie man auf den ersten Blick glauben mag. Es stimmt zwar, dass dies dem genetischen Auftrag des Kindes entspricht, aber seine eigentliche Leistung liegt darin, diesen Auftrag für sich anzunehmen und umzusetzen.

Zum Glück nehmen die allermeisten Kinder diesen Auftrag an. Sie wollen wachsen, unter allen Umständen. Wenn wir genau hinschauen auf all die Orte, an denen Kinder existenziell bedroht leben – in Flüchtlingslagern, in den Müllhalden der Megastädte, dort, wo Krankheit und Hunger herrschen –, grenzt es immer wieder an ein Wunder, wie stark der Lebenswille trotz allem ist. Die allermeisten resignieren nicht, sie wollen wachsen. Diese Kraft ist für die Augen unsichtbar. Sie lässt sich nicht mit äußeren Attributen erfassen oder gar messen, und wenn überhaupt, dann nur in Einzelschicksalen begreifen, da, wo sich das Lebensprinzip gegen alle widrigen Umstände durchsetzt.

Ein markantes, wenngleich auch makabres Beispiel für kindlichen Überlebenswillen liefert uns Patrick Süskind in seinem Roman *Das Parfum*. Auf schauerlich-schöne Weise beschreibt der Autor das Kind

Grenouille, das unter dem Fischstand seiner Mutter geboren und, wie schon mehrere Geschwister vor ihm, dort abgelegt worden war. Die vier vor ihm waren gestorben – er aber wollte um jeden Preis leben: Nachdem er seine Geburt im Abfall überlebt hatte, widerstand er hernach auch den Masern, der Ruhr, den Windpocken und der Cholera, Krankheiten, die in der Vergangenheit scharenweise Kinder dahingerafft hatten. Selbst der Sturz in einen Brunnen und schlimmste Verbrennungen konnten ihn nicht niederzwingen. Sie brachten ihm wohl Narben und einen verkrüppelten Fuß ein, aber – und allein darum ging es hier: »*er lebte.*«[431] Woher rührt diese Kraft des Kindes? Woher die Entscheidung, wachsen und leben zu wollen?

Kein ordentlicher Wissenschaftler würde jene Erklärung wagen, die Patrick Süskind in seiner schriftstellerischen Freiheit gibt. Der Junge, meint er, entschied sich in keiner Weise rational wie ein Erwachsener zwischen zwei verschiedenen Optionen, sondern »er entschied sich doch vegetativ, so wie eine weggeworfene Bohne entscheidet, ob sie nun keimen soll oder ob sie es besser bleiben lässt«.[432] In ganz ähnlicher Weise begreift es Oriana Fallaci in ihrem Roman *Brief an ein nie geborenes Kind*. Die Erzählerin ist schwanger. Sie redet sich selbst und dem in ihr heranwachsenden Ungeborenen Mut zu: »Hab Mut, Kind. Meinst du denn, ein Baumsamen braucht keinen Mut, wenn er in die Erde dringt und keimt?«[433]

Doch es gibt auch die anderen, jene nämlich, die einfach nicht wachsen wollen, die nicht groß werden wollen. Wachstumsstörungen werden häufig wie eine Krankheit mit dem Mantel der Verheimlichung umgeben, oft schämt sich das Kind und die ganze Familie dazu. Nie jedoch würde man die Vorstellung zulassen, dass darin auch ein Stück Eigenwille liegen kann, dass das Kind sicherlich nicht schuld, wohl aber beteiligt ist an diesem Geschehen.[434]

Wiederum: Was der Verstand, was wir in unserer rationalen Erwachsenenwelt gar nicht auszudenken oder gar auszusprechen wagen, weil es zu hirngespinstig erscheint, all das ist in der Dichtung möglich.

Der kleine Oskar in Günter Grass' *Blechtrommel* beschließt an seinem dritten Geburtstag, nicht mehr zu wachsen: »(...) und ich blieb so, hielt mich in dieser Größe, in dieser Ausstattung viele Jahre lang.«[435] Noch weitaus jünger ist Peter Pan, als er seine Entscheidung trifft: »Als Peter Pan sieben Tage zählte, das heißt, genau eine Woche alt war, fand er heraus, was er tun musste, um nicht älter zu werden.«[436]

Zugegeben: Beide Geschichten sind Fiktion. Aber dennoch entsprechen sie den archaischen Formen kindlichen Denkens, wonach Wachsen oder Nicht-Wachsen dem kindlichen Eigenwillen unterliegt. Melancholische Kinder wollen oft nicht wachsen, weil sie das Empfinden haben, nicht stark genug zu sein. Auffällig viele Kinder träumen davon, wieder klein zu sein. Manche von ihnen wollen »rückwärts wachsen«, zurück in den Mutterschoß[437], wo die zeitliche Logik der Sterblichkeit aufgehoben scheint: »Warum kann ich nicht rückwärts wachsen?«, fragt ein fünfjähriger Junge seine Mutter. »Ich will nicht sterben. Ich will rückwärts wachsen.« Rahel von Varnhagen, eine Schriftstellerin der frühen Romantik, beschreibt einmal, dass sie unter dem Einfluss ihres stark dominanten Vaters als Kind das Gefühl gehabt habe, »in die Erde hinein, also rückwärts zu wachsen«.[438]

Und wieder andere Kinder schwanken in ihrem Wachstumswillen. Mal wünschen sie sich groß, um all das zu erreichen, was ihnen noch versagt ist, dann wiederum möchten sie sich kleinmachen, um noch einmal alle Genüsse des Kleinkinds oder Babys zu erleben. Wiederum nicht zufällig ist dieses Pendeln zwischen Groß und Klein, zwischen Wachsen und Schrumpfen, und die damit verbundenen Sehnsüchte und Irritationen sind ein ergiebiges Thema von Träumen[439] und natürlich auch der Kinderliteratur. *Alice im Wunderland* (Lewis Carroll) und *Gullivers Reisen* (Jonathan Swift) bilden hierfür eindrucksvolle Zeugnisse.[440]

Nein, Wachsen ist gar nicht so einfach und vor allem nicht selbstverständlich. Auf jeden Fall setzt es ein Mindestmaß an Bereitschaft des Kindes voraus, einen Vorschuss an Vertrauen in diese Welt, dass es sich lohnt, die Mühen des Wachsens, einschließlich all der damit verbundenen Schmerzen, auf sich zu nehmen. Urvertrauen und Mut. So viel die Kinderpsychologen auch forschen mögen, niemand kann letztendlich die Frage beantworten, weshalb das eine Kind sich im Leben einnisten und wachsen will – und warum das andere eben dieses verweigert. Es bleibt eine philosophische und religiöse Frage. Es bleibt ein Geheimnis, das wir, vielleicht aus Respekt vor dem Leben selbst, als solches wahren sollten.

Wiederfinden

»Der erste Blick aus dem Fenster am Morgen das wiedergefundene alte Buch.«
Bertolt Brecht

Wie leicht geschieht es, dass ein scheinbar belangloser Gegenstand des Alltags, ein Kinderlöffel, eine Mütze oder ein Spielzeug, unversehens verschwindet, sich tief in einer Schublade, hinter dem Bett oder dem Schrank versenkt. Eine Weile wird er vielleicht noch vermisst, bald allerdings entgleitet er dem Gesichtskreis und wird vergessen. Unter der Hand füllen dann ein anderer Löffel, eine neue Mütze und ein ähnliches Spielzeug die Lücke.

Dann aber, durch irgendeinen Zufall oder ganz profan durch gründliches Aufräumen, taucht das verloren Geglaubte überraschend wieder auf – und das Vergnügen ist groß. Brecht nennt es sogar *Vergnügung*. Der materielle Wert des Wiedergefundenen ist nur das eine, und er ist meist gering. Die eigentliche Genugtuung des Kindes liegt darin, dass es den Faden, den es einst zu seinem Ding geknüpft hatte, nun wieder neu aufgreifen darf, dass die alte Bindung wider Erwarten doch über die Zeit hinwegträgt.

Erinnern wir hier noch einmal daran, wie stark Kinder in ihrer Fantasie leblose Gegenstände beseelen, wie sie ihnen ein eigenes Wesen, eine Stimme und Farbe verleihen. Durch wiederholte Handlungen und einzelne punktuelle Erlebnisse verdichtet sich ihnen sogar eine besondere, für sie einzigartige *Geschichte* dieser Gegenstände (»Ich esse jeden Tag mit diesem Löffel« – »Als wir damals in Finnland lebten, trug ich immer diese Mütze«).[441] Nur so ist es zu verstehen, dass das Kind auf Verlust von Dingen so schmerzhaft reagiert. Mit dem von ihm belebten Objekt geht eben – zumindest in seiner Vorstellung – ein Stück seiner persönlichen Geschichte verloren. Die Welt erscheint brüchig.

Dann aber das Wiederfinden! Eigentlich könnte die Freude des Kindes doch gemäßigt bleiben, da es das ursprüngliche Objekt längst vergessen und ersetzt hat – doch nicht darum geht es. Seine wirkliche Freude gilt der wiedergefundenen Verbindung mit dem Verlorenen und dem damit zurückgekehrten Vertrauen, dass in dieser Welt nichts wirklich verlorengeht, sondern auf welch verschlungenem Weg auch immer zu ihm zurückkehrt.

Wir entdecken das Motiv des Wiederfindens in unzähligen Variationen: Es findet sich schon im frühkindlichen Spiel. Sigmund Freud beobachtete (und analysierte natürlich auf seine Weise) das Spiel eines eineinhalbjährigen Kindes, das unentwegt eine mit einem Bindfaden umwickelte kleine Holzspule weit fortwirft, um sie dann wieder zu sich zu ziehen und mit einem freudigen Aufschrei zu begrüßen.[442] Dasselbe Motiv setzt sich fort im Versteckspiel.

Eine andere Variante des Wiederfindens, welche die Kinder stark berührt, liegt in der wiederholten Rückkehr an schon bekannte Orte, etwa Ferienorte oder die Wohnstätte der Großeltern, die man zwar nicht verloren, wohl aber vor geraumer Zeit verlassen hat. Alljährlich neue Regionen zu entdecken mag für viele Erwachsene faszinierend sein, Kinder hingegen lieben zumeist das Wiederfinden von bereits Bekanntem: den muffigen Geruch des Ferienhauses, die Hühner vom Großvater, die Crêperie an der Ecke, den Weg zum Strand – jedes Mal ein emotional beladenes Déjà vu.

Und wenn nun das Glück des Wiederfindens für leblose Objekte, auf Speisen und Tiere und sogar auf Orte zutrifft, könnte es nicht auch sein, dass es die Menschen selbst einschließt? Das biblische Gleichnis vom verlorenen Sohn macht es deutlich: Jenseits aller Moral (immerhin hat der abenteuerlustige Sohn sein Erbe verprasst) liegt das Glück des Vaters einzig darin, dass er seinen verloren geglaubten Sohn wiederfinden und in die Arme schließen darf.

Verlieren (auch verlassen) und wiederfinden sind Urerfahrungen nicht nur der Erwachsenen, sondern auch schon der Kinder. Ob verschwundener Löffel, verlorene Mütze, ob weggeschleuderte Holzspule oder eben auch Mensch – das Vergnügen ist (fast) immer gleich.

Wiederholung

»›Junge‹, sagte der Mond, ›hast du noch nicht genug?‹
›Nein! Mehr, mehr!‹, schrie der kleine Häwelmann.«
Theodor Storm

»Mehr! Mehr!«, ruft der kleine Häwelmann in Theodor Storms Kindergeschichte, als der Mond ihn in seinem Gitterbettchen in Bewegung setzt.[443] Nicht nur einmal, zweimal, immer wieder und am liebsten ohne Ende möchte das Kind weiterrollen. Das Glück soll nie aufhören.

Alle Erfahrung zeigt: Das Kind liebt die Wiederholung. Wenn es etwas Kostbares für sich gewonnen hat, ein neues Wort, ein Lied oder eine Geschichte, will es diese festhalten, in sein Leben integrieren, damit es ihm nicht verlorengeht. Piaget würde sagen »assimilieren«, und tatsächlich geht es darum, dass sich das Kind diese Kostbarkeit ganz einverleiben, zu einem Teil seiner selbst machen will.[444] Das Märchen, das der Vater Abend für Abend erzählt, wird auch beim siebten Mal nicht langweilig. Das Morgenlied, das die Kindergärtnerin über Jahre hinweg singen lässt, verliert nie an Lebendigkeit. Aus der vertrauten Position des Kenners genießt das Kind sein Märchen oder sein Lied, so wie der Weinkenner seinen Bordeaux oder der Musikliebhaber seinen Brahms genießt, um bei jeder Wiederholung eine neue Nuance, eine vorher unentdeckte Färbung wahrzunehmen. Interessanterweise erfährt das Kind dabei auch, dass es ein und dasselbe Märchen zu verschiedenen Zeitpunkten und Stimmungen unterschiedlich aufnimmt, nicht als wandle sich der eigene Standpunkt, sondern als wandle sich die Geschichte selbst. Unbewusst spürt das Kind also, dass Wiederholung keineswegs gleichförmig ist. Im Gegenteil: »Durch das Mittel der Wiederholung formt die Psyche aus dem Gewöhnlichen Bedeutung. Es ist, als würde die Seele um immer die gleichen Geschichten betteln, um zu erleben, dass etwas bleibt«, schreibt der Psychoanalytiker James Hillman.[445]

Wie stark sich Kinder die Texte durch wiederholtes Zuhören einprägen, entdeckt man leicht, wenn man als Erzähler die Wort- beziehungsweise Satzfolge willkürlich abändert. Schon kleine Kinder können darüber in Rage geraten. Sie verlangen nach ihrer gewohnten Anordnung. Bei Spielen ist es ganz ähnlich. Haben Kinder einmal die Regeln gelernt, dann wollen sie, dass diese auch eingehalten, sprich: wiederholt werden. Im Ablauf des Spieles liegt so viel Spannung, da bedarf es keiner zusätzlichen Erregungen oder gar Irritationen.

Warum dieser Wunsch, diese Sehnsucht nach Wiederholung? Kinder brauchen Orientierung. Sie brauchen Orientierung in Zeit und Raum. Sie haben ein inneres Gespür dafür, dass Regeln beziehungsweise Regelmäßigkeiten ganz fundamental den Kontakt mit anderen begründen und vertiefen. Regelmäßiges Handeln wie Essen, In-den-Kindergarten-Gehen, Singen, Erzählen sind wie Öl im Getriebe der menschlichen Bindungen, die das Kind im Lauf der ersten Jahre unermüdlich einübt. Bindung wird ja nicht einfach geschenkt, sie wird Schritt für Schritt erworben und verankert. Jede Wiederholung, die das Kind erlebt, vertieft deshalb die Bindung zwischen ihm und den anderen, die mit ihm essen, spielen, singen und erzählen. Nicht zufällig tragen viele Erwachsene über Jahrzehnte hinweg die Erinnerung an einen Menschen in sich, der ihnen als Kind viel erzählt hat. Oft sind die Inhalte längst vergessen, doch die Erzählsituation selbst in ihrer ständigen Wiederholung hat sich tief in die Erinnerung eingegraben.

Niemand braucht zu befürchten, dass das Kind intellektuell stehen bleibt, dass es beschränkt bliebe, wenn man ihm seine Lieblingsgeschichte immer wieder erzählt. Irgendwann nämlich gibt es von sich aus das eindeutige Signal, dass die Geschichte nun erledigt sei, dass alle Winkel ihrer Geheimnisse gelüftet und alle Fragen beantwortet sind. Sie wird dann lautlos abgestreift wie ein Kleid, dem man entwachsen ist. Das Kind braucht die Geschichte nicht mehr, es sucht sich einen neuen Inhalt und das Rad der Wiederholung kann neu beginnen.

Wille

»Ich esse keine Suppe! Nein!
Ich esse meine Suppe nicht!
Nein, meine Suppe ess' ich nicht.«
Heinrich Hoffmann

Dass wir als Erwachsene unseren Willen haben, unsere Willenskraft und bisweilen auch unseren Eigenwillen, ist uns so selbstverständlich, dass wir es kaum je hinterfragen. Wille gehört zu unserer sozialen Grundausrüstung, das Leben zu bestehen. Willenlos sein hieße, das Leben nicht mehr steuern zu können. Bis wir aber zu dieser Kraft gelangen, braucht es einen langen Entwicklungsweg, verbunden mit viel Reibung, Irritationen und manchmal auch Kampf. Und dass dieser Weg ernsthaft bedroht sein kann, erlebt man angesichts von Menschen, deren Willen offensichtlich nicht wachsen durfte, sondern gebrochen wurde.

Wille – dies vorab – umfasst weitaus mehr als Sprache. Der Satz etwa: »Ich will einen Baum pflanzen«, ist zunächst eine Willenserklärung. Erst wenn die gedachten oder ausgesprochenen Worte sich in Handlung niederschlagen, wenn ich also den Baum wirklich pflanze, manifestiert sich mein Wille. Und genau dieser Übergang vom Gedanken über das Wort hin zur Tat macht den Willen aus. »Wo ein Wille ist, da ist auch ein Weg«, sagt der Volksmund. Meistens hat er recht. Meistens bahnt sich der Wille seinen Weg mittels Planung, Ausdauer und Zielstrebigkeit. Aber mitunter geht er auch ins Leere. Der Wille irrt, er verirrt sich und manchmal gibt es eben keinen Weg.

Welches sind nun die Etappen, die der kindliche Wille durchläuft, ehe er mit dem jungen Menschen erwachsen wird? Die erste Form von Willensbekundung liegt schon in der Geburt des Menschen selbst.

Samy Molcho, der wie kein Zweiter die Körpersprache von Kindern versteht, beschreibt in einem seiner Bücher die Geburt seiner vier Söhne. Er benutzt hier nicht den Begriff des Willens, aber wenn er von den Grundzügen des Charakters spricht, dann steht der (Lebens-)Wille sicherlich mit an erster Stelle. Molcho behauptet, dass »der Prozess der Geburt, für die das Kind programmiert ist (und zwar im Sinne seiner aktiven Mithilfe), als aussagekräftig angesehen werden kann für die Grundzüge des sich herausbildenden Charakters, denn ein Kind gibt durch sein Verhalten, ob aktiv, selbständig, passiv, sanft, schnell usw. Antworten auf die ersten Anforderungen, die an es gestellt werden«.[446] In der Geburt also offenbart sich bereits rudimentärer menschlicher Wille und damit gepaart Charakter.

Eine zweite große Etappe ist erreicht, wenn das Kind sein Ich entdeckt und auch als solches einzusetzen beginnt. Nicht irgendwer, sondern *ich will*. Hier erwacht gleichzeitig ein erstes Bewusstsein dafür, was man bewirken kann. Hier beginnt ein wahres Ringen um das Ich und den eigenen Willen, Eltern und Erziehern traditionell vertraut als Trotzphase: »Ich bleibe stehen, wo ich will. Ich will nicht laufen, nicht ins Bett gehen, *ich esse meine Suppe nicht*!« Die beiden Impulse »ich will« und »ich will nicht« wechseln unentwegt, und zwar nach dem inneren Gesetz der Kinder, was die Erwachsenen oft an die Grenzen ihrer Geduld bringt.

In der Mitte der Kindheit, um das neunte und zehnte Lebensjahr, wird der eigene Wille der Kinder bedrohlich, manchmal sogar dramatisch in Frage gestellt. Hier beginnt das Kind zu ahnen, dass es zwar einen Willen in sich trägt, dass aber die Gesetze des Lebens, der Natur und womöglich, wenn es religiös erzogen wird, auch die göttlichen, stärker sind als es selbst.[447] Es reagiert mit Trauer und Schrecken auf diese Entdeckung. »Was kann ich, was kann mein eigener Wille überhaupt anrichten gegen den Tod meines Tieres, gegen die Scheidung meiner Eltern, gegen die Ungerechtigkeit von Lehrern?«, fragt sich das Kind. »Wo bleibt *mein* Wille bei all dem?«

Eine vierte Stufe liegt in der Pubertät. Das ist die Zeit der Erprobung des eigenen Willens: Der Jugendliche setzt sich nun deutlich von Eltern und Erziehern ab. »Nein, ich bin nicht mehr Ausführer eures Willens, ich bestimme selbst über mich und für mich. Ich setze meinen Willen gegen den euren durch«, so die Vorstellung des Jugendlichen.

Die meisten von uns erinnern sich noch gut an diese Phase ihrer Biografie. Wir können uns vielleicht all die Momente wachrufen, als wir mit unserem Willen an die Grenzen des Möglichen (und vor allem Unmöglichen) gegangen sind – und dabei waren gerade dies die mitunter kostbarsten Erfahrungen des Großwerdens. Es ist gut, wenn unsere Kinder ähnliche Grenzerfahrungen machen dürfen wie wir damals.

Wolfskinder

*»Du bist kein Wilder mehr –
wenn du auch noch kein Mensch bist.«*
François Truffaut

Schon immer haben sich die Menschen extrem für das Phänomen interessiert, dass Kinder nicht nur von ihresgleichen, also von Menschen-Müttern, sondern von Tieren genährt und aufgezogen wurden. Dieses

Interesse entspringt einer Mischung aus Faszination und Ekel. Faszination an ihrem verdreckten menschlichen Antlitz, Ekel vor ihren tierischen Gebärden und Lauten und der Widerspenstigkeit ihres Wesens. Der Ekel erzeugt Abgrenzung. Um Gottes willen nicht sein wie dieser Tiermensch! Um Gottes willen nicht hineingeraten oder zurückfallen in solch einen bizarren Seinszustand![448]

In der Forschung sind inzwischen einige individuelle Fälle von Wolfskindern zusammengetragen. Der Erste, der sie akribisch aufzeichnete, war der schwedische Gelehrte Carl von Linné, der übrigens mit derselben Leidenschaft auch das Pflanzenreich klassifizierte.[449] Aus jüngerer Zeit liegt uns die Studie von Lucien Malson vor, der als Sozialpsychologe die Geschichte von 52 Wolfskindern beschrieben und analysiert hat.[450] Aber Zahlen sagen nur wenig aus. Wir können vermuten, dass das Phänomen der unter Tieren aufwachsenden Kinder weltweit sehr viel häufiger ist als uns die dürftigen Statistiken mitteilen.

Kinder wurden in der Vergangenheit (und bis heute) überaus oft *ausgesetzt*, *verloren* oder *vergessen* – wie immer man den Akt nennen mag, ein Kind allein zurückzulassen. Die Gründe hierfür sind vielfältig: Krankheiten und Missbildungen (auch Krankheit der Eltern), unerwünschtes Geschlecht, Zwillingsgeburten, Hungersnot, Angst vor sozialer Ächtung (zum Beispiel bei unehelichen Geburten), vor allem auch Wanderungen und Flucht, Klimakatastrophen und Kriege.

Wie nahe liegt es doch, dass Kinder, die nicht gleich starben, mit Tieren in Kontakt kamen und sich ihnen anschlossen. Klein oder gar winzig, stellten sie für die Tiere selten eine Gefahr dar und hatten die Chance, als Geschwisterkind adoptiert zu werden. Nicht nur in Wolfsfamilien, sondern auch unter Bären, Hunden, Leoparden, Kälbern, Schweinen, Schafen, Ziegen und sogar Ratten.[451]

Kleine Kinder sind zum Glück überaus anpassungsfähig; sie sind stets bereit, dem zu folgen, der ihnen Nahrung, Wärme und Schutz gewährt. Auf dem menschheitsgeschichtlich so bewährten Weg der

Imitation passen sie sich den Tiereltern und -geschwistern an: Sie laufen, klettern, springen und schwimmen wie jene. Sie verschlingen dasselbe Essen wie jene (Fisch oder rohes Fleisch, Eicheln, Kräuter, Moos, Wurzeln, Heu, Maden und Baumrinden), und sie trinken neben Wasser und Milch gelegentlich auch Blut von Kaninchen oder anderen Kleintieren. Sie ahmen die Laute der Tiere nach, und falls sie vorher schon sprechen gelernt haben, vergessen sie dies meist schnell, um sich die Lautsprache der Tiere anzueignen. Aller Lerneifer richtet sich auf das Nachahmen der Tiere. Die Kinder lernen Hitze und Kälte zu ertragen, sie verfeinern ihren Geruchssinn durch das Beschnuppern von Speisen, Pflanzen und Gegenständen und sie schärfen das in ihrer Tierfamilie artentypische Hören und Sehen. Vielleicht entwickeln sie sogar tierische Sensorien, die wir mit unserer Menschenpsychologie gar nicht erfassen können.[452]

Auch wenn die Forschung einiges über das Mysterium der Wolfskinder aufgedeckt hat, wissen wir im Grunde immer noch reichlich wenig. Alle Recherchen und Berichte stammen aus der selektiven Perspektive der Forscher, die am liebsten das sieht und entdeckt, was sie von Anfang an suchte. Niemand hat je das wirkliche Zusammenleben dieser Kinder mit ihren Tierfamilien beobachten können. Und kein Wolfskind konnte je erzählen von seinen Erfahrungen in jenem Leben, bevor es zu den Menschen überwechselte. Wir können uns nur hineinfantasieren in diese Halb-Mensch- und Halb-Tier-Existenz, so wie es etwa der Engländer Rudyard Kipling und der Amerikaner T. C. Boyle literarisch und der Franzose François Truffaut filmisch jeweils auf ihre ganz eigene Weise getan haben.[453] Wir können uns aber ausmalen, dass sich ein Wolfskind nie mit einer Gesellschaft wird versöhnen können, die das Wilde in sich und außer sich verabscheut. Deshalb heißt es in Truffauts Film so resigniert: »Du bist kein Wilder mehr – wenn du auch noch kein Mensch bist.«

Wunderkind

»Er sitzt und spielt, ganz klein und weiß glänzend vor dem großen, schwarzen Flügel, allein und auserkoren auf dem Podium über der verschwommenen Menschenmasse, die zusammen nur eine dumpfe, schwer bewegliche Seele hat, auf die er mit seiner einzelnen und herausgehobenen Seele wirken soll...«
Thomas Mann

»Ach, hätte ich doch ein Wunderkind!« Wie viele Mütter und Väter in der ganzen Welt sprechen insgeheim diese Worte zu sich selbst – oder im vertrauten Gespräch zur Schwester oder dem besten Freund. Ach, würden sich doch wie ein Wunder alle guten Gaben, alle brillanten Fähigkeiten in meinem Kind vereinen: tanzen, singen, Klavier spielen – oder schon als Kind philosophieren und natürlich schön sein wie ein kleiner Gott! Darin liegt ja nichts anderes als das so grundlegende und evolutionsgeschichtlich sinnvolle Gesetz, dass die Eltern wünschen, ihre Kinder mögen über sie hinauswachsen – sozial, intellektuell, musikalisch, sportlich, schönheitsmäßig – überall sollen die Kinder ein bisschen besser sein als man selbst. Das wäre ein Fortschritt über die Generationen. Und es entspricht einem gesunden und urmenschlichen Verhalten von Eltern, dass ihnen dabei das Wohlergehen und der Fortschritt der Kinder wichtiger sind als ihr eigenes Befinden.

Wunderkinder, jene Wesen mit erstaunlichen und gar unerklärlichen Begabungen und Leistungen, hat es seit jeher gegeben. Aber vom frühen Auftauchen eines überragenden Talents bis hin zur Darstellung des Wunders vor den Augen einer staunenden Öffentlichkeit – ein Wunderkind will doch gesehen werden – führt ein eher seltener und zudem mitunter beschwerlicher Weg. Uns am vertrautesten ist der Werdegang des kleinen Mozart und seiner Schwester Nannerl, die zweifellos alle Wonnen der Erhöhung und des Erhörens genossen haben, die aber beide unter der Strenge des omnipräsenten Vaters zu leiden hatten.[454]

Eine der schönsten Geschichten um ein Klavier spielendes Wunderkind stammt von dem frühen Thomas Mann.[455] Der Zauber dieser Geschichte liegt nicht nur in der detaillierten Beschreibung der Stimmung, in welcher das Wunderkind Bibi auf der Bühne erscheint, und nicht nur in der fotografisch genauen Beschreibung des achtjährigen, in weiße Seide gekleideten griechischen Knaben, der göttlich spielt und sogar seine eigenen Kompositionen zum Besten gibt. Die eigentliche Überraschung liegt in der feinen Skizzierung der Konzertbesucher und ihrer besonderen Art des Zuhörens, ihrer Deutungen dessen, was sich vor ihren Augen abspielt: »Die Leute sitzen in langen Reihen und sehen dem Wunderkinde zu. Sie denken auch allerlei in ihren Leutehirnen.«[456] Jedes dieser *Leutehirne* ist durch und durch egozentrisch gefärbt. Der Geschäftsmann, der Offizier, das junge Mädchen, die Klavierlehrerin, jeder deutet das Wunderkind ganz so, wie er oder sie es für sich haben will. Und dieses selbst, mit spürbar zartem Gespött, lässt es verklärt über sich ergehen. Ein alter Mann vergleicht den jungen Pianisten gar mit dem Jesuskind – weil er, der Alte, sich vor diesem Kind beugen darf, ohne sich schämen zu müssen.[457]

Wir dürfen durchaus locker umgehen mit dem Begriff *Wunderkind*, nirgendwo gibt es eine griffige oder gar zwingende Definition. All die kleinen drei-, vier- oder fünfjährigen Winzlinge, die im Internet tanzend, musizierend oder Schach spielend vermarktet werden, sind sie es wirklich? Sind sie wirklich Wunderkinder oder nicht häufig das Resultat von Dressur und perfektionistischem Ehrgeiz?

Das eigentliche Wunder aber, dem wir immer wieder voller Erstaunen und voller Ehrfurcht und mit unendlicher Dankbarkeit begegnen sollten, ist nicht das Wunderkind. Das Kind in seinem Da-Sein, in seinem So-Sein, »in seinem Fleisch und Leben«[458], in seinem Potential, zu wachsen und Zukunft in sich zu tragen – das ist das eigentliche Wunder. Jeder, der ein Kind hat, hat eigentlich ein *Wunderkind*.

Wünschen

*»Richtig wünschen ist die schwerste Kunst von allen,
und sie wird uns seit der Kindheit abgewöhnt.«*
Theodor W. Adorno

Wenn du drei Wünsche frei hättest, was würdest du wünschen? Dieses Gedankenspiel kennen wir alle. Sofort arbeitet es im Kopf: Was wünsche ich wirklich? Wie weit darf ich gehen mit meinen Wünschen? Und sofort die Angst: Was, wenn ich am Wesentlichen vorbeiwünsche, weil ich es nicht erkenne?

Für Kinder bedeutet Wünschen eine große Kraft, es bringt sie einem ersehnten Zustand näher: Wenn ich erst mein heiß erwünschtes Fahrrad habe, dann fahre ich jeden Tag damit zur Schule und sonntags zum Schwimmen! Wenn ich erst ...

Je länger die Dauer des Wünschens sich hinzieht, je langsamer die Wünsche in Erfüllung gehen, desto mehr hat das Kind Zeit, sich mit dem Ziel seines Begehrens auseinanderzusetzen. Das Kind kann für sein Fahrrad sparen. Es kann mit Freunden über sein Fahrrad reden. Es kann es sich in Form und Farbe ausmalen – gelb mit silbernen Felgen –, und es kann in der Fantasie bereits erfühlen, wie es auf dem neuen Fahrrad zur Schule radelt und sonntags zum See. Es imaginiert die Blicke der anderen. Es spürt den Wind auf der Stirn. Es kann also innerlich schon, bevor das Fahrrad überhaupt real vorhanden ist, eine Bindung zu ihm aufbauen. Das Wünschen und das zeitliche Ausdehnen des Wünschens, das ist Vorfreude. Und wenn der Volksmund sagt, dass Vorfreude die beste Freude sei, dann liegt darin vor allem für Kinder viel Wahrheit.

Malen wir nun das andere Szenarium aus: Das Kind entdeckt etwas Schönes – ein Spielzeug, ein Fahrgerät, ein Kleidungsstück, was auch immer –, es ist begeistert und will es sofort haben. Nichts schiebt sich zwischen das begehrende Kind und das Objekt seiner Begierde. Keine Sehnsucht. Kein sprachlich-gedankliches Umkreisen, keine

Realitätsprüfung. Das Kind wünscht aus einem spontanen Impuls heraus. Wenn wir als Eltern darauf eingehen, wenn wir sofort kaufen, dann bringen wir das Kind um eben jene Fähigkeit zu einer erfüllten Vorfreude. Und das Kind wird auch später in anderen Lebenszusammenhängen nur schwer lernen, Spannung zu ertragen – eine Fähigkeit, die das Wünschen und das damit notwendig verbundene Warten voraussetzt. »Das Verlangen bringt die Dinge zum Blühen, während der Besitz sie zum Verwelken bringt«, schreibt der Dichter Marcel Proust.[459]

Interessanterweise, wenn man mit Älteren über ihre Wünsche als Kinder spricht, erinnern sich viele noch stark an das lange zeitliche Hinziehen des Wünschens. »Ich habe mir immer Schlittschuhe gewünscht«, erzählt ein Mann, der später als Soldat im Krieg ein Bein verlor. Die Wunscherfüllung selbst, also die realen Geschenke, verblassen dagegen oftmals im Nebel der kindlichen Amnesie.

Noch einmal zurück zu den drei Wünschen: Sie existieren so nur in den Märchen, meist in Form der Warnung, mit Wünschen nicht unbedacht umzugehen. Dort erfahren wir, wie leicht blindwütiges Wünschen ins Unglück führen kann, selbst wenn es aus subjektiv allerbestem Grund geschieht. Im Märchen vom *Langen Hans und der kurzen Gretel* beispielsweise wünschen sich beide, in die Körpergröße des jeweils anderen verwandelt zu werden – der Liebe wegen natürlich. Das geschieht nun so schnell, dass sich beider Wünsche dauernd überkreuzen und der eine dem anderen immer zuvorkommt. Kaum hat sich der lange Hans für seine Gretel klein gewünscht, hat diese sich schon *lang* verwandelt, um ihrem Geliebten zu gleichen. Und im Märchen vom *Fischer und seiner Frau*, wo die Fischerfrau ebenfalls die drei besagten Wünsche frei hatte, wird diese so maßlos, dass sie darüber sich und ihren Mann ins Elend bringt. Wünschen will also, wie das allermeiste in der Kindheit, entschieden gelernt sein.

Würde

»Die Würde des Menschen ist unantastbar.«
Grundgesetz, Artikel 1

Ich mag würdige Kinder. Vor meinen Augen habe ich die authentische Würde jener Kinder, die die eigene Seele mit all ihren Widersprüchen, das eigene Wachsen mit all seinen Erregungen, den eigenen Körper mit all seinen Geheimnissen ernst nimmt. Und zwar ernster nimmt als die Eindrücke und Verpflichtungen, die von außen kommen – von Familie, Schule und Gleichaltrigen. Solche Kinder sind niemals asozial, aber sie sind oftmals in sich gekehrt und eigensinnig, und sie sind meist stark im Nein-Sagen.

Wenn sich diese Kinder häufiger als andere gegen Maßnahmen von außen auflehnen, tun sie dies oft nicht willkürlich und rein nach Impulsen der Lust oder Unlust, sondern um ihr Ich in seinem empfindsamen Wachstumsprozess nicht zu stören. Das Ich ist ja nichts Abstraktes. Das werdende Ich ist ein in sich lebendiges Wesen, welches nach Sinn und Bedeutung sucht: »Warum muss ich gerade dies lernen?«; »Warum muss ich Fleisch essen?«; »Warum muss ich erwachsen werden?«; »Warum muss ich sterben?«

Zunächst fragt das Kind noch in enger Orientierung an Vater, Mutter und Erzieher. Aber irgendwann, meist in der Mitte der Kindheit[460], spürt es, dass es diesen Weg allein gehen muss, auch in Abweichung, auch in Einsamkeit. Und dieses Alleingehen erfordert eine besondere Widerstandskraft – das verleiht ihm Würde.

Interessanterweise haben solche Kinder nicht nur ein ausgeprägtes Gefühl für die eigene Würde, sondern sie nehmen gleichermaßen sensibel wahr, wenn andere Menschen aus ihrer Umgebung sich in ihren Augen unwürdig verhalten oder unwürdig behandelt werden. Und sie leiden darunter. Es gibt eine autobiografische Anekdote aus der Kindheit Sigmund Freuds, die genau dies zeigt. Meines Wissens existiert keine Aussage Freuds, in der er den Charakter oder das Verhalten seines Vaters offen kritisierte. Doch diese eine Episode prägte sich dem Sohn lebenslang ein: Während eines Spaziergangs in seiner Heimatstadt Freiberg in Mähren hatte ein fremder Mann seinen Vater mit den Worten »Jud, herunter vom Trottoir!« vom Gehweg weggestoßen, und dabei war dessen Hut auf die Straße gefallen. Der Vater beugte sich – zum großen Entsetzen des Jungen – und hob seinen Hut auf. Die Demütigung, dem anderen ausweichen zu müssen, war schon groß genug, aber das entwürdigende Verhalten des Vaters, seinen Hut selber aufzuheben, hat Freud nie vergessen und vor allem nie verzeihen können. (Wir müssen uns vergegenwärtigen, dass es nicht irgendein Männerhut war, sondern der Hut eines jüdischen Vaters, der ihm nicht nur Würde, sondern auch seine jüdische Identität verlieh.[461])

Wenn das Kind im Lauf der Jahre innere Würde aufbaut, genährt von den in ihm reifenden Vorstellungen von Recht und Unrecht, von Moral und Unmoral, so ist diese Würde nie etwas Fixes, Endgültiges. Sie bleibt vielmehr etwas dauernd Prozesshaftes, Gefährdetes, das immer wieder neu errungen und nach außen hin verteidigt werden muss. Deshalb auch ihre, wie Maria Montessori zu Recht sagt, extreme Anfälligkeit. Sie schreibt, »dass Kinder einen tiefen Sinn für persönliche Würde besitzen, und dass ihr Gemüt in einem Maße verletzt und eiterig werden kann, wie der Erwachsene sich dies nie vorzustellen vermöchte«.[462]

Es ist etwas Eigenartiges um die würdigen Kinder. Wir spüren es sofort: Sie sind zugewandt, aber nie kriecherisch. Sie sind interessiert, doch selten neugierig. Sie sind lebendig, aber sie verströmen sich nicht. Etwas wunderbar Starkes trägt sie, und wenn ich nicht irre, dann entspringt dies einem Urvertrauen des Kindes in sich *und* in die Welt. Es weiß sich am rechten Ort, selbst in seinen Zweifeln.

X

»Jedes Wort besteht aus Buchstaben. Ich beobachtete einmal einen Einjährigen, der einem Schmetterling nachrannte und e-li rief, eben das, was er von dem Wort Schmetterling zustande brachte. Ich fragte mich damals, ob das Insekt im Bewusstsein des Einjährigen voll entwickelt war oder ob die Flügel des Schmetterlings sich erst dann in ihrer ganzen Pracht entfalteten, wenn auch das Wort seine Form erhalten hatte.«
Olof Lagercrantz

Xenophobie

»›Mutter, warum sind wir Juden?‹
›Schlafe mein Kind –
und frag nicht so töricht!‹«
Ernst Toller

Wüssten wir nur annähernd das Geheimnis der Xenophobie, kennten wir nur annähernd die Rezepte, sie zu überwinden, wir lebten in einer anderen Welt.[463] Aber wir haben diese Rezepte nicht. Xenophobie existiert mehr oder weniger in unserer Gesellschaft[464], und auch unsere Kinder sind nicht frei davon. Wie denn auch, da sie alles, was Eltern, Erzieher und Nachbarn um sie herum aussprechen und ausstrahlen, schwammartig aufsaugen und reproduzieren. Besonders das Ausstrahlen ist dabei wichtig, das nicht Gesagte, aber durch Körpersprache Signalisierte. Das Kind fängt Worte, Gesten und Grimassen wie selbstverständlich auf. Sie sind ihm Realität und Wahrheit. Und wenn die Blicke der Erwachsenen auf die anderen, die Fremden, herablassend, abweisend oder gar feindselig sind – im Sinne von »Bleib mir vom Leibe!« –, dann gleichen sich die Blicke der Kinder dem irgendwann an: Sie werden herablassend, abweisend oder eben feindselig.[465]

In diesem Kapitel geht es weniger um die Entstehung xenophober Haltungen, sondern um Kinder, die zum Objekt fremdenfeindlicher Haltungen werden. Wie fühlt sich ein afghanischer Junge, der in Flensburg geboren wurde? Was empfindet ein rumänisches Mädchen, das seit einem Jahr in einem Vorort von Straßburg lebt? Wie wächst ein adoptiertes koreanisches Kind in einer belgischen Kleinstadt auf?

So verschieden die einzelnen Milieus auch sind, gibt es doch eine strukturelle Gemeinsamkeit, die sie vereint: Alle diese Kinder bilden eine Minderheit in einer Mehrheitsgesellschaft, die ihnen ihre eigenen Normen und Verhaltensweisen vorlebt und mit mehr oder weniger Gewalt aufzwingen will. Gewalt hier nicht verstanden als physische, wohl aber als Ausdruck einer fordernden Erwartung an das Kind, dass es sich einfügen möge, dass es die Regeln des Zusammenlebens schnell erfasse und akzeptiere – kurz: dass es sich anpasst und möglichst so wird wie die anderen.

Dieser Erwartungsdruck ist immens. Allerdings reagieren Kinder darauf extrem unterschiedlich. Nicht nur der kulturelle Hintergrund ist dabei entscheidend (»Was kann ich mir erlauben, wo sind meine Grenzen?«), sondern stets auch der persönliche Eigenwille, das Temperament, die individuelle Geschichte und, nicht zu unterschätzen, die spontane Lust und Laune. Von daher ist Vorsicht angesagt vor jeder Pauschalisierung. Dennoch gibt es einige durchaus typische Reaktionsweisen, die Kinder in einer xenophoben Umgebung wählen, wobei sich einzelne Verhaltensmuster überschneiden oder ergänzen können.

Die erste und wohl häufigste Reaktionsweise besteht in der Anpassung der Kinder. Sie spüren den großen Druck, sie erkennen die an sie gerichteten Erwartungen und Wünsche und lernen auf ihre Weise, damit umzugehen. Sie schauen sich ab, wie die deutschen (französischen, belgischen) Jungen und Mädchen gekleidet sind und machen es ihnen so weit wie möglich nach. Dasselbe beim Essen. Dasselbe beim Verhalten auf dem Schulweg, in der Kita, im Kaufhaus, überall, wo man sich begegnet. Manche muslimische oder jüdische Kinder schleichen sich ohne das Wissen der Eltern in Kirchen, um dort hinter das Geheimnis des Christentums zu gelangen, in der magischen Vorstellung, dies könne sie von ihrer Fremdheit erlösen. Manche Kinder stellen sich auf die Frage nach ihrem Namen taub oder aber sie nennen, ohne jedes Gefühl von Unrecht, einen typisch deutschen beziehungsweise modernen Namen, der nicht auf die eigene Herkunft schließen lässt: »Ich heiße Marlene« – »Ich heiße Kevin«.[466] Auf jeden Fall sind die allermeisten Kinder sensibel und erfinderisch, wenn es darum geht, herauszufinden, wie man sich einfügen und beliebt machen kann. Das Beispiel von der dunkelhäutigen Muriel, die sich abends heimlich weiße Penaten-Creme ins Gesicht schmiert, ist nur eines unter vielen für den Versuch, anders in seiner Haut zu sein.

Die zweite Möglichkeit, sich in einer xenophoben Gesellschaft zu behaupten, liegt für manche Kinder darin, selbst die aggressiven Verhaltensweisen der Mehrheitsgesellschaft anzunehmen und den Druck, den sie erfahren, an andere weiterzugeben. Und wie sie es den anderen abgeguckt haben: Der Druck geht grundsätzlich nach unten, in Richtung auf das jeweils schwächere Glied in der Kette. Nicht nur bei Erwachsenen, sondern auch bei Kindern bilden sich rasch Hierarchien: Wer ist wem überlegen? Wer darf auf wen verächtlich hinabschauen, wer wem befehlen? Wer wen verachten? Und so greifen Kinder, selbst Opfer von fremdenfeindlicher Diskriminierung, zu eben dieser Waffe des Angriffs. Mit Händen, Füßen und Worten. »Du Opfer!«, rufen sie als ächtendes Schimpfwort dem anderen zu – um klarzustellen, dass der andere, keineswegs jedoch sie selbst zu dieser Gruppe gehören.[467]

Die dritte Möglichkeit für Kinder, in einer tendenziell xenophoben Gesellschaft zu überleben, besteht im Leugnen. Dabei nehmen sie die Welt durch eine Brille wahr, die nur das zeigt, was ihnen lieb und wert ist. Alles andere, alles Bedrohliche und Schädliche wird schlichtweg ausgeklammert, nicht wahrgenommen, es existiert nicht. Der gehässige Blick des Schaffners, das Gekeife der fremden Mütter auf dem Spielplatz – sie mögen vielleicht dem Hund neben mir gelten, dem Baum, der Wolke, allem, nur nicht mir. So kann das Kind letztlich unbewusst regulieren, wie viel vom fremdenfeindlichen Gift es überhaupt an sich heranlassen will. Unbewusst regulieren mag als Widerspruch erscheinen. Das ist es jedoch nicht, wenn man berücksichtigt, dass diese Prozesse tatsächlich im Unbewussten angesiedelt sind und dort, ihrer eigenen Logik entsprechend, arbeiten. Leitmotiv und Ziel dieser seelischen Arbeit liegen im Selbstschutz des Kindes.[468]

Allerdings kann diese Form der Ausblendung durch Leugnen langfristig auch schädlich sein. Dann nämlich, wenn sie zu weit geht, wenn sie sich chronisch einnistet als Realitätsblindheit gegenüber der Umwelt. In der Gegenwart freilich, in der das Kind ihrer noch dringend bedarf, überwiegt das Segensreiche der Leugnung als Schutzhülle für die Seele.

Und schließlich eine mögliche vierte Variante, nämlich die Akzentuierung beziehungsweise auch Überakzentuierung der eigenen Herkunft. Diese Verhaltensweise, alle Erinnerungen an das Herkunftsland in der Ferne zu verklären, den Verlust zu beklagen und eine mögliche Rückkehr sehnsuchtsvoll heraufzubeschwören, kennen wir traditionell eher von der Erwachsenengeneration der Emigranten.[469] Hier aber haben wir es mit einer Form zu tun, die tatsächlich sehr jugendspezifisch ist: Kinder und Jugendliche, die deutlich spüren, dass ihre Anpassungsbemühungen zu nichts führen – vor allem nicht zu Wohlgefühl, Akzeptanz und Glück –, und die aus gutem Grund nicht geneigt sind, sich permanent durch das Faustrecht zu behaupten, entdecken für sich die Werte ihres Herkunftslandes, ihrer ethnischen Gruppe, ihrer Religion wieder oder auch ganz neu. Sie identifizieren sich vorbehaltlos mit ihnen und versuchen, diese nun innerhalb der Mehrheitsgesellschaft auszuleben. Mit Stolz tragen sie die Attribute ihrer Herkunft wie Kleidung, Schmuck und Haartracht. Sie sprechen öffentlich ihre Sprache, so dass sie nur von ihresgleichen verstanden werden, sie pflegen Musik und Tänze und zeigen sich unbeeindruckt von allen Formen möglicher Missbilligung oder Ächtung durch die Umwelt.

Wenn Kinder und Jugendliche diesen Weg wählen in einer xenophoben Umgebung, wer wollte sie da verurteilen? Es ist ihr Weg und ihre Identität, die sie da verteidigen. Und sie haben das Recht, nicht Opfer sein zu wollen. Vielleicht aber, wenn sie klug sind und eines Tages nicht mehr um ihren eigenen sozialen Status bangen müssen, sind sie dann auch stark genug und bereit, den Dialog mit den anderen einzugehen. Ohne dies kein Fortschritt unter den Menschen.

»»Haben Sie jemals bemerkt, dass das Y ein pittoresker Buchstabe ist, offen für zahlreiche Interpretationen? Ein Baum hat die Form eines Y; eine Weggabelung bildet ein Y; zwei ineinander mündende Flüsse formen ein Y; der Kopf eines Esels oder der eines Ochsen sieht wie ein Y aus; der Stiel eines Glases ist Y-förmig; eine Lilie am Stängel zeigt ein wohlgeformtes Y; und ein Mensch, der den Himmel anruft, erhebt seine Hände zu einem Y.«»

Victor Hugo

Youngster

»Hold on Now, Youngster…«
Los Campesinos

Zugegeben: Die Youngster erscheinen hier vor allem wegen des Buchstaben Y. Es ist die Gelegenheit, ein Phänomen zu beleuchten, das unter Jugendlichen höchst beliebt ist: die freie, lockere Verwendung englisch-amerikanischer Wörter. Ganz so frei wie man auf den ersten Blick meint und wie viele Jugendliche glauben, ist diese Wortwahl indes nicht. Die meisten Anglizismen und Amerikanismen entstammen dem täglichen Umgang mit Handy, Skype und Facebook sowie der Werbung. Auffällig ist dabei, dass tatsächlich keine andere Weltsprache daneben eine Chance hat, weder Französisch noch Spanisch oder Chinesisch. Das Englische übt eine starke Sogkraft auf die Youngster weltweit aus, nicht nur in Deutschland[470]: Es ist ihr Schlüssel zur Globalisierung. Und vor allem zu ihrer Welt.

Doch nicht nur die Computersprache beeinflusst unsere *Kids* und Youngsters. Mindestens ebenso ist es die Werbung, die mit Anglizismen auf Kinder und Jugendliche einprasselt und durch einen veränderten Sprachgebrauch auch die Wahrnehmung der Kinder und Jugendlichen ändert. Sprache hat schon immer auch dazu gedient, Sachverhalte zu verschleiern, und genau darum geht es hier. In ihrem Buch *Die verkaufte Kindheit* analysiert die Journalistin Susanne Gaschke die Werbestrategien für Kinder und Jugendliche, die sich vor allem sprachlich manifestieren.[471] Interessanterweise meidet die moderne Werbung den Begriff *Kind* weitgehend. Und das hat System: »Der Begriff *Kind*« – so die Autorin – »weckt bei den meisten von uns immer noch einen Beschützerinstinkt, den Gedanken an das Hilflose, Zarte, eben noch Werdende, an das leicht Verletzliche.«[472] Der Markt aber, auf dem Spielzeug, Elektronik, Kleidung, Speisen und Getränke angeboten werden, verlangt (pseudo)autonome, potente kleine Kids (sechs bis neun Jahre), Pre-Teens (neun bis zwölf Jahre) und Teens (dreizehn bis sechzehn Jahre). Und das Wort Tweens kommt dabei ins Spiel für die Gruppe der Neun- bis Vierzehnjährigen.[473]

Bevor sich Kinder wirklich als solche begreifen und bevor sie sich in dieser Welt orientieren können, werden sie schon in Konsumgruppen eingeteilt, um sie einem altersspezifischen Marketing zu unterwerfen. Und Marketing ist eigentlich nur in englischer Begrifflichkeit denkbar, alles Deutsche klingt klebrig, hinterwäldlerisch und hoffnungslos rückständig.

Allem Konsumwahn und allen Marketingstrategien zum Trotz können wir als Erwachsene immer noch unsere Worte frei wählen. Und wir können den Kindern ein Beispiel geben. Niemand zwingt uns, von Youngstern zu sprechen – außer die Ordnung des *Alphabets der Kindheit*.

»Erst unser Leben bringt die Buchstaben völlig zum Erscheinen, so dass sie uns wirklich zu Buchstaben des Lebens werden. Wie viele Geschichten könnte man, in allen Sprachen, mit diesen Buchstaben erzählen? Erzählen hat aber etwas mit Zahlen zu tun: wir wissen es nur nicht mehr, weil unser Wissen sich auf den Bereich der kausalen Zusammenhänge beschränkt – als gäbe es Gottes Worte nicht und nicht den Geist, durch dessen göttlichen Odem wir inspiriert werden.«

Friedrich Weinreb

Zahl

»... dass Zahlen eine Realität sind, ein Kraftfeld.«
Lucien Lévy-Bruhl

Eines meiner Lieblingsgedichte stammt von dem französischen Dichter Jacques Prévert, es heißt *Rechenstunde*.[474] Wir kennen diese nervtötenden Rechenstunden von damals, als die Kinder die Zahlen und die ersten Rechenarten eingetrichtert bekamen:

»Zwei und zwei sind vier
Vier und vier sind acht
Acht und acht sind sechzehn
Wiederholen! sagt der Lehrer.«

Das Gedicht ist lang. Aber plötzlich erscheint da ein wunderbarer Vogel, der alle Rechenmanöver des Lehrers durcheinanderpurzeln lässt – vor allem die Zahlen – und der die Schulklasse auf magische Weise verwandelt.

Der Lehrer in Préverts Gedicht wirkt ziemlich altmodisch – als ob es so einfach wäre, die Reihenfolge der Zahlen auswendig zu lernen, dazu ein bisschen Addition und Subtraktion, und schon hat man die Rätsel der Zahlen gelöst. Als ob die Kinder nur ausdauernd nachplappern müssten, um das Wesen der Zahlen zu erkennen. »Wiederholen!« sagt der Lehrer – als ob es nur um Wiederholen ginge!

Zahlen sind viel mehr als nur Zahlen. Zahlen sind lebendige Wesen. Jede Zahl trägt in sich ein ganzes Universum von Geschichte und Geschichten, von Emotionen, von kulturellen Festschreibungen und kollektiven Erfahrungen.[475] Wenn wir glauben, Zahlen unabhängig davon begreifen zu können, nur als abstrakte, numerische Einheiten, dann irren wir. Wir können zwar mathematische Funktionen bewerkstelligen, wir können Raum und Zeit messen und Geld zählen, aber dabei entgehen uns zumeist die Schwingungen der *geheimnisvollen Obertöne*[476], die in den Zahlen mitklingen und mitwirken. Zahlen waren und sind in vielen Kulturen auch gleichzeitig Buchstaben, von deren Lebendigkeit wir ja längst überzeugt sind.

Kinder lernen die Zahlen schon früh, meist vor Schulbeginn. Wenn man sie lässt, das heißt wenn man nicht zu früh und zu abrupt korrigierend eingreift, dann bewahren sie über einen langen Zeitraum hinweg ein magisches Verhältnis zu den Zahlen. Sie ordnen ihnen Charaktereigenschaften zu (gut und böse, stark und schwach), ganz ähnlich dem Aberglauben der Erwachsenen, die die Dreizehn als Unglückszahl fürchten. Sie haben Zahlen, die sie geflissentlich meiden, und umgekehrt Lieblingszahlen, mit denen sie Gegenstände oder Orte markieren. Und natürlich entdecken die allermeisten Kinder ihre persönliche Glückszahl, die – was Wunder – meistens mit dem eigenen Geburtstag identisch ist: »Was für ein Glück, dass ich am 7. September Geburtstag habe!«, sagt Samuel. Und als Oberton dieser Worte klingt dabei mit: »Die Sieben ist schuld, dass ich geboren wurde.«

Kinder halten ihre Zahlenspiele gern vor den Erwachsenen geheim. Sie ahnen, nein, sie wissen, dass die Erwachsenen sie ihnen austreiben und in eine andere Ordnung bringen würden. Die richtige Ordnung.

Für diese Geheimhaltung gibt es noch einen weiteren Grund. Die Zahlenfantasien der Kinder sind ja nie abstrakt, sondern sie verknüpfen sich stets mit inneren Bildern und Vorstellungen, die das Kind bewegen. Marlene, das einzige Kind ihrer Eltern, leidet unter ihrer Geschwisterlosigkeit. Immer wieder erzählt sie anderen, so, als sei ihr dies sehr wichtig, dass die Sechs ihre Lieblingszahl sei. Aber niemandem verrät sie ihren heimlichen Wunsch, später einmal sechs Kinder bekommen zu wollen – dies vertraut sie erst als Pubertierende ihrem Tagebuch an. Die Sechs wird zu ihrer persönlichen Glücks- und zugleich Hoffnungszahl und, wie der Anthropologe Lévy-Bruhl es ausdrückt, »eine Realität, ein Kraftfeld«.[477] Eben ihre kindliche Realität und ihr kindliches Kraftfeld. (Fragen Sie nur einmal in Ihrer Umgebung und Sie werden entdecken, dass viele Frauen als kleine Mädchen sehr präzise Vorstellungen über die spätere Kinderzahl hegten, die natürlich – wie das Leben so spielt – nicht immer in Erfüllung gehen.) Und Simon, dessen Zwillingsbruder kurz nach der Geburt starb, verliert über die Zwei niemals ein Wort. Doch insgeheim weiß er um die Schicksalhaftigkeit dieser Zahl, die sein Leben wie ein roter Faden durchzieht. Er wird sie meiden, fürchten und vielleicht innerlich bekämpfen.[478] So wie Marlene und Simon wählen viele fantasiebegabte Kinder aus ihrer inneren Logik heraus eine Zahl, um sie zu ihrem persönlichen Code werden zu lassen und in immer neuen Variationen zu verknüpfen. Aber für diese Fantasien brauchen sie einen geschützten inneren Raum, der im Kinderalltag nicht immer gegeben ist.

Zum Glück für die Kinder gibt es Märchen. In diesen sind Zahlen lebendig. Hier erlebt das Kind Zahlenmysterien, die es in keiner Schulklasse findet. Wenn das Kind Märchen hört, dann spürt es deutlich den symbolischen und kosmischen Gehalt der Zahlen. Da erscheint die Eins als Symbol der Einheit, des Ganzen, des Höchsten (der *eine* Gott in den monotheistischen Religionen) – und im Märchen erscheint das *einzige*, über alles geliebte Kind seiner Eltern (*Dornröschen*). Und da ist die Zwei als Symbol der Unterscheidung, der polaren Gegensätze, die auch gleichzeitig immer zusammengehören beziehungsweise zueinander angelegt sind (Mann und Frau, Ja und Nein, oben und unten) – im Märchen als Brüderchen und Schwesterchen, als Hänsel und Gretel. Und da ist die Drei, die Zahl der Synthese und der fortschreitenden Entwicklung. Im Märchen begegnen wir der Drei stets dann, wenn es Mutproben oder moralische Prüfungen zu bestehen gibt, aber auch, wenn es um besonders geartete (meist konfliktbeladene) Geschwisterkonstellationen geht (die drei Schwestern in *Aschenputtel*). Und da ist die Vier als große Ordnungszahl: vier Jahreszeiten, vier Himmelsrichtungen, vier Mondphasen – übrigens auffallend selten im Zusammenhang mit Geschwistern.

Wir entdecken überhaupt, dass die Zahl der Geschwister nie zufällig ist, sondern stets auf das Wesenhafte des Kindes verweist. Ob es als Einzelkind, als Geschwisterpaar oder zu dritt oder ob es gar mit einer ganzen Schar von Brüdern und Schwestern heranwächst – jede Zahl prägt die Art und Weise, wie das Kind in der Welt steht. Die französische Kinderanalytikerin Françoise Dolto geht so weit, dass sie sogar die Entwicklung des Zeitbegriffs in einen intimen Zusammenhang mit der Geschwisterfolge bringt. In dem eingreifenden Erlebnis der Geburt von nachfolgenden Geschwistern erfährt das Kind leiblich den Ablauf der Zeit und damit eben auch der Zeitrechnung.[479]

Die Zahlen schaffen so etwas wie eine soziale Geometrie, sowohl im Märchen als auch im Leben der Kinder. Über die Zahlen und ihre magischen Geheimnisse fühlt sich das Kind mit dem Märchengeschehen oft tief verbunden. Manchmal glaubt es insgeheim, das Märchen sei nur für es geschrieben, weil dieses seinen eigenen Code teilt – eben seinen persönlichen Kindheitscode.

Zärtlichkeit

»Es gibt nicht nur ein Zärtlichkeitsbedürfnis, sondern auch das Bedürfnis, selbst zärtlich zum anderen zu sein: wir schließen uns in die Güte auf Gegenseitigkeit ein, wir bemuttern uns abwechselnd; wir kehren zur Wurzel jeder Beziehung zurück, dorthin, wo Bedürfnis und Begierde zusammentreffen.«
Roland Barthes

Kürzlich war ich mit meiner kranken Katze beim Tierarzt. Im Wartezimmer saßen zwei Jugendliche mit ihren Hunden, beides undefinierbare Mischlinge. Ich beobachtete die Jungen, wie sie geduldig auf der Holzbank hockten und ihre Tiere unablässig fixierten, ihre extrem behutsamen Bewegungen, so als wären die Hunde schon am Sterben, ihre flüsternden, beschwichtigenden Stimmen, nur zu den eigenen Tieren, kein Wort untereinander, dazu ab und zu ein besorgtes Schielen zu den fremden Hunden. Sie saßen da wie Mütter mit ihren kranken Kleinkindern, voller Mitleid und Anteilnahme. Voller Zärtlichkeit.

Die Szene berührt mich. Unsere pädagogischen Programme zielen doch viel eher auf Lernen und Leistung, auf Haltung, Struktur und Schnelligkeit auf allen Ebenen. Und Zärtlichkeit liegt dazu quer. Sie fügt sich dem nicht ein. Zärtlichkeit braucht ihr eigenes Zeitmaß, ihren eigenen Raum und ereignet sich meist ganz unerwartet. Der Busfahrer streicht dem weinenden Kind über den Kopf. Die Horterzieherin drückt ein Kind, dessen Eltern sich trennen, an sich. Ein Kind gibt dem anderen von seinem Brot zu essen. Zärtlichkeit ist nie wirklich kalkulierbar, planbar, machbar – sie will nur *zugelassen* sein.

Viele Menschen erinnern sich als Erwachsene an die Momente der zärtlichen Zuwendung der Mutter, des Vaters oder anderer Verwandter, wenn sie krank waren (und nicht wenige fügen hinzu, dass sie sich aus eben diesem Grund als Kinder auch häufig krank gestellt oder sogar krank gemacht haben): »Nur wenn ich krank war, konnte ich die Zuneigung und Aufmerksamkeit meiner Mutter für längere Zeit auf mich ziehen (...). Meine Mutter setzte sich auf mein Bett, beugte sich über mich und befühlte mit ihren Mundwinkeln und ihrer Wange meine Stirn und meine Schläfen (...). Diese flüchtigen und doch präzisen Berührungen waren für mich der Gipfel der Zärtlichkeit und Glückseligkeit«[480], schreibt die französische Schriftstellerin Marie Cardinal.

Seltsam, beziehungsweise traurig, dass man erst krank werden muss, um die zärtliche Zuneigung der anderen zu gewinnen. In der Routine des häuslichen Alltags gibt es viel zu wenige Nischen für Zärtlichkeit. Nur abends, im Zwischenreich zwischen Wachen und Schlafen, wenn Vater oder Mutter am Bett vorlesen, erwächst Zärtlichkeit. Das sind die eigentlichen kleinen Sternstunden der Kindheit.

Zaubern

»Und die Welt hebt an zu singen,
triffst du nur das Zauberwort.«
Joseph von Eichendorff

Nur wenige Tage nach dem Tod meines Mannes entschied mein damals neunjähriger Sohn: »Mama, ich will Zauberer werden. Such mir eine Zauberschule!« Obgleich dies noch *vor* Harry Potter lag, war ich keineswegs überrascht. Es erschien mir logisch, dass ein Kind, nachdem alles Verhandeln und alles Weinen versagt hatten, den verlorenen Vater durch Zauber wiederzugewinnen versucht.

Zaubern können ist die Sehnsucht aller Kinder. Durch Zaubern kann das Kind aus der Überfülle seiner Fantasiekräfte seine Welt erschaffen wie ein großer Schöpfergott. Durch Zaubern kann es Wunden heilen und Trennungen ungeschehen machen. Durch Zaubern kann es die Schwerkraft außer Kraft setzen. Es fliegt über die Köpfe der anderen hinweg. Es verwandelt sich in Tier oder Pflanze und bewegt sich gegen den Strom der Zeit. Im Zauberland der Fantasie (denn dies ist hier gemeint, nicht die magischen Tricks der Zauberkünstler) betritt das Kind Orte, die sich geografisch nicht festmachen lassen, wie »das Ende der Welt«, wie »das Land der Ferne« in *Mio, mein Mio* oder die Märchenwiese aus *Frau Holle*, wo die Gegensätze von unten und oben sich versöhnen und eins werden.

Zaubern, das ist wohl das eigentliche Geheimnis für Kinder, löst alle Gesetze von Raum und Zeit auf, die sie gerade so angestrengt und manchmal verzweifelt lernen. Wo gezaubert wird – wie auch immer, wo und warum auch immer –, erscheint für einen Moment das Reich der Freiheit.

Zeit
»Time for a little something«
Alan Alexander Milne

Meine Enkelin ist gerade fünf, als sie auf dem Weg zum Kindergarten entspannt sagt: »Oma, wir sind in der Zeit!« Ich horche auf. Was, frage ich mich, lebt da in dem Kind an Zeitempfinden? Oder vielleicht sogar schon an Zeitängsten, dem Gefühl, womöglich nicht in der Zeit zu sein? Wo, frage ich mich, sind wir denn, wenn wir nicht in der Zeit sind?

Die Welt, in der wir uns bewegen, basiert auf den Koordinaten Zeit und Raum. Wenn wir die Regeln von Zeit und Raum nicht beachten, dann *ticken* wir nicht richtig, dann sind wir mehr oder weniger weggerückt oder gar verrückt. Allerdings vergessen wir nur allzu leicht, welch langen, schweren und oft irritierenden Weg wir als Kinder durchwandern mussten, um das kulturell rechte Maß von Zeit und Raum zu erlangen. Dabei ist ja das rechte Maß keine starre Größe. Der Deutsche platzt womöglich bereits vor Ungeduld, wenn sein ICE sich um zwanzig Minuten verspätet. Der Grieche wartet vielleicht gelassen auf sein Schiff, in der Hoffnung, dass es überhaupt eintrifft und ihn auf seine Insel zurückbringt. Sicher ist gleichwohl: Der Zug wird den Bahnhof ebenso verlassen wie die griechische Fähre den Hafen von Piräus. Das ist der Konsens, auf den jeder vertrauen kann.

Kinder haben noch kein Zeitmaß. Sinn und Ziel aller Erziehung läuft aber darauf hinaus, sie möglichst schnell und gründlich in die kulturellen Zeitstrukturen einzupassen. Pünktlichkeit als moralische und funktionelle Tugend!

Am Anfang des Lebens fehlt dieses Zeitempfinden ganz. Das Neugeborene hat, verwöhnt von seiner Mutterleibexistenz, noch keinen Zeitbegriff.[481] Es erlebt zunächst rein passiv das dumpfe zeitlose Warten auf die Mutter, die ihm in rhythmischen Abständen Nahrung gibt. Bald aber entdeckt das Kind, dass es auf die Zeit, beziehungsweise auf das Geschehen in der Zeit, durch sein eigenes Zutun Einfluss nehmen kann: Wenn es seine Mutter durch Schreien herbeiruft, geht die (Warte-)Zeit schneller um. So findet es seine erste Möglichkeit, mit der Zeit in Dialog zu treten: Man kann die Zeit unterbrechen, man kann sie hinziehen, man kann sie vertrödeln, verlieren oder gewinnen. Die Zeit kann einem lieb werden, wenn sie gut ausgefüllt ist, und verhasst, wenn sie leer und quälend verstreicht. Die frühesten Erfahrungen, die das Kind mit der Zeit macht, sind strukturgebend für sein späteres Leben. Denn wenn sich die Zeit beeinflussen lässt, wie sehr müssen sich später auch ganz andere Dinge im Leben (von mir) lenken lassen. Und umgekehrt: Wenn das Kind nicht aus eigener Kraft, wie etwa durch sein Schreien, auf die Zeit einwirken kann, was wird es dann später überhaupt ausrichten können?

Zeiterfahrung und die Zeit als solche begreifen sind zweierlei. Über viele Jahre hinweg kann das Kind sich überhaupt nicht vorstellen, dass es Zeit außerhalb seiner selbst als Vergangenheit und Zukunft gibt. Erst allmählich und mit vielen Umwegen entwickelt das Kind ein Zeitgefühl. Und wenn es dies tut, dann verkehrt es zunächst einmal die Richtung der Zeit – *rückwärts*, entgegen unserem chronologisch vorwärts gerichteten Strom. Es wendet den Blick zurück in die bislang so abstrakte Vergangenheit: »Damals, als die Mama noch klein war« oder »damals, als der Großvater noch in die Schule ging«, und schrittweise geht es immer weiter zurück in die vergangenen Lebzeiten von Großvater, von Ur- und Ururgroßvater. Das Kind lernt staunend, dass dieses »Ur-Ur« anscheinend kein Ende nimmt, und ihm dämmert, was es bedeutet, Geschichten aus »uralten Zeiten« zu hören.

In einem zweiten Schritt lernt das Kind, den Zeitstrom in chronologischer Weise zu erfassen, wie es für uns Erwachsene selbstverständlich ist. Dies geschieht erst zu einem erstaunlich späten Zeitpunkt. Man kann beobachten, dass das subjektive Zeitbegreifen der Kinder und ihr mathematisches Zeitverständnis über Jahre hinweg auseinanderklaffen. Ich habe beispielsweise Kindern von etwa zehn bis zwölf Jahren oftmals kostbare historische Kinderbücher vorgelegt und sie nach deren Alter befragt. Diese Bücher waren zwischen 1770 und 1850 gedruckt, und ich forderte die Kinder auf: »Kommt, rechnet mal aus, wie alt dieses Buch ist.« Dabei passierte es wiederholt (übrigens so auffällig wiederholt, dass es fast eine Regel war), dass selbst aufgeweckte Kinder einige Minuten angestrengt brüteten, um nach dieser Rechenoperation herauszuplatzen: »Hundert Jahre alt!« Was nichts anderes bedeutet als uralt. Bisweilen schämten sich die anwesenden Lehrer – aber wieso nur? Die Kinder spürten zum Glück nicht den Widerspruch zwischen ihrer eigenen magischen Zeitrechnung und den mathematisch fixierten Zeitmaßen der Erwachsenen. »Ja«, sagte ich dann, »ihr habt recht. Das Buch ist wirklich sehr alt.« Und schon sind wir auf einer anderen Ebene und vor allem dem Buch sehr nahe. Hundert ist die Chiffre für uralt: eine hundert Jahre alte Eiche – ein hundert Jahre altes Buch – ein hundert Jahre alter Mensch! Wer kann das begreifen?

Zeit beziehungsweise Zeitrechnung ist eine mathematische Konstruktion. Dies ist bei uns Konsens. Das Wesentliche liegt aber in ihrer Erfülltheit oder Nichterfülltheit. Rainer Maria Rilkes Kindheitsgedicht bringt dies überzeugend zum Ausdruck: Jene Zeit, die das Kind zwangsweise in der Schule mit Angst, Warten, Einsamkeit und mit »lauter dumpfen Dingen« absitzt, bedeutet ihm ein »schweres Zeitverbringen«.[482] Wir spüren, wie das Kind nicht in sich, nicht bei sich selbst ist. Wenn es allerdings in seinen eigenen Räumen sein darf, in seiner Zimmerecke, am Küchentisch, auf seiner Straße, im Kino oder wo immer, dann lebt das Kind ganz in seiner Zeit, in seiner erfüllten Zeit.

Zeit haben ist nicht nur für Erwachsene ein Zeichen von Freiheit, sondern auch für Kinder. Pippi Langstrumpf verfügt über so viel Zeit wie über Süßigkeiten: nämlich in Fülle. Sie muss ja auch nicht in die Schule gehen. Und Momo in Michael Endes gleichnamigem Buch trotzt den grauen Zeitdieben und gewinnt damit alle Zeit der Welt. Zwei (literarische) Glückskinder also. Solche Glückskinder scheinen immer seltener zu werden: Die Fremdbestimmung über die kindliche Zeit schreitet – stets unter dem Vorwand, das Beste für das Kind zu wollen – rasant voran. Die Terminkalender mancher Kinder sind bisweilen atemberaubend, und man muss gar nicht nostalgisch veranlagt sein, um Sehnsucht zu haben nach den langen und manchmal sogar langweiligen Nachmittagen von *damals*. Damals, als die Zeit noch den Kindern gehörte. *O wunderliche Zeit, o Zeitverbringen, o Einsamkeit.*[483]

Zwillinge

*»So wuchsen wir zusammen,
einer Doppelkirsche gleich.
Im Schein getrennt, doch
in der Trennung eins.«*
William Shakespeare

Elyse Schein und Paula Bernstein wurden am 9. Oktober 1968 im New Yorker Stadtteil Brooklyn als eineiige Zwillinge unehelich geboren. Ihre Mutter gab sie kurz nach der Geburt zur Adoption frei. Die Mädchen wurden von verschiedenen Familien adoptiert, die jeweils nicht über die Existenz einer Zwillingsschwester informiert wurden.

Wunderbarerweise – aber durchaus einer inneren Logik entsprechend – begann eine der Schwestern, Elyse, im Erwachsenenalter nicht nach der Zwillingsschwester zu suchen (diese erschien ihr bisher nur im Traum), sondern, wie es die meisten Adoptivkinder zu tun pflegen, nach ihrer biologischen Herkunftsfamilie. Im Zuge dieser Suche entdeckte sie ihre Zwillingsschwester Paula. Eine dramatische und ergreifende Geschichte, welche die Frauen – beides erfahrene Journalistinnen und engagierte Cineastinnen – in ihrem Buch *Identical Strangers* niedergeschrieben haben.[484]

Die zwei Autorinnen, von Anfang an um ihre Adoption wissend, hingen vor ihrer Begegnung mit der Schwester entschieden der Meinung an, dass die biologische Elternschaft gleich null, die soziale Elternschaft hingegen alles bedeute.[485] Mit dieser Schutzbehauptung konnten sie gut leben und sich gegen allzu große Irritationen wehren. Dass beide zeitweise an Depressionen litten, ist eine andere Sache, vielleicht aber auch der Preis für diese Art der Verdrängung der für sie doch omnipräsenten Frage nach den wirklichen Eltern.

Nachdem die Zwillingsschwestern einander entdeckt hatten (und fortan strukturierte sich ihr Leben nur noch in ein Davor und ein Danach) und nachdem sie in der jeweils anderen ganz verblüffende Ähnlichkeiten, gleiche Schwingungen, gleiche Interessen und fast identische Körpergesten wahrgenommen hatten, geriet ihre ursprüngliche Auffassung ins Wanken und sie mussten sie grundlegend revidieren. Die gemeinsame DNA plus die gemeinsam verbrachten Monate im Mutterleib plus das Geburtserleben selbst haben einen geradezu überwältigenden Einfluss auf das gesamte In-der-Welt-Sein von Zwillingen – so das Résumé des Buches.[486]

Die Menschen haben schon immer mit Erstaunen auf Zwillingsgeburten reagiert. Und sie haben sich, um das Wunder für sich begreifbar zu machen, ihre eigenen Erklärungen gezimmert. Mal galten Zwillinge als gutes Omen. In diesem Fall wurden sie geehrt wie bei den alten Römern und Griechen – nicht zufällig der Mythos von Romulus und Remus als Stadtbegründer. Häufiger aber wurden sie als Boten des Unheimlichen oder gar der Treulosigkeit der Frau betrachtet, in der Annahme, dass ein Mann nicht gleichzeitig zwei Kinder gezeugt haben könne. In Japan wurden Zwillinge sofort nach der Geburt getrennt und in vielen Regionen Afrikas wurden noch zu Beginn des 20. Jahrhunderts einer oder auch beide getötet. Der Anthropologe Eduard Westermarck schreibt: »Überall in Westafrika glaubt man, dass die Stämme, die sie (die Zwillinge) nicht umbringen, große Sorgfalt aufwenden müssen, um zu verhüten, dass sie selbst sterben.«[487]

Ein zentrales, bisweilen lebenslanges Thema ist für viele Zwillinge das des Wettbewerbs. Wer entschlüpfte als Erster dem Mutterleib?

(Es muss doch mehr sein als rein zeitlicher Vorsprung). Was führt die Mutter oder den Vater dazu, den einen mehr als den anderen zu lieben? So wie im Fall von Jakob und Esau, wo die Mutter Rebekka ihrem Herzenskind Jakob auf trügerische Weise für ein Linsengericht das Erstgeburtsrecht verschafft.

Vermutlich verlagert sich in diesen Geschichten etwas auf die emotionale und religiös-spirituelle Ebene, was in Wirklichkeit körperlich verankert ist. Da wachsen zwei Wesen in einer sonst nie gekannten Symbiose heran (im Fall der eineiigen Zwillinge hundertprozentig identische DNA). Sie haben während ihrer Zeit im Mutterleib keinen einzigen Moment getrennt voneinander gelebt, ununterbrochen fühlten sie die Präsenz des anderen, seine Bewegungen, sein Kreisen, seine Stöße, seine Rhythmen und nicht zu vergessen seinen Geruch.

Und dann die Geburt: Aus der Perspektive von Zwillingen ist die Geburt doppelt traumatisch. Sie bedeutet Trennung vom Paradies des Mutterleibes und gleichzeitig Trennung vom vorgeburtlichen Doppelgänger.[488] Mit der Geburt muss jedes Zwillingskind die Leistung vollbringen, sich auf eine neue Dreierstruktur einzulassen: Mutter – Kind und Kind.[489] Es ist kaum vorstellbar, dass die Mutter ihre Aufmerksamkeit und Liebe – und auch ihre Brust – permanent gleich verteilt.

Nichts von diesen Prozessen spielt sich bewusst ab. Alles ist noch (fast) reines Körpergeschehen – weit entfernt vom Sprachlichen. Und eben deshalb sind diese Dinge so schwer greifbar, so schwer deutbar und auch so schwer erinnerbar. Im Nachhinein verdichtet sich das früh Erlebte oftmals zu der lebenslangen Überzeugung, dass der eine der Augapfel von Vater oder Mutter (oder gar beiden) war. Der andere dagegen der Benachteiligte, der Ungeliebte. (Das Unbewusste schafft sich seine Mythen vorzugsweise in Extremen. Ganz oder gar nicht, ohne jede Zwischentöne. Das Unbewusste übertreibt immer.)

Um das bedrohliche und allzeit präsente Thema der Konkurrenz zu entschärfen, finden die allermeisten Zwillingspaare doch ihre gemeinsame Lösung, ihren Weg, damit umzugehen. Eine Methode liegt darin, den Akzent ganz auf das Eins- statt auf das Zweisein zu richten: sich als Doppelwesen eins fühlen, das Leben als eins führen. Tatsächlich gibt es viele Zwillinge, denen diese Lösung auf den Leib geschnitten ist. Sie trennen sich so gut wie nie. Sie kleiden sich ein Leben lang identisch. Und sie verfügen beide über ein empathisches Gespür, das sie mit dem anderen innerlich verbindet, selbst im Fall einer erzwungenen äußeren Trennung.

Andere suchen andere Wege. Für viele Zwillingspaare, unabhängig davon ob ein- oder zweieiig, offenbart sich schon auffallend früh eine Art Hierarchie, die sich dann im späteren Leben weiter vertieft und die für beide eine relativ stabile Struktur bietet. Für gewöhnlich ordnet sich der eine der Dominanz des anderen unter, er zieht sich leise zurück, ist stiller als der andere, vielleicht wird er zum Träumer. Auf jeden Fall richtet er sich im Schatten des anderen ein. Der andere hingegen darf die Lichtseite leben, im Vordergrund stehen, die Stimme erheben, zum Sprachrohr nicht nur für sich selbst, sondern gleich für beide werden. (Wie in manchen ähnlich strukturierten Ehen bezahlt dabei jeder seinen Preis.)

Und schließlich gibt es jene Zwillingspaare, die gegen das Zwillingsklischee des Doppelwesens aufbegehren. Sie wollen sich von Anfang an, entschieden und aggressiv, vom anderen abgrenzen. Bloß nicht dieselben Kleider! Bloß nicht dieselbe Frisur und dieselben Weihnachtsgeschenke! Sie wollen ihr Eigenes, keine Gleichmacherei. Es sind meist von früh an starke Persönlichkeiten, die sich durchsetzen und abgrenzen wollen, und sie legen diese Haltung meist lebenslang nicht ab. Oft ist es so, dass sie erst in Krisenzeiten, etwa während der Pubertät, ernsthaft spüren, wie nahe sie sich in Wirklichkeit sind, wie sehr sie den anderen doch auch innerlich brauchen.

Jedes Zwillingspaar findet am Ende seinen Weg – zwischen Last und Lust. Aber es ist notwendig, dass beide gemeinsam diesen Weg festlegen – wie er auch aussehen mag. Lesen Sie noch einmal Erich Kästner *Das doppelte Lottchen*.[490] Die beiden wissen den Weg.

ANMERKUNGEN

1 — Mit der Zeugung beginnt das Rätsel des menschlichen Lebens: »Das Problem der Beseelung ist naturwissenschaftlich nicht fassbar. Die Annahme der Personalität des Menschen von Anfang an beinhaltet aber die tiefe Überzeugung, dass die Wirklichkeit des *Menschen* mehr ist, als mit naturwissenschaftlichen Methoden begründet und mit philosophischen Meinungen erläutert werden kann.« Erich Blechschmidt: Wie beginnt das menschliche Leben? Vom Ei zum Embryo. Stein am Rhein 1984, S. 161. [5. Aufl.]

2 — Schon mit dem Heranwachsen im Mutterleib scheint das Leben in der Moderne kompliziert zu werden. Nicht jedes Kind hat das Glück, in *seinem* Mutterleib heranzureifen. Viele machen inzwischen die Erfahrung, in einem fremden Leib, dem einer Leihmutter, heranzuwachsen. Siehe hierzu Andreas Bernard: Kinder machen. Neue Reproduktionstechnologien und die Ordnung der Familie. Samenspender, Leihmütter, Künstliche Befruchtung. Frankfurt am Main 2014.

3 — Der Begriff stammt von Jennifer Greene: Wasser braucht eine neue Wissenschaft. In: Claus Biegert und Georg Gaupp-Berghausen (Hrsg.): Vom Wesen des Wassers. München 2006, S. 31.

4 — Ronald D. Laing: Die Tatsachen des Lebens. München 1990, S. 55.

5 — Man darf sich diese Phase, in der das Kind noch gänzlich ohne (eigene) Sprache lebt, also sich noch nicht sprachlich mitzuteilen vermag, durchaus analog vorstellen zu jener Phase der Menschheitsgeschichte, als die Sprache nur rudimentär angelegt und in ihrer Entstehung begriffen war: »Bei Menschenkindern läuft die Evolution der Sprache noch einmal im Zeitraffer ab.« Gerald Traufetter: Sprache. Der Anfang was das Wort. In: Spiegel Special, Die Entschlüsselung des Gehirns, 04/2003.

6 — *Der erste Mensch* lautet der Titel der Autobiografie von Albert Camus. Reinbek bei Hamburg 1998.

7 — Der hier formulierte Grundgedanke – »Die Ontogenese ist die kurze Wiederholung der Phylogenese« – stammt ursprünglich von Ernst Haeckel, siehe Frank R. Wilson: Die Hand – Geniestreich der Evolution. Ihr Einfluss auf Gehirn, Sprache und Kultur des Menschen. Reinbek bei Hamburg 2002, S. 187. Verschiedene Gelehrte wie etwa Sigmund Freud, C. G. Jung und Rudolf Steiner haben diesen Gedanken aufgegriffen und auf ihre Weise weitergedacht. Sigmund Freud schreibt: »Fassen wir aber die Beziehung zwischen dem Kulturprozess und dem Entwicklungs- oder Erziehungsprozess des einzelnen Menschen ins Auge, so werden wir uns ohne viel Schwanken dafür entscheiden, dass die beiden sehr ähnlicher Natur sind, wenn nicht überhaupt derselbe Vorgang an andersartigen Objekten.« Sigmund Freud: Das Unbehagen in der Kultur. In: Gesammelte Werke, Band XIV, London 1948, S. 499.

8 — Dieser Satz von Heraklit war übrigens der erste Satz, den meine Marburger Professorin in der für mich damals ersten Vorlesung vortrug. Er galt mir als ein wichtiges Signal. Sie – Maria Dorer (1898–1974) – wollte uns Studierende damals nicht *klein*, wohl aber *demütig* machen angesichts der großen Wissenschaft, in die sie uns einführte.

9 — Antoine de Baecque und Serge Toubiana: François Truffaut. Biographie. Köln 2004, S. 31. [2. Aufl.]

10 — Ich unterscheide wirkliches *Begehren* von einem von außen induzierten Wünschen. Natürlich kann es sein, dass das Vorschulkind durch ältere Geschwister angeregt oder angesteckt wird, Buchstaben zu erlernen, aber normalerweise ist das Kind im Vorschulalter viel zu sehr mit anderem beschäftigt. Sein Universum sind die *Dinge*, die Tiere und Menschen, und noch nicht die Buchstaben.

11 — Daniel Pennac: Schulkummer. Köln 2010, S. 28ff.

12 — Unsere Buchstaben, ursprünglich Hieroglyphen, sind im Grunde die in Zeichen geronnenen Wesen der Dinge. In der hebräischen Sprache ist dies bis heute deutlich erkennbar, wenn einzelne Buchstaben in ihrer Form das Wesen des Objekts ausdrücken, wie beispielsweise die Buchstaben Aleph, Beth oder Gimel.

13 — Donata Elschenbroich: Weltwissen der Siebenjährigen. Wie Kinder die Welt entdecken können. München 2001, S. 201.

14 — Längst sind es nicht nur Paare, die ein Kind adoptieren, sondern auch Einzelpersonen. Die Schwierigkeiten dabei sind nicht weniger groß, manchmal sogar wesentlich größer. Siehe Olivier Poivre d'Arvors Bericht: Le jour où j'ai rencontré ma fille. Paris 2013.

15 — »Eine uneheliche Schwangerschaft war eine Schande, sie war zu schwer zu ertragen für eine alleinstehende Frau. Ohne Geld, missachtet von der Gesellschaft, gab es für sie nur eine Lösung: die Adoption.« Jung: Couleur de peau: miel. Toulon 2007, Band 1, S. 124.

16 — Sigmund Freud: Die Verdrängung. In: Gesammelte Werke, Band X, London 1946, S. 248ff.

17 — Der englische Film »Philomena« beschreibt nicht nur die leidvolle Geschichte der jungen Mütter, die ihre Kinder abgeben mussten, und der Kinder selbst, die mit ihren vagen Erinnerungen leben mussten, sondern ebenso das gut organisierte System der Auslandsadoptionen, mit denen die katholische Kirche in Irland sich bereicherte. Die Klöster gaben den jungen (unehelichen) Müttern Unterkunft und die Möglichkeit, zu entbinden, ließen sie eine Zeitlang dort leben und arbeiten und verkauften deren Kinder ins Ausland.

18 — Jung: Couleur de peau: miel. [wie Anm. 15] S. 28.

19 — Paare, die wegen Unfruchtbarkeit des einen oder anderen Partners (oder beider) Kinder adoptieren, bilden die Mehrheit unter den Adoptiveltern. Gleichwohl gibt es nicht wenige Familien, die zu den eigenen leiblichen Kindern Adoptivkinder hinzunehmen. In der Wahrnehmung des Koreaners Jung, der in den Siebzigerjahren nach Belgien adoptiert wurde (in eine Familie mit schon vier leiblichen Kindern), entsprach die Adoption eines »Asiaten«, wie er selbstironisch sagt, damals regelrecht einer Mode und gehörte zum guten Geschmack wohlhabender Bürger.

20 — Johann Wolfgang von Goethe, Selige Sehnsucht.

21 — »Ich kann bezeugen, dass der Schmerz über Unfruchtbarkeit nicht nur von Frauen durchlitten wird.« Olivier Poivre d'Arvor, S. 129.

22 — Jung: Couleur du peau: miel, Band I, S. 136.

23 — Cordelia Edvardson: Gebranntes Kind sucht das Feuer. München 1991, S. 37. [3. Aufl.]

24 — Erik H. Erikson: Identität und Lebenszyklus. Frankfurt am Main 1966, S. 62ff.

25 — Sigmund Freud: Der Familienroman des Neurotikers. In: Gesammelte Werke, Band VII, London 1941, S. 225–231.

26 — *Angst essen Seele auf* ist der Titel eines Films von Rainer Werner Fassbinder aus dem Jahre 1974.

27 — Diese Auffassung vertritt vor allem der Psychoanalytiker Otto Rank in seinem erstmals 1924 veröffentlichten Werk *Das Trauma der Geburt und seine Bedeutung für die Psychoanalyse*. Gießen 2007. Auch die moderne Forschung bestätigt diese Annahme: »Zellen können sich dank ihres Epigenoms erinnern«, so der Molekularbiologe Renato Paro. In: Peter Spork: Der zweite Code. Epigenetik – oder wie wir unser Erbgut steuern können. Reinbek bei Hamburg 2009, S. 20.

28 — C. G. Jung: Archetypen. München 2009.

29 — »Man darf heutzutage wohl den Satz aussprechen, dass die Archetypen in den Mythen und Märchen, wie im Traum und in psychotischen Phantasieprodukten erscheinen.« C. G. Jung: Zur Psychologie des Kindarchetypus. In: C. G. Jung: Archetypen, S. 109.

30 — Ebenda, S. 119.

31 — Donald W. Winnicott: Vom Spiel zur Kreativität. Stuttgart 1979, S. 82. [2. Aufl.]

32 — Siehe hierzu Karlfried Graf Dürckheim: Hara. Die Erdmitte des Menschen. Wien 1992.

33 — Ferdinand Herrmann: Der Atem in Symbolik und Lebensübung. In: Lucy Heyer-Grote: Atemschulung als Element der Psychotherapie. Darmstadt 1970, S. 25.

34 — Thomas Mann sagt in der Festrede zum 80. Geburtstag von Sigmund Freud am 8. Mai 1936 in Wien, »dass es kein tieferes Wissen ohne Krankheitserfahrung gibt und alle höhere Gesundheit durch die Krankheit hindurchgegangen sein muss.« In: Thomas Mann: Freud und die Psychoanalyse. Reden – Briefe – Notizen – Betrachtungen. Hrsg. von Bernd Urban. Frankfurt am Main 1991, S. 72.
35 — Thomas J. Weihs: Das entwicklungsgestörte Kind. Heilpädagogische Erfahrungen in Camphill-Gemeinschaften. Frankfurt am Main 1983, S. 86.
36 — *Rain Man*, 1988, Regie: Barry Levinson, mit Dustin Hoffman und Tom Cruise
37 — Die Methoden der Diagnostik variieren »von der einfachen Autismus-Checkliste bis hin zum umfänglichen Sieben-Stunden-Interview«. Johann Grolle: Flattern, quieken, zucken. In: Der Spiegel, 35/2014, S. 104.
38 — Der Begriff *Autismus* stammt von dem Schweizer Psychiater Eugen Bleuler (1911). »Bleuler charakterisierte mit diesem Begriff das Verhalten schizophren Erkrankter, sich in eine gedankliche Binnenwelt zurückzuziehen, zunehmend weniger Kontakt zu ihren Mitmenschen aufrechtzuerhalten und sich traumhaft-phantastischen Gedanken in sich gekehrt und umweltabgewandt hinzugeben.« Helmut Remschmidt: Autismus. Erscheinungsformen, Ursachen, Hilfen. München 2008, S. 9. [4. Aufl.]
39 — Siehe Martin Dornes: Die Seele des Kindes. Entstehung und Entwicklung. Frankfurt am Main 2006, S. 142 ff.
40 — Eine Sonderstellung nahm von Anfang an die Position der Psychoanalyse ein, vor allem repräsentiert durch Bruno Bettelheim, der den Autismus als eine Störung zwischen Mutter und Kind interpretierte. Nach Bettelheim erlernt das Kind in der Beziehung zur Mutter jenes Simultangeschehen von Wechselseitigkeit einerseits (das Wohl des Kindes entspricht dem der Mutter und umgekehrt) und andererseits der Entfaltung einer eigenen und einzigartigen Persönlichkeit (»Es ist mein Lächeln, das den Glanz im Auge der Mutter bewirkt, nicht irgendein beliebiges Lächeln!«). Auf diesen beiden Prämissen beruht Menschwerdung. Gelingt der Einigungsprozess nicht, dann zieht sich das Kind in sich zurück. Es enttäuscht damit die Erwartungen seiner Mutter, was zu Kränkung und Rückzug ihrerseits führen kann – kurz: Ein Teufelskreis von einander Missverstehen setzt sich in Gang und führt zu immer weiterer Resignation und Regression des Kindes. Siehe Bruno Bettelheim: Die Geburt des Selbst. München 1977.
41 — Johann Grolle: Flattern, quieken, zucken. [wie Anm. 37], S. 103.
42 — David Johnston: Federico García Lorca: Leben hinter Masken. Biografie. Düsseldorf 2003, S. 30.
43 — Markus 8, 23–24.

44 — Steven Spielberg sagt in einem Interview: »Der Film war eine reine Manifestation meiner Gefühle für meine Mutter und meinen Vater. Eigentlich dreht sich der ganze Film um Scheidung. Henry (Elliotts) Begehren, einen Vater zu finden – indem er E. T. in sein Leben hineinbrachte, um das schwarze Loch auszufüllen –, das entsprach genau meinem Kampf, irgendjemanden zu finden. Irgendjemand, der den Vater ersetzen sollte, von dem ich überzeugt war, dass er mich verlassen hatte.« In: Zeitschrift LIFE, Juni 1999, S. 68.
45 — Der sehr zutreffende Begriff *Einigungsdialog* stammt von dem Psychoanalytiker und Soziologen Alfred Lorenzer: Zur Begründung einer materialistischen Sozialisationstheorie. Frankfurt am Main 1972.
46 — John Bowlby: Bindung. Eine Analyse der Mutter-Kind-Beziehung. München 1969.
47 — Alan Alexander Milne: Pu der Bär. München 2005.
48 — Anne Frank: Tagebuch. Frankfurt am Main 2001.
49 — In Marburg befindet sich die bundesweit einmalige Blindenstudienanstalt. Über die Jahre haben viele blinde Schüler sich durch das Marburger Kindheitsmuseum getastet. Das Kindheitsmuseum bestand von 1979 bis 2009 als private Gründung. Es beherbergte eine umfangreiche Sammlung kindbezogener Objekte, Spielzeug und Kinderbücher. Die Spezialsammlung jüdischer historischer Kinderbücher, das Kernstück des Kindheitsmuseums, befindet sich heute in der Bibliothek des Leo Baeck College, London. Siehe Charles Barry Hyams und Helge-Ulrike Hyams: Kindheitsmuseum. Marburg 1983; sowie H.-U. Hyams, K. Klattenhoff, K. Ritter und F. Wißmann (Hrsg.): Jüdisches Kinderleben im Spiegel jüdischer Kinderbücher. Oldenburg 2001 [2. Aufl.].
50 — Jacques Lusseyran: Das wiedergefundene Licht. Die Lebensgeschichte eines Blinden im französischen Widerstand. Stuttgart 1989, S. 29.
51 — Ebenda, S. 38.
52 — Dorothy Burlingham: Labyrinth Kindheit. Beiträge zur Psychoanalyse des Kindes. München 1980, S. 154.
53 — Jacques Prévert: Gedichte und Chansons. Französisch und deutsch. Reinbek bei Hamburg 1984, S. 155.
54 — Hans-Ulrich Treichel: Hinter dem Hühnerstall. In: Iris Grädler (Hrsg.): Zauber der Kindheit. Bekannte Autoren aus aller Welt erzählen aus ihrer Kinderzeit. Gütersloh und München 2009, S. 84.
55 — Hiner Saleem: Das Gewehr meines Vaters. Eine Kindheit in Kurdistan. München 2004, S. 26.
56 — Daniel Pennac: Schulkummer. S. 30.

57 — In einer Gesellschaft wie der unsrigen, in der Initiationsrituale für den Übertritt ins Erwachsenenalter kaum oder gar nicht existieren, erfinden Jugendliche in ihrer Gruppe oft ihre eigene Art der Initiation. Bisweilen offenbaren die Rituale in frei gewählten Cliquen von Mädchen oder Jungen verblüffende Analogien zu traditionellen Initiationsriten von Naturvölkern. Siehe hierzu Bruno Bettelheim: Die symbolischen Wunden. Pubertätsriten und der Neid des Mannes. Frankfurt am Main 1982.
58 — Es gibt Menschen, die auch im Erwachsenenalter am pubertären Wir-Gefühl festhalten, die sich ausschließlich in der Gruppe lebendig und wohl fühlen. Ohne Gruppe sind sie verloren. Den Weg in die personale Individuation und damit individuelle Verantwortlichkeit haben sie verpasst. Dass jeder von uns auch gleichzeitig Gruppenmensch ist, gern in Gemeinschaft agiert – arbeitet, isst, tanzt und singt –, ist eine andere Sache.
59 — Otto Rank: Das Trauma der Geburt und seine Bedeutung für die Psychoanalyse. [wie Anm. 27], S. 157.
60 — Amy Chua: Die Mutter des Erfolgs. Wie ich meinen Kindern das Siegen beibrachte. München 2011.
61 — Jean-Denis Bredin: Trop bien élevé. Paris 2007, S. 22ff.
62 — Anna Freud: Das Ich und die Abwehrmechanismen. Frankfurt am Main 2003. Außerdem Anna Freud und Dorothy Burlingham: Heimatlose Kinder. Zur Anwendung psychoanalytischen Wissens auf die Kindererziehung. Frankfurt am Main 1971.
63 — Peter Handke: Das Gewicht der Welt. Ein Journal (November 1975–März 1977). Frankfurt am Main 1979, S. 114.
64 — Ebenda, S. 141.
65 — Margaret Atwood: Der lange Traum. Düsseldorf 1979, S. 75.
66 — Es ist kein Geheimnis, dass der Frosch, das glitschige grüne Ekeltier, das im Mädchen so starke Emotionen erweckt, im Märchen als Symbol für den Mann steht. Das Mädchen muss – zumindest in diesem Moment seiner Entwicklung – den ekligen Frosch-Mann fliehen. Lieber mit goldenen Kugeln spielen, lieber wieder Kind sein, als die geschlechtliche Reifung annehmen. Und Ekel ist, wie das Märchen zeigt, eine wirksame Waffe gegen (erwachende) Geschlechtlichkeit.
67 — Judith S. Wallerstein, Julia M. Lewis und Sandra Blakeslee: Scheidungsfolgen. Die Kinder tragen die Last. Eine Langzeitstudie über 25 Jahre. Münster 2002, S. 31ff.
68 — Astrid Lindgren: Das entschwundene Land. Hamburg 1977.
69 — Der französische Philosoph André Comte-Sponville behauptet, dass im Verhältnis der Geschlechter zueinander – vor allem in ihrer Funktion als Eltern – die Komplementarität höher anzusetzen sei als die Harmonie – eine mutige Aussage.

»Die Liebe der Mutter, das Gesetz des Vaters … Das sagt natürlich nicht, dass die Frauen nicht auch befehlen können und die Männer unfähig seien zur Liebe. Aber es sagt vielleicht dies: dass die Liebe und das Gesetz zwei verschiedene Dinge, und alle beide notwendig sind. Das kann man in der Bibel lesen, im Alten und im Neuen Testament, und auch die Psychoanalyse widerspricht dem nicht, ebenso wenig die Soziologie, die Ethnologie und unsere Erfahrung – immer schwierig, immer schmerzlich – mit der Familie. Dadurch erkennt das Kind – und es muss dies erkennen –, dass es etwas gibt, was höher ist als es selbst: das Gesetz. Und etwas, was höher ist als das Gesetz: die Liebe.« André Comte-Sponville. Le goût de vivre et cent autres propos. Paris 2010, S. 45.

70 — Reimara und Otto E. Rössler: Jonas' Welt. Das Denken eines Kindes. Reinbek bei Hamburg 1994, S. 59.

71 — Janusz Korczak: Wie man ein Kind lieben soll. Göttingen 2008, S. 40.

72 — Nach deutschem Recht ist das Kind bis zu seinem 14. Geburtstag *Kind*.

73 — Françoise Dolto: Enfances. Erinnerungen in die Kindheit. Weinheim und Berlin 1987, S. 12 ff.

74 — Albert Camus: Der erste Mensch. Reinbek bei Hamburg 1998.

75 — Pierre Loti: Roman eines Kindes. Zürich 1994, S. 10.

76 — Ebenda, S. 11.

77 — Sigmund Freud: Abriss der Psychoanalyse. In: Gesammelte Werke, Band XVII, London 1941, S. 115.

78 — Essstörungen gehören derzeit zu den am weitest verbreiteten Verhaltensauffälligkeiten. Täuschen wir uns nicht: Es können harmlose Erscheinungen sein, aber sie können auch lebensgefährlich und sogar tödlich sein wie etwa die Magersucht.

79 — Amos Oz: Ein Kind aus Jerusalem. In: Iris Grädler: Zauber der Kindheit. [wie Anm. 54], S. 348.

80 — Iwiyé Kalla Lobé In: Ferdinand Ezémbé: L'enfant africain et ses univers. Paris 2009, S. 89.

81 — »L'imam gay«, Reportage von Ilana Navaro, gesendet in der Reihe *Les pieds sur terre*, Radio France Culture, 19. November 2013.

82 — Die umfassendste und beste Arbeit über die Realität und die Folgen der modernen Fertilitätsmedizin stammt von Andreas Bernard: Kinder machen. [wie Anm. 2]

83 — Dass dies durchaus nicht immer der Fall ist, dass sich also nicht alle Menschen von ihren Müttern angenommen fühlen, ist bekannt. Aber auch diese Menschen tragen meist das Ideal einer bedingungslosen Liebe in sich, das sie, wenn schon nicht selbst als Kind erlebt, so doch in ihrer eigenen Familie zu realisieren hoffen.

84 — Kinder- und Hausmärchen gesammelt durch die Brüder Grimm – mit Zeichnungen von Otto Ubbelohde und einem Vorwort von Ingeborg Weber-Kellermann. Erster Teil. Frankfurt am Main 1974, S. 176.
85 — Ursula Scheu: Wir werden nicht als Mädchen geboren, wir werden dazu gemacht. Frankfurt am Main 1978.
86 — Ingrid Riedel: Farben. In Religion, Gesellschaft, Kunst und Psychotherapie. Stuttgart 1986, S. 28. [5. Aufl.]
87 — Häufig müssen sich diese Kinder splitten und die Ferien nacheinander in verschiedener Besetzung mit verschiedenen Partnern und Partnerinnen und deren Kindern verbringen – eine große emotionale Herausforderung, manchmal auch Überforderung für das Kind. Siehe Helge-Ulrike Hyams: Kinder wollen keine Scheidung. Stuttgart 2002.
88 — Es versteht sich von selbst, dass viele Familien aus den unterschiedlichsten Gründen keine Ferien für sich planen können.
89 — Manche Familien streiten sich schon in der wochen- bis monatelangen Planungsphase, weil die gemeinsame Einigung über Ferien, die für alle gleichermaßen gut sind, schier nicht gelingen will.
90 — Die inspirierende Idee für den Film, Drehbuch und Schauspielerei – das ist das eine. Die technische Umsetzung, das *Filmen* selbst, die Kameraführung ist das andere. Was übrigens häufig vergessen wird.
91 — René Spitz: Vom Säugling zum Kleinkind. Naturgeschichte der Mutter-Kind-Beziehungen im ersten Lebensjahr. Stuttgart 1974, S. 153.
92 — Der Film *Kinder des Olymp* (Regie: Marcel Carné) entstand unter schwierigsten Bedingungen während der deutschen Okkupation; er wurde unmittelbar nach Kriegsende in Paris uraufgeführt.
93 — Siehe Arnaud Laster (Hrsg.) Jacques Prévert: Un Poète. Paris 1998, S. 18.
94 — Hans Baumann: Flügel für Ikaros. München 1997.
95 — Theodor Storm: Der kleine Häwelmann. Mit Bildern von Else Wenz-Vietor. Oldenburg 1926.
96 — René Spitz, Vom Säugling zum Kleinkind. S. 152ff.
97 — Nicht immer tragen sie wirklich sicher. In Angstträumen fällt und stürzt das Kind, da versagen die Flügel und entsprechend versagt auch das Vertrauen auf die eigene Kraft.
98 — Richard Bach: Die Möwe Jonathan. Berlin 1987, S. 79.
99 — Der Ausdruck vom *entgleisten Dialog* stammt von dem Genfer Kinderanalytiker René Spitz [wie Anm. 91].
100 — Emil Bock: Kindheit und Jugend Jesu. Stuttgart 1949, S. 122.

101 — Marcel Reich-Ranicki: Revolte im Wohlstand. In: Der Spiegel 33/1999. (Vorabdruck aus dem Buch »Mein Leben«, Frankfurt 1999.)
102 — Reimara und Otto E. Rössler: Jonas' Welt. [wie Anm. 70] S. 51.
103 — Jean-Jacques Sempé: Kindheiten. Ein Gespräch mit Marc Lecarpentier. Zürich 2012, S. 27ff.
104 — Antoine de Saint-Exupéry: Der kleine Prinz. Düsseldorf 2006, S. 92.
105 — »Die Gestalt des Menschen ist aufrecht; er ist hierin einzig auf der Erde«, sagt Johann Gottfried Herder in seinen *Ideen zur Philosophie der Geschichte der Menschheit*. Siehe Martin Bollacher (Hrsg.): Herders Werke, Band 6, Frankfurt am Main 1989, S. 111.
106 — »Wie allen Kindern war mir der Wunsch eingeboren, mich unsichtbar zu machen, aus dunkler Sicherheit gefährlich in den Tag hineinzulauern…«. Hans Carossa: Der Garten. In: Hans Bender (Hrsg.): Das Insel-Buch der Gärten. Frankfurt am Main 1985, S. 145.
107 — Zur Idee und Geschichte der interkulturellen Gärten siehe Christa Müller (Hrsg.): Urban Gardening: Über die Rückkehr der Gärten in die Stadt. München 2011.
108 — Helmut Heiland: Friedrich Fröbel in Selbstzeugnissen und Bilddokumenten. Reinbek bei Hamburg 1982.
109 — Im Lied *Stille Nacht, heilige Nacht* heißt es: »Christ, in deiner Geburt«.
110 — Mütter haben ein archaisches Empfinden von *Intaktheit* ihrer Kinder, ähnlich dem Empfinden von Kindern selbst. Innere Krankheiten sind für das bloße Auge unsichtbar, also fixiert sich die erste Wahrnehmung auf äußere Unversehrtheit. Keine Frau hat den Anspruch auf ein gesundes Kind, jede aber hat diesen Wunsch.
111 — Das Wort *Angst* leitet sich her aus *Enge*, und diese unter der Geburt gespürte körperliche Enge ist die Matrix für zukünftige Formen von Angst im Leben eines Menschen.
112 — Otto Rank: Das Trauma der Geburt und seine Bedeutung für die Psychoanalyse. Gießen 2007.
113 — In den Träumen, Märchen und Mythen erscheint häufig das Motiv des Verschlungen- oder des Gefressenwerdens, das wir unschwer als Rückkehr in den Mutterleib deuten können. Bekannte Beispiele etwa sind *Rotkäppchen*, *Der Wolf und die sieben Geißlein* sowie die alttestamentarische Geschichte vom Propheten Jona, der vom Fisch verschlungen wird.
114 — In Deutschland hat sich der Anteil der Geburten unter Kaiserschnitt in zwei Jahrzehnten mehr als verdoppelt, von 15,3 % (1991) auf 31,7 % (2012). Rein medizinische Indikationen nehmen dabei einen vergleichsweise geringen Anteil ein, nämlich knapp 10 %. Die übrigen Entscheidungen für Kaiserschnitt entspringen

eher einem allgemeinen Sicherheitsbedürfnis (sowohl vonseiten der Frauen
als auch vonseiten der Ärzte) oder/und terminlichen Erwägungen. Siehe Joannis
Mylonas und Klaus Friese: Elektiver Kaiserschnitt. In: Deutsches Ärzteblatt.
Medizin studieren. Heft 4/2015, S. 27.
115 — Geburt und Tod sind im Unterbewusstsein stets eng verbunden. Eines ist
ohne das andere nicht vorstellbar. Der Tod im Kindbett gehörte in der Vergangenheit der Menschen fast zur Normalität – und auch heute noch gibt es in vielen
Ländern der Welt hohe Sterblichkeitsquoten bei Neugeborenen.
116 — Viele alte Männer schweigen sich aus über den Krieg. Wenn sie aber ins
Reden kommen, wiederholen sie immer und immer wieder jene Szenen, in denen
sie mit dem Tod konfrontiert und ihm doch entkommen sind. Es ist, als könne
das Reden selbst die erregte Seele beschwichtigen und das glückliche Überleben
untermauern.
117 — Ruth Klüger: Weiter leben. Eine Jugend. München 1997. [6. Aufl.]
118 — Marcel Reich-Ranicki: Die besten deutschen Gedichte. Berlin 2012, S. 21.
119 — Dass es überdies die streng gehüteten und bisweilen krankmachenden Familiengeheimnisse gibt (verschwiegene außereheliche Kinder, Adoptionslügen, untergeschobene Kinder – die Möglichkeiten sind, insbesondere seit der Ausweitung
der Fertilitätsmedizin schier unendlich), ist inzwischen bekannt. Siehe hierzu
Serge Tisseron: Secrets de famille. Mode d'emploi. Paris 2013.
120 — Patrick Süskind: Das Parfum. Die Geschichte eines Mörders. Zürich 1994,
S. 16ff.
121 — Dies ist die ideale Schilderung der Mutter-Kind-Beziehung. In Wirklichkeit
ist sie höchst störungsanfällig. Immer aber ist die Ablehnung des Geruchs ein
deutlicher Hinweis auf eine solche Störung. Wenn die Mutter ihr Kind nicht
riechen kann, kann sie es nicht wirklich innerlich annehmen. Der Volksmund
(»jemanden nicht riechen können«) trifft genau den Kern.
122 — Reimara und Otto E. Rössler: Jonas' Welt. [wie Anm. 70] S. 51.
123 — Tatsächlich werden diese Zusammenhänge von der modernen Hirnforschung
bestätigt. »Das Gedächtnis ist aus dem Geruchssinn entstanden. Das weiß man
von Babys. Wenn sie geboren werden, wissen sie aufgrund des Geruchs sofort, wo
sie die Milch herbekommen und wem sie vertrauen können. Hirnphysiologisch
ist es nachweisbar, dass sich die mit dem Geruch assoziierten Regionen später mit
der Gedächtnisverarbeitung befassen.« Hans J. Markowitsch. In: Matthias Eckoldt
(Hrsg.): Kann das Gehirn das Gehirn verstehen? Gespräche über Hirnforschung
und die Grenzen unserer Erkenntnis. Heidelberg 2013, S. 28.
124 — Kurt R. Eissler: Goethe. Eine psychoanalytische Studie 1775–1786, Basel 1984,
Band 1, S. 386.

125 — Thomas Mann: Joseph und seine Brüder. Band 1. Die Geschichten Jaakobs. Der junge Joseph. Frankfurt am Main und Hamburg 1971, S. 351.
126 — Der Ausdruck vom *Glanz im Auge der Mutter* stammt von dem Psychoanalytiker Heinz Kohut: Narzissmus. Eine Theorie der psychoanalytischen Behandlung narzisstischer Persönlichkeitsstörungen. Frankfurt am Main 1976, S. 141.
127 — Anna Freud: Das Ich und die Abwehrmechanismen. [wie Anm. 62]
128 — Hannah Green: Ich hab dir nie einen Rosengarten versprochen. Reinbek bei Hamburg, 2001. [2. Aufl.]
129 — Die 1979/80 in China eingeführte Ein-Kind-Politik wurde im Oktober 2015 offiziell für beendet erklärt. Künftig darf jedes Paar zwei Kinder haben.
130 — Gertrude Stein: Picasso. London 1984, S. 14ff.
131 — In Wahrheit ist dieser Vorgang höchst sensibel und störungsanfällig: Wo Gesichtsmimik und Gefühlsäußerungen auseinanderbrechen oder gar -klaffen, spüren wir, dass das Kind nicht in sich ist, und wir reagieren zu Recht besorgt. Umgekehrt reagiert das Kind empfindlich auf das Gesicht der Erwachsenen und beobachtet wachsam, ob bei ihnen Gesagtes und Gefühltes einander entsprechen.
132 — Daniel McNeill: Das Gesicht. Eine Kulturgeschichte. Wien 2001, S. 31.
133 — Ebenda, S. 16.
134 — Albert Camus: Der Fall. Reinbek bei Hamburg 1961, S. 62.
135 — Ludwig Marcuse: Philosophie des Glücks. Von Hiob bis Freud. Zürich 2011, S. 320.
136 — »Als ich ein Junge war«, schreibt Ludwig Marcuse ebenda, »fuhren meine Eltern mit uns jedes Jahr an die Nordsee. Ich lief sofort ans Meer und war glückselig überwältigt.«
137 — Die Interviewerin war Laure Adler, französische Journalistin und Schriftstellerin, in ihrer Sendung *Hors-champs* in Radio Culture France.
138 — Die Angst vor dem Haareschneiden und die Tabus, die sich um diese Prozedur ranken, sind zweifellos ein Erbe der Vergangenheit. In vielen Naturvölkern wurde (beziehungsweise wird bis heute) das Haar als Teil der Seele empfunden, das es zu schützen gilt. Wie der Anthropologe James George Frazer beschreibt, existieren (beziehungsweise existierten) deshalb aufwändige Rituale um das Haareschneiden, welche immer dazu dienten, die möglichen realen oder fantasierten Gefahren zu verringern. Auch für Kinder gab es schon entsprechende Regeln, wie Frazer für die Volksgruppen der Toradjas und der Karo-Bataks erwähnt: »Wenn bei den Toradjas einem Kinde das Haar abgeschnitten wird, um es von Ungeziefer zu befreien, lässt man ein paar Locken auf dem Scheitel stehen als Zuflucht für eine der Seelen des Kindes. Sonst würde die Seele keinen Platz haben, wo sie sich niederlassen könnte, und das Kind müsste erkranken. Die Karo-Bataks haben

große Angst, sie könnten die Seele eines Kindes verjagen. Wenn sie ihm daher die Haare schneiden, lassen sie immer ein Stück ungeschoren, wohin sich die Seele vor der Schere flüchten kann. Gewöhnlich bleibt diese Locke das ganze Leben lang ungeschoren, oder doch wenigstens bis zum Mannesalter.« James George Frazer: Der goldene Zweig. Das Geheimnis von Glauben und Sitten der Völker. Reinbek bei Hamburg 1994, S. 338f.

139 — Es geht hier nicht um Realität, nicht um tatsächliche Entstellung des Kindes, sondern einzig um die Fantasien des Kindes. Schere und Messer werden so zum Symbol einer möglichen Aggression gegen das Kind.

140 — Peter Handke: Das Gewicht der Welt. [wie Anm. 63] S. 168.

141 — Was unsere Nähe zu den (behaarten) Tieren anbelangt, so schreibt der englische Verhaltensforscher Desmond Morris: »Es gibt einhundertdreiundneunzig Arten heute lebender Affen, Tieraffen (...) und Menschenaffen (...). Bei einhundertzweiundneunzig ist der Körper mit Haar bedeckt; die einzige Ausnahme bildet ein nackter Affe, der sich selbst den Namen *Homo sapiens* gegeben hat.« Desmond Morris: Der nackte Affe. München und Zürich 1971, S. 7. Überdies ist interessant, daran zu erinnern, dass der Mensch auch in seiner individuellen Entwicklung (Ontogenese) vorgeburtlich zeitweise ein Haarkleid trägt: »... denn zwischen dem siebenten und achten Monat seines Lebens im Mutterleib ist er nahezu vollständig mit einem feinen Haarkleid bedeckt. Dieses Fetalhaar, *Lanugo* genannt, wird erst kurz vor der Geburt abgestoßen.« Ebenda, S. 39.

142 — Bruno Bettelheim: Geburt des Selbst. [wie Anm. 40] S. 107.

143 — »Die Rolle der Hände beim Vorgang des Verstehens ist beträchtlich – und etymologisch ausgewiesen. Die Sprache macht uns klar, dass es eins ist, etwas verstanden oder kapiert oder begriffen oder erfasst zu haben. Vor allem das gelangt in unseren Kopf, was wir mit den Händen greifen konnten«, schreibt Joseph von Westphalen. In: Karl Gröning: Hände berühren, begreifen, formen. München 2000, S. 18.

144 — Friedrich Fröbel: Mutter- und Kose-Lieder. Dichtung und Bilder zur edlen Pflege des Kindheitslebens. 2. Auflage, Leipzig 1915.

145 — Frank R. Wilson: Die Hand – Geniestreich der Evolution. [wie Anm. 7] S. 315.

146 — In den Waldorfschulen wird dieser Gedanke so ernst genommen, dass das Hausbauen in den Lehrplan als Lernepoche verankert ist. Grundkenntnisse über den Prozess der Hauskonstruktion – angefangen von der Planung im Kopf über das Ausgießen des Fundaments, das Zelebrieren des Richtfestes bis zum Einhaken von Fenstern und Türen gehören nach diesem pädagogischen Konzept zur Menschwerdung ebenso dazu wie Rechnen, Schreiben und Lesen.

147 — Mitscherlich: Die Unwirtlichkeit unserer Städte. Anstiftung zum Unfrieden. Frankfurt am Main 1970.

148 — Jean Gebser: Lorca oder das Reich der Mütter. Frankfurt am Main 1978, S. 24.

149 — Am 1. September 1939, zwei Tage bevor England Deutschland den Krieg erklärte, wurden etwa drei Millionen Londoner Kinder vorsorglich evakuiert. Die allermeisten von ihnen verstanden überhaupt nicht, was da vor sich ging und warum sie von den Eltern getrennt wurden. Dies ist nur einer unter den vielen kriegsbedingten Kindertransporten des 20. Jahrhunderts. Ähnliche Erfahrungen von zerreißendem Heimweh machten auch die jüdischen Kinder, die vor 1939 allein (das heißt ohne Eltern) in das damalige Palästina geschickt wurden, oder die etwa zehntausend Kinder, die 1938/39 von Deutschland und Österreich nach England sowie die USA transportiert wurden – auch sie ohne Eltern. Bei all dem ging es so sehr um reines Überleben, dass für die seelische Gestimmtheit der Kinder, für ihr Heimweh, kaum Raum blieb. Siehe Wolfgang Benz, Claudia Curio und Andrea Hammel (Hrsg.): Die Kindertransporte 1938/39. Frankfurt am Main 2003.

150 — Donata Elschenbroich: Weltwissen der Siebenjährigen. [wie Anm. 13] S. 170.

151 — Immerhin leben manche deutsche Vertriebenenverbände schon seit gut siebzig Jahren von dem schwelenden Heimweh ihrer Mitglieder.

152 — Donata Elschenbroich: Weltwissen der Siebenjährigen. [wie Anm. 13] S. 170.

153 — »Als Ort von Geburt und Tod ist das Bett schicksalshaft. Es bietet Schutz, es erinnert an den Uterus, in den das Baby eingebettet ist. Bei körperlicher wie seelischer Krankheit verkriechen wir uns im Bett. Das Bett söhnt uns mit der Welt aus. Das Bett ist aber auch Tor zur Jenseitserfahrung (des Traumes).« Felix von Bonin: Kleines Handlexikon der Märchensymbolik. Stuttgart 2001, S. 21.

154 — Alan Alexander Milne: Pu der Bär. [wie Anm. 47] S. 17.

155 — Genau so lautet der Titel des Buches von Joachim-Ernst Berendt: Ich höre – also bin ich. Hör-Übungen. Hör-Gedanken. München 1993.

156 — Ebenda, S. 319.

157 — Alfred A. Tomatis: Der Klang des Lebens. Vorgeburtliche Kommunikation – die Anfänge der seelischen Entwicklung. Reinbek bei Hamburg 1990.

158 — Renate Riemeck: Ich bin ein Mensch für mich. Stuttgart 1992, S. 31.

159 — Karl König: Die ersten drei Jahre des Kindes. Stuttgart 1981, S. 78.

160 — Mary Ann Pulaski: Piaget. Eine Einführung in seine Theorien und sein Werk. Frankfurt am Main 1975, S. 41.

161 — Sigmund Freud: Totem und Tabu. In: Gesammelte Werke, Band IX, London 1940, S. 196.

162 — Ausstellung *Des jouets et des hommes* (*Von Spielzeugen und Menschen*) im Grand Palais Paris, September 2011 bis Januar 2012.

163 — *Rosebud* ist der Name des Kinderschlittens des Millionärs Kane in Orson Welles' Kultfilm *Citizen Kane*. Der Schlitten steht für Kindheit und gleichzeitig für die traumatische Trennung des Knaben Charles Foster Kane von seinen Eltern.
164 — Ähnliche Rituale, die Kindheitsobjekte zu vernichten, finden sich vielerorts. »Wenn ein Mädchen im alten Griechenland mannbar wurde, so forderte die Sitte, dass es sein Spielzeug der Göttin weihte und in einem Tempel aufhing.« Alfred Winterstein: Die Pubertätsriten der Mädchen und ihre Spuren im Märchen. Sonderdruck aus Imago. Zeitschrift für Anwendung der Psychoanalyse auf die Natur- und Geisteswissenschaften, hrsg. von Sigmund Freud, Band XIV, Leipzig, Wien und Zürich 1928, S. 35.
165 — Volker Popp (Hrsg.): Initiation. Frankfurt am Main 1969.
166 — Laut eines UNO-Berichts gibt es derzeit jährlich mehr als sieben Millionen Teenager-Schwangerschaften, davon betreffen etwa zwei Millionen Mädchen unter 15 Jahren. Quelle: Motherhood in childhood. Facing the Challenge of Adolescent Pregnancy. UNFPA State of World Population 2013. New York 2013.
167 — Siehe Volker Popp (Hrsg.): Initiation. [wie Anm. 165] S. 8.
168 — Frank W. Young: Die Funktion der Initiationsrituale für Männer. In: Volker Popp (Hrsg.): Initiation. [wie Anm. 165] S. 169.
169 — Ebenda, S. 165.
170 — Siehe etwa Hilde Bruch: Der goldene Käfig. Frankfurt am Main 1982; sowie Rolf Meermann (Hrsg.): Anorexia Nervosa. Stuttgart 1981.
171 — Der englische Anthropologe James George Frazer bezeichnet die Pubertätsriten als »Urmysterium der primitiven Gesellschaften«. James George Frazer: Der goldene Zweig. [wie Anm. 138]
172 — Viele Mythen und Sagen sprechen von dieser archaischen Inselsehnsucht: Atlantis, Insel der Seligen, Odysseus, Noah. Und die moderne Kinderliteratur fährt fort, diesen Mythos zu speisen.
173 — C. G. Jung meint, dass man an der Entwicklung des Kindes sehen kann, »wie zögernd und langsam sich das Ich-Bewusstsein aus einem bruchstückartigen Bewusstsein einzelner Momente herausentwickelt und wie diese Inseln allmählich aus dem völligen Dunkel bloßer Instinkthaftigkeit auftauchen«. In: C. G. Jung: Gesammelte Werke, Band 9/1, S. 298 ff.
174 — Immer wieder begegnen wir dem Phänomen der klanglichen Identität verschiedener Worte, die auf einen tiefen inneren Sinnzusammenhang hinweisen: »Mutter, Madre, Mare, Meer, Maria«. Frédérick Leboyer: Das Fest der Geburt. München 1982, S. 84.
175 — Klaus Heinrich: Versuch über die Schwierigkeit nein zu sagen. Basel und Frankfurt am Main 1985, S. 71.

176 — Jacques Lacan: Namen-des-Vaters. Wien und Berlin 2013.
177 — James Joyce: Ulysses. New York 1961, S. 783.
178 — William lebt in Frankreich, wo es normal ist, mit 17 Abitur zu machen. Er erfährt also nicht den Druck eines deutschen Turbo-Abi, dafür aber den anders gearteten Stress des französischen Schulsystems.
179 — Nicht ohne Bissigkeit schreibt der amerikanische Hirnforscher Frank R. Wilson: »Der typische verhätschelte Teenager unserer Tage hockt behaglich in dem Nest, das ihm seine Eltern bereitet haben, und würde dort endlos bleiben – fernsehend, videospielend und Fastfood verzehrend –, würde man ihn nicht gewaltsam vertreiben. Selbst dann noch versucht dieses nichtsnutzige Geschöpf ständig und aggressiv, sich wieder in die Zufluchtsstätte seliger Zeiten einzunisten – wie alle Eltern *erwachsener* Teenager bezeugen können.« Frank R. Wilson: Die Hand – Geniestreich der Evolution. [wie Anm. 7] S. 382.
180 — Eine völlig andere Situation entsteht oftmals in Familien mit nur einem Elternteil. Hier kommt es besonders häufig zu intensiven Verwicklungen, aus denen der Jugendliche sich nur unter Schuldgefühlen lösen kann.
181 — Suizid ist nach Unfalltod und Krebserkrankungen die zweithöchste Todesursache unter Jugendlichen. Und wenn man bedenkt, dass auch ein beträchtlicher Teil der Unfälle auf selbstzerstörerische Fahrweise zurückzuführen ist, verstärkt dies die anfangs gemachte Aussage.
182 — *Der Weg ins Leben* ist der Titel des eindrucksvollen *pädagogischen Poems* von A. S. Makarenko. Berlin 1961.
183 — Erik E. Erikson: Identität und Lebenszyklus. [wie Anm. 24]
184 — Christoph Hein: In seiner frühen Kindheit ein Garten. Frankfurt 2006.
185 — Der Begriff *Angstlust* wurde von dem ungarischen Psychoanalytiker Michael Balint geprägt. Siehe Michael Balint: Angstlust und Regression. Stuttgart 1999.
186 — Rainer Maria Rilke: Das Karussell. Jardin du Luxembourg. In: Gesammelte Gedichte. Frankfurt am Main 1962, S. 286.
187 — Lucien Malson, Jean Itard und Octave Mannoni: Die wilden Kinder. Frankfurt am Main 1972, S. 63. Lucien Malson machte seine Beobachtung über die in chinesischen Flüssen ertrunkenen und womöglich ausgesetzten Kinder Mitte des 20. Jahrhunderts. Wichtig ist seine generelle Feststellung, dass in Zeiten tiefer gesellschaftlicher Umbrüche »ganze Horden von verirrten Kindern« durch das Land ziehen und viele von ihnen dabei ums Leben kommen. So geschah es in Russland nach der Revolution 1917 und in Mitteleuropa während des Zweiten Weltkriegs.
188 — Eduard Westermarck: Ursprung und Entwicklung der Moralbegriffe, Leipzig 1907, Band 1, S. 338. Gegen Ende des 19. Jahrhunderts beobachtet der Anthropologe Hermann Heinrich Ploss bei vielen Völkern, unter denen die Kindestötung und

Aussetzung damals noch Sitte ist, »eine besondere Zärtlichkeit, welche man den am Leben erhaltenen Kindern widmet«. Siehe Hermann Heinrich Ploss: Das Kind in Brauch und Sitte der Völker. Anthropologische Studien. Stuttgart 1976, S. 186.
189 — Elisabeth Badinter: Die Mutterliebe. Geschichte eines Gefühls vom 17. Jahrhundert bis heute. München 1992.
190 — Theodor Reik: In Gedanken töten. Bewusste und unbewusste Todeswünsche in psychoanalytischer Sicht. München und Zürich 1981.
191 — Ute Mings: Said. Unser Kind von fremden Eltern. Berlin 2011. S. 53.
192 — Erinnern wir uns daran, dass die Müttersterblichkeit unter der Geburt (oder bei der Geburt) in der Vergangenheit extrem hoch war. Bis zur Mitte des 19. Jahrhunderts, das heißt bis zur Verbesserung der Hygienebedingungen in den Entbindungsstationen, war jede Geburt buchstäblich lebensgefährlich.
193 — Es gab in der Geschichte der Menschen immer wieder Situationen, in denen die Geburt eines Kindes sozial schwer geächtet und sogar bestraft wurde. Ich will hier als Beispiel die in Frankreich unter der deutschen Besatzung zwischen 1940 und 1944 geborenen Kinder nennen. Die Beziehung zwischen deutschen Soldaten und französischen Frauen war strikt untersagt und stand streng unter Strafe, dennoch wurden ca. zweihunderttausend Kinder aus solchen Verbindungen geboren. Dies sind die offiziellen Zahlen, womöglich sind die inoffiziellen noch weitaus höher. Und dies ist nur ein uns nahe liegendes Beispiel. Siehe Jean-Paul Picaper und Ludwig Norz: Die Kinder der Schande. Das tragische Schicksal deutscher Besatzungskinder in Frankreich. München und Zürich 2005.
194 — Unter den Grimmschen Märchen sind hier zu nennen: *Rapunzel, Daumesdick, Die Nelke, Hans mein Igel*. In *Hans mein Igel* erscheint auch die weitverbreitete (unbewusste) Vorstellung, dass das Kind halb Tier, halb Mensch sei. Nicht selten träumen Frauen, dass ihr Kind halb als Tier, halb als Mensch geboren würde (siehe Kapitel Tier).
195 — Schneewittchen. In: Kinder- und Hausmärchen. Gesammelt durch die Brüder Grimm. Erster Teil. [wie Anm. 84] S. 301.
196 — Oriana Fallaci: Brief an ein nie geborenes Kind. Frankfurt am Main 1977, S. 7.
197 — Peter Petersen: Schwangerschaftsabbruch – unser Bewusstsein vom Tod im Leben. Tiefenpsychologische und anthropologische Aspekte der Verarbeitung. Stuttgart 1986, S. 63.
198 — »Der Anteil der Frauen ohne Kinder steigt. Von den Frauen, die heute (2013) 40 bis 44 Jahre sind, sind 22 Prozent kinderlos. Vor vier Jahren (2009) waren es noch 20 Prozent.« Geburtentrends und Familiensituation in Deutschland, Statistisches Bundesamt Wiesbaden, 7. November 2013.
199 — Donald W. Winnicott: Vom Spiel zur Kreativität. [wie Anm. 31] S. 20.

200 — Nach Peter Petersen kann der Kinderwunsch mitunter zum »unerbittlichen, grausamen Zwang ausschlagen«. Peter Petersen: Retortenbefruchtung und Verantwortung. Anthropologische, ethische und medizinische Aspekte neuerer Fruchtbarkeitstechnologien. Stuttgart 1985, S. 45.
201 — Peter Petersen: Schwangerschaftsabbruch. [wie Anm. 197] S. 162.
202 — Gleichwohl, wenn wir von pathologischem Kinderwunsch sprechen, sollten wir extrem vorsichtig sein. Wir sollten uns nicht anmaßen, über anderer Menschen Begehren und Leiden, wenn es denn zum Leiden wird, zu urteilen. Zudem sind generell die Übergänge vom gesunden über den ausgeprägten bis hin zum pathologischen Kinderwunsch überaus fließend.
203 — Dass wir doch Kinder *machen*, dass inzwischen ganze Medizinsektoren, die Genetik und die Reproduktionsmedizin, sich mit einem weltweit verzweigten System rasant entwickeln konnten, um den unerfüllten Kinderwunsch von Frauen (oder auch Paaren) doch zur Erfüllung zu bringen, beschreibt auf eindrucksvolle Weise Andreas Bernard: Kinder machen. [wie Anm. 2]
204 — Khalil Gibran: Die Prophetenbücher. München 2002, S. 32.
205 — Boris Cyrulnik: Rette dich, das Leben ruft! Berlin 2013.
206 — Ebenda, S. 57ff.
207 — Anna Freud: Das Ich und die Abwehrmechanismen. [wie Anm. 62]
208 — Sigmund Freud: Neue Folge der Vorlesungen zur Einführung in die Psychoanalyse. In: Gesammelte Werke, Band IX, London 1944, S. 29.
209 — Der ungarische Psychoanalytiker Sándor Ferenczi geht noch weiter in der Beschreibung traumatischer Erinnerungen. Er schreibt über die Bewältigung kindlicher Traumata in einem seiner *klinischen Tagebücher*: »Ich weiß, (…) dass ein Teil unserer Person ›sterben‹ kann, und wenn der übrige Teil doch das Trauma überlebt, erwacht er mit einer Lücke im Gedächtnis, eigentlich mit einer Lücke in der Persönlichkeit.« Sándor Ferenczi: Das klinische Tagebuch. Gießen 2013, S. 240.
210 — Boris Cyrulnik: Interview mit B. Cyrulnik. In: Mazarine Pingeot und Jean-Michel Djian: La part d'enfance. 24 entretiens. Paris 2013, S. 150.
211 — Friedrich Hölderlin: Hyperion oder Der Eremit in Griechenland. Köln 2005, S. 12.
212 — Giorgos Seferis: Unser Land ist verschlossen. In: Gedichte. Nobelpreis für Literatur 1963. Zürich 1984, S. 87.
213 — Philippe Ariès: Geschichte der Kindheit. Mit einem Vorwort von Hartmut von Hentig. München und Wien 1976; Lloyd deMause (Hrsg.): Hört ihr die Kinder weinen. Eine psychogenetische Geschichte der Kindheit. Frankfurt am Main 1978.
214 — Hartmut von Hentig: Einleitung zu Philippe Ariès: Geschichte der Kindheit, S. 11.

215 — Thomas Mann: Joseph und seine Brüder. [wie Anm. 123] S. 359.
216 — Ashley Montagu: Körperkontakt. Die Bedeutung der Haut für die Entwicklung des Menschen. Stuttgart 1988. [5. Aufl.]
217 — Astrid Lindgren: Pippi Langstrumpf. Hamburg 1968.
218 — Albert Schweitzer beschreibt eine solche Begebenheit aus seiner Kindheit in seiner autobiografischen Schrift: Aus meiner Kindheit und Jugendzeit. München 1996, S. 15 ff.
219 — Sigmund Freud: Über Kindheits- und Deckerinnerungen. Zur Psychopathologie des Alltagslebens. In: Gesammelte Werke, Band IV, London 1941, S. 51 ff.
220 — Ausstellung *Kinder machen (kleine) Leute*, Marburger Kindheitsmuseum, Sommer 2008. Siehe Fußnote 49. Die Sammlung historischer Kinderkleidung befindet sich heute im Hessischen Landesmuseum in Kassel.
221 — Daniel Pennac: Der Körper meines Lebens. Köln 2014, S. 31.
222 — Bruno Bettelheim: Die Geburt des Selbst. [wie Anm. 40] S. 47.
223 — Anna Freud und Thesi Bergmann: Kranke Kinder. Ein psychoanalytischer Beitrag zu ihrem Verständnis. Frankfurt am Main 1972, S. 33.
224 — Anna Freud: Das Ich und die Abwehrmechanismen. [wie Anm. 62]
225 — Anna Freud und Thesi Bergmann: Kranke Kinder. [wie Anm. 223]
226 — Nicht alle Kinder gesunden. Das Buch *Kranke Kinder* handelt auch vom Sterben und der Bedrohung durch Tod bei chronischen Krankheiten.
227 — Unter *Abbilden* begreife ich Malerei und Plastik gleichermaßen, wenngleich in diesem Kapitel zumeist von Malerei die Rede ist. Und natürlich gehören Fotografie und Film unabdingbar zur Kunst dazu.
228 — Auch der Islam kennt ein wenngleich religiös anders begründetes Bilderverbot.
229 — Im Christentum ist dieses extrem strenge Verbot unbekannt, Gott abzubilden. Dennoch scheint es bis ins späte Mittelalter hinein solche Bildnisse zu meiden, um grundsätzlich Gott von den Menschen zu unterscheiden. Allerdings gibt es Abbildungen von Gott in Menschengestalt. Die wohl bekannteste Darstellung ist Michelangelos Werk *Gott erschafft den Menschen* in der Sixtinischen Kapelle in Rom.
230 — Wir sprechen hier von unserem westlichen Kulturkreis, dessen überwiegend christliche Prägung nicht zu leugnen ist.
231 — Werner Spies: Picasso. Die Welt der Kinder. München und New York 1994, S. 112.
232 — John Read: Henry Moore. Portrait of an artist. London 1979.
233 — Das berühmte Madonnenbild von Raffael, entstanden 1512–1513, befindet sich heute in der Gemäldegalerie Alte Meister der Staatlichen Kunstsammlungen Dresden.

234 — Die ästhetischen Kriterien etwa der Schönheit wandeln sich entschieden im Lauf der Jahrhunderte. Wir können heutzutage, mehr orientiert an der natürlichen Schönheit eines Kindes, nur schwer nachvollziehen, dass die kleinen, modisch gekleideten (oder geschnürten) Mädchen und Jungen in meist steifer und manchmal sogar verkrampfter Körperhaltung früher als Inbegriff der Schönheit empfunden wurden. Siehe hierzu Matthias Winzen (Hrsg.): Kindheit. Eine Erfindung des 19. Jahrhunderts. Oberhausen 2013.
235 — Paula Modersohn-Becker: Kinderbildnisse. Einführung und Bildauswahl von Christa Murken-Altrogge. München 1978.
236 — »Viele große Künstler, etwa Jan Stehen, Rembrandt, Renoir oder Picasso, ließen sich gerade durch die Kinder ihres eigenen Familienkreises zu den schönsten Kinderbildnissen anregen.« Ebenda, S. 15
237 — Max Imdahl: Picassos Guernica. Frankfurt am Main 1985.
238 — Alan Alexander Milne: Pu der Bär. [wie Anm. 47]
239 — »Man muss also davon ausgehen, dass der Mensch außerhalb der gesellschaftlichen Umwelt kein Mensch ist, denn das, was man für eine seiner Eigentümlichkeiten hält, wie das Lachen oder das Lächeln, erhellt niemals das Gesicht eines isolierten Kindes.« Lucien Malson, Jean Itard und Octave Mannoni: Die wilden Kinder. [wie Anm. 187] S. 53.
240 — Rudolf Kaiser (Hrsg.): Indianische Kinder- und Wiegenlieder. Freiburg im Breisgau Basel Wien 1993, S. 81.
241 — Françoise Dolto: Zwiesprache von Mutter und Kind. Die emotionale Bedeutung der Sprache. München 1988, S. 133.
242 — Der französische Mönch und Fotograf Matthieu Ricard spricht von einer »Geografie des Lächelns«. Er zitiert eine Analyse von zweitausend Fotos europaweit, auf denen 55 Prozent der Engländer lächeln – gegenüber nur 25 Prozent der Polen und unter 25 Prozent der Ungarn. Natürlich sind solche Zahlen – wie alle Zahlen – mit Vorsicht zu genießen, aber der Gedanke einer Geografie des Lächelns ist durchaus inspirierend. Matthieu Ricard: 108 sourires. Paris 2011.
243 — »Die Regel besagt, zum Lachen reizende Worte sollen nicht geredet werden, vieles oder gar schallendes Lachen soll nicht geliebt werden. Ungehörige Scherze, überhaupt müßiges, zum Lachen reizendes Geschwätz schließen wir für immer aus und verdammen wir allerorts und erlauben nicht, dass der Jünger in solchen Reden den Mund auftue.« Ingeborg Ulrich: Hildegard von Bingen. Mystikerin, Heilerin, Gefährtin der Engel. München 1990, S. 43.
244 — »Deinen ersten Sohn sollst du mir geben. So sollst du auch tun mit deinen Ochsen und Schafen«, heißt es in der Genesis (2. Mose, 22,2 f.). Das Opfern der Erstlinge war aber zweifellos schon ein wichtiger Bestandteil der dem Judentum

vorausgehenden Naturreligionen, von denen die jüdische Religion viele Rituale übernommen hatte.

245 — »Ich bin der gute Hirte. Der gute Hirte lässt sein Leben für die Schafe.« (Joh. 10,11)

246 — So etwa bei Paul Verlaine, dessen *Agnus dei* Rilke übersetzte, oder das berühmte Gedicht von William Blake *Kleines Lamm, wer schuf dich?* In: William Blake: Lieder der Unschuld und Erfahrung. Nach einem handkolorierten Exemplar des British Museum. Herausgegeben von Werner Hofmann. Frankfurt am Main 1982.

247 — Claude Lévi-Strauss: Wir sind alle Kannibalen. Berlin 2014, S. 158.

248 — Albert Camus: Der erste Mensch. [wie Anm. 6] S. 46.

249 — Die wunderbare Idee, seine Zeit damit zu verbringen, die Tauben zu zählen und ihnen fantasievolle Namen zu geben, stammt von Marie-Sabine Roger: Das Labyrinth der Wörter. Hamburg 2010. Die Szene ist kongenial mit Gisèle Casadesus und Gérard Départdieu verfilmt (*Das Labyrinth der Wörter*, 2010).

250 — Michael Felten: Schluss mit dem Bildungsgerede! Bonn 2012, S. 59.

251 — »Es wird viel über schlechte Lehrer geschrieben. Die Literatur der vergangenen hundert Jahre ist eine Schulhorrorliteratur; die Klassenzimmer sind dort Schreckenskabinette, die Schule ein Ort von Bösartigkeiten, ein System der Demütigung. So ist es bei Heinrich und Thomas Mann, bei Torberg und Ebner-Eschenbach, bei Rilke und Hesse. In den ›Buddenbrooks‹ sind die Lehrer grausame und lächerliche Vernichter der Kindheit.« Heribert Prantl: Nicht nur Gestörte und Sadisten. In: Süddeutsche Zeitung, 18. Dezember 2010.

252 — Theodor W. Adorno: Tabus über den Lehrerberuf. In: Gesammelte Schriften 10.2. Kulturkritik und Gesellschaft II. Frankfurt am Main 1977, S. 660.

253 — Albert Camus: Der erste Mensch. [wie Anm. 6] S. 369.

254 — Interessanterweise arbeitet Kindheitserinnerung meist entschieden radikal. Während sie bei quälenden oder gar traumatischen Ereignissen vollständige Bereiche ausradieren kann, ganz so, als schnitte man Filmszenen weg (siehe Kapitel Kindheitserinnerungen), vermag sie umgekehrt positiv gefärbte Erlebnisse nicht nur größer, sondern auch viel großartiger und zauberhafter zu zoomen, als diese sich in Wahrheit zugetragen haben. Kindheitserinnerungen sind also weise, einfühlsam – und ein bisschen tricky.

255 — Peter Härtling: Ben liebt Anna. Weinheim und Basel 1979.

256 — Albert Lamorisse: Der rote Luftballon. München 1982. (Le ballon rouge. Paris 1976.)

257 — Hannah Green: Ich hab dir nie einen Rosengarten versprochen. [wie Anm. 128] S. 75.

258 — Janusz Korczak: Die Kinder der Bibel. Gütersloh 1986, S. 18.

259 — Mark Bryan: The Prodigal Father. Reuniting Fathers and Their Children. New York 1997, S. 126.
260 — Claude Chabrols Film *La fleur du mal* aus dem Jahre 2003.
261 — Ottokar Graf Wittgenstein: Märchen, Träume, Schicksale. Autoritäts-, Partnerschafts- und Sexualprobleme im Spiegel zeitloser Bildersprache. München 1973, S. 281.
262 — Einer der überzeugtesten Vertreter dieser Auffassung ist der englische Anthropologe James George Frazer. Siehe dessen großes Werk: Der Goldene Zweig. [wie Anm. 138]
263 — Bruno Bettelheim: Kinder brauchen Märchen. München 1980.
264 — Kinder- und Hausmärchen gesammelt durch die Brüder Grimm. [wie Anm. 84] S. 90.
265 — François Truffaut: *Der Wolfsjunge*. Film aus dem Jahre 1970. (Siehe auch Kapitel Wolfskinder.)
266 — »An der Mutterbrust treffen sich Liebe und Hunger.« Sigmund Freud: Die Traumdeutung. In: Gesammelte Werke, Band II/III, London 1942, S. 213.
267 — In vielen Kulturen der Welt wird dem Gast, der ein fremdes Haus betritt, als Erstes eine Schale warmer Milch oder heißer Tee gereicht. Der Gast ist angekommen und *angenommen*. Vielleicht eine unbewusste Erinnerung an die erste Milch.
268 — Siehe hierzu Herbert Renz-Polster: Kinder verstehen. Born to be wild: Wie die Evolution unsere Kinder prägt. München 2011, S. 43.
269 — Tatsächlich fehlt den Menschen dieser Länder das Milchzucker spaltende Enzym Laktase, das zur Milchverdauung unerlässlich ist. Schätzungsweise 80 Prozent der Weltbevölkerung gilt als Laktose-intolerant. Deshalb die wiederholte Erfahrung, dass Milch krank mache. Siehe Maria Rollinger: Milch besser nicht. Trier 2011, S. 21.
270 — Attac Schweiz (Hrsg.): Nestlé – Anatomie eines Weltkonzerns. Lausanne 2004.
271 — Siehe Fußnote 49.
272 — Johann Wolfgang von Goethe: Farbenlehre. Mit Einleitung und Kommentaren von Rudolf Steiner. Gerhard Ott und Heinrich O. Proskauer (Hrsg.), Band 1, Stuttgart 1992, S. 280.
273 — Die blaue Murmel ist zu sehen in der Filmdokumentation von Arne Petersen mit dem Titel *Auf kleinem Fuß. Ein etwas anderer Blick auf das Marburger Kindheitsmuseum*. Marburg 2009.
274 — Siehe Alfred Tomatis: Der Klang des Lebens. Vorgeburtliche Kommunikation. [wie Anm. 157] sowie Joachim-Ernst Berendt: Ich höre – also bin ich. Hör-Übungen. [wie Anm. 155]

275 — Sigmund Freud: Das Unbehagen in der Kultur. In: Gesammelte Werke, Band XIV, London 1948, S. 419 ff.
276 — Wir wissen nicht, wie viele musikalische Abbrecher es unter Kindern gibt. Und wir haben zugleich keine rechte Vorstellung von ihrer Trauer, ihrer Kränkung und damit verbunden eventuell auch Wut, wenn sie ihr Instrument aufgeben mussten. Manche von ihnen rühren es ihr Leben lang nicht mehr an.
277 — Jean-Jacques Sempé: Kindheiten. [wie Anm. 103] S. 121.
278 — Ebenda.
279 — Jean Gebser spricht vom »Haus als bergende Höhle« – aber ist der Mutterleib nicht selbst ein Haus? Jean Gebser: Lorca oder das Reich der Mütter. [wie Anm. 148] S. 24.
280 — Siehe Otto Rank: Das Trauma der Geburt und seine Bedeutung für die Psychoanalyse. [wie Anm. 27]
281 — »Trotz aller kulturellen Einschränkungen (...) gilt wahrscheinlich für die Mehrzahl der Kinder, dass sie geboren werden als Verwirklichung der mütterlichen Triebwünsche. Tragen, gebären, säugen, hätscheln sind Triebäußerungen der Frau, die sie mit Hilfe des Kindes befriedigt.« Michael Balint: Die Urformen der Liebe und die Technik der Psychoanalyse. Frankfurt am Main, Berlin und Wien 1981, S. 127.
282 — Sigmund Freud bezeichnet den Vorgang, dass das Kind sich andere (bessere) Eltern imaginiert und seine eigenen Geschichten darum spinnt, als *Familienroman*. Sigmund Freud: Der Familienroman des Neurotikers. In: Gesammelte Werke. Band VII, London 1941, S. 225–231.
283 — Michael Balint, Die Urformen der Liebe [wie Anm. 281] S. 118.
284 — Für Männer sieht es natürlich anders aus. Auch sie bewahren oft Reste frühkindlicher Erwartungshaltungen gegenüber ihren Müttern. Manche hängen ihr Leben lang an ihren Müttern und können sich nicht lösen. Die meisten aber übertragen ihre Liebe zur Mutter auf andere Frauen und speziell diejenige, die sie als Ehefrau wählen. Viele scheuen sich nicht, die eigene Frau *Mama* oder *Mutter* zu nennen – vielleicht, damit der Schnitt (die Ablösung) von der eigenen Mutter nicht mehr spürbar bleibt.
285 — Dass nicht alle Frauen Mütter werden können oder wollen, versteht sich von selbst. Dafür gibt es im Leben der Frau entweder schicksalhafte Gründe (Kinderlosigkeit trotz Kinderwunsch) oder aber die bewusste freie Entscheidung für ein Leben ohne Kinder.
286 — Gustav Janouch: Gespräche mit Kafka. Aufzeichnungen und Erinnerungen. Frankfurt am Main 1961, S. 5.

287 — »Goethe bemerkt einmal, wie empfindlich man für seinen Namen ist, mit dem man sich verwachsen fühlt wie mit seiner Haut.« Sigmund Freud: Die Traumdeutung. In: Gesammelte Werke, Band II/III, London 1942, S. 213.
288 — Lloyd deMause (Hrsg.): Hört ihr die Kinder weinen. [wie Anm. 213] S. 452.
289 — Dass auch scheinbar altmodische Namen modern beziehungsweise wieder modern sein können, erleben wir derzeit in der häufigen Wahl biblischer Namen.
290 — Philipp Möller, ein guter Kenner der Szene, schreibt: »Dieses Phänomen ist unter dem Namen Chantalismus oder Kevinismus bekannt und geht auf Namen von englischen oder französischen Serienstars, Popmusikern oder Filmhelden zurück. Zu allergrößten Teilen sind davon Kinder aus bildungsfernen Milieus betroffen.« Philipp Möller: Isch geh Schulhof. Unerhörtes aus dem Alltag eines Grundschullehrers. Köln 2012, S. 86.
291 — Eugen Drewermann: Dein Name ist wie der Geschmack des Lebens. Tiefenpsychologische Deutung der Kindheitsgeschichte nach dem Lukasevangelium. Freiburg, Basel und Wien 1986.
292 — Gaston Bachelard: Poetik des Raumes. Frankfurt am Main 1987, S. 107.
293 — Drummond, A., & Sauer, J. D. (2014). Video-games do not negatively impact adolescent academic performance in science, mathematics or reading. *PloS one*, 9(4), e87943 Siehe PLOS ONE-Studie: »Verändert das regelmäßige Computerspielen unser Gehirn?« 2014, S. 2. Und ein weiteres Beispiel, das für viele steht: Alexandra Lenhard, Wolfgang Lenhard: Computerbasierte Intelligenzförderung mit den »Denkspielen mit Elfe und Mathis« – Vorstellung und Evaluation eines Computerprogramms für Vor- und Grundschüler. In: Empirische Sonderpädagogik, 2011, Nr. 2, S. 105–120
294 — Hinzu kommen auch jene Skeptiker, wie beispielsweise der US-Amerikaner David Gelernter, die durchaus nicht das Rad der Geschichte zurückdrehen, die im Gegenteil selbst am Rad des technologischen Fortschritts mitdrehen, generell aber die mediale Entwicklung entschieden kritisieren.
295 — Einer der konsequentesten Kritiker der Bildschirmmedien in Deutschland ist der Psychiater und Neurowissenschaftler Manfred Spitzer: Vorsicht Bildschirm! Elektronische Medien, Gehirnentwicklung, Gesundheit und Gesellschaft. München 2011. [7. Aufl.] Allerdings handelt es sich bei Spitzers Darstellungen keinesfalls um *Visionen*, sondern um größtenteils wissenschaftlich begründete Argumentationen.
296 — Generell ist die Forschung auf diesem Gebiet hochgradig interessengeleitet. Viel Medienkonsum gefährdet die Entwicklung, sagen die einen. Tablets und Co. ermöglichen besseres Lernen, meinen die anderen. Die Wissenschaft hingegen hat noch keine klaren Antworten. Jana Hauschild: Medienkonsum: Wieviel iPhone verträgt ein Kind? In: Spiegel Online Gesundheit, 2. Oktober 2012.

297 — Philipp Möller: Isch geh Schulhof. [wie Anm. 290] S. 318. Insgesamt geht es hier nicht nur um die von Möller angesprochene *Ahnungslosigkeit* vieler Eltern, sondern um ein (negatives) Vorbild. Häufig sind Eltern so versunken in ihre Mails, Videos oder auch Spiele, dass sie für ihre Kinder kaum ansprechbar sind. Und die extremste Variante findet sich bei Eltern, die selbst Internet- beziehungsweise spielsüchtig sind und darüber ihre Kinder vernachlässigen, manchmal sogar verhungern und verdursten lassen. Siehe hierzu Bert te Wildt: Digital Junkies. Internetabhängigkeit und ihre Folgen für uns und unsere Kinder. München 2015, S. 50ff.
298 — In der renommierten Internatsschule Schloss Salem verfügte 2014 der neue Schulleiter ein Smartphoneverbot zwischen abends 21.30 Uhr bis zum nächsten Mittag. »›Wie sterben‹ fühle sich das an, klagten einige der Dreizehn- bis Siebzehnjährigen. Es sei ›völlig unmöglich‹, ohne Handy zu leben, denn ›wer nicht chattet, lebt nicht‹.« Hans Friedmann, Guido Kleinhubbert und Wolf Wiedmann-Schmidt: Auf Handy-Entzug. In: Der Spiegel 51/2014, S. 40.
299 — Michael Zierenner: Computergrafik – Wenn die Grenzen zwischen Realität und Fiktion verschwimmen. 20. Oktober 2014. In: http://medienbewusst.de/computer-und-videospiele/20141020/computergrafik-wenn-die-grenzen-zwischen-realitaet-und-fiktion-verschwimmen.html
300 — »Es gibt auch Hinweise darauf, dass emotional aufwühlende Spiele kurz zuvor gelernte Gedächtnisinhalte überschreiben oder deren Wiedergabe blockieren. Gelerntes Wissen lässt sich dann nicht mehr so leicht konsolidieren und abrufbar halten – einfach weil es mit zu vielen Reizen im Hirn verarbeitet worden ist.« Wenn das Internet zur Heimat wird – Interview von Claus Peter Simon mit dem Psychiater Gerd Lehmkuhl. Wie Erziehung gelingt. Was Eltern tun können, um ihren Kindern gute Begleiter zu sein. In: GEO WISSEN, 54/2014.
301 — Michael Zierenner: Computergrafik – Wenn die Grenzen zwischen Realität und Fiktion verschwimmen. [wie Anm. 299]
302 — Philipp Möller: Isch geh Schulhof, [wie Anm. 290] S. 315ff.
303 — Die Nutzer der sogenannten *Social Games* »sind unter anderem deshalb an die Spiele gefesselt, weil sie sich gegenüber anderen Nutzern verpflichtet fühlen oder weil sonst ihre virtuellen Pflanzen und Tiere eingehen. Sie müssen regelmäßig, das heißt mehrmals am Tag, in die Spiele hineingehen, damit dort nichts *anbrennt*. So seltsam diese virtuellen Verpflichtungen anmuten mögen, sie haben offensichtlich ein Abhängigkeitspotential.« Bert te Wildt: Digital Junkies [wie Anm. 297] S. 127.
304 — Frank Schirrmacher: Payback. Warum wir im Informationszeitalter gezwungen sind, zu tun, was wir nicht tun wollen, und wie wir die Kontrolle über unser Denken zurückgewinnen. München 2009, S. 201.

305 — Joachim Metzner: Der Computer – eine sozialpädagogische Herausforderung? In: Jürgen Fritz (Hrsg.): Computer in der Jugendarbeit. Mainz 1987, S. 145.
306 — Hartmut von Hentig: Die Schule neu denken. Eine Übung in pädagogischer Vernunft. München und Wien 1993, S. 40.
307 — »Die natürliche Auslese begünstigt jetzt auf Gedeih oder Verderb Maschinen, die besser mit Kindern kommunizieren können, und Kinder, die besser mit Maschinen kommunizieren können.« George B. Dyson: Darwin im Reich der Maschinen. Die Evolution der globalen Intelligenz. Wien und New York 2001, S. 262.
308 — Frank Schirrmacher: Payback. [wie Anm. 304] S. 224.
309 — Den Begriff der *menschlichen Gesittung* übernehme ich von Thomas Mann. Im Vorspiel zu seinem Josephs-Roman fragt er: »Wo liegen die Anfänge der menschlichen Gesittung?« Thomas Mann: Joseph und seine Brüder. [wie Anm. 125] S. 17.
310 — Igor Strawinsky: Leben und Werk – von ihm selbst. Zürich und Mainz 1957, S. 39.
311 — *Rhythm Is It!* – ein Dokumentarfilm (2004) von Thomas Grube und Enrique Sánchez Lansch.
312 — Das Jugendtanzprojekt in Zusammenarbeit mit den Berliner Philharmonikern trägt den Namen *MusikTANZ*. Siehe Royston Maldoom: Tanz um dein Leben. Meine Arbeit, meine Geschichte. Frankfurt am Main 2010, S. 218.
313 — Siehe hierzu Rüdiger Vossen, Antje Kelm und Katharina Dietze: Ostereier – Osterbräuche. Hamburg 1987.
314 — »Wir finden die Idee des *Welteis* bei den Phöniziern, den Ägyptern, den Indern, den finnisch-turanischen Völkern, den Ozeaniern, aber auch bei den Griechen und sogar versteckt in der mosaischen Schöpfungsmythe, in der es heißt, dass der Geist Gottes über der Wasserfläche *brütete*.« Gustav Hans Graber: Zeugung, Geburt und Tod. Werden und Vergehen im Mythos und in der Vorstellung des Kindes. Ein psychoanalytischer Vergleich. Baden-Baden 1930, S. 51 ff.
315 — Ebenda, S. 51.
316 — Der Moment der Überraschung, dieses freudige Staunen, entspricht so sehr der kindlichen Psyche, dass der Erfolg der Überraschungseier, die das ganze Jahr über verkauft werden, nicht wundert.
317 — Dass dieses Versteckspiel mit den Ostereiern im Frühling stattfindet – zur Zeit der wieder erwachenden Natur –, verstärkt nur seine Wirkung. Beide, Mensch und Natur, werden *wiedergeboren*.
318 — T*rop bien élevé* (*Zu gut erzogen*) lautet der Titel der Autobiografie des französischen Philosophen Jean-Denis Bredin. Paris 2007. [wie Anm. 61]
319 — Rosa Luxemburg: Briefe aus dem Gefängnis. Berlin 2000.

320 — Anne Frank: Tagebuch. Frankfurt am Main 2001.
321 — In den aktuellen Ausgaben wird dieses Wort ersetzt durch »Südseekönig«.
322 — Max von Boehn: Puppen und Puppenspiele. München 1929, Band 1, S. 18ff.
323 — Die französische Soziologin Elisabeth Badinter vertritt entschieden die Theorie, dass Mütterlichkeit eine durch und durch sozial anerzogene, nicht aber angeborene Eigenschaft sei. Elisabeth Badinter: Die Mutterliebe. [wie Anm. 189]
324 — Max von Boehn: Puppenspiele. [wie Anm. 189] S. 18.
325 — Käthe Kruse: Ich und meine Puppen. Freiburg im Breisgau 1986; sowie Stefan Biffiger: Sasha-Puppen. Sasha Morgenthaler, Bern 1999.
326 — Bill Douglas, Film-Trilogie 1972–1978: *My Childhood, My Ain Folk* und *My Way Home*.
327 — Bei der *Verschiebung* handelt es sich um einen sogenannten Abwehrmechanismus, mittels dessen sich das Kind selbst vor seelischer Verletzung schützt. Siehe Anna Freud: Das Ich und die Abwehrmechanismen. [wie Anm. 62]
328 — Siehe Ulrich Gebhard: Kind und Natur. Opladen 1994, S. 122.
329 — Paul Moor: Jürgen Bartsch: Opfer und Täter. Das Selbstbildnis eines Kindermörders in Briefen. Reinbek bei Hamburg 1991.
330 — All dies gilt für Kinder, die mit ihrer Familie in einem Haus wohnen. Dass Straßenkinder grundlegend andere Raumerfahrung haben, versteht sich von selbst.
331 — Janusz Korczak: Wie man ein Kind lieben soll. [wie Anm. 71]
332 — Thomas J. Weihs: Das entwicklungsgestörte Kind. [wie Anm. 35] S. 56.
333 — Und wie alles in der Welt ist auch das Sammeln selbst ambivalent. La Fontaines Fabel *Die Grille und die Ameise* beleuchtet nur die *eine* Seite des Sammelns. Aber es gibt eben auch die andere Seite, und auch darin liegt eine tiefe Weisheit. Jesus sagt: »Sammelt nicht eure Schätze auf der Erde, wo Motten und Würmer sie zerstören und wo Diebe einbrechen und sie stehlen, sondern sammelt eure Schätze im Himmel, wo keine Motten und Würmer sie zerstören und keine Diebe einbrechen und sie stehlen. Denn wo dein Schatz ist, da ist dein Herz.« (Mt. 6,19ff.) Und an anderer Stelle: »Seht euch die Vögel an, sie säen nicht, sie ernten nicht und sammeln keine Vorräte in Scheunen; euer himmlischer Vater ernährt sie. Seid ihr nicht viel mehr wert als sie?« (Mt. 6,26)
334 — Einprägsam beschreibt Erich Fromm die Mechanismen des Besitzen- und Haben-Wollens der Menschen in einer auf Konsum angelegten Gesellschaft: »Konsum ist eine Form des Habens, vielleicht die wichtigste in den heutigen Überflussgesellschaften (...) Der moderne Konsument könnte sich mit der Formel identifizieren: ›Ich bin, was ich habe und was ich konsumiere.‹« Erich Fromm: Haben oder Sein. Die seelischen Grundlagen einer neuen Gesellschaft. München 2006, S. 43.

335 — Norbert Elias: Über den Prozess der Zivilisation. 2 Bände. Frankfurt am Main 1997.
336 — Erik E. Erikson: Identität und Lebenszyklus. [wie Anm. 24]
337 — Diana Kempff: Fettfleck. Salzburg und Wien 1979.
338 — Boris Cyrulnik: Scham. Im Bann des Schweigens – Wenn Scham die Seele vergiftet. Hünfelden 2011. Dieses Buch enthält sowohl differenzierte Analysen als auch einfühlsame Ratschläge für den Umgang mit Scham.
339 — Etwa 90 Prozent der Scheidungskinder leben derzeit bei den Müttern.
340 — Film *Mrs. Doubtfire – Das stachelige Kindermädchen* mit Robin Williams, 1993.
341 — Erich Kästner: Das doppelte Lottchen. Weinheim 1996.
342 — Judith S. Wallerstein, Julia M. Lewis und Sandra Blakeslee: Scheidungsfolgen. [wie Anm. 67] S. 59.
343 — Ronald D. Laing: Gespräche mit meinen Kindern. Köln 1980, S. 15 ff.
344 — Eine Parallele findet sich bei kleinen Mädchen in der Vergangenheit (und vielleicht auch mancherorts noch heute), die sich ihre Puppen, wenn sie diese nicht vorfabriziert bekommen, aus eigener Kraft selber formen.
345 — Wilfried Huck: Amok. School Shooting und zielgerichtete Gewalt. Berlin 2012.
346 — Ronald D. Laing: Gespräche mit meinen Kindern. [wie Anm. 343] S. 16.
347 — Ishmael Beah: Rückkehr ins Leben. Ich war Kindersoldat. München und Zürich 2008, S. 148.
348 — Bruno Bettelheim: Liebe allein genügt nicht. Stuttgart 1979. [3. Aufl.] Darin das Kapitel »Vom Traum zum Wachen«, S. 88–117.
349 — Herbert Renz-Polster: Kinder verstehen. [wie Anm. 268] S. 99.
350 — Maria Montessori: Kinder sind anders. München 1994, S. 83.
351 — Ebenda, S. 82.
352 — Walter Benjamin: Berliner Kindheit um Neunzehnhundert. Frankfurt am Main 1977.
353 — Ebenda, S. 27.
354 — Ebenda, S. 28 f.
355 — Eine ausführliche Darstellung dieses Schranks der Leckereien, der übrigens nicht nur Süßes enthielt, sondern auch salzige Kekse, Chips, Kokosnüsse und Sonnenblumenkerne, findet sich bei Geneviève Jurgensen: Die Schule der Ungeliebten. Als Kindertherapeutin bei Bruno Bettelheim. München 1979, S. 194 ff.
356 — Eine Krankheit *ohne organpathologischen Befund* ist beim Schulschwänzen immer überzeugend. Sie ist nicht nachweisbar, aber es gibt sie wirklich.

357 — Schulschwänzen zählt angesichts der gesetzlichen Schulpflicht grundsätzlich als Ordnungswidrigkeit: »Dass die Schulpflicht eingehalten wird, darüber wachen die Bundesländer. Sie setzen im Extremfall auf Sanktionen wie vierstellige Bußgelder (Mecklenburg-Vorpommern), elektronischen Schulschwänzer-Alarm für die Eltern per SMS (Berlin), einwöchigen Jugendarrest (Hamburg) oder eine Polizeieskorte vom Bett bis ins Klassenzimmer (Bayern).« Silvia Dahlkamp: Schule? Ohne Mich! In: Spiegel Online, 17. September 2012.
358 — Der Vater reißt ihn aus dem Unterricht heraus und versetzt ihm öffentlich Ohrfeigen. Mehr dazu bei Antoine de Baecque und Serge Toubiana: François Truffaut. Biographie. [wie Anm. 9] S. 215.
359 — Pascal Plisson: *Auf dem Weg zur Schule*, Dokumentarfilm, Frankreich 2013.
360 — Andrea Diefenbach: Land ohne Eltern. Foto-Reportage. In: GEO THEMA 02. So wächst der Mensch auf. Zehn Geschichten über die Kindheit. Hamburg 2012, S. 142 ff.
361 — Jean-Louis de Touzet: Les enfants perdus de Kabylie (Die verlorenen Kinder aus der Kabylei). In: Liberation (Paris), 4. Juni 2012.
362 — Genaue und vor allem zutreffende Statistiken zu ermitteln ist ausgesprochen schwer. Die offiziellen Zahlen sind deshalb weitgehend unbrauchbar, weil darin nur diejenigen Suizide erfasst werden, die zweifelsfrei als solche identifizierbar sind. Weitaus größer als diese Zahl ist aber sowohl die Dunkelziffer – die Zahl der Deklarierungen von Selbstmord als *Unfall* oder *normaler* Kindestod – als auch die der Selbstmord*versuche*. Zählte man diese beiden Kategorien hinzu, wäre die Rate der Suizide erheblich höher anzusetzen.
363 — René Spitz: Vom Säugling zum Kleinkind. [wie Anm. 91]
364 — Boris Cyrulnik: Wenn Kinder sich selbst töten. Das Unfassbare begreifen und verhindern. Ostfildern 2012; sowie Bruno Bettelheim: Die symbolischen Wunden. Pubertätsriten und der Neid des Mannes. Frankfurt am Main 1982.
365 — Albert Camus: Der Mythos des Sisyphos. Reinbek bei Hamburg 2000, S. 15.
366 — Viele Kinder holen sich heute ihre Aufklärung über das Internet. Das dort vermittelte Bild von Sexualität läuft ihrem Verständnis und ihrer Befindlichkeit meist zuwider. Für Jugendliche, die sich aus Neugier und Entdeckungslust auch häufig in Pornoportalen bewegen, ist dieser Bruch noch größer. Sie erleben *Vorbilder* von Sexualität, die sie eher verwirren und blockieren und die ihnen einen *eigenen* Zugang zur Sexualität oftmals verstellen oder sogar zerstören.
367 — Dies erklärt die extreme Lebendigkeit und Fantasie, mit der sich bereits sehr kleine Kinder selbst Geburtstheorien schmieden. Interessanterweise sind diese *Theorien* (zum Beispiel Geburt durch Aufplatzen des Bauches oder aus dem Mund der Mutter) oft erstaunlich resistent gegenüber wohlgemeinter Aufklärung.

Das Kind ist nur bereit, jene Erklärungen beziehungsweise Aufklärungen anzunehmen, die es auch innerlich nachvollziehen kann. Drei- bis Vierjährige können sich die Vagina als Geburtskanal noch nicht wirklich vorstellen.

368 — Sigmund Freud: Drei Abhandlungen zur Sexualtheorie. In: Gesammelte Werke, Band V, London 1942.

369 — Es handelt sich um die *Commission Centrale de l'Enfance*, eine Hilfsorganisation, die nach der Befreiung Frankreichs gegründet wurde mit dem Ziel, jüdischen Kindern (Waisen oder Überlebenden der Ghettos und KZs) durch Gründung von Kinderhäusern, Ferienkolonien und Schulen eine Zukunft zu schaffen.

370 — Die Lebensgeschichte von Pawel (Paul) Felenbok ist von David Lescot zum Gegenstand eines Theaterstücks verarbeitet: *Ceux qui restent*. Monfort Theatre, Paris 2014.

371 — Ich greife hier die traditionelle Zweiteilung auf, die natürlich in jüngster Zeit, insbesondere durch die Veränderungen der Arbeitswelt, radikal verändert worden ist.

372 — Alfred A. Tomatis: Der Klang des Lebens. [wie Anm. 157]

373 — Karl König: Die ersten drei Jahre des Kindes. Erwerb des aufrechten Ganges, Erlernen der Muttersprache, Erwachen des Denkens. Frankfurt am Main 1981, S. 40.

374 — Ebenda, S. 41.

375 — Ebenda, S. 45.

376 — Kurt Drawert: Schreiben. Vom Leben der Texte. München 2012, S. 23.

377 — Dem englischen Philosophen George Steiner verdanke ich den aufschlussreichen Hinweis darauf, wie sich die Dreisprachigkeit Franz Kafkas auf dessen Leben und Werk auswirkte: »Kafka erfuhr simultan Bedrängnis und poetische Versuchung durch drei Sprachen – Tschechisch, Deutsch und Jiddisch. Eine Anzahl seiner Erzählungen und Parabeln können als symbolische Bekenntnisse eines Mannes gelesen werden, der in der von ihm gewählten, oder ihm aufgezwungenen, Sprache nicht gänzlich zu Hause war. Am 24. Oktober 1911 notiert er in sein Tagebuch: ›Gestern fiel mir ein, dass ich die Mutter nur deshalb nicht immer so geliebt habe, wie sie es verdiente und wie ich es konnte, weil mich die deutsche Sprache daran gehindert hat. Die jüdische Mutter ist keine *Mutter*, die Mutterbezeichnung macht sie ein wenig komisch ... *Mutter* ist für den Juden besonders deutsch ... die mit Mutter benannte jüdische Frau wird daher nicht nur komisch, sondern auch fremd.‹« George Steiner: Im Raum der Stille: Lektüren. Berlin 2011, S. 196ff.

378 — Anna Freud und Thesi Bergmann: Kranke Kinder. [wie Anm. 223] S. 74.

379 — Nur die Haut als Empfindungsorgan hat ein ähnlich sensibles und untrügliches Sensorium. Auch sie ist – wie die menschliche Stimme – nicht unserem bewussten Willen unterworfen. Sie lässt sich zwar künstlich übermalen (wie die

Stimme sich mit Kreide übermalen lässt), aber doch niemals wirklich verstecken. Siehe Ashley Montagu: Körperkontakt. [wie Anm. 216]

380 — Artikel 2 des Grundgesetzes sagt: »Jeder hat das Recht auf Leben und körperliche Unversehrtheit.«

381 — Reichhaltige Belege für die zumeist mit Gewalt einhergehende Pädagogik der Vergangenheit bietet Lloyd deMause (Hrsg.): Hört ihr die Kinder weinen. [wie Anm. 213]

382 — 1845 erschien der erste Druck des *Struwwelpeter* unter dem Titel *Lustige Geschichten und drollige Bilder mit 15 schön kolorierten Tafeln für Kinder von 3 bis 6 Jahren*. Spätere Ausgaben wurden um mehrere Geschichten erweitert.

383 — Es gab eine Vielzahl von Nachdichtungen, die sogenannten Struwwelpetriaden in der Kinder- und sogar Erwachsenenliteratur. Siehe hierzu Helmut Müller: ›Struwwelpeter‹ und ›Struwwelpetriaden‹. In: Klaus Doderer und Helmut Müller (Hrsg.): Klassische Kinder- und Jugendbücher. Kritische Betrachtungen. Weinheim und Basel 1975, S. 55–97.

384 — Friedrich Karl Waechter: Der Anti-Struwwelpeter. Zürich 1982.

385 — Im Kapitel *Krankheit* zeige ich, welche traumatische Wirkung es für Kinder hat, wenn ihnen ein Körperteil amputiert werden muss. Keine andere Krankheit setzt sie so in Panik wie dieser Eingriff. Selbst wenn man nicht psychoanalytisch argumentieren will und dahinter Kastrationsängste vermutet, kann man dieses Streben nach Unversehrtheit doch gut nachvollziehen. Körperteile – so die Logik des Kindes – dürfen wohl krank, aber niemals *weg* sein.

386 — Dass auch dies möglich ist, dass Bücher sehr real und sehr schädigend wirken können, zeigte sich beim Erscheinen von Goethes Roman *Werther*, der eine Welle von Selbstmorden unter Jugendlichen auslöste. Solche Nachahmung ist allerdings beim *Struwwelpeter* ausgeblieben: Wohl kein Kind hungerte sich willentlich nach der Lektüre zu Tode, wohl keines verbrannte sich!

387 — Reimar Klein: »Sieh einmal, hier steht er!« Struwwelpeters beschädigte Kinderwelt. Frankfurt am Main und Leipzig 2005, S. 101.

388 — Bruno Bettelheim: Die Geburt des Selbst. [wie Anm. 40]

389 — Ginette Raimbault: Kinder sprechen vom Tod. Klinische Probleme der Trauer. Frankfurt am Main 1980, S. 133.

390 — »Durch das ständige Drehen schwindet allmählich die Umgebung gänzlich aus dem Blickfeld. In diesem Wirbel fühle ich mich einsam im Raum, welcher sich ins Grenzenlose zu weiten schien.« So beschreibt der Tänzer und Choreograf Bernhard Wosien seine Erfahrung. Bernard Wosien: Einweisung in den Drehtanz. In: Maria-Gabriele Wosien: Die Sufis und das Gebet in Bewegung. Kindhausen 2006, S. 95.

391 — Max von Boehn: Der Tanz. Berlin 1925, S. 67.
392 — Royston Maldoom: Tanz um dein Leben. [wie Anm. 312]
393 — Interessanterweise ging es bei dem großen Tanzprojekt in Berlin (Strawinskys *Le Sacre du printemps*) ganz wesentlich auch um die Grenzerfahrung im Tanz. Das als Frühlingsopfer erkorene Mädchen tanzt sich zu Tode – dies ist ihr Auftrag.
394 — Der Philosoph Julius Ebbinghaus ist 1885 in Berlin geboren. 1940 wurde er nach Marburg berufen, wo er von 1954 bis 1966 als ordentlicher Professor lehrte.
395 — Siehe Fußnote 49.
396 — Die besondere Geschichte eines Teddybären beschreibt auch Tomi Ungerer in seinem Buch: Otto. Autobiographie eines Teddybären. Zürich 1999.
397 — Siehe Fußnote 49.
398 — Antoine de Saint-Exupéry: Der kleine Prinz. [wie Anm. 104] S. 12ff.
399 — »Alle mythischen Religionen haben Tiere und Menschen in eine geheimnisvolle, symbolische Einheit gesetzt«, schreibt Eugen Drewermann. Möglicherweise haben Kinder ein inneres Wissen um diese Einheit. Eugen Drewermann: Von Tieren und Menschen. Moderne Fabeln. Zürich und Düsseldorf 1998, S. 79.
400 — Konrad Lorenz: Die Mensch-Tier-Beziehung. Wien 1983, S. 178.
401 — Diese Aussage betrifft nicht nur die westliche Kultur. In China erzeugt die Ein-Kind-Politik noch wesentlich krassere Formen von kindlicher Einsamkeit, deren Folgen sich wahrscheinlich erst langfristig zeigen werden. (Die 1979/80 in China eingeführte Ein-Kind-Politik wurde allerdings im Oktober 2015 offiziell für beendet erklärt. Künftig darf jedes Paar zwei Kinder haben.)
402 — Judith S. Wallerstein, Julia M. Lewis und Sandra Blakeslee: Scheidungsfolgen. [wie Anm. 67] S. 240.
403 — Der spanische Regisseur Luis Buñuel, der die menschliche Psyche meisterhaft in Szene gesetzt hat, studierte als junger Mann Entomologie (Insektenkunde), bevor er sich der Filmkunst zuwandte. Sicherlich hat er damit gleichermaßen seine Augen und seinen Sinn für Details, aber auch sein tieferes Verständnis für das Lebendige geschult.
404 — »Man spricht von Anthropomorphismen, wenn man menschliche Charakteristika wie Denken, Gefühl, Bewusstsein oder Motivation auf Nichtmenschliches überträgt.« Jeffrey M. Masson und Susan McCarthy: Wie Tiere fühlen. Reinbek bei Hamburg 1997, S. 64ff.
405 — Dies ist zweifellos eine Erscheinung der Neuzeit. Philippe Ariès betont, dass bis zum 18. Jahrhundert keine Darstellung eines Sterbezimmers denkbar war ohne einige herumstehende Kinder. »So ist man im Laufe von Jahrhunderten oder Jahrtausenden gestorben (…) Diese alte Vorstellung, für die der Tod vertraut und nahe und abgeschwächt, indifferent in eins war, stellt sich in schroffen Ge-

gensatz zur unsrigen, bei der der Tod uns Angst einflößt, bis zu dem Grade, dass wir nicht mehr wagen, ihn beim Namen zu nennen.« Philippe Ariès: Studien zur Geschichte des Todes im Abendland. München und Wien 1976, S 25.

406 — Dieser Gedanke ist gar nicht so abwegig. Der Dichter Friedrich Rückert greift die Frage, wie die Toten mit den Lebenden verbunden seien, in einem seiner *Kindertodtenlieder* genau in diesem Sinne auf:

»Ach, nur eines möcht' ich wissen,
ob sie dort von uns noch wissen,
oder davon Kunde missen,
wie wir schmerzlich sie vermissen,
wie die Herzen sind zerrissen,
denen sie nun sind entrissen.«

Friedrich Rückert: Kindertodtenlieder. Mit einer Einleitung neu herausgegeben von Hans Wollschläger. Nördlingen 1988, S. 478.

407 — »Der Tod ist groß«, beginnt das Schlussgedicht aus dem *Buch der Bilder* von Rainer Maria Rilke. Siehe Rainer Maria Rilke: Gesammelte Gedichte. Frankfurt am Main 1962, S. 233.

408 — Selbstverständlich unterscheiden sich die kindlichen Todesvorstellungen in den verschiedenen Altersstufen. Das sich wandelnde Todesverständnis der Kinder ist hinreichend gut erforscht – aber das ist hier nicht entscheidend, weil viele, wenn nicht sogar die meisten dieser Vorstellungen unbewusst bleiben. Und ähnlich wie animistische Vorstellungen sehr lange im Kind lebendig sind, auch dann, wenn es schon weitgehend rational denken kann, so ist es auch mit den Todesvorstellungen. Sie bleiben kindlich.

409 — Siehe hierzu Mircea Eliade: Das Mysterium der Wiedergeburt. Frankfurt am Main und Leipzig 1988.

410 — Sigmund Freud: Zeitgemäßes über Krieg und Tod. In: Gesammelte Werke, Band X, London 1946, S. 341.

411 — Friedrich Seifert und Rotraut Seifert-Helwig: Bilder und Urbilder. Erscheinungsformen des Archetypus. Basel 1965. S. 132.

412 — C. G. Jung: Über das psychische Verständnis pathologischer Vorgänge. In: Gesammelte Werke, Band 3, Zürich und Stuttgart 1968, S. 205.

413 — Françoise Dolto: Zwiesprache von Mutter und Kind. [wie Anm. 241]

414 — Oriana Fallaci: Brief an ein nie geborenes Kind. [wie Anm. 196] S. 12.

415 — Erik E. Erikson war ein amerikanischer Psychoanalytiker und Sozialpsychologe deutsch-dänischer Herkunft (1902–1994). Das Konzept des Urvertrauens begründet Erikson in *Identität und Lebenszyklus*. [wie Anm. 24]

416 — Peter Petersen: Retortenbefruchtung und Verantwortung. [wie Anm. 200] S. 66.
417 — Ebenda, S. 65.
418 — Albert Camus: Der erste Mensch. [wie Anm. 6] S. 43.
419 — Jacques Lacan: Namen-des-Vaters. Wien und Berlin 2013. Diesen Namen dürfen wir uns nicht als den individuellen Namen eines Vaters vorstellen, sondern – hier ganz im Sinne Lacans – als symbolischen Repräsentanten des väterlichen Prinzips, der Ordnung, des Gesetzes. Siehe auch das Kapitel *Ja und Nein*.
420 — Guy Corneau: Abwesende Väter. Verlorene Söhne. Die Suche nach der männlichen Identität. Solothurn und Düsseldorf 1993, S. 36.
421 — Max Horkheimer: Studien über Autorität und Familie. Paris 1936.
422 — Franz Kafka: Brief an den Vater. Frankfurt am Main 2008.
423 — Alexander Mitscherlich: Auf dem Weg zur vaterlosen Gesellschaft. München 1965.
424 — Gaston Bachelard: Psychoanalyse des Feuers. Stuttgart 1959.
425 — Ebenda.
426 — Das Über-Ich ist »eine der Instanzen der Persönlichkeit, wie Freud sie im Rahmen seiner zweiten Theorie des psychischen Apparates beschrieben hat: Ihre Rolle ist vergleichbar mit der eines Richters oder Zensors des Ichs. Freud sieht im Gewissen, der Selbstbeobachtung, der Idealbildung Funktionen des Über-Ichs.« Jean Laplanche und Jean-Bertrand Pontalis: Das Vokabular der Psychoanalyse. Frankfurt am Main 1972, S. 540.
427 — »Sie haben gesagt, dass jeweils gute Gründe dazu führen, dass ein Kind oder ein Mensch etwas Verbotenes tut, von dem er weiß, dass es missbilligt wird. Er müsse umso triftigere Gründe haben, es trotzdem zu tun.« Bruno Bettelheim, Erziehung zum Leben. Reihe: Zeugen des Jahrhunderts. Göttingen 1993, S. 118f.
428 — Peter Handke: Das Gewicht der Welt. Ein Journal. [wie Anm. 63] S. 142.
429 — Seine Liebe zu Vögeln beziehungsweise zu einem Vogel hat Reinhart Brandau in seinem *Tagebuch einer Singdrossel* (München 1996) dokumentiert. Brandau, eine Art moderner Vogelflüsterer, hat sogar ein *Wörterbuch des Kohlmeisisch-Deutsch* verfasst.
430 — »Die Vögel als Paradiesvögel, als Engel, die im Gottesgarten singen. Keine andere Tiergruppe wurde im Christentum so pauschal angehimmelt und in den Stand der Heiligkeit erhoben.« Claus-Peter Lieckfeld und Veronika Straaß: Mythos Vogel. Geschichte – Legenden – 40 Vogelporträts. München 2002, S. 10.
431 — Patrick Süskind: Das Parfum. Die Geschichte eines Mörders. [wie Anm. 120] S. 27.
432 — Ebenda, S. 28f.

433 — Oriana Fallaci: Brief an ein nie geborenes Kind. [wie Anm. 196] S. 12.
434 — Selbstverständlich gibt es genetische Wachstumsstörungen beziehungsweise Formen der Kleinwüchsigkeit, die kaum oder nur schwer beeinflussbar sind. Diese scheiden in unserem Zusammenhang aus.
435 — Günter Grass: Die Blechtrommel. Berlin 1988, S. 55.
436 — James Matthew Barrie: Peter Pan. Zürich 1966, S. 5. (Originaltitel: *Peter Pan. The boy who wouldn't grow up*).
437 — Und es gibt Mütter, die solche Wünsche ihrer Kleinen aktiv unterstützen beziehungsweise die selbst herbeiwünschen, dass das Kind nicht wachsen möge. So heißt es etwa in einem amerikanischen Wiegenlied: »Don't grow up, I beg you.«
438 — Siehe Hannah Arendt: Rahel Varnhagen. Lebensgeschichte einer deutschen Jüdin aus der Romantik. München 1975.
439 — So träumte etwa Picasso: »Als ich ein Kind war, hatte ich oft einen Traum, der mich ängstigte. Ich träumte, dass meine Arme und Beine ins Riesenhafte wuchsen und gleich darauf zu zwerghaften Ausmaßen zusammenschrumpften. Und um mich herum sah ich im Traum andere Menschen, die die gleichen Wandlungen durchmachten, einmal riesengroß, dann wieder winzig klein wurden. Dieser Traum quälte mich jedesmal sehr.« Galerie Beyeler (Hrsg.): Picasso. 90 Zeichnungen und farbige Arbeiten. Einleitung von Horst Keller. Basel 1971.
440 — Lewis Carroll: Alice im Wunderland. Mit zweiundvierzig Illustrationen von John Tenniel und einem Nachwort von Christian Enzensberger. Frankfurt am Main 1973; sowie Jonathan Swift: Gullivers Reisen. Köln 2004.
441 — Dieses Phänomen, dass Menschen um einen Gegenstand emotional hoch besetzte Geschichten ranken, konnte ich während meiner Zeit im Marburger Kindheitsmuseum immer wieder erleben. Erwachsene Männer und Frauen hatten häufig den Impuls, angesichts eines dort ausgestellten Museumsobjekts *ihre* ganz persönliche Geschichte über Dinge zu erzählen, die sie damals als Kind besessen hatten, wobei besonders Verlusterlebnisse immer wieder zur Sprache kamen (»Wo sind meine Sachen eigentlich geblieben? Wer hat sie mir weggenommen? Wer hat sie weggeworfen?«). Die im Museum freigesetzten Gefühle waren die des *Wiederfindens*.

»Die wahre Geschichte einer Puppe« wird in dem ergreifenden Kinderbuch *Elisabeth* beschrieben. Ruth Guggenheim Nivola, die Mutter der Autorin, floh mit ihren Eltern und ihrer Schwester 1933 von Deutschland über Italien in die USA. »Dieser Weggang hätte alles ausgelöscht, was ihre Kindheit ausmachte – wäre da nicht die Puppe Elisabeth.« Claire A. Nivola: Elisabeth. Stuttgart 1999.

Um eben dasselbe Motiv eines verlorenengegangenen und glücklich wiedergefundenen Spielzeugs geht es auch in Tomi Ungerers Kinderbuch: Otto – Autobiographie eines Teddybären. Zürich 1999. »So erfährt Otto am eigenen Teddybären-Leib, was Vertreibung, Gewalt und Armut bedeuten. Er spiegelt das Schicksal seiner Freunde, des jüdischen Jungen David und des deutschen Jungen Oskar. Am Ende ihres Lebens – und am Ende des Buches – finden sich David, Oskar und Otto wieder.« Bettina Richter: Lustvolle Gegenentwürfe zur Erwachsenenwelt. In: Tomi Ungerer – Der schärfste Strich der westlichen Welt. Kulturmagazin *Du* 812/Dezember 2010, S. 61.

442 — Sigmund Freud: Jenseits des Lustprinzips. In: Gesammelte Werke, Band XIII, London 1940.

443 — Theodor Storm: Der kleine Häwelmann. Oldenburg 1926.

444 — Mary Ann Pulaski: Piaget. [wie Anm. 160] S. 15ff.

445 — James Hillman: Vom Sinn des langen Lebens. München 2001, S. 20.

446 — Samy Molcho: Körpersprache der Kinder. Augsburg 2006, S. 20.

447 — Im Gebet *Vater unser* lernt das christlich erzogene Kind den Satz:»Dein Wille geschehe wie im Himmel also auch auf Erden.« Es erfährt also einen Willen, der dem seinen übergeordnet ist.

448 — Faszination und Ekel gegenüber dem Tier finden sich ebenso in der Erotik wie auch in Szenen der Gewalt wieder, beispielsweise Folterszenen, an denen Tiere beteiligt sind. Was aber das Aufwachsen von Kindern unter Tieren anbelangt, so gab es auch immer den umgekehrten Fall: Junge Tiere wurden von Frauen gesäugt und aufgezogen, und zwar entweder um den eigenen Milchfluss zu stimulieren oder um die Aufzucht der Tiere zu erleichtern oder aber aus religiös-rituellen Gründen. Wie verbreitet das Anlegen kleiner Katzen und Hunde, Ziegen oder Lämmer weltweit war beziehungsweise noch ist, bleibt aus gutem Grunde im Dunkeln. Es entzieht sich dem öffentlichen Blick.

449 — Carl von Linné: Systema Naturae. Charleston 2012 (Erstausgabe 1758).

450 — Lucien Malson: Die wilden Kinder. [wie Anm. 187]

451 — Ebenda, S. 46.

452 — Vgl. hierzu Rupert Sheldrake: Der siebte Sinn. München 2001. Hier finden sich viele spannende Informationen über das hoch entwickelte tierische Sensorium.

453 — Rudyard Kipling: Das Dschungelbuch. Frankfurt am Main und Leipzig 2006; sowie T. C. Boyle: Das wilde Kind. München 2012. Der Film *Der Wolfsjunge* (*L'enfant sauvage*) stammt aus dem Jahre 1970. Truffaut spielt selbst die Rolle des Arztes und Pädagogen Itard.

454 — Wolfgang Hildesheimer: Mozart. Frankfurt am Main 1993, S. 34ff.

455 — Thomas Mann: Das Wunderkind. In: Schwere Stunde und andere Erzählungen 1903–1912. Frankfurt am Main 1995.

456 — Ebenda, S. 100.

457 — Ebenda.
458 — Olivier Poivre d'Arvor: Le jour où j'ai rencontré ma fille. Paris 2013, S. 253.
459 — Marcel Proust, zitiert bei Donata Elschenbroich: Weltwissen der Siebenjährigen. [wie Anm. 13] S. 181.
460 — Vgl. Hans Müller-Wiedemann: Mitte der Kindheit. Das neunte bis zwölfte Lebensjahr – Eine biographische Phänomenologie der kindlichen Entwicklung. Stuttgart 1973.
461 — Sigmund Freud: Die Traumdeutung. In: Gesammelte Werke, Band II/III, London 1942, S. 203.
462 — Maria Montessori: Kinder sind anders. [wie Anm. 350] S. 132.
463 — Xenophobie: Eines der Geheimnisse liegt schon darin, dass das griechische Wort *xenos*, dem wir unser Fremdwort verdanken, einen Doppelsinn in sich trägt. Einerseits bedeutet es *Gast* (das Wort für Hotel, Gasthaus ist deshalb *xenodochio*), und seinem Gast gegenüber, dies ist ein »ehernes Gesetz« (Laurence Durrell), ist man freundlich, einladend – zumindest aber höflich. Andererseits bedeutet es eben auch *fremd* und damit gleichzeitig unbekannt, unheimlich – und allen möglichen Unheils verdächtig.
464 — Tatsächlich hat es die verschiedenen Formen von Fremdenfeindlichkeit schon immer gegeben – sei es aus Rivalität, sei es aus Habsucht, sei es aus Angst –, was aber keineswegs als Rechtfertigung gelten darf. Und tatsächlich ist sie in den verschiedenen Ländern, aber auch innerhalb dieser und sogar innerhalb einer Region oder eines Stadtteils extrem unterschiedlich ausgeprägt. In demselben Ort, wo die Hausfrau einem Fremden gegenüber die Tür zuschlägt, nehmen andere Bewohner Kriegswaisen aus Afrika bei sich auf. Welten trennen bisweilen ein und dieselbe Dorf- oder Stadtgemeinschaft.
465 — Wenn wir auch von der starken Wirksamkeit der frühkindlichen Imitation überzeugt sind, so ist es doch auch denkbar, dass sich das Kind von der Haltung seiner Vorbilder eines Tages aus eigener Kraft befreien kann. Aber bis dahin ist es meist ein langer Weg, und es braucht oftmals gute Lehrer und Begleiter, die ihm bei diesem Befreiungsprozess beistehen.
466 — Es erfordert schon einiges Gespür, die soziale Relevanz von Namen in einer tendenziell xenophoben und bildungsbewussten Gesellschaft zu erfassen. Kinder haben dieses Gespür.
467 — Anna Freud bezeichnet diese Art des Verhaltens als *Identifizierung mit dem Angreifer*. Siehe Anna Freud: Das Ich und die Abwehrmechanismen. [wie Anm. 62] S. 109ff.
468 — Die Geschichte des Nationalsozialismus zeigt, dass damals zu viele real gefährdete Menschengruppen (wie Juden oder Roma) sich gegenüber ihren eigenen

Wahrnehmungen blind stellten: Sie konnten nicht unterscheiden und begreifen, dass die rassistische Feindseligkeit wirklich ihnen selbst galt, dass wirklich sie selbst *gemeint* waren. Viele haben die Zeichen und die Sprache der Feinde nicht entziffert. Auch dieses Verhalten gehört zu dem von Anna Freud beschriebenen Abwehrmechanismus der *Verleugnung*. Siehe Anna Freud: Die Verleugnung in der Phantasie. In: Anna Freud, Das Ich und die Abwehrmechanismen. [wie Anm. 62] S. 73 ff.

469 — Das in diesem Zusammenhang eindrucksvollste Dokument ist das Werk von Florian Znaniecki und William I. Thomas: The Polish Peasant in Europe and America, 5 Bände. Chicago 1918–20.

470 — Übrigens gehen unsere französischen Nachbarn wesentlich empfindlicher mit diesem Problem um. Manche konservativen Politiker oder Pädagogen sorgen sich schon ernsthaft um den Bestand der eigenen Sprache. Zum Glück sind die Deutschen in diesem Punkt tatsächlich entspannter. Sprache kann erstaunlich viel ertragen – wobei hier nicht zur Debatte steht, wie schön oder unschön die neuen Wortschöpfungen sind.

471 — Susanne Gaschke: Die verkaufte Kindheit. Wie Kinderwünsche vermarktet werden und was Eltern dagegen tun können. München 2011.

472 — Ebenda, S. 13.

473 — Ebenda, S. 14.

474 — Jacques Prévert: Gedichte und Chansons. [wie Anm. 53] S. 97.

475 — Ernst Bindel: Die geistigen Grundlagen der Zahlen. Die Zahlen im Spiegel der Kulturen. Elemente einer spirituellen Geometrie und Arithmetik. Stuttgart 1998. Siehe ebenso Franz Carl Endres und Annemarie Schimmel: Das Mysterium der Zahl. Zahlensymbolik im Kulturvergleich. München 2005.

476 — Franz Carl Endres und Annemarie Schimmel, ebenda, S. 22.

477 — »Und doch findet sich schon bei frühen Völkern das Gefühl, dass Zahlen eine Realität sind, ein Kraftfeld um sich haben und wirken können, wie Lévy-Bruhl festgestellt hat.« Franz Carl Endres und Annemarie Schimmel, ebenda, S. 22.

478 — Ähnlich wie Kinder häufig in ihrem Alltag oder im Spiel bestimmte Bewegungen oder Orte *meiden* – gleichsam als wären diese streng tabu für sie –, so meiden sie auch manchmal Zahlen. Dies geschieht so geheim und fernab aller Kontrolle der Erwachsenen, dass wir es nur selten mitbekommen. Diese Phänomene sind aber bekannt aus der Psychoanalyse vieler Erwachsener, die aus der Erinnerung heraus die oft überdimensionale Bedeutung solcher frühen Meidungsstrategien betonen. Dabei wird (beziehungsweise wurde) das Übertreten dieser selbstauferlegten Tabus meist mit imaginären Strafen assoziiert: »Wenn du diese Linie übertrittst, dann geschieht etwas Furchtbares!«

479 — Françoise Dolto: Zwiesprache von Mutter und Kind. [wie Anm. 241] S. 76.
480 — Marie Cardinal: Schattenmund. Roman einer Analyse. München 1977, S. 199 ff.
481 — Natürlich muss man ein bisschen differenzieren. Das Ungeborene im Mutterleib hat mit Sicherheit keinen Zeitbegriff in unserem Sinne. Sehr wohl kennt es aber Schlaf-Wachrhythmen, die meistens denen der Mutter entsprechen.
482 — Rainer Maria Rilke: Kindheit (»Da rinnt der Schule lange Angst und Zeit…«), In: Gesammelte Gedichte. Frankfurt am Main 1962, S. 140 ff.
483 — Ebenda.
484 — Elyse Schein und Paula Bernstein: Identical Strangers. A memoir of twins separated and reunited. New York 2007.
485 — Das Buch der Zwillingsschwestern ist nicht nur als berührendes biografisches Dokument aufschlussreich, sondern es übt gleichzeitig eine radikale und überzeugende Kritik an der Zwillingsforschung des 20. Jahrhunderts. Fundamental ist dabei die Kritik, dass über mehrere Jahrzehnte hinweg eineiige Zwillinge (und Drillinge) aus Forschungsgründen getrennt wurden, ohne die Betroffenen darüber zu informieren – weder die biologische Mutter noch die Adoptiveltern wussten von diesem Vorgehen. Nicht zu Unrecht rücken die Autorinnen dieses ethisch verwerfliche Vorgehen in die Nähe von Dr. Mengeles Zwillingsforschungen in Auschwitz. Wohlgemerkt, sie setzen es nicht gleich, aber sie stellen eine erschreckende Nähe her: In beiden Fällen spielen honorige Ärzte, Wissenschaftler, Professoren Schicksal.
486 — So die sehr subjektive Wahrnehmung der zwei Autorinnen. Die wissenschaftliche Diskussion hat dieses Stadium des Entweder-oder (entweder Dominanz von Erbgut oder Dominanz von Umwelteinflüssen) mit der Entdeckung der Epigenetik längst hinter sich gelassen. Es gibt definitiv kein Entweder-oder, beides bildet ein unendlich subtiles und einander stets bedingendes Geflecht. »Das Schicksal einer Zelle wird von Epigenom und Genom gemeinsam bestimmt. Beider Informationen stecken in dem Molekülgemisch, das die DNA mit den vielen verschiedenen Proteinen bildet, die sie umhüllen. Erbgut und Proteine funktionieren wie eine riesige Bibliothek: Die DNA enthält dabei die Texte, während die epigenetischen Strukturen die Bibliothekare, Ordner und Register sind, die die Information verwalten und sortieren.« Peter Spork: Der zweite Code. [wie Anm. 27] S. 67.
487 — Bei vielen Naturvölkern »war es Sitte, dass bei einer Zwillingsgeburt das eine oder beide der Zwillinge getötet werden«. Eduard Westermarck: Ursprung und Entwicklung der Moralbegriffe, Leipzig 1907, Band 1, S. 331.

488 — Viele von Geburt an getrennte Zwillinge träumen denn auch davon, einen Zwilling zu haben, oder sie sehnen sich nach einem »verlorenen« Teil ihrer selbst.
489 — Im Mutterleib waren die Zwillinge *eins*, erst die Geburt schuf die Trennung.
490 — Erich Kästner: Das doppelte Lottchen. [wie Anm. 341] Dieses Buch über getrennte und am Ende wieder vereinte Zwillinge ist zweifellos eines der schönsten Kinderbücher überhaupt.

ZITATNACHWEISE

Wir danken den Verlagen für die Abdruckgenehmigungen:

Zitate S. 75, 201, 206, 208, 277, 353 — Albert Camus, *Der erste Mensch*. Deutsche Übersetzung von Uli Aumüller. © Rowohlt Verlag GmbH, Reinbek bei Hamburg 1995

Zitate S. 362, 365 — Günter Grass, *Die Blechtrommel*. © Steidl Verlag, Göttingen 1993 (Erstausgabe September 1959)

Zitate S. 27, 103, 129, 148, 215, 225, 257, 294, 360 — Peter Handke, *Das Gewicht der Welt*. Ein Journal (November 1975–März 1977). © Suhrkamp Verlag, Frankfurt am Main 1979

Zitat S. 128 — Maria Montessori, *Kinder sind anders*. Aus d. Italienischen von Percy Eckstein/Ulrich Weber. Bearb. v. Helene Helming. Mit einem Vorwort von Professor Dr. Ingeborg Waldschmidt. © Klett-Cotta, Stuttgart 1952/2009

Trotz sorgfältiger Recherche konnten nicht alle Rechteinhaber der im Text verwendeten Zitate ausfindig gemacht werden. Wir bitten Sie, sich gegebenenfalls mit dem Verlag in Verbindung zu setzen.

DANKSAGUNG

Für Unterstützung, Inspiration und Kritik danke ich meinen ersten Lesern: Marina von Hahn, Angelika Hüffell, Stephan Jacob, Luc Reynders und Marianne Voos. Meine zuverlässigen Begleiter beim Schreiben waren meine Tochter Judith, sowie Manfred Jobst und Malte Schuchhardt. Und mein besonderer Dank gilt Irene Pill und Natalie Tornai für ihr einfühlsames Lektorat der Texte und Angelika Peterle für ihr Mutmachen.

Dankbar bin ich außerdem all den Menschen, mir nahe, aber auch fremde, die bereitwillig auf meine verrückten Fragen antworteten (»Haben Sie als Kind gelogen, geklaut, Schule geschwänzt?«), und natürlich den Kindern selbst, die mir ihre Erfahrungen, ihre Träume, ihre Enttäuschungen und Sehnsüchte anvertraut haben. Wie hätte ich schreiben können ohne sie?

HELGE-ULRIKE HYAMS,

geboren 1942 in Neuruppin, war von 1974 bis 2005 Professorin für Erziehungswissenschaften an der Universität Bremen. Sie leitete das Marburger Kindheitsmuseum und begründete eine Sammlung deutsch-jüdischer Kinderbücher (Hyams Collection, Bibliothek des Leo Baeck College in London). Langjährige Ausstellungsarbeit und mehrere Buchveröffentlichungen. Die Psychoanalytikerin und Mutter von vier Kindern lebt in Marburg/Lahn und Sainte Marie du Mont (Frankreich).

© 2017 Berenberg Verlag, Sophienstraße 28/29, 10178 Berlin

Lektorat — Natalie Tornai
Konzeption|Gestaltung — Antje Haack und Simone Andjelkovic|lichten.com
Satz|Herstellung — Büro für Gedrucktes, Beate Mössner
Abbildungen — Einbandvorderseite von plainpicture/Bildhuset/Bo Dahlin, Frontispiz von plainpicture/Millennium/Isidro Ramirez
Reproduktion — Frische Grafik, Hamburg
Druck und Bindung — CPI – Clausen & Bosse, Leck
Printed in Germany
ISBN 978-3-946334-21-7